中华武术文库
拳学明镜录之王芗斋拳学专集选

《拳道中枢(大成拳论)》注解点评

王芗斋 著

马国兴 注解点评

人民体育出版社

王芗斋先生
（1885—1963）

自 序

王芗斋先生一生从事传统拳术攻防之道的修炼、实践、研究与著述工作，先后有《意拳正轨》、《拳道中枢》（又名大成拳论）、《意拳论》、《断手述要》四部拳学著作流传于世。前三部著作曾经以《王芗斋专集选》的形式出版过，《断手述要》乃是20世纪80—90年代以内部资料的形式印发的。

从1911年中华民国建立到1949年中华人民共和国成立的这段历史时期，比较有影响的拳术家数不胜数，然能代表时代的风流人物，至今仍然具有极大影响的，不过有两位先生。

一位是形意拳、八卦掌、太极拳三派合一的孙禄堂先生（1860—1933），他用传统文化的基本观点阐述传统拳术攻防之道的修炼、建体、至用及攻防功夫艺境升华的系列方法和系统内容，其代表作品是《拳意述真》，属于述而不作的代表人物。

另一位是王芗斋先生（1885—1963），他用自己独特的中西文化结合的方法与观点，阐述传统拳术攻防之道的修炼、建体、至用及攻防功夫艺境升华的系列方法和系统内容。王芗斋先生是属于继承而又有创新著作的代表人物。

由于王芗斋先生的拳学著作存在继承传统拳学、运用西方文化创新解释拳学的两重性，对于现代的人来说，要清楚地认识王芗斋先生所论述的传统拳术攻防之道的系列内容，自然就增加了许多无形的困难。故而，李紫剑先生提出了《大成拳问疑》数十个疑问。

为了走近王芗斋先生，彻底了解王芗斋先生所论述的传统拳学宗旨，认识传统拳术攻防之道及其对后学的深远影响，就有必要将其所有著作进行系统的注解、点评和全面的释疑，避免生出种种不必要的误解、讹传及造成不良的后果！这就是撰写并出版本作品的目的与愿望。因为王芗斋先生的著作内容丰富，故以分册注解、点评的方式，即以《意拳正轨》《拳道中枢》《意拳论》《断手述要》4本分册的形式来进行论述。

为了更好地认识、理解王芗斋先生所论述的拳学宗旨，就要以传统拳术攻防之道的理法进行比较对照。就是运用传统拳术各门派、拳种的理法及传统文化的理法概念来分析、认识王芗斋先生所论述的拳学宗旨的精旨妙谛。

为什么选择这样的方法，其好处在哪里呢？

因为王芗斋先生是修炼传统拳术攻防之道的人，运用传统拳术各门派、拳种的理法及传统文化的理法概念来分析、认识王芗斋先生所论述的拳学宗旨的精旨妙谛，乃是理所当然的事情。好处是将王芗斋先生所论的拳学，即拳术攻防之道与传统拳术攻防之道，自然地纳入一个系统内容来看待，则体用、本末根源的脉络就清楚了，就能够从拳学整体的体系上把握得更为清楚明了。由于我没有传统拳术的门派观念，故能够较公正而少偏倚地从传统拳术攻防之道的立场上来认识王芗斋先生的拳学宗旨。

明确地阐述我的上述观点，是为了更好地理解、发扬王芗斋先生所论述的传统拳术攻防之道的修炼、建体、至用及攻防功夫艺境升华系列内容的精旨妙谛。

姑且以此为序。

马国兴

2007年10月10日

点评者之前言

一代宗师意拳创始人王芗斋先生，名政和，又名尼宝，字宇僧，晚年自号"矛盾老人"，1885年生于河北深县魏家林村。

自1894年从郭云深大师学习形意拳，因其终年苦修苦练，寒暑不辍，深究拳理，备受郭老青睐，故尽得郭老毕生拳学之精髓。弱冠之年，已成为一代名师。

先生学拳之始，就不拘泥于拳术的派系门户之见。他认为：我国拳术历史悠久，不同时期、不同地区的有成就的拳术家，都具有不同的风格与特长。这正是我国拳术之所以源远流长、繁荣兴旺的原因。

先生对拳理的着眼点并不是一技、一得的局部学识，他用毕生精力探索和研究拳家学术领域里的真谛。1907年前后，芗斋先生为开阔眼界、增长见闻，离师出游。1918年后，又前往河南、湖南、湖北、福建，在福州任过武术教官。以后先生北上，在天津开始讲学。在这段时间里，先生在大江南北遍访当时各派著名拳术家。他在河南时，曾到嵩山少林寺访问当时的心意拳（又名形意拳）传人衡林和尚，并与之切磋技艺。形意拳和心意拳同出一源，因此从学术研究的角度来看，先生对少林寺的访问，具有重大的意义。19世纪20年代中期，先生对大量搜集来的第一手材料加以整理、研究之后，创建了"意拳"。这是先生多年心血的结晶。意拳的创建无疑是对我国传统武术的一次重大革新。意拳重在健身与技击两个方面。健身锻炼要求"顺乎自然，合于需要"，具体地说就是应该符合人体生理机制和所应达到的功能状态。因此先生指出：重要的在于"凝神定意、舒适自然"；同时使从事锻炼者的中枢神经系统的机能得到改善，使身体素质得到提高。在拳术锻炼方面，意拳的创建摒弃了延习数百年的"套路"和"固定招法"，返朴归真，显示了我国拳术的原貌并赋之以新的理论内涵。意拳认为：拳术锻炼如果只着眼于技击的技术和技巧，只偏于某一姿势或某一招式的刻板方法，就会背离拳术的总体要求。芗斋先生所总结和倡导的训练方法，不仅丰富了我国传统拳术的训练方法，而且对现代体育运动同样具有重要的借鉴意义。目前在国际上不论是球类、田径、体操、跳水的竞技训练，还是宇航员在航天器里的健身运动，都已运用精神集中、肌肉放松和心理训练，这与意拳的理论和训练方法在某些方面是一致的。

以上文字，乃是时人对他的评价。是否如此呢？只有认真地对其全部拳学著作加以研究，方能得出正确的结论，才能比较出上述说法有多少出入。

马国兴

书于养德书屋

目 录

一、自志 …………………………………………（1）

二、习拳述要 ……………………………………（10）

三、论单双重与不着象 …………………………（39）

四、抽象虚实有无体认 …………………………（49）

五、总纲 …………………………………………（58）

六、歌要 …………………………………………（67）

七、练习步骤 ……………………………………（82）

　（一）站桩 ……………………………………（86）

　（二）试力 ……………………………………（103）

　（三）试声 ……………………………………（109）

　（四）自卫 ……………………………………（115）

　（五）技击桩法 ………………………………（130）

　（六）神意之运用 ……………………………（148）

（七）力之运用……………………………………（153）

　　（八）论桩功之境界………………………………（162）

八、论信条与规守……………………………………（182）

九、论拳套与方法……………………………………（188）

十、论拳与器械之关系………………………………（209）

十一、论点穴…………………………………………（237）

十二、天赋与学力之别………………………………（244）

十三、解除神秘………………………………………（253）

十四、知行解释………………………………………（261）

十五、拳道丧失之原因………………………………（266）

十六、解除师徒制之商榷……………………………（285）

十七、结论……………………………………………（306）

十八、附记……………………………………………（309）

一、自 志

拳道之大，实为民族精神之需要，学术之国本，人生哲学之基础，社会教育命脉①。其使命要在修正人心，抒发感情，改造人理，发挥良能，使学者精明体健，利国利群，故不专重技击一端也。若能完成其命，则可谓之拳，否则是异端耳②。习异拳如饮鸩毒，其害不可胜言也，余素以己利人为怀，触目痛心，不忍坐视，本四十余年习拳经验，探其真义之所在，参以学理，证以体认，祛其敝发其密，舍短取长，去伪存真，融会贯通，以发扬而光大之，令成一种特殊拳学③。而友人多试之甜蜜，习之愉快，因咸以大成二字为吾拳，欲却之而无从也，听之而已。今夫本拳之所重者，在精神，在意感，在自然力之锻炼，统而言之，使人自与大气相应合，分而言之，以宇宙之原则原理以为本，养成神圆力方，形屈意直，虚实无定，锻成触觉活力之本能，以言其体，则无为不具，以言其用，则有感即应。以视彼一般拳学家尚形式，重方法，讲蛮力者，故不可相提并论也④。诚以一般拳家多因注重形式与方法，而演成各种繁冗畸形怪状之拳套，更因讲求蛮力之增进而操各项激烈运动，误传误受，自尚以为得意者，殊不知尽是戕生运动，其神经肢体气管筋肉已受其摧残而至颓废，安能望其完成拳道之使命乎⑤？余虽不敢谓本拳为无上之学，若从现代及过去而论，信他所无而我独有也⑥。学术理应一代高一代，否则当无存在之必要矣⑦！余深信拳学适于神经肢体之锻炼，方因而益智，尤适于筋肉温养血液之滋荣，更使呼吸舒畅肺量加深，而本能之力亦随之渐长，而实现一触即发的功能，至于致力之要、用功之法，统于篇内述之，兹不赘述⑧。但此篇原为同志习拳较易而设，非向世之文者比也，盖因余年已老，大家迫求，只得以留惊鸿爪影于泥雪中寻之，仅将平日所学，拉杂记载，留作参考，将来入手一篇，领会较易。但余素以求知为职志，果有海内贤达，对本拳予以指正，或进而教之，则尤感焉，以一得之愚，得藉他山之攻，而益有进益。日后望从学诸生虚心博访，一方面尽量向唯一方面尽力发挥，倘有心得，希随时共同研究，以求博得精奥，而期福利人群，提高国民体育之水准，实为盼甚，否则毫无价值也。如此提高而不果，是吾辈精神之不逮焉，或智力未符故耳。夫学术本为人类所共有，余亦何人，而敢自秘？所以不揣简陋，努力而成是篇⑨。余不文，对本拳之精微，不能阐发净尽，所望者，仅不过笔录而已，实难形容其底蕴，以详吾胸中之事矣，一偶三反，是在学者，余因授道之诚，情绪之热，遂不免言论之激，失之狂放，知我罪我，笑骂由人⑩。

河北博陵　芗斋王尼宝　志　于太液万字廊

【题名解】

自志，自己言说自己之志向的文章。王芗斋先生通过"自志"一文，简单地介绍了修炼无形"拳道"的功能作用及社会意义。既言无形"拳道"，就比有形"拳术"攻防功夫艺境要高得多了，故而对有形"拳术"的修炼方法就会持有否定的态度，这乃是自然而然的事情。

然而，在形意拳谱中明明写着"固灵根而动心者，敌将也；养灵根而静心者，修道也"的内容，清楚地说明：传统拳术攻防之道中存在着有形的"术字门"的拳术功夫和无形的"道字门"的拳道功夫两层攻防功夫艺境的现象和事实，而无形的"道字门"的拳道攻防功夫艺境又是从有形的"术字门"的拳术攻防功夫艺境的基础上升华而来的。

这从形意拳门的"明劲、暗劲、化劲"的三层攻防功夫艺境的划分上来看也是这样的。以这样的观点来看王芗斋先生所论述的本题目内容是《大成拳论》，就是一个传统拳术攻防之道的修炼者就如何能达到大成神拳神明艺境及神拳神明艺境所具备的攻防功夫艺境的内容之论述。而大成之神拳神明攻防功夫艺境所运用的核心乃是自己的"无形法身道体"，故而，此中论述的系列内容又名《拳道中枢》。中枢者，核心、轴心部分的内容。

所以，观读这部著述的内容，就要把握两个内容：一是"拳道中枢"为何？无形法身道体是如何修炼出来的？二是大成神拳神明艺境的攻防功夫艺境如何？具备什么样的攻防功夫艺境？与其他门派、拳种的神拳神明攻防功夫艺境有什么异同？弄清楚这些问题的内容，就可以清楚地知道王芗斋先生所论述的一切内容了，同时也就能正确地认识王芗斋先生的攻防功夫艺境了。

下面将逐句进行注解、阐释。

【注解】

①修炼传统拳拳术攻防之道的大一统之观念，确实为民族团结大一统的爱国精神之需要；传统拳术攻防之道的学术之根本，乃修炼、齐身、从事治家、安邦、定国、平和天下的事业之开端；传统拳术攻防之道的内外双修躬身自厚、自学成"文兼武全将相身"的济世人才之事业，乃是社会普及教育人才的

命脉之一。

②修炼传统拳术攻防之道的使命要在修正人心——即灭己欲而唯道是从；谦虚待人，相互尊重，学术交流，增进感情而能融洽；自觉地改造人的气质、心理活动；发挥人的听探之良知、顺化之良能及其相互为用的能力；可以使修炼者聪慧精明、身心健康，有利于国家兴旺，有利于群策群力共同创造事业。故曰：修炼传统拳术攻防之道不专注重技击这一点技能上。修炼者若能完成这个使命，则可以谓之拳，否则就是异端之说的做法了。

③如果修炼传统拳术攻防之道者追求技击能力崇尚"武练、横练、糊涂练"就是异端之拳，戕贼自害、如饮鸩毒，其所致人的害处不可胜言：轻则百身之病，重则危及性命早夭，造成修炼者的人生悲剧。我素来以利己利人的心情为关怀，看到异端者之悲剧触目痛心，不忍坐视这种现象的发生。余四十余年的习拳经验，探索传统拳术攻防之道的修炼、建体、至用的真意所在，参以拳学学术理论、方法、准则，证之以体认；祛除其弊端，阐发其中的不传之奥秘，舍短取长，去伪存真，融会贯通，以发扬而光大之，令成一种"特殊"拳学。

特殊拳学：就是修炼方法、攻防功夫艺境，区别于当时那些修炼套路、运用注血之力的拳术攻防技术方法者，而忠实于传统拳术攻防之道的健顺参半之"形而上者谓之道，形而下者谓之器，器以道为体，道以器为用"的传统拳学。因为其本遵从"中庸大道"的健顺合之至，太和一气，道也，万物之通理，名之曰太极的修炼思想而如此说之。就是遵从"以神为主，以气为充，形从则利"的内家拳法。

④王芗斋先生所传授的松静自然的站桩、试力、自卫的系列方法，拳友们修炼起来多感觉到甜蜜蜜的，修炼起来景象真切、没有皮肉筋骨之劳苦，故而习之精神愉快。这种方法乃是上乘的修炼方法，故以"大成"二字名为我所传授的拳，我欲推辞而无所从说，听之而已。今天本拳所重者，在无形的内劲（精神），在于意念体认的感受，在于自然本来具备的能力的锻炼，就是"听探之良知、顺化之良能及其相互为用的能力"之锻炼。笼统地说，就是天人合一的使人自与大气相应和（就是自己的外形与自身无形的真气相应和）；以宇宙时空统一的原理、法则为本，养成自身"劲圆形方、形曲力直、内劲外形虚实无定"的体态，锻炼成"听探之良知、顺化之良能及其相互为用的自动化的触觉活力之本能"，这种能力达到"感而遂通"艺境。以体言，则崇尚清静无为则具备无不能为也；以用言，则寂感遂通的有感而应、应无不当之艺境。

以此种攻防功夫艺境再看看那些一般修炼传统拳术攻防之道的拳学家，崇尚外形形式，注重一招一式一技的方法，讲究肌肉蛮力者，故而与其不可相提并论尔！这就是王芗斋先生所说的"特殊"拳学之基本内容。

⑤就因为一般修炼传统拳术攻防之道的人多注重外形形式与攻防技术方法，而演练成各种繁杂冗长畸形怪状的拳术套路，更因为讲究蛮力之增进而操练各项激烈运动，误传误受，殊不知尽是戕贼残生的运动。这种运动造成神经系统、肢体气管、筋肉已经受摧残而致心理上的颓废，安能再完成其修炼传统拳术攻防之道的使命呢？

⑥我虽然不敢说我所传授的拳为无上之学，若从现在及过去而论，信他所无而我独有也。

观历代大家之论，达到"一点天清，二点灵明，三点神光九重天"的说法来看，王芗斋先生所论述的拳法前贤已经有之。比如王芗斋先生所崇拜的郭云深、董海川等大师的拳都已经存在了，孙禄堂先生论述的"身体如同九重天"的艺境，已经非常清楚了，何况还有"道本虚无生一气，空空静静最难求。得来万法皆无用，形体应当似水流"的拳道诗也。

但为什么王芗斋先生有"若从现代及过去而论，信他所无而我独有也"的说法呢？这是存在一定的历史原因的。其这样说的根本原因还是极力地证明：其所传拳道与"一般拳家多因注重形式与方法，而演成各种繁冗畸形怪状之拳套，更因讲求蛮力之增进而操各项激烈运动，误传误受，自尚以为得意者，殊不知尽是戕生运动，其神经肢体气管筋肉已受其摧残而至颓废"，还是存在本质区别的。

就因为王芗斋先生所论"站桩、试力、试声、自卫、大成艺境"的修炼模式和传统的"内外基础功夫修炼、套路修炼、招法单操、吐气开声、喂手、盘较、形拳招熟、气意拳懂劲、神拳神明三层功夫艺境升华、具备神化之功的成功一也"的修炼模式不尽相同，其才这样自信地说："虽不敢谓本拳为无上之学，若从现代及过去而论，信他所无而我独有也"，这样看来毫无不可理解之处。

⑦传统拳术攻防之道的理法，应该一代高过一代，更为完善，否则当无存在之必要了。

传统拳术攻防之道的历史发展规律告诉我们，年代久远的拳谱内容简单朴实，年代就近的拳谱内容细腻复杂，理法一贯，然而本质未变，都是运用中华民族传统文化天人合一的理法进行的论述，这是过去的情况。

王芗斋先生所处时代，西方文化东来，大有取代东方文化的趋势。在这种文化时代背景下，运用新的文化理念阐述传统拳术攻防之道的修炼、建体、至用的内容，使之焕然一新，这样做是否可行，都有待商榷。

现在，已经六十多年过去了，时代变了。我运用中华民族传统文化中天人合一的理法，阐述传统拳术攻防之道的修炼、建体、至用及攻防功夫艺境升华的系列方法、系统工程的内容，阐释各家之论述，自能一理贯串，运用起来得心应

一、自志

手，毫无牵强附会之处，而且能将各家视为一家。这是前无古人而作的事业，也就是学术之理一代高一代的意思。

将来，能够运用现代科学理法观念将传统拳术攻防之道的修炼、建体、至用及攻防功夫艺境升华的系列方法、系统工程的内容，阐释各家之论述，阐述得清清楚楚、明明白白，就是"学术理应一代高一代"的具体表现了。

⑧我深信传统拳学的内外双修适用于内劲、外形之锻炼，因为这样修炼才能有益于开智增慧，尤其内功修炼的筋肉温养血液之滋荣，更使得真气吸提呼放舒适畅达非呼吸深沉，而与生俱来的听探之良知、顺化之良能及其相互为用的能力渐渐能达到最佳的境界，进而实现攻防功夫"一触即发"的自动化的功能状态。至于如何努力去做的要点、用功方法，统统在各篇内详细地论述出来了，故在此不再赘述。

⑨此篇文章，原来就是为同道习拳练艺较为简单易行而设置的，不是向世上文理之人的论谈相比较的。就是因为我的年纪渐渐步入老年人的行列了，迫于大家追求，只得以留"惊鸿爪影"于泥雪中寻觅之，仅将平日所学之拉杂的记载留作参考而已，将来人手一篇，领会起来就较为容易了。但是，我素来是以求得拳学真知为职业志向，如果有海内贤达之士对本拳予以指正，或进而教之，则尤其感谢呀！以"愚者必有一得之见解"，就得藉此以攻他山之玉，而益有进益。日后望从学诸生虚心博访，一方面向尽量"惟一"方面发挥，倘有心得，希望随时共同研究，以求博得精旨奥谛，而期盼福利人群，提高国民身体素质、体育之水准，实为盼望甚切，否则毫无价值也。如此提高而不见效果，是我辈精神之不真诚的原因造成的，或者是智力未符合道的缘故尔。要说学术，本为人类所共有，我只是个普通的人，受人所传，修炼有得，怎敢自秘呢？所以，不揣简陋，尽心努力而成是篇文章公布于世。

惟一：语出《尚书·大禹谟》："人心惟危，道心惟微，惟精惟一，允执厥中"之"惟一"。这句话清楚地表明了王芗斋先生的拳学思想，体现的是"无形法身道体"的体、用观念为正道，否则便是旁门功夫了。

其实，这表明了王芗斋先生的拳学的体用内容，就是"健顺参半"的健顺和之至，太和一气，道也，万物之通理，名之曰太极的理法宗旨者也。

⑩我对作文章不在行，对大成拳之精微要妙不能阐发净尽。所盼望者，仅不过笔记而已，实难形容其底蕴，以详我胸中之事矣。举一反三，是在学者。我因为传道授业之虔诚，情绪之热忱，虽不免言论之激烈，失之狂放不羁，知我良心甘苦者有之，怪罪我唐突冒犯者有之，笑骂由他！

本拳：以无形法身道体为根本的拳，也就是传统拳术攻防之道的大成神拳神明艺境的无形拳道也。

【点评】

王芗斋在《意拳论——桩功与四形》前言中说："站桩是大成拳的基本功。持桩之法有行站坐卧之分，持桩之目的是为了培育内劲。内劲培育至何种程度始为有得，须有其检验依据。本文即拟将持桩之效果，以扼要论述，供同好参考。"

孙禄堂先生说："在天曰命，在物曰理，在人曰性，在拳曰内劲。"

两家之论，充分说明"内劲"是拳道的中枢。有关传统拳学中的"内劲"的说法，首见于《六合十要叙·十曰内劲》一文中，为求对照，录之如下。

> 夫内劲寓于无形之中，接于有形之表，而难以言传，然其理亦可参焉。盖志气之帅也，气体之充也。心动而气即随之，气动而力即赴之，此必至之理也。今以功于艺者言之，以为撞劲者非也，功劲者非也。及谓抖劲、崩劲者皆非也，殆颤劲是也。撞劲太直，而难起落；功劲太死，而难变化；抖劲崩劲太促，而难展招。唯颤劲出没，其捷可使日月无光，而不见其形。手到劲发，天地交合，而不费其力。总之，运于三性之中，发于一战之顷，如虎伸爪不见爪，而物不能逃，似龙之用力不见力，而山不能阻。如是上九法合而为一，而克人其有不利乎。

引文中清楚地说明了内劲的性质"内劲寓于无形之中，接于有形之表，而难以言传，然其理亦可参焉。盖志气之帅也，气体之充也。心动而气即随之，气动而力即赴之，此必至之理也"，以及其功能作用"唯颤劲出没，其捷可使日月无光，而不见其形。手到劲发，天地交合，而不费其力。总之，运于三性之中，发于一战之顷，如虎伸爪不见爪，而物不能逃，似龙之用力不见力，而山不能阻"。所以，修炼传统拳术攻防之道者必须通过内外功法以修炼"内劲"功夫为首要的内容。这一点前贤亦有专门的论述，为求对照，录之如下。

> 炼剑莫先于炼气，炼气要首在于存神。存神之始功，根于固精。能此方可以论剑之练法，否则作辍之，鲜有成为完璧者。工夫贵勿刚勿缓，和平得中，且存且养，内外兼济。直外便能和中，炼形亦可长生。活动筋骨身轻灵，周身气血力加增。
>
> 《浑元剑经·剑髓千言》

引文中清楚地说明，炼拳莫先于炼气、存神、固精，能此方能论拳之练法，否则作辍之，鲜有成为完璧者。这就是王芗斋先生在"自志"一文中所欲表达的首要内容。

> 仰人何谓乎先？涵养之以静以蕴其继，灵妙之以动以畅其用。体非无以立其大本，用非无以彻其元功。离之中坤其静基也，《易》之卑法地者此也。然静则功力绵绵不息，其体至柔至刚。非柔则原委难于无间；非柔中刚，未免有作辍之时。柔者静之体，刚者则又柔之体也。坎之中乾其动机也，《易》之崇效天者此也。非无则空灵犹恐障蔽；非无中生有，奚以见变应之奇？
>
> 《浑元剑经·剑髓千言》

这段论述清楚说明，"内劲"为"拳道中枢"。内劲，乃是健之体；外形，则是顺之体；内劲、外形，柔外刚中匹配如一，则是"健顺德之体"，然后才有"健顺德之体"攻防之运用。然而，健顺德之体的运用方法、准则，就是清静无为的法则，只有这样才能有成。这就是内功修炼"涵养之以静以蕴其继，灵妙之以动以畅其用"的建体、至用的观念，是"体非无以立其大本，用非无以彻其元功"的道理。建体、至用，这又是王芗斋先生在"自志"一文中所欲表达的第二个意思。

以如上的观点来看王芗斋先生的"拳道中枢（又名大成拳论）"的一切内容，也就能领会其所论述的拳学之精神实质及练用之精旨妙义了。

所以，王芗斋先生是否创了"大成拳"？或是论述传统拳术攻防之道的大成神拳神明艺境的修炼、建体、至用的内容？读者自己可以明知！我只就"大成"二字的含义及其意义发表过一篇文章以论之，为求对照，录之如下。

现如今"大成"两个字，已经成为拳术中的时髦语言了，故有必要论清楚其来龙去脉。否则，概念不清楚，初习拳者对冠以"大成"二字的种种之说法就会分辨不清楚，界定不明白，自然谈拳论艺难免张冠李戴，闹出笑话，甚或造成误解而发生种种冲突，产生误会，不利于拳友之间的相互交流。

"大成"二字在传统拳术攻防之道中，都有哪些用法呢？据我现在所知，有三种用法：一曰功夫艺境层次说，即"大成艺境"；二曰修炼方法内容说，即"大成之修法"；三曰门派拳种的名称说，即"大成拳"便是。下面分别将此三种运用"大成"二字的内容情况分析清楚，防止概念混淆，以便于习拳者之间的相互交流。

功夫艺境层次说

此乃指修炼手战之道功臻上乘，已达神明艺境，具备神化之功、感而遂通的无为之艺境。即"全体透空"的太极功夫艺境;"无形无象"的无极功夫意境;形意拳的"真形合真象"的化劲之无为功夫艺境。是名"大成艺境"。能具备此种攻防功夫艺境之人,称为功夫艺境之"集大成者",即指其达到攻防功夫的"大成艺境"了。如其又能对传统拳术攻防之道的修炼、建体、至用之内容铸法立说,又能通解从古至今之拳术理法的论述,并能融会贯通,一理贯之,此乃"以文观法",并能"以形鉴真",又能"传道、授业、解惑",可称为"明师、明家、通家",是传统拳术攻防之道的"集大成者"。此乃划时代的"集大成者"。

修炼方法内容说

传统拳术攻防之道将修炼方法内容分为三乘,即三成说。不管以何种静动法修炼,只要是修炼"内气、内劲"的生成、运行、至用的方法,皆谓之上乘之修炼练法,即"大成"之修炼的方法。此"大成"二字,乃指修炼"内气、内劲"内容而言的。不管以何种静动练法修之,只要是修炼"外形"押筋拔骨,达柔弱无骨以至用的方法,皆谓之下乘之修炼法,即"小成"之修炼的方法。此"小成"二字,乃指修炼"外形"内容而言的。不管以何种静动法修炼,只要是修炼"内气、外形"柔外刚中,匹配如一,或初步至用的方法,皆谓之中乘之修,即"诚之者"的"中成之修"法,此中成乃指修炼内外合一至用而言的。而在中成之法内容中要以"顺、逆、和、化"四德之方法,经过"明劲、暗劲、中和"三个过程,最终达到"化劲"的艺境。而明劲为小成艺境,暗劲为中成艺境,化劲功夫成时,即神明艺境,具神化之功的"大成艺境"。这就是传统拳术攻防之道的"法分三修、成功一也"的说法。而"三成"中的任何一成时,皆可谓之"成功一也"来表达。但最终要内外浑化归一,方有一而三之元玄之至用之成,方为神明艺境的修之"一"也,神化之功的终于"一"也。

故前人论说修炼之功夫的成功之先后阶段时讲:"三年一小成,七年一中成,十年一大成。"乃指"明劲、暗劲、化劲"的小成、中成、大成的修炼艺境过程分段而言,有其道理存焉,有其验证可寻,故其言不误也。

上述修炼内容的三成说法,适用于传统拳术各门派、拳种的习拳者应用,以为修炼进阶之准绳。然这种认识之说法,并非我的杜撰,乃前人论述的解释,取自《杨谱·太极分文武三成解》,记录如下,以兹读者对照,细心对阅,会更有新意。

盖言(拳)道者,非自修身无由得成也。然又分为三乘之修法。乘者,成也。上乘,即大成也;下乘,即小成也;中乘,即诚之者也。法分三修,成功一也。

> 文修于内，武修于外。体育内也，武事外也。其修法内外、表里成功集大成，即上乘也。由体育之文而得武事之武；或由武事之武而得体育之文，即中成也。然独知体育之文，不知武事而成者；或专武事，不为体育而成者，即小成也。

明白上述之论述的内容，就可以知道传统拳术攻防之道的修炼方法、过程及攻防功夫艺境之进程阶段和最终功果，并可以此内容而能检查自己习拳的方法、过程，以及攻防功夫艺境的即时之功果和观察他人习拳方法内容及即时所达攻防功夫艺境之阶段。此乃宏观控制之论述，便能微观以察知的方法。以此，既能知己，又能知彼。

门派·拳种名称说

即王芗斋先生的"拳本服膺，推名大成"的"大成拳"，此"大成拳"三个字，时至今日乃成注册之拳种的名称了，成为现时社会上、武术界中公认的一个具体门派、拳种的名称。故知"大成拳"已经成为一个专用名词了。"大成拳"三个字的拳种名称，与其他门派、拳种的名称具有同等的含义。作为拳种名称来说，具有同样的意义。

如果要对"大成拳"有个认识，就要以"理、法、术、功、形、意、体、用、闪展、腾挪、拿、打、踢、摔"十六个字的内容来分析认知。看"大成拳"的修炼方法内容及成功过程，我认为也要以前面《杨谱》所论的"法分三修、成功一也"的内容来具体对待，只有这样，才能更好地认识"大成拳"。因为用同一把尺子来认识各门派、拳种的修炼、建体、至用之内容，功成之进阶，才有所比较，才能得出较切实际的认识。

关于"大成"二字在传统拳术攻防之道中的具体运用之内容，已经展开论述清楚了。故修炼传统拳术攻防之道者不要将"大成艺境""大成修法""大成拳"——即大成拳种的三种名词概念相互混淆，这样，再与人谈拳论技时方可彼此交流，畅所欲言，而不会产生"大成"二字运用上概念混淆的误会了。

以上所论，不单对已经习拳者而言，就是对欲习拳者来说，都是应知、必知的内容。知者不迷，此之谓也。不单是指对"大成"二字而言，凡传统拳术攻防之道中的"理、法、术、功、形、意、体、用"及"闪展、腾挪、拿、打、踢、摔"八法中的"文字、语言、事、物"等之内容，皆应先分辨清楚、明白，知而后行，方能避免失误。否则，人云亦云，难免误入歧途，落入尴尬境界，处在进退维谷之中，徒增无限烦恼，悔之晚矣！再迷途而不知返，或欲返而耻于小羞、不知大悟者，必定会留有终身之遗憾！故著此文以告习拳者知。

二、习拳述要

近世操拳学者，多以筋肉之暴露坚硬夸示人前，以为运动家之表现，殊不知此畸形发达之现象既碍卫生，更无他用，最为生理家忌禁，毫无运动之价值也①。近年以来，余于报端曾一再指摘其非，虽有一般明理之士咸表同情，而大都仍是庸俗愚昧忍心害理，尤其信口诋人，此真不齿，故终不免有诸多衔怨者，大凡从来独抱绝学为人类谋福利者，与忠诚之士和聪明绝顶者，社会从来鲜有谅解，水准之低，概可想见。余为拳道之永久计，实在不敢顾其私，希海内贤达其谅鉴之②。

按拳道之由来，原系采禽兽搏斗之长，象其形，会其意，逐渐演进，合精神假借一切法则，始汇成斯技③。奈近代拳家，形都不似，更何有益于精神与意感乎？然亦有云"用力则滞，用意则灵"之论，询其所以，则又瞠然莫辨，用力则筋肉滞而百骸不灵，且不卫生，此故然矣，然在技击方面言之，用力则是力穷，用法则是术罄，凡有方法，便是局部，便是后天之人造，非本能之学也④。而精神便不能统一，用力亦不笃。更不能假以宇宙之力之呼应，其精神已受其范围之所限，动作似裹足不前矣，且用力乃是抵抗之变象，抵抗是由畏敌击出而起⑤。如此岂非接受对方之击，则又安得不为人击中乎？用力之害，诚大矣哉。要知用力用意乃同出一气之源，互根为之，用意即是用力，意即力也。然非筋肉松和，永不能得伸缩自如遒放致用之活力也⑥。既不能有自然之活力，其养生与应用，吾不知其由何可以得，要知意自形生，力随意转，意为力之帅，力为意之军⑦。所谓意紧力松，筋肉空灵，毛发飞涨，力生锋棱，非此不能得意中力之自然天趣⑧。本拳在20年前，曾一度有"意拳"之名，举意字以概精神，盖即本拳重意感与精神之义也。原期唤醒同人，使之顾名思义，觉悟其非而正鹄是趋，孰知一般拳家各怀私见，积重难返，多不肯平心静气，舍短取长，研讨是非所在，情甘抱残守阙⑨，奈何奈何。遂致余愿无由得偿，吁可慨也。余之智力之所及，绝不甘随波逐流，使我拳道真义，永坠沉沦，且尤不时大声疾呼，冀以振其麻痹而发猛醒，此又区区之志，不能自已者也⑩。

二、习拳述要

【题名解】

既曰"习拳述要",就是论述传统拳术攻防之道的修炼之要点的内容。简单扼要地说,就是论述自身"神、意、气、劲、形、中"六合一统的内主外从的关系,也就是遵从"以神为主,以气为充,形从则利"的内家尚巧的拳法;抨击"以形为制,尚气用力,神从则害"的外家尚力的拳法。论中旗帜鲜明,观点明确,论据清楚,句句切中时弊要害,是传统拳术攻防之道修炼者必读、必遵而行之的经典文章之一。

【注解】

①近些年来,操练传统拳术攻防之道的人,多以注血之力的肌肉爆发力的方法修炼,以筋肉之暴露、肌肉之坚硬夸耀显示在人前,以为是传统拳术运动家的外在表现之形象。殊不知如此畸形发达的现象既妨碍人的生理卫生,更没有其他的用处,最为养生学家忌讳和禁止,毫无人体生命运动之价值。下面让我们看一下李小龙之死带给我们的启示。

李小龙,生于1940年11月27日,卒于1973年7月20日,享年32岁。

对于李小龙的真正死因,他的一位生前好友日前表示,他相信李死于练功过度。由于李小龙承受与日俱增的沉重压力,经常头痛。他不断操练身体,每次连续踢脚五百下,击拳两百下,日积月累,导致身体无法承受。

事过30多年后,美国医学家根据李小龙的原病历分析,得出"李小龙过劳至死"的科学结论。

如果从攻防功夫战绩辉煌的角度来看,李小龙的战绩无人可比!

如果从"打拳原为保身之计"的观点来看,像李小龙这样"多以筋肉之暴露坚硬夸示人前,以为运动家之表现,殊不知此畸形发达之现象既碍卫生,更无他用,最为生理家忌禁,毫无运动之价值也"的结论,乃是完全正确的。

因为,"多以筋肉之暴露坚硬夸示人前,以为运动家之表现"的修炼行为,已经违背了"中庸"之道的修炼之根本法则了。而有关传统拳术攻防之道的修炼、建体、至用的遵从"中庸"之道的论述,历代前贤多有论述,《浑元剑经·剑髓千言》中论之最明,为求对照,录而解之如下。

故戕贼成者,终难深造乎道。绵长者久必显达。过急则锐,恐多退速之虞;太缓则疏,未免作辍之清。然二夫准期何在?诗云:

> 休逞欢来歇力行，免将过役倦容生。
> 中庸万古传心法，中以庸行戒律清。
> 气欲足兮精为本，神光无滞天地春。
> 四肢鼓荡皆符道，力量增加要日新。

前面论述了"无害者乃顺生机之自然，去其害生机也"的文练法，乃修炼传统手战之道的传统、正统、正宗之方法、准则，是君子执君一民二的道法长之修炼，并反复叮咛，唯执此而能功成。

此又谈明了糊涂练法、武练法、横练法的弊端之实质，并将此三法称为"故戕贼成者，终难深造乎道"。何为"戕贼"？戕者，残害之谓；贼者，邪也。完整地说，就是以残害自身生机之自然的修炼方法，皆为邪法也。为何如此之说？自古相传，一脉承之，正统的传统手战之道，乃文体成，武用精，静炼体，动练用，以浑元虚无之体，以生一而三元之玄机妙用，乃遵无生妙有之义。就其运用之法则，亦是顺势借力成规矩，崇尚意气君来骨肉臣的尚德之大仁大义之勇，得此者是为真勇武。即以听探之良知，运用顺化之良能。

然而，历来就有不明其宗旨、不知运用之法则，不晓以听探用顺化之机理、"以柔用刚"之技术方法，而逞己之私欲，筋努骨突，尚血气用横力，背道而驰，明为修炼，实为戕贼而成，此乃小人之修。即崇尚后天有为之力法，故道法消。而危害生机之自然，即残害自身生机，造成疾病缠身，甚至危及寿命。就前面所说的糊涂练法、武练法、横练法，皆是不同表现形式，乃不同程度上的"戕贼成者，终难深造乎道"！终不得修炼的正果福报，反而以报身应接其祸之降临，实可悲也。

"绵长者久必显达"，其意深邃，以前人之论述的精义证之，其曰：

> 武事，外操柔软，内含坚刚。而求柔软之于外，久而久之，自得内之坚刚。非有心之坚刚，实有心之柔软也。内要含蓄坚刚而不外施，终柔软而应敌。以柔软而应坚刚，使坚刚化为无有矣！神明艺境，化境之极也！
>
> 《清代杨氏传钞老谱·太极下乘武事解》

此乃"绵长者"练、用之精髓，久必显达。达此化境之极，乃神明艺境，功夫艺境至此，是谓之显达。

然修炼者众，有过急者，乃指心性过急，操练过急，执一点攻防招法的表面之技，急操急练，经过一年半载，小获攻防之能，亦是以强凌弱，虽小有获胜之率，此乃锐进之人，自以为得意，此乃后天尚气用力有为之法。虽然表象上看疾锐之进，然不修炼，恐怕存在退步迅速之危机。老子曰："暴风骤雨不终朝，天地尚不能长久，何况人乎？"修炼传统手战之道崇尚后天有为力法，虽有近期之小效，然一不修炼则会迅速退去，况以此法持续三年以上者，多受害生机自然之苦，疾病痛苦缠身，乃得不偿失之举。现今此种例证，俯首即拾，真可谓举不胜举。现今习传统手战之道者，何不引以为鉴。此乃拜师学艺"敬其师，不贵其资，虽智大迷"的愚蠢行为造成的。

修炼之过急者，弊病百端已经论明。而修炼太缓则疏，未免有作辍之情。修炼传统手战之道虽不能速成，亦不能太缓，应是每日按法修炼，精心体会，粗事细磨之事，其中旨趣横生，品味不绝，是一种享受，精神的、身体的、攻防艺境的收获，都是难以描述言知的。此种正确的修炼，就是一种动力，是正确修练方法培养成的修炼之乐趣。如果各种修炼的进阶缓慢，每日重复着同样练法，即守一法死，失去了其中之趣味，就会疏于修炼，最终就会中断修炼了。出现修炼中断的原因，皆由进程太缓所致。此乃理不明，法不清，盲目修炼者之弊病，不知转法进阶之顺序所致。

修炼传统手战之道，既不能过急地锐利进取，恐多退速之虞；又不能太缓则疏，未免有作辍之情况发生。究竟二者应如何把握，达到修炼之事不疾不缓而能适度进阶，以历诸境而最终功德圆满呢？其在诗中言明，就只好逐句阐释其诗中精髓，方能知之。

休逞欢来歇力行，免将过役倦容生

即修炼传统手战之道一事，外尊天道而行，内顺生机之自然而练，具体日程的修炼内容之安排，即前面所言的午前练外形，午后静休守中，前半夜修炼内功。这样的安排，既有内外功法的练习之事，又有足够的休息养气、养神的时间，既不疾劳又不缓逸。千万不要心血来潮，即兴逞欢狂练。

修炼时亦不尚血气，不用横力而纯自然先天之力而练，一不过劳，二可体认其中妙趣。如修炼时间过长，自会产生疲倦，属于一暴十寒，本就得不偿失了。就是静练功法，也不能时间过长。如现今有练站桩功法的，一站就是几个小时，都属练功不当，过于劳役之苦，反而耽误功夫的升华。练功本是"心领体会"的事，心往何处想，身体就会自然做对了。只要外形能够放松，自身不紧张，经过几次调整就基本上做对了。因为一般攻防招法都没有高难度的动作，只要身体会做了，就是熟练了，熟练了再求变化，积少成多，只要顺随对手变化，持"以柔用刚"之技术方法，便可渐渐入门了。开始修炼实用变化，千万不要想着打人，只求对手打不着自己，也就抓住练用的要领了。只有这样务以意会、法以神传地渐悟之修炼，才能逐渐升华。而每次修炼1个多小时要休息半个小时，认真思考总结，深刻领会，提出新的可行的目标，然后再练。目的在于理解，这样领会、理解地练，身体自会产生系列变化的能力。此乃我多年修炼的心得体会。这样修炼兴趣高，每次练后都有新的认识、领会和理解，身体适用的范围广泛，攻防能力在不知不觉中自然就会加强了。

中庸万古传心法

中庸之道，就是中和之道，即"无过不及，不偏不倚，中正安舒"。修炼一事，又有"知、止、定、静、安、虑、得"七妙法门。对于任何事物，先要"知"，根据知而"止"于此处，止于此处久也谓之"定"。定则能"静"，静无不应则"安"，安排得当则"虑"，滤其糟粕则能"得"其精华。无事不是起于知，终于得。故《大学》中言："物有本末，事有始终，知所先后，则近道矣！"修炼传统手战之道的由始至终及诸种练、用之法的始至终，亦未出此七妙法门和这段论述。以上总归为"心法"。

中以庸行戒律清

中和之道，就是平常人皆能做到的。庸，平常也。平常的所作所为之阴阳不偏不倚，无过不及，就是中和之道。此中庸的戒律，算得清清楚楚，明明白白，并无难理解之处。

气欲足兮精为本

要想真气充足，真气生于精，炼精化气，故精乃真气之根本。故固精、聚精会神自能化生真气。修炼传统手战之道首在炼气。炼气在于存神，存神之始功，根于固精。能知此者，按法修炼就可以了。此乃修炼传统手战之道的根本所在。

神光无滞天地春

气足则神充，神充气足则质而弥光，即眼有神光，身有灵光，体有元光，浑光普照，神采奕奕。身内纯阳之气立定，众阴邪退尽，体内万物生气勃勃，亦如明媚之春光，一派温柔和缓安泰之景象，自是虚灵妙境。此乃修炼传统手战之道的正果，必得福报。

四肢鼓荡皆符道

满身空灵，内气腾挪。下之步法、中之身法、上之手法，步法进退鼓荡之势，身法腹内松静气腾然的鼓荡变化之势，手法攻防亦成鼓荡之势，此乃纯先天自然之力所成，故时时刻刻须符合攻防之道的法则。

力量增加要日新

修炼传统手战之道，到懂劲以后，一天一个体会，每天都有新的体验，此乃进入日日新的境界了，大成艺境的神化之功指日可待。力量增加，并非后天有为力法之"力量"，而是指"先天自然之力"的运用能力增加了。通读《剑经》前后文之意旨，也就可以明白了。其言"在神为非人力也"就会分辨得更清楚了。

综观"歌诀"之精义，修炼要执"中庸"之道，才是修炼传统手战之道的正统。故在修炼、应用，时时刻刻都要以"中庸"的戒律约束自己，都要以"中庸"所传心法启发自己，才不会偏执、执偏，就不会产生"过和不及"所造成的弊病。这才是歌诀中所体现的练、用之精神及其宗旨。

而今修炼传统拳术攻防之道者是采用"文练法"的方式获得传统拳术攻防之道健身、技击，功德艺境并行不悖的真功夫以享用，还是采用"武练法、横练法、糊涂练法"的方式而至"戕贼自害之早夭折"呢，究竟何去何从皆由自己慎重决定！这乃是李小龙归于后人的又一次选择的启示！

当今，因为修炼传统拳术攻防之道的方法不当者而未能活到自己天然真寿的情况时有报道，这种人生悲剧真令人为此悲痛哀伤而又惋惜！

所以，当今修炼传统拳术攻防之道者，一定要先明白"中庸"之道的理法，再从事传统拳术的修炼，乃是避免"戕贼自害"的事情发生的最根本的方法。这就是现代人科学的修炼方法的第一方案！

②近年以来，我曾在报端一再指责这些背道而驰的做法之害已误人的危害，虽然有一般明白遵从"中庸"之道的理法的人士衷心地表示同情和支持；而大多数都仍然是庸俗、愚昧、忍心害理；尤其是信口雌黄诋毁他人的人，此真为不齿的勾当。我这样的谈拳论道，故终不免有诸多衔怨者。大凡从来狭抱绝学为人类谋福利者，与忠诚之士和聪明绝顶者，社会从来鲜有谅解的，道德水准之低，大概可以想象得到了。我为实现传统拳术攻防之道能够永久的发展、发扬光大的计划着想来谈拳论道，实在不敢顾及自己的和他人的私人利益了，希望海内贤达人士能够体谅，以为明鉴。

确实，那些传统拳术攻防之道中的"猥知鲁莽之人，彰乎知"正在严重地阻碍着传统拳术攻防之道学的发展、发扬光大的事业！

③按照传统拳术攻防之道的产生之由来，源系采集远古时期禽兽搏斗之技术特长，象其形，会其意，逐渐演化进步，再结合内功修炼的假借之一切方法、准

则，始汇集而成传统拳术攻防之道这门技术、功夫、学问的。

这一观点，恰恰证明了传统拳术攻防之道产生的根源及其基本的理法宗旨。这些问题在《鬼谷子本经阴符七篇》中的"转圆法猛兽"和"损悦法灵蓍"两篇已经论述得非常清楚了，为求对照，录而解之如下。

1. 转圆法猛兽

> 转圆者，无穷之计也❶。无穷者，必有圣人之心，以原不测之智；以不测之智而通心术，而神道混沌为一。以变论万类，说意无穷❷。智略计谋，各有形容，或圆或方，或阴或阳，或吉或凶，事类不同❸。故圣人怀此，用转圆而求其合❹。故与造化者为始，动作无不包大道，以观神明之域❺。
>
> 天地无极，人事无穷，各以成其类；见其计谋，必知其吉凶成败之所终❻。转圆者，或转而吉，或转而凶，圣人以道，先知存亡，乃知转圆而从方❼。圆者，所以合语；方者，所以错事❽。转化者，所以观计谋；接物者，所以观进退之意❾。皆见其会，乃为要结以接其说也❿。
>
> 《鬼谷子本经阴符七篇·转圆法猛兽》

圆者，周全圆满缜密严谨而无亏损的意思。言圣智之不穷，若转圆之无止。转圆之无止，犹兽威无尽，故曰"转圆法猛兽"。

圣人的智慧类似于猛兽的动作，寓动于静，先伏后动，一旦跃起威力顿发，势不可挡。不正如越女所说"内实精神，外示安仪；见之似好妇，夺之似惧虎。布形候气，与神俱往"的情景吗！

所谓"转圆"，是指能构想无穷计谋。而能构想出无穷计谋的人，必定有圣人之心，并用道心灵机推究难以测出的计策谋略，而那难以测度的知见谋略是与自己心术相通的。

心术者，内功养生术的修炼而达到明心见性的"体用一元"的艺境，这才是"转圆法猛兽"的精旨妙谛！猛兽者，静则无欲，动则专一不二。

注：

❶ 动静互为其根，阴阳迭神其用，正是"枢得环中，应变无穷"的圆转变化的无穷之设计也。

之计：设计、计划、计策、计谋的意思。

❷ 内功养生术的修炼，涤除玄鉴，一尘不染，圣心若镜，物感斯应，故不测之智，生生不已，源源不断，心术之要可通也。既以圣心原本不测之智、又通心术，故虽神道混沌，妙物杳冥，而能类其万类之变，说无穷之妙义也。

❸事至然后谋兴，谋兴然后事济，事无常准，故形容不同。圆者运而无穷，方者止而有分；阴则潜谋未兆，阳则功用斯彰；吉则福至，凶必祸来，凡此事皆阴阳逆从，反复无穷，故曰：事类不同者也。

❹此谓所谋圆方以下六事，既有不同，或多乖谬，故圣人法转圆之思，以求顺通之合也。

❺圣人内功修炼体道以为用，其动也神，其随也天，故兴造教化，其功动作，先合大道之理，以稽神明之域。神道不违，然后发施号令。

❻天地则独长且久，故无极；人事则吉凶相生，故无穷。天地以日月不过、陵谷不迁为成；人事以长保元亨，考终厥命为成。故见其计谋之得失，则吉凶成败之所终，皆可知之也。

❼言吉凶无常准，故取类转圆，然圣人坐忘遗鉴，体同乎道，故先知存亡之所在，乃后转圆而从其方法者也，弃凶而从吉，方谓存亡之所在也。

方：方法者也。

❽圆者，周变不屈，左右逢源，阴阳转接，通变不穷，故能合彼此之语；方者，分位斯定使事物依规矩而行，故可解决有为之事。

❾转化者，改祸为福，故可观物设计谋略之得失；接物者，顺通人情，故可以观察进退之意、是非之事也。

❿如能融汇方圆转化、接物交会的变化之方法、道理，然后总其纲要而分析综合，统一其学说了。

点评：

此言"转圆法猛兽"者，圆者，善变不拘而周全的意思。何谓周全？即阴阳、动静、刚柔、曲直、方圆、吞吐、伸缩等，凡两两相互对立统一于一体中的相互根生、相互转化、相互为用的方法，都是生生不已、变化无穷的法式。但是要"寓动于静"。说白了就是"听探、顺化，相互为用"的能力。

如苍鹰在天空盘旋的侦察飞行动作，是为圆曲，当其俯冲捕获猎物的飞行动作，是为方直；捕获落空，复而升起，继续盘旋、俯冲捕获，周而复始无穷尽也！

这个形象的比喻，就是"转圆法猛兽"的精旨妙义。所以圣人得出结论"枢得环中，应变无穷"以及"驭静以动，动中亦静，动静互为其根；阴守阳发，阳散阴聚，阴阳迭神其用"的具体方法、准则之内容，都是"转圆法猛兽"的精旨妙义。

(1) 拳道解：攻防动变无穷之机

浑则静，以逸待劳；玄则元，驭静以动，动中亦静。则正奇进退之机，迟速幻转之妙，悉出于无心，系自然之运用。因时致变，因力制人。至于立体方圆发用之妙，件件原委之于自然之神，统蓄以先天寸绵之力，为无为无不为也。以动静互为其根，阴阳迭神其用。非浑于始，奚得其元之玄；非元之大，无以显其浑之德。是浑元者，其即无生妙有也。

《浑元剑经内外篇·原序》

这是从动静的"听探之良知、顺化之良能及其相互为用"的角度，谈清论明了自身的攻防机制的立体方圆生生不已，源源不断的发用之妙的机制秩序及变化无穷的方法、道理。

（2）拳道解：传统拳术无形攻防机制似猛兽的论述

传统拳术攻防之道中如拳诀的猫窜、狗闪、兔滚、鹰翻、鸡伸、龟缩、鼠钻、蛇缠等，都是以动物的功能类物比象的描述拳法攻防机制及其功能。其实，在《本经阴符七术》中就有"盛神法五龙，养志法灵龟，实意发腾蛇，分威法伏熊，散势法鸷鸟，转圆法猛兽"的篇篇不离"法飞禽、猛兽"的说法。故而，"转圆法猛兽"的内容，在传统拳术攻防之道中远远不止如此内容，下面依次论述之。

（3）拳道解：以飞禽·猛兽命名的拳种

传统拳术攻防之道源远流长，古时代的人们就清楚地知道"散势法鸷鸟"和"圆转法猛兽"的道理，故而开辟了以"猛禽、猛兽"命名象形立意而产生的众多拳种。

以动物命名的拳种就有：龙拳、蛇拳、虎拳、豹拳、狮拳、象拳、马拳、猴拳、彪拳、狗拳、龙形拳、龙桩拳、龙化拳、行龙拳、飞龙拳、火龙拳、青龙拳、飞龙长拳、青龙出海拳、毒蛇吐信拳、虎形拳、黑虎拳、青虎拳、白虎拳、饿虎拳、猛虎拳、飞虎拳、伏虎拳、五虚拳、八虎拳、虎啸拳、回头虎拳、侧面虎拳、车马虎拳、隐山虎拳、五虎群羊拳、工字伏虎拳、虎豹拳、虎鹤双形拳、狮形拳、金狮拳、狮虎拳、二狮抱球拳、灰狼拳、猿功拳、猿形拳、猿猱伏地拳、白猿短臂拳、白猿偷桃拳、狸拳、龟牛拳、螃蟹拳、螳螂拳、硬螳螂拳、秘门螳螂拳、八步螳螂拳、梅花螳螂拳、七星螳螂拳、摔手螳螂拳、六合螳螂拳、光板螳螂拳、玉环螳螂拳等数十种之多。

以飞禽命名的拳种就有：鸡拳、鸭拳、鹤拳、白鹤拳、宗鹤拳、鸣鹤拳、飞鹤拳、食鹤拳、饱鹤拳、饿鹤拳、五祖鹤阳拳、永春白鹤拳、独脚飞鹤拳、鸡形拳、鸭形拳、鹰爪拳、老鹰拳、岩鹰拳、雕拳、鹞子拳、鹞子长拳、燕形拳、大雁掌、蝴蝶掌、黄莺架子、鸳鸯拳等数十种之多。

（4）拳道解：越女论剑道

越女答越王问击剑之道时论说：

其道甚微而易，其意甚幽而深，道有门户，亦有阴阳，开门闭户，阴衰阳兴。凡手战之道，内实精神，外示安仪；见之似好妇，夺之似惧虎。布形候气，与神俱往。杳之若日，翩如腾兔。追形逐影，光若佛彷。呼吸往来，不及法禁。纵横顺逆，直复不闻。斯道者，一人当百，百人当万。

——《吴越春秋·勾践阴谋外传》

文中"内实精神，外示安仪；见之似好妇，夺之似惧虎。布形候气，与神俱往"的论述，就是武术中较早的"圆转法猛兽"的最精彩的描写！尤其是"布形候气，与神俱往"的论述，清楚地说明武术、拳术的修炼，以内功养生术的修炼为主要内容，否则，神不明，气形无法与其俱往矣！也就不能"内实精神，外示安仪；静之似好妇，动之似惧虎"了。

（5）拳道解：十曰内劲

夫内劲寓于无形之中，接于有形之表，而难以言传，然其理亦可参焉。盖志气之帅也，气体之充也。心动而气即随之，气动而力即赴之，此必至之理也。今以功于艺者言之，以为撞劲者非也，功劲者非也。及谓抖劲、崩劲者皆非也，殆颤劲是也。撞劲太直，而难起落；功劲太死，而难变化；抖劲崩劲太促，而难展招。唯颤劲出没，其捷可使日月无光，而不见其形。手到劲发，天地交合，而不费其力。总之，运于三性之中，发于一战之顷，似龙之用力不见力，而山不能阻；如虎伸爪不见爪，而物不能逃。如是上九法合而为一，而克人其有不利乎。

《六合十要叙》

此段引文中的"唯颤劲出没，其捷可使日月无光，而不见其形。手到劲发，天地交合，而不费其力。总之，运于三性之中，发于一战之顷，似龙之用力不见力，而山不能阻；如虎伸爪不见爪，而物不能逃"的论述，就是拳家内劲攻防功夫"转圆法猛兽"的最佳描写。

（6）拳道解：十二形之能论

形意拳的"十二形之能"：龙有搜骨之能，虎有扑食之能，熊有竖项之能，鹰有抓物之能，鹞有穿林之能，燕有点（吸）水之能、穿梁之能，马有疾蹄之能，猴有攀登、纵跳之能，蛇有拔草之能，鸡有啄米、独立之能，鲐有竖尾、下捣之能，鼍有浮水之能。

下面粗略地分析"十二形之能"所指具体的或大概的内容为何，这须从拳术的修炼、建体、至用三个方面综合论述来说了。

龙有搜骨之能

此龙有三个内容，一曰内气，二曰外形，三曰内气、外形的柔外刚中之匹配的"刚柔相济"之至用。

一曰内气：此龙乃乾卦六爻所指的"健"，即阳刚之内气而言的，内气在体内健运不息，可使自身内清虚，而又外脱换，具备独立存在而不改，无有入于无间之效。可具备最佳的听探之良知的功能，即"神以知来，智以藏往"之功能。

二曰外形，内气在体内独立存在，健运不息，可使自身"柔弱无骨"，达到外形体的善变无形又无穷之拳术攻防的运用。内气可在筋节、腠理、骨缝中任意运行，可使其中诸阴浊凝重之阴邪退尽，而使自身达到虚灵妙境。因为内气可以无有入于无间，具备搜索筋节、腠理、骨缝间之阴邪，使之去尽，而返通灵之故，此乃外形柔弱无骨善变如龙之象，表明内气的搜骨之能。故龙形拳的练法多大起大落之拳势，是运用内气的这一搜骨之能以练己。

三曰内气、外形的柔外刚中之匹配的"刚柔相济"以至用，即"人触我皮毛，我之劲意已入其骨里"。此乃说明有"搜人骨"之能，这样才能听探得清楚，顺化得明白，故人不知我而我独能知人。这就是龙形的搜骨之能所达到的灵动艺境，故能用力不见力而山莫能阻之势。拳势所练、所用，势势如此，方入佳境。而能成此佳境者，即"龙形的搜骨之能"之全部内容。

虎有扑食之能

源于心意拳的五字劲诀"踩、扑、裹、束、决"。扑，即手要扑，招势所用，要有扑食之能，表现在身法的似虎快利，用爪不见爪而物不能逃的艺境。又非单纯以手法言，故有"虎扑"一招之说，而又有势势如虎扑之用，方见佳境。也就是"浑身无处不太极，挨着何处何处发"的艺境。

龙虎二形，简单说明，内气者，龙也；外形者，虎也。言龙形，以内气言外形；言虎形，以外形论内气。合言乃"龙虎二技"。此说源于《六合十大要序》十曰内劲中"如虎伸爪不见爪而物不能逃，龙之用力不见力而山莫能阻"这句话。故此可知，十形也好，十二形之能也好，总以"龙虎二形"冠其首，以统领其他十形。因其他十形之能皆在龙虎二形之精义的基础上再细化的认识，故皆不及龙虎二形之能的涵义深刻、广泛，但又是必须具备的功能。这可从以下论述其他各形之能的精义中觉察出来，故皆不可轻视之。

熊有竖项之能

项竖则将百会置于顶端则头正，头正则统乾之体，即内气，乃全身之统领。如与"竖尾"的尾闾中正之上下匹配，身弓开张蓄势，正应了拳谚"尾闾中正神贯顶，满身轻利顶头悬"。可知"熊有竖项之能"的精义正在于此，因为"头正，身法自正"。

鹰有抓物之能

抓者，拿也。拳术中的施招用手有发前必拿的说法。拿，又是控制的代名词。拿住，即控制住对方的瞬间，方可继而实施打、踢、摔诸法以胜之。拳法中的"以定用手"之"定"字，就是"抓"的意思，即沾之使不能逃也，方是"鹰有抓物之能"的精义。此形乃源于"好似鹰鹞下鸡场"，伸爪即得之意。"回手如钢勾"乃抓拿之一用尔。

鹞有穿林之能

此能源于"鹞子穿林莫着翅"这句话，即鹞子入林扑捉飞鸟，束身疾去伸爪擒获。比喻双方交手较技，束身而入，如入无人之境，进身之巧妙，必能跌得人出、发得人矣！又有"五字劲诀"的"束"之应用。

燕有点水、吸水、穿梁之能

是说"掠法击打对手，疾敏人所不及知之能"。正是上梯下掠分左右的掠夺势的袭击对手之妙法，以喻手法、身法、步法二法之中见其掠夺之妙用。点水或吸水之喻，又有神龟出水之艺境，即不改变对手，顺势而入方能得机得势，而对手无所变化便被击败之精义。

马有疾蹄之能

马有龙性，善解人意，步法尤其疾敏。拳法取此马形，下有步法疾蹄进退腾挪之捷的"快步"，进则人所莫明速，退则人所不及知，可谓步法之疾快，取意于"溅步者，此马奔虎窜之意也，并非跳跃而往也"。上有手法起落钻翻，左右双手轮番击之，亦如疾蹄践踏之妙。此中亦有"燕子点水"的后手钻翻之用的含义，即点水、穿梁之妙用。然两者有微妙之区别。

猴有攀登、纵跳之能

此形源于"上打如攀山"。猴子的攀山、攀树之能,树间往来纵跳之能,乃言施招用手,顺势借力之巧,闪展腾挪之妙,能轻灵敏捷如猴如猿,哪有不胜人之道理。手法、身法、步法,三法皆可如是而用之。

蛇有拨草之能

双臂活如灵蛇,顺势拆手破招,人所不能知,因势借力巧妙之极。腰如灵蛇,一身皆如此,则能击首尾应,击尾首应,击中则首尾应之,不柔弱无骨者焉能如此,故以蛇有拨草之能,比喻柔弱无骨的灵通之妙用。善于接应变换之巧招妙手,如何不能胜人。

鸡有食米、独立之能

鸡食米时,双爪不断扒寻,鸡头点点,喙不断地啄食,交相呼应,天然之巧。以象人之步法不断腾挪进退变化,手法不停攻防之应用,头统一身之闪展进退腾挪,亦应具天然之巧妙配合,方能至用。独立之能,除用膝击、足踩之外,表明双足在攻防变化过程中的每一瞬间皆是"一虚一实"之意,此乃双足的权衡变化势势生根稳健之巧妙。因劲起于足之故,不如此则拳势无生根之处矣!故有"鸡腿步"之练用,可以证之。

"鲐"有竖尾、下捣之能

竖尾,即"尾闾中正神贯顶"之势。尾闾骨前上翻,身弓备,自合逼胯以坚膝的步法稳健沉静,才有双拳击打有力之用,即上用之根在下之意。当然,这要配合腰脉提,气贴背,才能满身轻利顶头悬。这部分已在竖项之能中说到了。故竖项、竖尾应上下合观之,方见身弓之蓄势,方有双拳击捣之得利。

鼍有浮水之能

能浮水面停留、行动,不轻灵则不能,拳法中能如此轻灵,除内气、外形的柔外刚中之匹配,必须上下相随,才能动变轻灵敏捷,如在水上运行一般。谚云:"掤捋挤按需认真,上下相随人难侵,任凭巨力来打我,牵动四两拨千斤。"鼍形的浮水之能,就是说明"上下相随"之法则的,能如此者,施招用手方有"蜘蛛游网"的轻灵之用、"荷叶滚珠"的无点不击人的妙用。

总之,十二形之能,是从"形、意、体、用"的各个方面阐明自身应具备的能力,不外是"手法、身法、步法"及"用法"能力皆借形取意的假借而已。虽然分十二形拳的招式路数之练法，然此"十二形之能"却在十二形拳中的每招每势中都要体现出来。即任何一个招势，都要体现出这"十二能"的精义来。虽然十二形拳在初练时，有十二能专项修炼的侧重不同，然到熟练后，就自然能从十二形拳中的任何一个招势中全部体现出这"十二能"的内容了。"十二能"是从形、意、体、用四个方面全部内容展开而合说的，不局限于十二形拳各自的套路、招式上。皆是自身应具备的内在功夫功能、能力说。这就是古训"转圆法猛兽"的精旨妙义！

以上引用了众多拳种之命名和数家之论，清楚地说明传统拳术攻防之道中象形取意的"转圆法猛兽"的修炼、建体、至用的基本内容。

2. 损悦法灵蓍

损悦者，机危之决也❶。事有适然，物有成败，机危之动，不可不察❷。故圣人以无为待有德，言察辞，合于事❸。悦者，知之也。损者，行之也。损之说之，物有不可者，圣人不为之辞❹。故智者不以言失人之言，故辞不烦而心不虚，志不乱而意不邪❺。当其难易，而后为之谋；因自然之道以为实❻。圆者不行，方者不止，是谓大功❼。益之损之，皆为之辞❽。用分威散势之权，以见其悦威，其机危乃为之决❾。故善损悦者，譬若决水于千仞之堤，转圆石于万仞之谷。而能行此者，形势不得不然也❿。

悦：悦，喜悦。本文引伸为增益、补益；悦，又从"说"，溢美言辞或事物能使人喜悦。

老子曰："为学日益，为道日损，损之又损，以至于无为。无为而无不为，取天下常以无事。"又曰："故物或损之而益，或益之而损。人之所教，我亦教之。"此乃修炼中的"损益"之道，即"损悦法灵蓍"。灵蓍，《易经》天人合一的修炼、至用之理法。

老子曰："塞其兑。"河上公曰："兑，目也。"庄子曰："心有眼。"然则兑者，谓道心察道之理法者也。损者谓减损糟粕、他人的顾虑，专以道心体察也。兑则沟通能知得失，变易能知休咎，故亦可说"损兑法灵蓍"也。

蓍：占卦用的蓍草。

《淮阳县志》记载："太昊陵后有蓍草园，墙高九尺，方广八十步。"《辞海》解释"蓍"字说："植物名，别称'蓍草''锯齿草''蚰蜒草'。菊科，多年生直立草本。叶互生，长线状披针形，篦状羽裂，裂片边缘有锐锯齿。头状花序多数密集于枝顶成复伞房花丛，夏秋间开白色花……用分根或种子繁殖。全草供药用，民间用治风湿疼痛，外用治毒蛇咬伤。茎、叶含芳香油，可作调香原料。庭院内有栽培供观赏。"

"蓍草"不仅可以供药用、香料和具有观赏价值，且来历不凡，所以太昊陵蓍草园被列为淮阳八景之一——"蓍草春荣"。相传，太昊伏羲氏曾用此草"揲蓍画卦"，不少典籍中多有论述。《易经·羽卦》云："昔者圣人之作易也，幽赞于神明而生蓍。"这句话的意思是：说卦先说蓍，蓍是由于圣人的幽赞才变成神明了。《易经·系辞》上说："是故蓍之德圆而神，卦之德方以知。"德，性质；圆，运转不定。神谓"阴阳不测""卦之德方以知"。德，性质；圆，运转不定。神谓"阴阳不测"；"卦之德"谓卦的性质。"方以知"，方谓"止而有分"。圆是动，方是不动。其大意是说：它能反映事物的变化，并据此报告吉与凶。

古往今来都把"蓍草"誉为"神蓍""灵物""神物"，就连自命为"真命天子"的历代帝王也要刮目相看，每年春秋二季派大员来太昊伏羲陵祭拜时，返京也都要取回一束"蓍草"，以作信物。

传说蓍草为稀有植物，全国仅三处生长此草：一为山东曲阜；二为山西晋祠；再就是太昊伏羲陵。

注：

❶机危之理，兆动之微，非道心微妙莫能察见，故曰：损悦者，机危之决策的关键之因素。

❷事情之向好与坏转变，有时而然也。物之成功与失败，亦有时而然；机危之动，自微至著。若非情适道心远虑，知机玄览，则不能知于未兆，察于未形，使风涛潜骇，危机密发，然后河海之量，埋为穷流，一篑之积，叠成山岳，不谋其始，虽悔何之！故曰：不可不察。

事：事情之向好与坏的转变。

适然：有时而然也。

❸夫圣人者，勤于求贤，密于任使，故端拱无为，以待有德之士。士之至也，必敷奏以言，故曰：言察辞也。又明试以功，故曰：合于事也。

❹用其道心体察，故能知之；减损各种顾虑，故能行之。言减损补益之说及其所说之物，理有可为不可为者，圣人不生辞以论。

❺智者听舆人之讼，采蒭荛之言，虽复辨周万物，不自说也。故不以己能言而弃人之言，既有众言，故辞当而不烦，还任众心，故心诚而不伪，心诚言当，志意不复乱哉！

❻失事而后谋生，改常而后计起，故心当其难易之际，然后为之谋。谋失自然之道，则事废而功亏，故必因自然之道，以为用谋之实也。

❼夫谋之妙者，必能转祸为福，因败成功，追彼而成我也。彼用圆者，谋令不行；彼用方者，谋令不止。然则圆行方止，理之常也。吾谋既发，彼不得其常，岂非大功哉！

❽至于谋之损益，皆为生辞以论其得失也。

❾夫所以能分威散势者，道心之由也。道心既明，机危之威，可知之矣。既知之，然后能决之。

❿言善损虑补益以专于道心者，见事审，得理明，意决而不疑，志雄而不滞。其犹决水于千仞之堤，转石于万仞之谷，而能行此者，形势不得不如此行者而已！

点评：

修炼者，内外双修也。基本法则就是"为学日益，为道日损"，一损一益而能明心见性以得道矣！所遵从的理法，就是"易经"天人合一的天道理法。

灵蓍，《易经》的别名耳！正如《易辞上传》所言："天尊地卑，乾坤定矣。卑高以陈，贵贱位矣。动静有常，刚柔断矣。方以类聚，物以群分，吉凶生矣。在天成象，在地成形，变化见矣。鼓之以雷霆，润之以风雨，日月运行，一寒一暑，乾道成男，坤道成女。乾知大始，坤作成物。乾以易知，坤以简能。易则易知，简则易从。易知则有亲，易从则有功。有亲则可久，有功则可大。可久则贤人之德，可大则贤人之业。易简，而天下矣之理矣；天下之理得，而成位乎其中矣。"子曰："易其至矣乎！"夫易，圣人所以崇德而广业也。知崇礼卑，崇效天，卑法地，天地设位，而易行乎其中矣。成性存存，道义之门。所以，修炼家遵从"易经"天人合一的天道理法以炼己，则容易功成艺就。乃是此篇"损悦法灵蓍"的精旨妙谛！

（1）拳道解：传统拳术攻防之道遵从《易经》天人合一理法的论述

《易经·系辞上传》的天人合一之理法

天尊地卑，乾坤定矣。卑高以陈，贵贱位矣。动静有常，刚柔断矣。方以类聚，物以群分，吉凶生矣。在天成象，在地成形，变化见矣。鼓之以雷霆，润之以风雨，日月运行，一寒一暑，乾道成男，坤道成女。

乾知大始，坤作成物。乾以易知，坤以简能。易则易知，简则易从。易知则有亲，易从则有功。有亲则可久，有功则可大。可久则贤人之德，可大则贤人之业。

易简，而天下矣之理矣；天下之理得，而成位乎其中矣。

圣人设卦观象，系辞焉而明吉凶，刚柔相推而生变化。

是故，吉凶者，失得之象也。悔吝者，忧虞之象也。变化者，进退之象也。刚柔者，昼夜之象也。六爻之动，三极之道也。

是故，君子所居而安者，易之序也。所乐而玩者，爻之辞也。

是故，君子居则观其象，而玩其辞；动则观其变，而玩其占。

是故自天佑之，吉无不利。

传统拳术攻防之道的修炼、建体、至用及攻防功夫艺境升华的系列方法、系统工程内容，总体上是遵从这段论述的理法而行之的。

（2）拳道解：历代前贤具体遵从《易经》天人合一理法的论述

浑圆法式说

繋乎浑合之极，元始为尊。浑合之旨，为内为静，为体为中；元始之玄，为外为动，为用为首。惟其必反乎内，故取象于离。而离之中虚，坤体之至静者也。惟能效坤之至静，故遁幽杳之中，可潜修而无闷。亦惟其必著于外，故取象于坎。而坎之中实，乾用之至动者也。尤须则乾之至动，乃极于九天之上，可首出而无虞。

故必于微积之悠也久也，其涵蓄游跃之力始纯。亦必泉以达扩，使变也化也，其阴阳互蒂之神始著。纯则不杂，合万变而寓用无形；著由于几，化三千而充体于无外。

夫放弥六合，浑之体为展布也；退藏于密，元之用为包容也。浑者合也，元者一也。窃思：天之所以清，得此一也；地之所以宁，得此一也；人之所以灵，亦莫不在此一也。三而一之浑合，以坚其体；一而三之元玄，以昭其用。

试由天而地，以近索乎人。人为万物之灵，其即仰观天以执行，俯察地以建极，居覆载之中，首出庶物者也。仰人何谓乎先？涵养之以静以蕴其继，灵妙之以动以畅其用。体非无以立其大本，用非无以彻其元功。离之中坤其静基也，《易》之卑法地者此也。然静则功力绵绵不息，其体至柔至刚。非柔则原委难于无间；非柔中刚，未免有作辍之时。柔者静之体，刚者则又柔之体也。坎之中乾其动机也，《易》之崇效天者此也。非无则空灵犹恐障蔽；非无中生有，奚以见变应之奇？

《浑元剑经内外篇·原序》

论中，"惟能效坤之至静，故遁幽杳之中，可潜修而无闷。亦惟其必著于外，故取象于坎。而坎之中实，乾用之至动者也。尤须则乾之至动，乃极于九天之上，可首出而无虞"的说法，就是典型的以《易经》天人合一的理法指导传统拳术攻防之道的修炼、建体、至用及攻防功夫艺境升华的直接明证！

内气外形"二一一二"阴阳两仪法式的论述

乾阳物也，坤阴物也。阴阳合德，而刚柔有体，以体天地之撰，以通神明之德。其称名也，杂而不越。

《系辞下传·第六章》

这是《易经》中典型的天地乾坤之内气、外形阴阳两仪修炼理法的法式之论述。拳家本此而有一定的修炼法式及其攻防功夫艺境的描述，以资对照，录之如下：

浑则静，以逸待劳；玄则元，驭静以动，动中亦静。则正奇进退之机，迟速幻转之妙，悉出于无心，系自然之运用。因时致变，因力制人。至于方圆立体发用之妙，件件原委之于自然之神，统蓄以先天寸绵之力，为无为无不为也。以动静互为其根，阴阳迭神其用。非浑于始，奚得其元之玄；非元之大，无以显其浑之德。是浑元者，其即无生妙有也。

《浑元剑经内外篇·原序》

引文中"动静互为其根，阴阳迭神其用"的说法，就是典型的内气、外形建体、至用之"二一一二"法式的论述。遵此法式修炼，即可达到神明艺境了。

灵神内气外形"三一一三"三才法式的论述

噫！大矣哉！浑之为体也，纯而笃静；其为用也，动而多玄。即曰纯静，以其本乎天之一，养气于至清；则乎地之一，融精于至宁；此于艮之一，涵神于至灵。又浑化清、宁而一之，更至于空灵。是统三才于一致，内而精气神无少缺欠，外筋骨皮一息坚融，至是则内空灵，而外灵便。此浑元功验之所以然也。

《浑元剑经内外篇·原序》

引文中"以其本乎天之一，养气于至清；则乎地之一，融精于至宁；此于艮之一，涵神于至灵。又浑化清、宁而一之，更至于空灵"的说法，就是本从天、地、人三才之神、气、形建体、至用之"三一一三"法式的论述。遵此法式修炼，即可达到神明艺境了。

（3）拳道解：太极法式说

太极拳经歌诀

太极两仪，天地阴阳；阖闢动静，柔之与刚。
屈伸往来，进退存亡；一开一合，有变有常。
虚实兼到，忽见忽藏；健顺参半，引进精详。
或收或放，忽弛忽张；错综变化，欲抑先扬。
必先有事，勿助勿妄；真积力久，质而弥光。
盈虚有象，出入无方；神以知来，智以藏往。

宾主分明，中道皇皇；经权互用，补短截长。
神龙变化，畴策汪洋；沿路缠绵，静运无慌。
肌肤骨节，处处开张；不先不后，迎送相当。

前后左右，上下四旁；转接灵敏，缓急相将。
高擎低取，如愿相偿；不滞于迹，不涉于虚。
至诚运动，擒纵由余；天机活泼，浩气流行。
……

《陈氏太极拳图说》

这是明显地遵从《易经》天人合一学说之理法中"易有太极，是生两仪"的内气、外形建体、至用之"二一一二"法式的论述，并强调"健顺参半，引进精详"，这是太极法式的论述。

前面已经介绍过《清代杨氏传钞老谱·太极分文武三成解》一文的神、气、形之"三一一三"法式的内容了，此不再赘述！

五乘功夫说

拳家言：法分三修，成功一也。所言成功一也，又有五乘功夫，曰：骨、筋、皮、毛、发。

歌诀云：
磕格碰撞是骨打，全身五弓为筋发。
皮打抖弹震死牛，毛发松弹守三阳。
气形化一归无象，阴阳互感通天下。

论曰：

凌空劲不达，体不松而用招，招不熟而言劲，劲不懂而炼气，气不感焉得通天下。

《易》曰：易无思也，无为也，寂然不动，感而遂通天下。

《清代宋书铭太极拳论说》

论中"《易》曰：易无思也，无为也，寂然不动，感而遂通天下"的说法，清楚地说明传统拳术攻防之道的修炼，就是遵从《易经》天人合一理法内外双修而功成艺就的。

太极文武解

文者，体也；武者，用也。文功在武用于精气神也，为之体育；武功得文体于心身也，为武事。

夫文武尤有火候之谓，在卷放得其时中，体育之本也。文武使与对待之际，在蓄发当其可者，武事之根也。故云：武事文为，柔软体操也，精气神之筋劲也；武事武用，刚硬武事也，心身之骨力也。文无武之预备，为之有体无用；武无文之侣伴，为之有用无体。如独木难支，孤掌不响。不唯体育，武事之功，事事诸如此理也。

文者，内理也；武者，外数也。有外数无文理，必为血气之勇，失于本来面目，欺敌必败尔！有文理无外数，徒思安静之学，未知用于採战，差微则亡耳！

《清代杨氏传钞老谱》

这是从太极之"文体武用"的"体用一元"的角度立论，阐述修炼的理法及攻防功夫艺境的文章。

太极拳经论

自古混沌之后，一画初开，一阴阳而已。天地此阴阳，万物亦此阴阳，唯圣人能葆此阴阳。以理御气，以气行理，施之于人伦日用之间，以至仰不愧天，俯不怍人，而为天地之至人。

耍手亦是以理为主以气行之，其用功与圣贤同。但圣贤所行者全体，此不过全体中之一端耳！

虽然，由一端以恒其功，亦未始不可即一端以窥其全体。所以，平素要得以敬为主，临场更得恭敬；平素要先养气，临场更要顺气而行。勿使有惰气参，勿使有逆气横。至于用力之久，而一旦机趣横生，妙理悉现，万殊一本，豁然贯通焉！不亦快哉！

今之学者，未用功先期效，稍用力而即期成。其如孔子所谓"先难后获"何？工夫何以用？必如孟子所谓"必有事焉，而勿正，心勿忘，勿助长也"而后可。理不明，延明师；路不清，访良友；理明路清而犹未能，再加乾乾之功，进而不止，日久自到。

问：得几时？小成则三年，大成九年。至九年之候，可以观亦！抑至九年之后，自然欲罢不能，蒸蒸日上，终身无住足之地矣！

神手复起，不易吾言矣！躁心者其勉诸。

《陈氏太极拳图说》

太极拳权论

天地一大运动也。星辰日月垂象于天，雷雨风云施泽于地，以及春夏秋冬递运不已，一昼一夜循环无穷者，此天地之大运动也。

圣人一大运动也。区划井田以养民生，兴立学校以全民性，以及水旱、盗贼治理有方，鳏寡孤独补助有法，此圣人之大运动也。

至于人之一身，独无运动乎？秉天地元气以生，万物皆备于我；得圣人教化以立，人人各保其天。因而以阴阳五行得于有生之初者，为一身运动之本。于是，苦心志、劳筋骨，使动静相生，阖辟互见，以至进退存亡，极穷其变，此吾身自有之运动也。

向使海内外同胞，人人简练揣摩，不惰躬修，万象森森，显呈法象；又能平心静气涵养功夫，令太极本体心领神会，豁然贯通，将见理明法备，受益无穷：在我精神强健，可久天年；在国则盗寇荡除，可守疆域。内外实用，两不蹈空。熙熙皞皞，永庆升平，岂不快哉！运动之为用，大矣哉！

虽然，犹有进，盖有形之运动，未若无形运动之为愈；而无形之运动，犹不若不运动、自运动者之为神。运动至此，亦神乎运动矣！则其运动之功，既与圣人同体，又与天地合德。浑浑穆穆，全泯迹象。亦以吾身还吾心之太极焉已耳！亦即以吾心之太极，还太极之太极焉已耳！岂复别有作用哉！妙矣哉，太极之为太极也！神矣哉，太极之为太极也！

愚妄以臆见，聊书数语，以冠其端，殊令方家之一笑云。

《陈氏太极拳图说》

这两篇文章皆从"太极"立论，一为"经论"，以建体为主；一为"权论"，以至用为主。

建体者，要手亦是以理为主以气行之，其用功与圣贤同。即达到身体如同九重天的神明之无形无象的无极艺境。

至用者，在我精神强健，可久天年；在国则盗寇荡除，可守疆域。内外实用，两不踏空。熙熙皞皞，永庆升平，岂不快哉！（拳术）运动之为用，大矣哉！

通过上面引用历代各家之论述，证明，传统拳术攻防之道的修炼、建体、至用及攻防功夫艺境升华的系列方法、系统工程的始终过程，皆是以《易经》天人合一学说的理法为指导来完成的。这就是历代拳术大家皆是遵从"损悦法灵蓍"的精旨妙谛来修炼、立论的。故而清楚地知道，《易经》乃指导传统拳术攻防之道修炼的"经典"著作之一。这是无可置疑的事实！

所以说，传统拳术攻防之道乃是中华民族传统文化在武学拳门具体的结晶，是中华民族传统文化数千年来精心培育的光辉灿烂的体育文化的产物，传统拳术攻防之道乃是强身健体的国之瑰宝。

由上述论述可以清楚知道，传统拳术攻防之道的修炼的理法乃有"圆转法猛兽"的一面，有存在"损悦法灵蓍"的遵从《易经》天人合一之道的理法的一面之双重性的特点，故而是一门专业的学问！

④奈何近代修炼传统拳术攻防之道的人，拳形都不是了，更何况有益于内劲的生成和运用的意念感应呢？然也有人说，"用力则滞，用意则灵"的论述，其为什么是这样的，而又瞠目结舌茫然莫能辨解清楚。只是用力则筋肉僵硬滞呆而百骸动转变化不灵便，且又不能卫护生命机制、生化机理，此固然之理也。然在攻防技击方面言说，用力则力有穷尽，用法则是术竭，凡有方法，便是局部，便是后天之人造，非本能之学也。

凡有方法，便是局部，便是后天之人造，非本能之学也：这句话是说尚血气用横力的人之"用力则是力穷，用法则是术罄"。如果以"唯道是从"的观点来认识，遵从的是不先物为的"无为"法，顺随的攻防技术、功夫，这也是法、术，由于以无形法身道体为根本，故而亦无穷竭矣！

形都不似：外形肌肉僵拙，造成"形阻力闭"的状态，故曰"形都不似"，并非指符合攻防之六合一体的拳形而说的。就是符合六合一体之拳形，只要外形肌肉僵拙，造成"形阻力闭"的状态，都属于"形都不似"的范畴。

本能之学：简单地说，就是"与生俱来的听探之良知、顺化之良能及其相互为用的攻防技术能力"之学问。

⑤由于用力，则内劲、外形就不能"神、意、气、劲、形、中"内主外从的六合一统的一而贯之，则所用之力亦不诚然实在，更不能假以宇宙（内气、内劲）之力与之呼应，其精神已经受其范围所限制，动作似裹足不前矣！而且，用

力乃是抵抗方式之变相的反映，抵抗是由于畏惧敌人击来而引起的。

精神便不能统一：就是内气、外形不能虚实相须一而贯之；即不能柔化刚发一而贯之以为用；即不能神、意、气、劲、形、中，内主外从一而贯之以为用了。

⑥如此岂不是接受对方之击打的意思吗，则又安得不为人所击中呢？用力之害，有碍卫生、技击受制挨打，诚大矣哉！

修炼传统拳术攻防之道的人要清楚地知道，用力、用意，乃同出一气之源头，互为其根，用意即是用力，意即力也。然非筋肉松和，永远不能得到内外合一之拳势"伸缩自如"遒放致用之活力也。

筋肉松和：外形松静、中正安舒、柔和顺从的"厚德载物"之能力也。

用力之害，诚大矣哉：是指尚血气用横力的"肌肉爆发力"之形状的人而说的；这种用力者有害身体生理健康，技击中又僵硬地容易被人借用而击败。

用意即是用力：这里有两个意思，一是意即是气，气即是意，这是意与内气的主从关系；二是意即是力，力即是意，这是意与外形的主从关系。王芗斋先生在这里是论"外形"的松和自然之功夫景象，故取第二种意思来论说。其实，正确的认识应该是："意、气、力（外形）"的三者的内主外从的关系。

⑦肌肉爆发力的筋努骨突的修炼、运用方法，不具备自然之灵活变动的能力，其所说的养生与攻防之应用，我不知道其有什么理由来获得的呢？要知道拳法乃是"意自形生，力随意转，意为力之统帅，力则是意的军队"。

意自形生，力随意转，意为力之帅，力为意之军：这句话的意思是从《内功四经·内功经》中"气腾于形，形随乎气。以神帅意，以意帅气，以气帅形，故任神气所之，而形莫能为之累，如龙之腾云，如鸟之飞空，忽然而来，倏然而去，此功之妙也"句中脱化而出来的，实际上是说自身"神、意、气、劲、形、中"六合一统的内主外从的关系、法则的。

⑧所说的"意紧力松"，乃是"内劲紧，外形松"，身如绳束者，此也；外形松透，自然会出现筋肉空洞灵变的景象和能力；毛发飞涨，乃是外形松透的景象，又是内气弛张饱满的景象之说法；自然所产生的种种能力的作用就具备攻防的"锋线和棱角"；非如此不能得到以意运用内劲、外形匹配如一的攻防能力之自然天生之趣味的。实际上，这种说法乃是"意气君来骨肉臣"的一种表达方式而已，又说明内气、外形阴阳逆从，劲形反蓄的匹配法式。下面专题论述之。

有关"意紧力松"的内气、外形的阴阳逆从，劲形反蓄的法式，历代前贤多有论述。三皇炮捶拳大师，神拳宋老迈说："拳掌一出，有来回劲之妙，就是一个铁人，无不迎击飞跌而出！"正是说明劲形反蓄的"暗劲"的功夫威力。尚有《少林拳经拳法备要·千金秘诀·歌诀》第一首的论述，亦能证明之，录而并阐释如下。

问曰：势去脚不稳，何也？

答曰：在势去意来。

势若去时要猛狠，意旋回时身步稳。

百骸筋骨一齐收，后手便顺何须恐。

问：攻防较技，施招用手、施手用招，攻击对手必然要势猛雄壮，但脚步不稳，保证不了攻防时自身的动变平衡、中正安舒，是什么原因？应如何求之？

答：要从"势去意回"中去求"势雄脚步稳健"。传统拳论中说："夫拳之为用，气与势而已矣。"而"气"以"意"论，意即是气，气即是意；外形以"势"论，俗说"形势"者，可喻之。"势去意来"，说的是"外形之势发出去攻击对手之时而内劲（意）要有旋转回来之势"，此即平常我们所说的"来回劲"。这种说法，正是传统拳学中"阴阳逆从"的法则和"劲形反蓄"的方法。以此法则方法所成之拳势、步法就沉实稳健，身法自然能够保证是动变平衡的稳定状态。陈鑫说："用柔不可无刚，无刚则催逼不捷。"王芗斋说："顺力逆行。"宋老迈说："拳一击出，有来回劲之妙。"同样都是说的拳势中"势去意来"的"阴阳逆从""劲形反蓄"的。此乃传统拳术攻防功法的特点。

歌诀第一、二句，讲了拳势击出必然是要雄狠猛壮，但要有内劲旋回之意以配合，步法沉实稳固，身法自然也就稳健，手法攻击犀利自在情理之中了。然此"势去意来"的"劲形反蓄"之技术方法，乃形意拳门所论的"暗劲"功夫之内容。此又不可不知。

歌诀第三、四句，讲了百骸筋骨一齐打收束势之防守式时，原来的后手要随防守收束势的动作同时顺直而出击，这是从自身的外形拳势之"阴守阳攻"同时存在和"收束势、展放势"同时存在的道理，说明了又一种动变平衡的机制——"阴阳逆从"的法则。

上述"劲形反蓄，阴阳逆从"两种动变平衡的机制做到了，发手用招、攻防变化自如，何必还会担心自己所发的攻防拳势的脚步不稳、身法不平衡呢？在这里提醒注意，虽然攻防拳势能做到"劲形反蓄、阴阳逆从"，只是解决了拳势攻防动变平衡的机制，但要同时做到"人字架"和"中土不离位"时，才是真正的攻防拳势之"中正安舒、动变平衡"的自身之真实功夫。千万莫要忽略了"人字架"和"中土不离位"的修炼。

人字架：即本《拳经》所言："前脚如万斤之石压，后脚如门闩之坚抵来，臀如坐剪夹大银，身如泰山无可撼。"

中土不离位：即百会至会阴的虚中之中轴，顺直向下之线，不能超出双足间的中间之三分之一范围内，出则是病，不出是功夫，此法名为"中土不离位"。

此问答、歌诀，谈出了"阴阳逆从，劲形反蓄"是解决拳势攻防动变平衡的方法、准则。一句"势去意来"，就将问题讲得很清楚、透彻，毫无秘密可言，可见先贤传统拳术攻防功夫之精纯，认识之精确，驾驭文字能力之才华，令今人敬佩而心服。我在观谱，实操演练所述技法的精华奥妙之处，常情不自禁地发出自叹不如之感慨！

⑨大成拳法在20年前，曾经一度以"意拳"名之，举意字，以概括"内劲"的体用功能也，盖即大成拳法重在修炼的意感觉知与内劲存在的意义也！原来期望唤醒同道同仁，使之顾名思义，觉悟其非而趋于正道。孰知一般传统拳术攻防之道的修炼者各怀私心杂念之成见，积重难返，多不肯平心静气，舍短取长，研究讨论传统拳术攻防之道的修炼、建体、至用及攻防功夫艺境升华的系列方法、系统工程内容的是非所在，情愿甘心抱残守缺，亦不复反正道，真是无可奈何！无可奈何！

重意感与精神：意拳、大成拳的修炼、建体、至用，注重自己无形法身道体功能的修炼；注重与生俱来的听探之良知、顺化之良能及其相互为用的最佳能力之获得。

⑩拳术界中这种状况，遂致我的愿望无由得到偿还矣！只有长吁短叹感慨也！我的智力之所及，绝不甘心随波逐流，使我中华民族的传统拳术攻防之道的精旨妙义永坠沉沦！且尤不时地大声疾呼，冀以振其麻痹而发猛然醒悟，此又是区区之志，又不能自己控制得了的。

拳道真义：传统拳术攻防之道的"无形拳道"的修炼、建体、至用的精旨妙义之简单的说法。

【点评】

修炼传统拳术攻防之道的重点，就是首先要修炼内功养生之道的方法、修炼内劲功夫；外形要松静自然、柔顺平和、中正安舒，不要追求尚血气用横力的肌肉爆发力的背道而驰的方法。看看前贤是如何论说的，为求对照，录而解之如下。

夫气起于丹田，升于泥丸，降于背，入于肩，流于肘，抵于腕，至十指尖，此气之上贯也。气生丹田，入于两肾间，降于涌泉，此气之下贯也。气随心到，心逐气穿，心能普照，气自周全，久而力自加焉。式如行云流水，无停无滞，瞬息存养，动静清轻而灵，入手神妙，可以进退如意，形无定门，非斜非横，忽高忽蹲。功夫到此，可谓通真。

《浑元剑经内篇》

二、习拳述要

修炼传统手战之道以炼气为先，内气为根本，外形技法为末。内气为文体，外形技法为武备。内外双修，虚实相需，内外一贯，直养时习，练至体用浑化寂感而通，始足以称之浑元功，则能时时处处"以柔用刚"之攻防，方是"真刚"的真功夫。

至于贯气之法，是在炼精化气，真气生成之后，周身上下内外行气搬运的总称。而《易筋经·贯气诀》一书，乃专门为传统手战之道的练用而专设的，其法不外乎炼精化气、炼气化神、炼神还虚，自达真人艺境，与太虚同体之艺境。由于历来所传之法不同，故贯气之法、运行之道路、所历之境界，亦不完全相同。由于功法不同，所得内气质量亦会不同，但最终目的、效果确是无异的。

而不同的贯气之法，对自身内之精、气、神、血所产生的益生效果也有侧重不同；对自身外之筋、骨、皮、肉所造成的脱胎换骨、脱拙换灵的效果也有侧重不同；对修炼传统手战之道而言，产生的文体武备的攻防艺境亦不相同。鉴于此点，针对传统手战之道的攻防特点，每个修炼者应当掌握相当数量的贯气方法，便于配合武备而修之，能更快更好地提高攻防技击质量和艺境水平。此即"富有者阔"的富武之实质。

关于贯气法，本经文所言的"六字诀""三字诀""通七壳"等诸法，都是很好的方法。就是此贯气法也是应经常修炼的方法之一。

丹田乃气海，内气积聚、生成、归宿之所在。内气由阴阳精相交而生成，初成之内气，阴性太盛，尚无灵性，必须通过运行，在全身周游，方可逐渐地去其阴性以成纯阳，最终神气归一，具有"神以知来，智以藏往"之功能，自能统全身以为战，并有成为攻防之势的主要成分，即"将帅"。又有内动不令人知的神奇之妙用。故拳家说："十年练拳，十年养气。"即养此真元之气，训其成太和之气，而训之法，即贯气法。同时又可调理外形，使之脱拙换灵。于此可知贯气法于攻防较技中的重要作用，之所以尊为君主的地位，而外形乃为臣民的地位，就是由内气的主导功能作用而决定的。内气，平时修炼任"宰相"之职，可怀柔外形，使之安宁舒和；攻防之时，内气为"将帅"之职，统领一身以为战，施"以柔用刚"技法，则战必胜。内气乃外形的根本，根本健则基础固，修炼传统手战之道之所以能强体、健身、长寿，乃从内气根本处入手。内气乃性命之根枢。正所谓"枢得环中，应变无穷"。健身、技击，同此一法尔。即"文兼武全将相身"之精义，说明"内气"的中枢的根本功能作用。

此贯气法的内气起于丹田中，沿腹胸颈腔内直升泥丸，此处泥丸乃百会穴。降于背、降于肩、流于肘、抵于手腕、至于十指。此内气之上半身的贯气法。

泥丸：丹书多言泥丸宫，泥丸宫非百会穴，而另有一所在。此泥丸宫在囟门下靠前，左右太阳穴中心连线的正中，印堂、天目内，有一圆形空洞球体。

此空洞球体的直径大约5厘米，此为泥丸宫。为何名之泥丸？蜣螂，俗名"屎壳郎"，常把粪便滚成球形，送入地下二三尺深，以作幼虫的食物，待幼虫出窝即不复归来。经雨水流灌，细泥注满此泥丸之空间，儿童偶然玩耍，可能挖出此圆洞，内壁光滑。古人依此而将头中炼丹存神所在称为"泥丸"，与之形状大小类似。又有一物可借而喻之：保定特产之———保健阴阳球，其球体大小与"泥丸"宫空洞之大小形状几乎相同。然此泥丸宫非一定方法不能启开，故有妙开泥丸宫之法，此泥丸宫开启后，可为炼丹成丹之所在。至于其他妙用，在"涵神壳开"条目中已经言清，此不复言了。

气生于丹田，入于两肾间，即会阴穴。分两股至左右环跳穴，经大小腿、踝，至涌泉穴，此内气运行之下贯之法。亦可通命门至环跳穴而下贯。亦可命门至会阴复返环跳，皆是下贯之法。

此贯气法的上下两贯乃同时进行的，自可成上下的两夺之势，即现时所言的对拉拔长或对争之义。此只指内气而言。

拳自心生，捶由意发。心到气到，气随心到，主从明矣。心之使者，意也。故心到意到气到力亦到，即内外一贯一至之意而。心逐气穿，逐者，驱使也。气无所不入，可入于无间，凡气所达何处，心能普照何处，此即为何言"开七壳"是通心气之法了。心之所明，借气之所行而成之，心气不通，则心昧不明。可知贯气之法，就是明心见性之法了。当心能普照之时，也是明心见性之刻。那攻防较技的施招用手、随机应变、意在人先之前知，是明心普照之所为，故施招用手虽如行云流水，但不用思索，此之故也。古拳论中说："交手者不可思误，思误者寸步难行。"可知，攻防之道，修炼于平日，各种攻防招法运用变化精熟，致用之时，成竹在胸，唯有见景生情之施用，何用思索之？此中有妙法，即顺随的"从之以为进退"的四两拨千斤之方法。运用纯熟，即可再修"逆力以为揭献"的借力打人之方法。两法精熟后，方可与人实战较技。只有此时方为"心能普照，气自周全"之功夫艺境。也就同时明白，为何前贤论内功修法皆言"贯气"为什么不言"灌气"了。贯者，一气贯串之意，而"灌"者，乃灌满之意。故知贯乃一气通畅。灌则滞矣！"虚实相需、内外一而贯之"，方可以柔用刚，才有攻防之妙用。然灌者，填实之病也。故不取灌而取贯，亦"君子有所不为"之义耳。

久而力自加焉。此句最难解之处在"力"字，首先要知道此"力"字乃指"先天自然之能力"，即"内主外从"的"气力"。此"力"即可直以"内气"来言，有"不力自力"之妙用。一身之坚融的"接骨斗榫之刚"破之不能开，撞之不能散。接骨九曲珠之柔，善变无形又无穷，不疾不速乃真宰，乃此先天自然之力所为之。又有"如龙灵变，用力不见力而山莫能阻；似虎快利，出爪不见爪

二、习拳述要

而物不能逃"，皆先天自然之力所能为之。此为刚柔力，即柔用刚的柔行气、刚落点之能力加强了。

如果将"久而力自加焉"，理解成后天有为力法，如肌肉爆发力、举重之力，或尚气用蛮力的筋努骨突之力量，就错之毫厘，谬以千里了。通观剑经所论，毫无此后天有为力法之言，倒有"是统三才于一致，内而精气神无少缺欠，外筋骨皮一息坚融，至是则内空灵，而外灵便。此浑元功验之所以然也"一段论述，讲的是先天自然之听探、顺化的能力，即以柔用刚的攻防至用之能力。

如果积先天自然之力，即以柔用刚的攻防能力，可至极巧极妙的神化之功的艺境。施手用招化于无形，以此为"功力"而言，此"功力"的体现是粘走相生的"一羽不能加，蝇虫不能落"的无形无象的神拳境界，即以柔用刚的攻防能力达到的无形无象之境界。

如果积后天有为力法，乃尚气用力筋努骨突之辈，施手用招皆以有形力法而用，以此为"功力"而言，此"功力"的体现是"笨拙莽撞愚、呆滞僵蛮横"。此种人即使是修炼一辈子，至死不知"有形练到无形处，练到无形是真功"究竟如何解释，也不知以柔用刚之攻防技术方法为何意旨。

以"功力"的两种艺境，得出两种解释、两种结果，一个是传统手战之道的以神为主、以气为充、形从而利的正门修炼；另一个是似是而非的以形为制，以力为用，神从则害的俗学、旁门之盲练、蛮干。

今观世人修炼手战之道，崇尚后天有为力法者比比皆是；而崇尚先天自然之力法者，凤毛麟角。正应了古人一句练功之格言："从无入有皆如是；以有入无能几人？"故此，以现在修炼者的时髦之言语来论说"功力"二字的精义，将正统修炼和旁门、俗学之修炼的本质区别剖析明白，以免习练者自误。已误者应自行按法纠偏了。

故知，久而内气、外形的刚发柔化之力度掌握得愈加细腻、诚密，可"分厘毫丝忽"无差，方能以柔用刚，顺其势、借其力，或从之以为进退，逆力以为揭献，时时处处恰倒好处，无过不及，几于中和的虚灵妙境，自能心在规矩中，神游规矩外。此皆"气随心到，心逐气穿，心能普照，气自周全"之故耳。故能"发之则弥六合，卷之退藏于密，卷放得其时中"，故能"不期然而然，不期至而至"，则"应无不当"了。

自己平时修炼，也以"以柔用刚"之法行招用势，势如行云流水，生生不已，无停无滞，瞬息存养，动静转化清轻而灵，刚柔变化劲势方圆曲直分明。

以此动静转化清轻而灵，刚柔变化劲势方圆，曲直分明的功夫境界与人较技，施招入手神妙，可以进退自如，皆因人不能知我，而我能独知人，顺势借力，毫不着意，他意既是我之意；机在人先，形不妄动，他形便是己之形。故形无定势，意无专注，视正犹斜，视斜犹正，非斜非横，以正用奇，随高就高，随低就低，功夫修炼至此，可谓已通传统手战之道的练、体、用之真谛了。可谓修炼之真人耳。

功能至此，谓之炼气化神、炼神还虚之文体成、武备精的功德技艺双收之硕果耳，皆以贯气法的持久修养，结合攻防技法的修炼，内外双修之结果。故修炼传统手战之道怎能丢弃内气功夫而不练，专习技击之技能，不知以柔用刚之攻防技术方法，而妄想功能大成，此乃水中捞月之劳，终乃一场空也。

以上乃是王芗斋先生论述的大成拳法修炼运用及攻防功夫艺境的基本内容。

三、论单双重与不着象

　　以拳道之原理论，勿论平时练习抑在技击之中，须保持全身之均整，使之毫不偏倚；凡有些微不平衡，即为形着象、力亦破体也①。盖神、形、力、意皆不许有着象，一着象便是片面，既不卫生且易为人所乘，学者宜谨记之②。夫均衡非呆板也，稍板则易犯双重之病，然亦不许过灵，过灵则易趋于华而不实也③。须要具体舒放屈折含蓄，如发力时，亦不许断续，所谓力不亡者也④。盖双重非指两足部位而言，头手肩肘膝胯以及大小关节，即一点细微之力都有单双松紧虚实轻重之分别，今之拳家大都由片面之单重走向绝对之双重，更由绝对之双重而趋于僵死之途⑤。甚矣单双重之学，愈久而愈淹也。就以今之各家拳谱论，亦都根本失当，况其作者尽是露形犯规而大破其体者，所有姿势诚荒天下之唐，麻世人之肉矣，愈习之则愈去拳道之门径而远甚⑥。一着象而成死板，不着象散乱无章，纵然身遇单重之妙，因无能领略，此亦无异于双重也，非弄到不自然，不舒服、百骸失正而为止，是以不得不走入刻板方法之途径，永无随机而动，变化无方，更无发挥良能之日矣⑦。噫，亦诚可怜之甚也。至于神与意之不着象，乃非应用触觉良能之活力，不足以证明之⑧。

　　比如双方决斗，利害当前，间不容发，已接未触之时，尚不知应用者为何，解决之后，复不知适间所用者为何，所谓不期然而然，莫知至而至，又谓极中致和本能力之自动良机者也⑨。

【题名解】

　　王宗岳《太极拳论》中说："立如平准，活似车轮。偏沉则随，双重则滞。每见数年纯功，不能运化者，率皆自为人制，双重之病未悟耳！"首次提出了"单重则灵，双重则滞"的传统拳学技术方法、功夫的命题，并在此文中又提出了"欲避此病，须知阴阳：粘即是走，走即是粘；阴不离阳，阳不离阴；阴阳相济，方为懂劲"的解决"双重"之病的技术方法及所能达到的"懂劲后愈练愈精，默识揣摩，渐至从心所欲"的艺境。

所以有关拳势的"单重、双重"问题，就成为近代各门派、拳种的传统拳术家著文命题立论的主要内容之一。我亦有关于"单重、双重"的论述之文章，附于本文"点评"之后，以供参考。

"不着（音zhuó）象"的说法：根据《易经》中的"象灵形拙"的意思和《易筋经》中所说"脱拙换灵，脱壳换相"的说法之精义，再有形意拳中的"脱相入象"或"脱了相，入了象"的说法，综合考虑，应该是"不着相"，这样，与传统文化的表达方式就一致了。所以，历来都以"着相"来说明是病拳的意思；而"不着相""入了象"是为正确的功夫景象。也就是"意气君来骨肉臣"的体用功夫之艺境。

【注解】

①以传统拳术攻防之道的"偏沉则随，双重则滞"的技法功夫原理立论，无论是平时修炼抑或在攻防技击之过程始终，都须要保持自己中正安舒、全身劲势之均整，使之毫不偏倚，才能做到"偏沉则随"的艺境，即"偏沉于己，柔以化之；偏沉于彼，刚以发之"的自如境界。凡自身有些微不平衡，即为形着相，力亦破坏了自身的"六合一体"之势了。

②盖神、意、劲、形，皆不许存有着相的现象，一着相便是落入片面。落入片面，既不健康卫生，在动手攻防较技中亦易为人所乘，学拳者宜牢牢地记住呀。

③均衡不是呆板的平均衡定，而是劲势圆机活泼不偏不倚、无过不及之谓也。如果劲形稍涉呆板涩滞则容易犯有双重之病；然亦不许过灵，过灵则为"妄动"的景象，容易流入华而不实之境地，容易被人所乘机借用以致败也。

均衡：均者，内劲外形劲力均匀不偏不倚、无过不及者也；衡者，身法劲势攻防动变平衡之谓也。只此样身法功夫，方能形成"静中触动动犹静"的随机应变的能力。

④须要自身之舒展发放中存有屈折含蓄的劲势，屈折含蓄中存有舒展发放的劲势。如发力时，亦不许出现断而不能蓄接的病拳现象，要做到形断劲连、劲断意连、意断神连，这就是所谓"力不亡"者的功夫艺境。

有关生生不已、源源不断这方面的身法功夫内容，历代前贤亦多有论述，以资对照，录而解之如下。

问曰：身法当如何操持？
答曰：在收放卷舒。

三、论单双重与不着象

> 常收时发是操持，舒少卷多用更奇。
> 一发难收无变计，不如常守在心头。

拳法能够胜人，在于身法的轻巧敏捷、灵变快利、伸缩圆活间的施招用手、施手用招。但身法当如何操持才能功夫上身而得以至用？又如何才能保证准确地运使，用必得当呢？此间的确精细，是"建德体、至道用"的精髓内容之一问。而此间的"身法"，是广义的身法说。以德体而言，乃健之体、顺之体、健顺合一的"浑之体"及此浑之体的"一元而三玄之用"的全部内容之法则。而此间从简易之"手法、身法、步法三法合一的身法"说，来论一身"练、用"的法则，又正是"健顺之体合一"而"练、用"的基本法则。这点正是"身法当如何操持"的内容。首先要知道，内劲、外形君臣匹配的主从说"意气君来骨肉臣"的宗旨，还要知道身法有三捷之说，又名三诀之说。一曰"伸缩"。伸缩者，如龙灵变，似虎快利。二曰"一片"。手到脚到身到，周身一家。则知此乃带有总结性的一问了，即在诸攻防招法的练、用中的"身法"如何操持、保持的法则内容。

故其答曰：在攻防招法的"收束势、舒展势、卷蓄势、发脱势"四法中求之。即内劲在体内有"收束、发脱、卷蓄、舒展"四势的练、用；外形亦有"收束、发脱、卷蓄、舒展"四势之练、用，这都需要单项操持纯熟，达到一动便是，自合规矩，方见功夫。分项说，内劲的升降涨渺，健运不息；外形的起落开合，柔弱无骨，动静节节贯串，顺逆分明。这是练基础功夫的第一步，乃指动手较技的形拳招熟功夫而言。

继续按法操练第二步功夫，即内劲、外形，柔外刚中的匹配如一的"阴阳逆从，劲形反蓄"的操练。以"收束势"和"发脱势"为一对组合。修炼各种攻防招法时，如外形是收束势，就要配合内劲是发脱势；外形是发脱势，就要配合内劲是收束势。时时处处都要做到内劲、外形的"卷中有舒，舒中有卷，卷舒同时存在"，保证各种攻防拳势都是内劲、外形的"收束与发脱；卷蓄与舒展"相互为用而形成的。这就是内劲和外形的"动静互为其根，阴阳迭神其用"的"动变平衡"的基本法则。而要保证内劲、外形的"劲形反蓄"，必须做到"松紧紧松勿过正，虚实实虚得中正"的"中和"之状态。只有阴阳逆从、劲形反蓄的内劲与外形的相反相成的运动，才有自身内的阳刚之内气与外形之阴柔的"刚柔相摩，错综变化"的现象，故拳势攻防中才有"刚里有柔攻不破，柔中无刚不为坚"的效用，才能有招法攻防的柔化刚发之法则，以柔用刚的技术方法以胜人。这是练功的第二步，乃指动手较技的气拳、意拳懂劲功夫而言的。

《拳道中枢（大成拳论）》注解点评

歌诀第一句讲操练时的基本法则是：拳势的收束之势而有发脱之势；势去而有意之回旋，是操练持守的练功要点，舍此别无功夫可言。就是用卷舒法练功时，也是拳势的卷蓄中有舒展之意、舒展之势，内中亦有卷蓄之意存焉！此乃练操持守的法则。

歌诀第二句讲运用时的身法法则，即用于较技之中亦如是法，阴阳逆从、劲形反蓄。内劲、外形的各为卷蓄和舒放是同时存在着的，这样的"势去意回，势回意去"的拳法，是保证自身动变平衡、势正招圆、伏机双控的功夫。以这样功夫的拳法施于较技中，方能顺其势，不丢不顶；借其力，不扁不抗，自然能乘虚而入好用机。又能做到收束势大于发脱势；卷蓄势多于舒展势。即防守劲势大于攻击劲势，则曲蓄有余，攻防运用变化更加轻灵快利、神奇而巧妙。此乃内变快于外变之理法耳。

歌诀第三句之精义是：如果不是劲形反蓄、阴阳逆从，内气、外形就没有"双控伏机"转化轻灵快利的功效。如果拳势就是单纯的收就是收，放就是放，卷就是卷，舒就是舒，即单以四法中的一法来施使，用于拳势之一发或收，则不会留有拳势变化的余地，乃是没有变化的设计，不存在变化的伏机，攻防之拳势自然会出现间断而不能转变续接了，便存在被对手乘机击败的间隙之可能。此为拳之大病，也就不能称为传统拳法了。

歌诀第四句说：知道了身法的操练法则、持守的要妙，内劲健运不息的修炼，外形柔弱无骨的修炼；内劲、外形，柔外刚中匹配如一，必须阴阳逆从、劲形反蓄，才能刚中有柔，柔中有刚，刚柔相济，伏机双控；拳势收卷匹以舒发，收卷要留有余地。运用时，内劲、外形亦如是法，还要顺人之势，借人之力，方能乘虚而入。上述这些身法修炼、运用的方法、准则，都要牢记在心头，常以此中方法修炼自身，还要常与他人切磋较技加以印证。假以时日，时至神知，此身法操练、运用的攻防功夫最终可达神明艺境，登神化之功的大成圣境。正所谓"功夫不负有心人，精诚所至，金石为开"，亦是"诚"则灵也。二十款问答、歌诀，前后呼应，局部、整体，顺序井然。练、用分明，体、用清楚，由此款开始，皆谈整体练用的法则，统冠前面十七款诸法。这一点，在观读二十款问答、歌诀内容时，一定要有充分的关注，这样通明其中诸法之论，便有了统一认识了。

此"歌诀"谈到了从"形拳招熟"，到"气拳、意拳懂劲"的两层动手功夫艺境的操练，并以气、意拳懂劲为重点，明确地谈出了"劲形反蓄"的练法要点，即形意拳门所说的"暗劲"法操练的精髓。但是，这里并没有论到神拳的神明艺境。这是为什么？其实，在《良谱》中早有明论："造乎神者，方称为法；

化乎一者，始谓之拳。"其中的化乎一者之"一"，即神拳神明的"太极"境界之说法。习拳者欲得此艺境，必先修炼形拳招熟奠基，继而修炼气、意拳懂劲达到神知，方能再修炼神拳神明艺境。此为修炼的升华顺序，不可邋等。歌诀的著作者，深明这一点真传秘诀，故在歌诀中以"形拳招熟，气意拳懂劲"为重点来阐述，至于"神拳神明"艺境就在口传身授中来完成了。如果仔细研究全部"歌诀"中的精义，就会发现在"披窍导窍"的歌诀中就已经将神权神明艺境的练、用之精义论述清晰了，精细的读者自然明知这点真传秘诀，亦可以知道著作者传拳授艺的用心良苦。

⑤要说"双重"，不是单指两足部位而言，是说"头、手、肩、胯、习"及"大小关节"都要真正做到阴阳逆从、劲形反蓄，就是一点细微之处都存在"单双、松紧、虚实、轻沉"的景象之分别，方能灵动无比。今天的拳术之大家，都由片面之单重走向绝对之双重，更由绝对之双重而落入僵死之路途了。

这是批判"注血之力"的"肌肉爆发力"之修炼者，根本就不明白自身内劲、外形，松静自然，阴阳逆从、劲形反蓄的匹配如一的法则；在动手中又不知道运用顺随的方法，故而落入双重之病拳的戕贼自伤的僵拙状态中而又不自知。

⑥甚矣哉！单重则灵，双重则滞的拳术学问，愈久而愈淹没矣！就以今天的各家拳谱来论，亦都从根本的无形之道体法身处失于得当，何况这些作者尽是露形触犯了"单重则灵"的规矩，而犯有"双重之病"，这就破坏了自己"无形法身道体"的完整性，所展示的拳架姿势诚荒天下之唐，只是麻木世人之肉体报身，愈这样修炼则离去拳道之门而愈远了。

⑦一用肌肉爆发力即着相而成一块僵拙的死板之物，如果不着相就散乱无有章法，纵然身中遇到"单重则灵，双重则滞"的奥妙，亦没有能力领略得到，此亦无异于"双重"之病也。这样修炼，非弄到自身不自然、不舒服、百骸失去正常性能而为止，是以不得不走入刻板方法之途径，永无随机而动、应物自然、变化无方的能力，更没有充分发挥"听探的良知，顺化的良能之相互为用"之时日矣。说白了，永远达不到大成的神拳神明艺境之时日耳！

⑧唉！这实在是修炼无形拳道的可怜之甚者、可悲之极者也！至于神意之不着相，乃非达到应用触觉的良知、良能相互为用之灵活变动能力，不足以证明意气君来骨肉臣的"神意不着相"的体用之精妙处也。

⑨比如双方决斗，胜负利害当前，间不容发，已接未触之时，尚不明白应用什么方法？解决问题之后，亦复不知道适间所用的方法是什么？所谓不期然而然，莫知至而至，又谓"极中至和"之"本能"的"听探之良知，顺化之良能，相互为用"的自动化的能力之使然也。

《拳道中枢（大成拳论）》注解点评

【点评】

确实，在传统拳术攻防之道中要想避免"双重"之病，是非常困难的一件事情。原因是一般的习拳者不知道单、双重是如何划分的，再有就是肌肉爆发力的实施者，是难以避免"双重"之病发生的。就是施招用手、施手用招的"顶、扁、丢、抗"之四病，严格地说都是"双重"之病拳。有关"双重"之病的种种现象，前贤多有分析认识，为求对照，录而解之如下。

1. 太极轻重浮沉解

双重为病，干于填实，与沉不同也；双沉不为病，自尔腾虚，与重不一也❶。

双浮为病，祗如漂渺，与轻不例也；双轻不为病，天然轻灵，与浮不等也❷。

半轻半重不为病；偏轻偏重为病。半者，半有着落也，所以不为病；偏者，偏无着落也，所以为病。偏无着落，必失方圆；半有着落，岂出方圆❸？

半浮半沉为病，失于不及也；偏浮偏沉，失于太过❹。

半重偏重，滞而不正也；半轻偏轻，灵而不圆❺。

半沉偏沉，虚而不正也；半浮偏浮，茫而不圆也❻。

夫双轻不近于浮，则为轻灵；双沉不近于重，则为离虚，故曰"上手"。轻重半有着落则为"平手"。除此三者之外，皆为"病手"❼。

盖内之虚灵不昧，能致于外之清明，流行乎肢体也。若不穷研轻重、浮沉之手，徒劳掘井不及之叹耳❽！

然有方圆四正之手，表里精粗无不到，则已及以大成，又何云四隅出方圆矣！所谓方而圆、圆而方，超出象外，得其寰中之"上手"也❾。

此篇文章以"太极轻重浮沉解"为题，谈出了太极拳术攻防之道的双轻、双沉、半轻半重的三种功夫手和双重、双浮、偏轻偏重、半浮半沉、偏浮偏沉、半重偏重、半轻偏轻、半沉偏沉、半浮偏浮九种病手拳法。三功九病的理论基础，乃根于《易经》中的"一动，便有吉、凶、悔、吝"的一功三病之说法中。

注释：

❶双重之病，有外形手足不能上下相随的双实之重滞，有形落劲亦落填实之

三、论单双重与不着象

双重呆滞。沉者,形虚劲实匹配得当松沉无滞之功夫也。故曰:双重与沉不同。两手同时下落,配以内劲腾虚而起,谓之双沉,是功夫。即立如平准,活似车轮,内劲与形体"逆从阴阳",而内劲持"松沉"之劲势,使自身形体又中土不离位,是谓"双沉"。自有内劲腾挪虚灵的蓄放自如的弹簧效应,是外象沉重内有虚灵的意境,故前人称为"离中虚"的功手。当然,这与双重干于填实的病拳是不一样的。

❷双手虚起,内劲从双手上起,双足虽分虚实,不但造成虚足浮起,连带那只实足亦被牵动而浮起,造成全身漂渺无着落,而成手足双双浮起无根的状态。病在不知双手虚起应配内劲松沉反蓄之势是功夫。是为双浮,因其缥缈无根底,故为病拳。

轻者,内气外形虚实匹配得当轻灵而有根底之功夫也,故曰双浮与轻不同。两手同时上起,内劲逆从而能足下有根底者,谓之双轻,是功夫。双轻功夫,立如平准,活似车轮,内劲与外形逆从阴阳,而内劲持轻灵劲势,自身形体"中土不离位"。而上有两膊相系,下有两腿相随其劲势和形体的虚实仅有微末之分,是谓双轻,是内劲,形体双双轻灵的"对五"功夫艺境,即五阴五阳是妙手的上乘功夫,是"巽风"拳法的功夫手。当然,这与双浮失根缥缈无着落的病拳是不能等同看待的。

❸左(右)手起足落、右(左)手落足起的手足上下相随者,是为半轻半重。因其半有虚实互根之着落,所以不为病。半轻半重之所谓半,即指人身重心的偏心距未超出两腿间距离的中间三分之一的范围而言,是正确的化分自己身形的虚实的标准,亦是立如平准,活似车轮,内劲和形体"逆从阴阳",功夫虽然是"五阴五阳的妙手",然而轻重在自身的显示较大,此法通常在"肘靠,采挒"的方法中多用,因为轻重变化自有着落,故为功夫手。

偏是左(右)手起足起为偏轻、右(左)手落足落为偏重,虚实偏于一边,自身重心偏出"中土之位",造成一只脚重,而另一只脚浮摆在地上的状态,形成偏重于一边,另一边偏轻,自身偏无着落的病态。自无虚实转换的着落之所在也,所以为病拳。凡偏者,皆同时存在中土离位的现象,必失方圆变化规矩之根底而不能灵通动转变化;而半轻半重者,皆同时把握中土不离位的功夫,不失方圆变化规矩之根底而自能灵通动转变化。

❹半,此半者有两个意思:中土不离位,即"要半不要偏"之半;形用半之半,有左右各半,上下各半,对角各半。凡言半者,含重心不偏出中土之位和"左右各半,上下各半,对角各半"的半。半浮半沉,虽然不偏出中土之位,然而半浮亦属重阳,半沉亦属重阴,皆属于阴阳离绝之象的呆滞不灵之病手,失于阴阳配合不及造成的。

偏浮，因一边手足上下皆虚，重阳之病；偏沉，同一边的手足上下皆实，重阴之病。两者又造成重心偏出中土之位。是谓"偏浮偏沉"，不知形的上下相随，即手足虚实相配，又不知阴阳逆从、劲形反蓄而失之太过造成的。

❺左（右）手起足落的手足上下相随者，同时右（左）手落足落为半重。而又造成中土离位的为偏重，拳势自然滞而不中正；右（左）手落足起的手足上下相随者，同时左（右）手起足起为半轻。而又造成中土离位的为偏轻，拳势虽然能灵动而不圆满。

❻一边的手或足沉降是为实，内劲不知反虚以虚济之，而造成全身重心偏出中土之位，形成偏沉而动转不灵，造成"虚而不正"的体态，是为半沉偏沉。一边的手或足升举虚起，而内劲亦同形而升起，虽不出方圆，而造成全身浮而无根，使重心偏出中土之位，是名"半浮偏浮"的病手。

❼立身中正安舒，形用半，劲用对五，阴阳逆从，劲形反蓄，内外神意气劲形中六合一统。双轻不近于浮的就是轻灵的功夫手；双沉不近于重的就是虚灵的功夫手，这两种功夫手乃是上乘的功夫艺境者之手法，故曰"上手"。而半轻半重半有着落的功夫手，乃是平常的功夫手法，故曰"平手"。以上三种手法乃是太极拳术攻防之道的攻防功夫手法。除了上述的三种功夫手法外，双重、双浮、偏轻偏重、半浮半沉、偏浮偏沉、半重偏重、半轻偏轻、半沉偏沉、半浮偏浮，这九种皆为病手拳法。

❽修炼太极拳术攻防之道只有自己的法身道体虚灵不昧，才能致使外形清静行动敏捷明快，这都是因为内气在外形体中流动运行的结果。假如一个修炼太极拳术攻防之道的人不穷究细研轻沉的功夫手法和浮重的病拳手法之生成的根本原因及其本质之差别，就不能获得双轻、双沉、半轻半重的功夫手，犹如徒劳掘井不及甘泉之水，枉叹息也！

❾一个修炼太极拳术攻防之道的人，已经具备了掤、捋、挤、按四正手的方圆变化之攻防功夫，又能够内气、外形表里精粗功夫无不到家，则已经阶及大成的神拳神明功夫艺境了。就是运用採、挒、肘、靠四隅手时，亦不是因为四正手出隅而用之的，而是在中正安舒的法式中见景生情随机顺势实施而已！这时的所谓方而圆、圆而方的变化，只是自己的无形之法身道体的方圆变化而已。正是"枢得环中，应变无穷"的太极全体透空之虚灵妙境的功夫艺境也。

2. 单重·双重之精义辨

王宗岳在《太极拳论》中说：

欲避此病，须知阴阳。黏即是走，走即是黏；阴不离阳，阳不离阴；阴阳相济，方为懂劲。懂劲后愈练愈精，默识揣摩，渐至从心所欲。

三、论单双重与不着象

修炼太极拳术攻防之道，要想从根本上避免双重之病的发生，必须知道阴阳所指的内涵都有哪些内容？都是什么具体的涵义？

此阴阳首先乃指"一阴一阳是为拳"的自身功夫之"体"的内容而说的，又指"拳打一阴一阳"的攻防之"用"的方法、准则之内容而说的。由此可知，避免双重之病，要从自身"体、用两个方面的内容中找原因"。

首先要知道自身内最大的一对阴阳是指什么而说的？一阴者，外形也，外形体的上下相随功夫要做得正确；一阳者，内劲也，内劲有升降涨渺四象之用法，劲道阴收阳发要清楚；内劲、外形匹配如一的阴阳逆从、劲形反蓄要做得精确，此乃是产生自身"弹簧效应"的真功夫。就是太极拳术中的施招用手、施手用招的"形开劲合，形升劲降；形合劲开，形降劲升"的方法之法式，自身能做得极为准确，就是自身的劲形阴阳相济的功夫备矣！

再须知道攻防动手较技时的阴阳所指的内容是什么？攻防动手较技根本法则是"阳发阴收，柔化刚发；人刚我柔，人柔我刚"，依此而用，是得较技攻防阳刚阴柔相济的功夫。具体地说，"黏即是走，走即是黏"，走为阴形柔化而成，黏乃阳劲刚发之势。在搭手或身体其他部位的接触点上亦都体现出劲、形合一而用，即阴形借助于内劲得以柔曲走化不离阳劲刚直黏逼；阳劲借助于外形得以刚直黏逼不离阴形柔曲走化。只有做到自身劲形匹配逆从合一，再与他人较技时运用随曲就伸、柔曲走化、黏走相生的法式，方为太极拳术攻防之道的懂劲，方可得到阴阳相济的功夫艺境，才能从根本上避免双重之病的发生。艺境达此，可谓大成。正如老子所讲："保此道者，不欲盈。夫唯不盈，故能蔽不新成。"

王宋岳又说：

本是"舍己从人"，多误"舍近求远"。所谓"差之毫厘，谬以千里"，学者不可不详辨焉！是为论！

差之毫厘，谬之千里：此语句本《汉书·司马迁传》："差以毫厘，谬以千里。"本文作者当据此而润改。

修炼太极拳术攻防之道者，本应遵从以神为主、以气为充、形从而利的"意气君来骨肉臣"的练用之宗旨；遵从先建体，再求至用的修炼顺序；清楚明白地认识到听探之良知、顺化之良能乃是与生俱来的自身天然之攻防的"动静之机"；以顺随法的"人刚我柔谓之走，我顺人背谓之黏"的黏走相生、化打合一为法；循序渐进地如法修炼必然功成艺就，脱凡俗而入圣境。然有些太极拳术的修炼者不投明师，不读经论，不明理法，反而追求以形为主、尚气用力、神从则害的"努筋突骨，尚血气用横力"之武练、横练甚至糊涂练法以为荣，自认为以报身体直接拼力操练攻防技法而能求得攻防技能，练用时皆盲目地追求力量和速度的效果，致使攻防功夫未得，反而招致百病之身。凡此，皆谓之"差之毫厘，谬之千里"者也。其文中的"斯技旁门甚多，虽势有区别，概不外壮欺弱，慢让快耳！有力打无力，手慢让手快，是皆（非）先天自然之能，非关学力而有为也"这段论述，就是说明如此修炼太极拳，皆是"差之毫厘，谬之千里"者也。

修炼太极拳术攻防之道者，欲求拳术真谛，获得功夫，于此细节处不可不分辨清楚，以免误入歧途，故而，是为论述清楚，以成此文，以阐明太极拳学修炼、建体、至用及攻防功夫艺境升华的系列内容之真谛！

正如前贤所言，欲达动变平衡功夫，先要知道动变平衡的方法。前文"阴阳逆从，劲形反蓄"中已作阐释，在此不赘述了。

其又是如何修炼的呢？具体有什么方法、准则、规矩呢？在前文"生生不已身法功夫如何操持"中已作阐释，在此不赘述了。

3. 良知良能的论述

有关听探的良知、顺化的良能及其相互为用的能力，前贤多有论述，为求对照，录之如下。

> 浑则静，以逸待劳；玄则元，驭静以动，动中亦静。则正奇进退之机，迟速幻转之妙，悉出于无心，系自然之运用。因时致变，因力制人。至于方圆立体发用之妙，件件原委之于自然之神，统蓄以先天寸绵之力，为无为无不为也。以动静互为其根，阴阳迭神其用。非浑于始，奚得其元之玄；非元之大，无以显其浑之德。是浑元者，其即无生妙有也。
>
> 《浑元剑经·剑髓千言》

论中的"自然之神"，就是自身的"听探之良知、顺化之良能及其相互为用"的应物自然的自动化的能力。而"驭静以动，动中亦静，动静互为其根"的说法，就是运用"动静法说"的概念，阐明自身与生俱来的"听探之良知、顺化之良能及其相互为用"的"本能"之说法的。

四、抽象虚实有无体认

习拳入手之法非只一端，而其结晶之妙，则全在于"神、形、意、力"之运用互为一致。此种运用都视之无形，听之无声，无体亦无形象①。就以有形而论，其势如空中之旗，飘摆无定，唯风力是应，即所谓与大气之应合；又如浪中之鱼，起伏无定方，纵横往还以听其触，只有一片相机而动、应感而发和虚灵守默之含蓄精神，要在以虚无而度其有，亦以有处而揣其无，成与老庄佛释无为而有为，万法皆空即为实象，一切学理多称谨似②。又如作画，各以俏逸之笔，孤行天壤，堪并论也③。其机其趣完成在于无形神似之间，度其意可以求之，所以习时有对镜操作之戒者，恐一求形似，则内虚而神败矣④。习时虚假定三尺以外七尺以内四周有如大刀阔斧之巨敌之猛兽毒蛇蜿蜒而来，其共存生之情景，须当以大无畏之精神而应付之，以求虚中之实也⑤。如一旦大敌林立，在我如入无人之境以周旋之，则为实中求虚⑥。要在平日操存体认涵蓄修养，总之都是从抽象中得来，所谓神意足不求形骸似，更不许存有对象而解脱一切者是也⑦。切记习时要慢而神宜速，手不空出，意不空回，即些微细小之点力动作亦须具体无微而不应，内外相连，虚实相需而为一贯，须无时无处不含有应付技击之感（本能），倘一速求，则一切经过之路径滑然而过，再由何而得其体认之作用乎⑧？是故初学时须以站桩为基础，渐渐体会而后行之。总之，须有神形意力成为一贯，亦须四心相合（顶心、本心、手心、脚心），神经统一，一动无不动，亦更微而不合，四肢百骸悉在其中，不执着不停断，再与大气之呼应，各点力之松紧互以为用，庶乎可矣⑨。离开己身无物可求，执着己身永无是处。皆哉断言，细心体会，自不难窥拳道之堂奥矣⑩。

【题名解】

抽象，是针对有形而言说的。以健顺合之至、太和一气而言，针对有形的身体就是抽象的；具象，从太和一气本身的景象而言，其是具备一定的形象的，亦可以说是具象的。所以，抽象、具象都指一事而言说的，只是从不同角度理论的结果之说法而已。

健之体，乃实实在在地存在，在身内独立而不改，故曰"实相之体"，简曰"实体"，虽然是无形的存在，故从"有"论；顺之体，要全体虚空，故曰"虚体"，虽然是有形的存在，而从"无"论。内气、外形，一实一虚，虚实匹配如一，柔外刚中，相须为用；内气、外形，一无一有，无生有，有化无，有无相生为法则，无中妙有是艺境。

有无体认：就是对自身内气的健之体的健运不息及刚发的功能，外形的顺之体静而不躁及柔化的功能，柔外刚中匹配如一的健顺德之体的柔化刚发的能力，体认得清楚与否，体认到什么程度了的内容。

从以上所论的内容，就清楚地知道王芗斋先生的"抽象虚实有无体认"一文的基本内容了。

【注解】

①确实，习拳入手之法乃法分三修：内功修炼建立健之体，外功修炼建立顺之体，内外功修炼建立健顺德之体；攻防招法修炼建立攻防机体、攻防机制秩序的基本攻防技术；太极推手的方法建立、调整攻防机体、机制秩序，体认黏走相生化打合一的技术方法等，故曰："非只一端。"而其结晶之妙，全在于自身"神、意、气、劲、形、中"六合一统内主外从的攻防机体、机制秩序的建立，即自己无形法身道体的攻防机体、机制秩序的建立。此种攻防机体、机制秩序的建立、运用都是视之无形、听之无声、无形无象的存在，但是有体。此体，就是"健顺合之至，太和一气，道也，万物之通理，名之曰太极"之体。王芗斋先生说"无体"，是针对有形有象的物体而说的。其实，无形无象，本就是一体，正是前贤所说的"无中妙有"的这个"体"。

②而这个体，就以有形而论，其势如空中之旗，飘摆不定，而有一定，唯风力是应，即所说的"与大气之应和"；又如波浪中的鱼，起伏无定方，纵横往还以听探之触觉而变化。故而，只有一片相机而动、应感而发的和虚灵守默之精神含蓄着"神以知来，智以藏往"的能力，要在以虚无景象的内劲揣度彼之有形有象的动静之机势；亦可以自己有形有象的外形之机体揣度彼之无形无象的内劲势之动静态势。这个法式，正是老子、庄子、释迦牟尼佛祖所说的不先物为之清静无为的法则之体现，不用一切有为法就是万法皆空的"实相"法式。因为，一切传统拳学理法都是类物比象的描述，故而曰"仅似"。这是因为语言是第二位的，只有"实相般若"是本来是具象（针对有形说是抽象）的；因为"实相本来"是不可说得清楚的，故而曰不能说。前贤是在"不可说、不能说"的情况下，只有运用"类物比象"的方法来说明了。

③又如大写意之作画一般,画家各以俏逸之笔,潇洒孤行天地之间纳万千景象入画面之中,风物人情景象栩栩如生,以成其精美绝妙的作品,只此堪与拳道之练用相提并论也。

④就练拳、用拳而言,其机势、其趣味都完成在于无形神似之间,默思揣度其意可以求之。所以,修炼拳道有对着镜子操练者应该戒之。因为对着镜子操练,想看看自己的形态姿势正确与否,谁知道神以外出,不能观注、普照自身,自然就会出现"内虚而神败"的现象之不良后果!故而,对镜练者,修炼拳道者之大忌讳也。

⑤在站桩的内功修炼时须假定三尺以外七尺以内四周有如大刀阔斧之巨敌、猛兽毒蛇蜿蜒而来的景象,其与己共同争斗生存之情景,自当须以大无畏之精神应付之,以求虚渺景象之中的内劲之实际攻防功夫能力也。

⑥有了这种内劲的知来藏往的攻防功夫能力,如果一旦遇到大敌林立,我如入无人之境与其周旋之,则为实战中求其虚弱所在以攻击之。

⑦虚中求实,实中求虚,都要在平日站桩功法中操练存心体认、含蓄修养正气、再实战验证,总之,都是由站桩时内功修炼的景象中体会得来的。所谓只求正气的神意充足而不求形骸似与不似,更不许存有敌对对象而自能解脱一切羁绊者才是真正的修炼方法、至用方法。

⑧切记:站桩、试力、自卫等内容的修炼时,形要慢而神意宜速,手不空出,意不空回,就是些微细小之点力动作亦须具体无微而不应。真正做到神、意、内气、外形主从相连,虚实相互需要而能一气贯串之;须做到无时无处不含蓄着应付攻防技击之感触随机应变的能力。倘一速求,则一切经过之路径滑然而过,再由何处而得体认清楚之作用呢?这就是"慢练功夫快打人"的道理。

有关如何具体修炼才是最佳方法,前贤已经有了"七妙法门"之内容的论述,为求对照,录并解之如下。

修炼七妙法门之要诀

艺高不宜胆大,吐语岂可凌人?既能强伊百倍,再求入妙入神。神足胆欲大,心平气欲和。

紧中急,急中猝;勿迟延,勿少燥;来无影,去无踪,一团清风倏忽。舒以长其筋,缓以蓄其力,迟以运其神,含以招其妙,活以猝其式,短以应其变,长以发其威。

不惊不惧要留神,平其气分和其心,一声骇得他人动,便是乘机致胜门。

《浑元剑经·内篇》

既为要诀，乃修炼的重要之诀，重点要诀。

艺高不宜胆大妄为，妄为必有失，古有骄兵必败之戒。谈武论道岂可盛气凌人，盛气凌人不如以理服人。盛气凌人者必然伤人，伤人者不武，必遭人反感而生忌怨。此两点乃修为的戒条中事，故必戒之。

既然功夫能强人百倍，亦应再求入妙入神。何为入妙？何为入神？含者为妙，玄者为神。即法含式，式含招、招含劲、劲含身等系列内容为入妙之修，乃指"浑之体"之修。手眼身法步、肩肘腕胯膝等部位，皆各有其玄，玄玄相生等系列内容为入神之练，乃指"浑元"之元玄之用。约之浑元之说，乃有不期而至之神机，不虑而得之法式，不思而至之妙招，不演而当之法力。得之者是为入妙入神。体为妙，用为神。

神足则威生，胆大乃自然。神足胆大，是神明胆大故不妄为。反之，欲求胆大，必先神足，求神足则根于固精。修炼之理也。积气则神生威，事之自然耳。

心平气欲和，"养气忘言守，降心为不为"。气和来自心平静，即无心也，所谓无心，无欲望之心，而道心自生。如何能做到无心，即"不先物为"，自能"因物之所为"。故虚心而气静神清，虚无不灵，静无不应，清则自明。修炼之事，不过如此而已，一切由此而衍出。

然只有心平无欲，唯道适从，依势而用、而行，真气自生，再消除暴烈之气、贪欲之心，必得"中和"之气。此中和之气，不偏不倚，无过不及，正中至正之气耳。古论"擒人之制在于气"，乃此至中至正的中气，只有具备此至中至正之气，则神自足，威自生，胆自大。胆大之表现在：神明则知人所不知，故能善战之势险，节贵短，也就能人所不能，此乃胆大之精义。此胆大能为在神明知微见著的基础上的表现，是功夫。非妄为可比矣！

双方较斗，是非常激烈紧张的，在紧张的激烈争斗中，经常会出现急招快打的紧急情况，此乃"紧中急"的意思。而在急招快打的情况中亦会有突然的停顿、变缓、进中忽退、退中忽进、左闪右展、旋转变动，此乃"急中猝"，常使对手应变不及而落。故在较技过程中出现"紧中急、急中猝"两种情况时，务必心平气和，神足胆大，急则急应，缓则缓随，敌变我变，寻隙乘机用势而制胜。千万不要在"紧中急、急中猝"的情况下显出忧愁不安的心态，站在失败的状态中；也不要应变迟缓而耽误了战胜对手的战机。此即"勿迟延、勿少燥"之精义。

心平气和，神明胆大，妙入神境，体轻若风，身手敏捷，即在激烈紧张的急招快打、突然变化之中，亦无迟延，也无忧愁不安之情态，坦然相对，迎招化解来击不见其影，出手攻击不见其踪迹，犹如一团清风忽然而来，忽然而去，戏敌于扑朔迷离之中而稳操胜券。此是一种什么样的攻防艺境，其实无它，只要遵道

四、抽象虚实有无体认

而行，按法而修的传统手战之道的大成攻防功夫艺境，即以自然之神为体用的道境之功夫。如何能如此？亦不难修，自不难成。只有按下面所论的七条内容修炼，精纯之后自然而成。下面将七条内容分别阐释陈述出来。

（1）舒以长其筋

中正安舒，展放其筋骨，则筋长力纯能脱拙换灵，此正是肌肤骨节处处开张之精义，以便外形通灵善变无形又无穷。也是练拳始练形之精义。形舒气畅：谚云"筋长力大"，而此力，乃灵通变化之能力。现时所言之"柔弱无骨""骨响齐鸣"等，皆舒以长其筋之精义的论述，即外练筋骨皮，三者浑化如一之外灵便的精义。此为第一条，以得地一之灵光。

（2）缓以蓄其力

缓者，和缓之义。蓄其力，蓄其劲也。诀云："运劲如抽丝。"之说可证之。"曲中求直，蓄而后发"，亦言内劲也，或曰内气也。然古有云"力"者，乃"气力"之义耳，非聚劲凝形的肌肉爆发力之"力"耳。传统手战之道将此聚劲凝形之力称为"力气"。"气力""力气"自有本质上的区别，习者应分辨清楚。此言修炼攻防招式时，动作和缓舒展，是在蓄劲之势耳。只有平时蓄劲势之收发舒卷自如，方有用时一触即发之效用。此即十年练拳、十年养气之宗旨的妙义，初修由无到有，继修从有化无，只有从有化无，方为真艺境。此条乃内练精气神合一之法，以得天一之清明。

（3）迟以运其神

有了上述的外形得地一之宁的灵光；内气得天一之清的清明，只是内清虚外脱换的上乘之功夫基础定矣。自此时，还要"此于艮之一，涵神于至灵之处"以得灵神，故灵神的功夫是在内气、外形的功夫纯熟以后才开始修出的真功夫。以此意而言，故说"迟以运其神"，如开始求运其神，则有欲速则不达之弊端。以本经文言"阴阳迭神其用，先天自然之神"和其他经文所言"形伤、气伤、神伤"等论合而观之，以形拳、意拳、神拳三层功夫始终推论，练神及用神之神通功夫艺境自然后成。故知此"迟"字，乃指修"神明"艺境在较后时期出现，其出现得晚，故曰"迟"。此乃第三条。《神运经》亦宗此说而论之。

然综观前三条之精义，在攻防至用之时亦很讲究，外形要舒展，内气要和缓，运其神之时要"不先物为"，是为"迟"；"因物之所为"其神，是为运，此乃运用灵神之妙处。只有如此运其神，则一身不妄动妄为，这样才能彻底达到"神以知来，智以藏往"无思无为的以自然之神为体用的大成艺境，才能具备

"有感遂通"的不期然而然、不期至而至的无为艺境。此乃传统手战之道的"无上"之大成功夫艺境。

（4）含以招其妙

含者，含有、含蓄、含容之意思。此经文在《浑元小解》条目中讲"夫浑者含也，元者玄也"，其中有"法含式、式含招、招含力、力含身、身含步"等十二含的内容，在前面又有"十三随"的论述。综合观之，即是含蓄而随式变招的宗旨，方显示出攻防招法的要妙。舍己从人的顺随之施手用招，方显示出"一羽不能加，蝇虫不能落。人不知我，我独知人"的妙境，方能落实到人打我打不着、我打人他跑不了的绝佳之艺境，也是本经文所讲的"来无影，去无踪，一团清风倏忽"的大成艺境。所谓"妙"字，就是处处用空、妙手连出的攻防功夫艺境，亦只有不先物为，因物之所为的施招用手，才能达此艺境。关键在"招以含其妙"处，即"顺从以为进退，逆力以为揭献"的顺随为法，就是"招以含其妙"的精义。妙字言"体"，乃"浑者含也"。"妙手空空"之艺境，乃言其"用"。然用在"含蓄"之中，是指攻防招式的用法含蓄在用空之境界中，方见其妙，即在对手的空隙之中出手用招，才是用招施手之妙境，方能粘连黏随而不会有"顶偏丢抗"之病。所谓疱丁解牛的游刃有余，就是含以招其妙的精义之正解。

（5）活以猝其式

活，包括外形、内气、神明三个方面内容。外形灵便谓之活；意气换得灵谓之活；神以知来、智以藏往谓之活。活则能应对突然的变化，能突然随其势而变招换式，活则善变无形又无穷。可急则急应，缓则缓随，骤然突变亦可随招变式丝毫无差，此乃得机得势、用机用势之核心，一个字"活"。就是前面所论"八形"的龙神之变化、鱼跳之自然、蝶舞之蹁跹、猿跃之灵稳、鹿奔之迅速等，皆是一个"活"字所能做到的。所谓施招用手的"活灵活现"也是此义。前贤将施招用手的神韵意境，用一个"活"字作了全面的概括，其精义也在于此。但是"活"要灵稳方见真功夫，即灵活要有界限、分寸恰倒好处，方见"活"之魂也。此乃练招用招的精髓要诀之所在。

（6）短以应其变

此处之"短"，乃善战者其势险，节贵短之"短"。即直线的发射距离尺寸要短，旋转的半径要短，这样以短的方法应对他人的攻防变化，快就在其中了。传统手战之道的内劲变化比较外形的变化谓之短，运用内劲变化亦可谓之

"短以应其变"的方法，故有"内动不令人知"的妙处。圆曲走化乃化解之用的"短"，直发乃攻击之用的"短"。知此，就可明白"不疾而速得真宰"之精义，即"短以应其变"的妙义，"短打破长拳"的精义也在于此。关键是"以近制远"的方法，近者，短也；远者，长也。此乃传统手战之道中的基本之长短论。

（7）长以发其威

此处之长，乃劲势悠长之"长"。人身劲道，有长有短，长者，由左右足至右左手；短者，由背肩到手肘。此两者乃自身内劲道之长短。长者威力猛而大，短者相对威力弱而小。如以作用在对手身上来论，劲势作用在对手身上时间长，则威力强大而猛烈；劲势作用在对手身上时间短，则威力弱小而无势。此两论"劲势"之用的长与短，可知"长以发其威"之妙义了。为何高手一触彼身则对手应击而跌翻摔出，乃高手的劲势运用悠长之故，如"虎扑式"击法，全身发劲法则劲势悠长，对手应击而跌翻；如采用双撞法则劲势短，对手挨打，但不可能跌翻。这就是很好的例证。由此长短之论可以知道：短用形、长用劲，是手战之道中的长短论之基本内容。以此类推，就可知道高手击人为何不见其形之动而被击者应击而飞跌翻扑了。就是此理法。

总之，此"舒、缓、迟、含、活、短、长"七条内容之所论，练用内容丰富、精辟，远非我之阐述能一目了然，故习者应发挥自己悟性，精纯地研习此七条内容，定然能成为手战之道的高手。我之阐述只是明其纲，昭其目，以再现其精髓妙义耳，以发其要诀之精髓。

歌诀

不惊不惧要留神，平其气分和其心。
一声骇得他人动，便是乘机致胜门。

此乃"要诀"之全面的总结。

不惊不惧要留神

"不惊不惧"谓之胆大。胆欲大则必须神足，故留神则神足，神足则知来藏往，自然胆大敢为，此乃胆与神的因果关系。要留神，神有内神通和外神通的运用之区别，内神通是知己，外神通是知人。既能知彼又能知己，内外一贯，虚实相需，则能百战不殆。何谓留神？神回身中气自固，内气周流运行，返观内视，神也。此乃知己的练法。以己度人，与他人练用，贯彻心之所在力随往，彼有力我亦有力，力在他先；彼无力我亦无力，但意在他先。自不妄动，随彼动静进退，随曲就伸，久之即可知彼矣！神能观照察知内外、己彼，谓之"留神"。

然前人论传统手战之道的此项内容时，有用"心、意、神、气、精神"等多种说法的现象，实质上乃一回事。如用"心"论的，乃含"神、意"两个内容在其中，即"神意不同处"之论，内意外神，内神外意，都对，皆是阐发的"气形之虚实相需，内外一贯"，既能知己，又能知彼的功能，然此论更详细一些。又如"神以知来，智以藏往"，智者，意也，换之为"神以知来，意以藏往"，此乃外神内意之用法。而对此论的最全而又详的乃"布形候气，与神俱往"的三合一之论。引上述各家之论，皆一意也。简者，以神论之，乃本经文之特点。

但要明白地知道，同是一个内容，历来各家之论可以通用，然各家之论的方法不同，又有细化的微妙之差异，此乃同中有异的现象，又要将这种异同分辨清楚、明白，便可成为通家了。故历代各家所论并不矛盾，而是统一的存在。能如此认知，修炼传统手战之道，便可循阶而升华，终可达大成的神明之艺境。此乃要留"神"的精髓妙义之处的又一正解。

平其气兮和其心

此正是"心平气和"的说法，即和心悦色真刚毅的精义。心平则身正，但能达到心平，内气要中和。所谓内气之中和，即内气达到至中、至正、至和的状态，至此乃名"中气"，即"中和之气"的简称。中者，不偏不倚、无过不及之谓也。和者，虚空至灵之境也。中和者，无中之妙有之意也。心平气和则神足，神足则明，乃内外通明如一，即能内知己、外知彼，故能敌动我知而能应之无差，则胆大敢为生于此意境中，值此方是艺高人胆大的本义。此中不存在妄为之胆大耳。知此，可知练功之顺序、层次升华之进阶。只在心平不贪，则气至中和，中和之气充则神足，神足则知己知彼知内外、知来龙去脉则胆敢，故为而不差。前人论攻防之道乃善教者也。

一声骇得他人动

此乃以哼哈的发声助威之方法。因有为而不差之功夫，故能审机度势，应机乘隙而发之，又加发声助威，其效果更佳，故能将彼发出致远而跌扑。吐气开声发劲法，要于平时单独操练精熟，再融于各种具体的攻防招法中操练精熟，做到即时而发之准确无误，就可备而用之，故能于比武较技中"一声骇得他人动"而制胜了。

四、抽象虚实有无体认

便是乘机致胜门

习练传统手战之道,在于制人而不被人所制。只有明白了上述七法、三句诀窍的练、用之精髓,运用又精熟纯粹,便是动手较技能随时随处乘隙用机必能制胜的门道,舍此别无良法,即入妙入神之精义。入妙者,浑之体;入神者,元玄之用也。体、用分明者,乃是能乘隙用机制胜之门径耳。要诀之精髓,阐述至极矣!习拳者能不精细钻研、体会上身,用心而致神明艺境乎!

⑨是故,初习拳者,须以站桩为基础功法,通过站桩的内功修炼渐渐体会而后进行试力、自卫,也就容易上道得艺了。总之,须有"神、意、气、形"内主外从成为一而贯之的势态,亦须具备本心道体、顶心中轴、手心天盘、脚心地盘的四心相合,大活一统,则一动无有不动,一静无有不静,亦更无微而不合,四肢百骸悉在其中,不执着无停断,再唯风力是应,各点力之松紧相互以为用,到此水平就可以具有实战技能了。

⑩传统拳术攻防之道的修炼,离开自己有形的肉体报身也就无物可以求得无形的法身道体了;执着于自己的肉体保身永远求不到自己无形的法身道体也就没有正确的地方了。这是修炼家最真诚的言语,需要修炼者细心体会,自然就不难于登上传统拳术攻防之道的大殿正堂窥视修炼、建体、至用的真谛奥妙之所在了。

离开己身无物可求,执着己身永无是处:离开自己有形的肉身报体,无处能求得自己无形的法身道体的这个物;执着于有形的肉身报体永远不是无形法身道体的功夫。此句论述脱化于张三丰"执于己身不是,离开己身不是"的说法中。

堂奥:殿堂的深处。引申为深奥隐晦的义理:蝙蝠夜深出堂奥;未经钻研,难窥堂奥。

【点评】

本文内容主要是论述如何建立自己无形法身道体和如何获得攻防功夫能力,以及所欲达到的攻防功夫艺境之内容。

首先是自身"神、意、气、劲、形、中"六合一统的内主外从的攻防机体、机制秩序的建立;接着是对这无形攻防机体的功能作用、如何修炼的景象之描述;继之就如何培养大无畏的精神进行了论述,也就是内功修炼如何过恐惧观的问题谈了自己的心得体会;最后强调了"站桩"方法的内功修炼达到"神、意、气、劲、形、中"六合一统的自动化状态时才能登入传统拳学的殿堂;而基本原则就是"宇宙在乎手,万化生乎身"的"离开己身无物可求,执着己身永无是处"的观点之表达。

五、总　纲

拳本服膺，推名大成，平易近人，理趣横生①。
一法不立，无法不容，拳本无法，有法也空②。
存理变质，陶冶性情，信义仁勇，悉在其中③。
力任自然，矫健犹龙，吐纳灵源，体会功能④。
不即不离，礼让谦恭，力合宇宙，发挥良能⑤。
持环得枢，机变无形，收视听内，锻炼神经⑥。
动如怒虎，静似蛰龙，神犹雾豹，力若犀行⑦。
蓄灵守默，应感无穷⑧。

【题名解】

既曰为"总纲"，就是拳道修炼、运用的总的纲领的意思。总体论述了拳道修炼的方法乃是"站桩"的内功修炼；不落有形法，而用无形的道法，道法无形，不被有形法拘束；当然，运用无形拳道的无为法式，就能真正做到大成神拳神明的圆转法猛兽的自然而然的艺境。

【注解】

①传统拳术攻防之道本以无形的"天心为体，元神为用"，故而推名"大成拳道"的拳法，这种拳道的拳法之修炼、运用，平常简易，就在自身内，拳理易懂，练用方法趣味横生，意蕴无穷。

拳本服膺：就是"拳由心生，而从意出"的意思。

②不立具体的攻防方法，则是法皆在其中，拳道攻防本来乃是无形的法式，有形的方法也是空而有无变化以至用的。

自身之无形的法身道体，放之则弥六合，其大无外；卷之退藏于密，其小无内；卷放得其时中，丝毫无差。因其崇尚无为的无争为争的法式，故而不立法，则无法不融化在其中。有法也是空无所见的。

③拳道的修炼、建体、至用，可以改变一个人的气质形态，能够陶冶一个人使其性情高尚，为人诚信，行事仗义，仁爱宽容，英明勇武，都在其中可以得道充分的体现。

《太极拳经》中云："必先有事，勿助勿忘。用功力久，质而弥光。"说的就是这个道理。

④纯认自然之力，矫健如龙，用力不见力而山莫能阻；似虎快利，出爪不见爪而物不能逃。内劲的吸提呼放应随自然而然，真切地体会听探之良知、顺化之良能的相互为用的功能作用。

力任自然：就是自己的自然之力。所谓自然之力，就是自己与生俱来的"听探之良知、顺化之良能及其相互为用的能力"，名之曰：自然力。

灵源：灵者，灵性体，就是自己之无形法身道体；源者，源头的意思，丹田为灵性体生成的源头。吐纳灵源，小了说就是丹田呼吸的"胎息"法式；大了说就是真气升降涨渺的呼吸运动。

⑤粘连黏随、无争为争，劲力时空统一，都是发挥听探之良知、顺化之良能的相互为用的功能达到最佳状态。

宇宙：时空统一的代名词。宇者，上下四方的空间；宙者，古往今来的时间，合起来就是时空的统一。

力合宇宙：种种攻防能力的实施都要做到不偏不倚、无过不及的"时空统一"之恰到好处的完美性，才能无往而不胜。

⑥持中用中而得中之用，机制变于无形的法身道体中；修炼时收视返听，返观内视的炼气化神，是为了锻炼自己先天一气的知来藏往的自动化的功能。

机变无形：听探之良知，顺化之良能，相互为用的攻防机制的变化能力，是无形无象的运化出来的，故而不可见之。

⑦动如猛虎扑食，出爪不见爪而物不能逃；静似蛰龙沉于九渊，无影无踪虚无飘渺，神犹雾豹之豹眼环视一目了然，力若犀牛之行走沉实稳健而又灵动敏捷。

动静神力：攻防之一动一静的神通变化能力，运用"虎、龙、豹、犀"等猛兽的功能喻之。这本出于《鬼谷子本经阴符七篇》中"圆转法猛兽"的说法之意思中。

⑧站桩修炼内功，蕴蓄灵性体的种种景象变化，运用默想的守中的法式，就会感应到无穷的景象变化而得到更好的锻炼。

蓄灵守默：正如古人所言内功修炼之"默想、默想，意气响连声"的说法，亦如老子所言："多言数穷，不如守中。"

《拳道中枢（大成拳论）》注解点评

【点评】

这首歌诀，似乎是从吴翼晖著作《心意六合八法拳·拳学五字诀》中移植并增减文字转化而来以成的。为求对照，录五字诀一文于下。

心意本无法，有法是虚无，虚无得自然，无法不容恕。
放之弥六合，包罗小天地，释家为圆觉，道家说无为。
有象求无象，不期自然至。要学心意功，先从八法起。
养我浩然气，遍身皆弹力。见首不见尾，无象亦无意。
收放勿露形，松紧要自主，策应宜守默，不偏亦不倚。
视不能如能，生疏莫临敌，动时把得固，一发未深入。
审机得其势，乘隙击与顾，刚在彼力前，柔乘彼力后。
彼忙我静待，攻守任君斗。步步占先机，时时要留意。
蓄力如弓圆，发劲似箭直。悟透阴阳理，刚柔互参就。
调息坎离交，上下中和气，守默如坐禅，动似蜇龙起。
虚灵含有物，窈窈溟溟趣，忽隐又忽现，息息任自然。
避免敌重力，原来自我始，双单可分明，阴阳见虚实。
虚引敌落空，欲收放更急。两腿似弓弯，伸缩腰着力。
臂脊须环抱，内外混元气。息念要集神，仿佛临大敌。
目光如流电，精神顾四隅，前四后占六，掌握三与七。
形动如浴水，若履云雾霁。飘飘乎欲仙，浩浩乎清虚。
意动似惧虎，气静如处子。犯者敌即扑，五总九节力。
欲学持有恒，升堂可入室。显隐无与有，凝神寻真谛。
妙法有和合，离尘空虚寂。拳拳得服膺，道理极微细。
欲动似非动，静中还有意，息念气自平，默默守太虚。
无根筑基法，蕴藏皆珠玉，说难亦非难，看易亦非易。
有志事竟成，世间无难事。欲学果有诚，久恒与智慧。
华岳希夷门，力行最为贵。神意要集中，推动转轮器。
一触力即发，使敌难回避。欲松似非松，欲紧未着力。
运使求均衡，螺旋循环气，逢敌莫惶张，开合收与放。
见形寻破绽，丝毫不相让，腕肘肩胯膝，足踏手脚齐。
节节力贯串，处处无乘隙。呼吸细绵绵，升降缓而急。
得法可应变，有术方为奇。法术二而一，缺一不能立。

> 两手轻轻起，曲伸无断贯。转移有曲折，形似游龙戏。
> 纵横与起伏，阴阳运行数。意动气相随，关节含蓄力。
> 舒筋活血脉，荣卫得适宜，一吸气便提，气气可归脐。
> 一提气便咽，水火得相见，精研内外功，心虚腹要实。
> 率然取其势，首尾不相离，奇正得相生，动静随心欲。
> 粗成五字诀，后学莫轻视。

王芗斋先生所作"歌诀"的这段文字，清楚地指明自己无形法身道体的建立、至用之艺境，全凭站桩的内功修炼方法而得之；亦同时说明还要通过试力、自卫的系列方法的系统修炼才能真正获得，这就彻底否定了"套路"修炼方法获得神拳神明攻防功夫艺境的认识。

然而，没有有形的拳术攻防技术方法的修炼，是否真能直接修炼到无形的神拳神明之拳道攻防功夫艺境，还有待进一步得到实践者的证明，才能得出结论。

而有关"站桩"功法的修炼之真假问题，我曾经发表过一篇专题论述如何站桩的文章，为求对照，录之如下。

1. 莫向枯桩境里寻

有些修炼拳术的朋友们，或一些欲要了解王芗斋大成拳（意拳）"桩功"的习拳爱好者经常问我：王芗斋的大成拳（意拳）的"桩功"在习拳过程中的价值在哪里？应该如何习练"桩功"？就站桩练功的问题，我已在《武魂》上发表了《论站桩》一文。其中对站桩的功法内容划分为"形体桩功"和"意念桩功"。所论功法内容中，目的所求、所成论述得基本清楚了。然对于"意念桩功"应如何站？如何修？站桩为何是甜蜜蜜？站桩就是为了求"内劲"！王芗斋从方方面面已经论述得非常清楚而又明白了。然而，为何一些人士反而不清楚了呢？究其所因，是不知道"大成修法"和"大成境界"的根本区别。下面我以《杨谱》的论述来分别认识"大成修法"和"大成境界"的根本区别之处，就会明白"意念桩功"在修炼拳术攻防之道中的作用及其价值了。

《杨谱·太极文武三成解》中说：盖言（拳）道者，非自修身无由得成也。然又分为三乘之修法，乘者，成也。上乘，即大成也；下乘，即小成也；中乘，即乘之者也。法分三修，成功一也。

此文之论中说明法分三修之意，乃指：下乘者，外操柔软之功也，指外形要柔弱无骨是功夫；上乘者，自得内之坚刚也，指丹田所生成之内劲，在体内健运不息，具阳刚之性，独立而不改是功夫；中乘者，诚之者也，即将"坚刚之内劲、柔弱无骨之外形"柔外而刚中的组合匹配，意气君来骨肉臣的运作。自得运动知觉，方为懂劲，而后神而明之，化境极矣！此乃成功"一"虚灵不昧的化境功夫。故在"中乘的诚之者成也"的过程中，又要有"明劲、暗劲"的修炼阶段，才能达到"一"化劲的神明艺境。

由此可知，修炼"内劲的生成，具有阳刚之性，能在自身中独立而不改"的方法，可称为大成之修法，即上乘之修法。此乃针对"下乘，即小成的'外操柔软'"之修法而说的。故此上乘、下乘的说法与"化劲"的神明艺境之"上乘"即"大成"是有本质的区别的。故谈拳论艺，概念不能混淆为妙明吧！

而王芗斋说："站桩是意拳之基本功，站桩之法有行站坐卧之分，站桩之目的是培育内劲。"内劲培育至什么程度始为有得，需有其检验依据。本文拟将持桩之效果以扼要论述。那么持桩得"内劲"之效果，就是自身的"体整如铸，身如灌铅，肌肉若一，毛法如戟"的"四如"之内景象说。有了如上的"四如艺境方可以言拳"。而王芗斋又说："内劲能爆发为外力始能收到练拳的真实益处。盖练拳者力之奋也。"四形为内劲爆发为外力之最恰当的"形"式，故在论述持桩效果的同时，文中亦将"四形"加以简单说明。此拳论告知习拳者："桩法"是求内劲的方法，当达到身内有"四如"的艺境后，方可以"以四形的方式练习内劲爆发为外力"的拳术攻防的真实益处。王芗斋对"意念桩功"的定位、作用、价值、目的，论述得再明白不过了，后人无可批驳，也勿应质疑。

然而，现在还有很多练习者不明其理，却执迷在"桩功"中，而不知何为站桩法中"真境界"，不知所说"四形"才是"内劲、外形的内外合一"的方法，故执迷于"站桩万能"的迷途之中而不知返。偶尔读南怀瑾先生的《金刚经说什么》，至"第二十品谒颂"一文，其论述内功修炼之精义，通明透彻，感触颇深。引用全文，以申明拳术"站桩"方法修炼时有内在的应景生情成象之意。莫要"枯桩"寻境界，而耽搁自身，荒废光阴。录文如下。

形象由来不是真，都因心色起闲因。

可堪举世痴狂客，偏向枯桩境里寻。

"形象由来不是真"。这个形象是一切虚妄偶然存在的，不是真的。但是物质世界与形象是哪里来的呢？"都因心色起闲因"，唯"心"是道，心无一物，是心的力量生成的这个景象。"可堪举世痴狂客"，佛法本来教人不要着相，不要执着物质世界的东西。可怜这个世界上，一帮没有智慧的凡夫俗子们"偏向枯桩境里求"，偏偏都向那个枯了的树桩里头去找。我们打起坐来，一念不起，等于是个枯桩。这个枯桩有个典故，就是雪宝禅师的一首诗：

五、总纲

> 一兔横身当古路，苍鹰一见便生擒。
> 可惜猎犬无灵性，只向枯桩境里寻。

一只兔子横躺在一条路上，打猎的时候，苍鹰在空中一看，冲下来就把兔子叼走了。"可惜猎犬无灵性"，打猎的时候，那个狗靠鼻子闻，跑来跑去闻了半天找兔子。"只向枯桩境里寻"，只好向枯树的空洞里平明地寻找。雪宝禅师是禅宗的大师，骂世上这一班学禅宗的人，参公案，参话头啊，都像猎犬一样"只向枯桩境里寻"。

如果是大智慧的人，就会像那个老鹰一样，空中一亮翅，就把兔子叼走了。这个境界就空了。我们的猎犬勤快地拼命跑，转啊转啊，跑啊跑啊，就在那里找一个境界，找一个空。

读了全文，对于修炼拳术攻防之道的人来说应该知道，"站桩"是法，是外形态说，以站桩之法，求得"内劲"的生成，运行，健运不息，独立而不改之情景，才见功夫。因为拳术内外之修炼，有"与天地合其德"的说法，因"内劲"在身内"健运不息，阳刚之性，纯粹之精也"。合其"德"，即"同其德"也。故在"站桩"练功时的内景、内情、内象是不断变化的，而所用之于功法又是"依气为念"的，才能见到"内劲"升降涨渺，其间天机活泼之情至如盘走珠，一片神行之景象。而"内劲"运行之景象的开合收放委婉曲折种种如画，是谓景景不离情致之趣味。内功修炼法的"神气情景"不离，乃内功法中的"心之妙趣"，身体自然"甜蜜蜜"。拳术修炼"桩功"，不能"依气为念"，又不能"念住不住是为真念"的修炼，则"内劲不生，不能运行，内无情致景象，心无志趣，就不知身之甜蜜蜜为何了"，是谓习练"桩功"不得法，执此而修便是"枯桩"。因其不知，故不能修得"内劲"的生成，运行达到健运不息而又能随心所欲的自如境界，也就是不能有"四如境界"体验，故此种"站桩"之修，不能为拳术家练功所用。

而在《易筋经》的"洗髓经"中所论的站、坐、卧之静练的内功法，就是说的内功修炼之法则的，拳术家就依此法修炼而成"内劲"的。录"洗髓之法"如下。

> 两目内含光，鼻中运吸微。
> 腹中觉空虚，正宜纳清煦。
> 一切唯心造，炼神竞虚静。
> 假借可修真，四大需保固。
> 柔弱可持身，造化生成理。

《拳道中枢（大成拳论）》注解点评

> 从微可知著，一言透天机。
> 渐进细寻思，久久自圆满。
> 未可一蹴企。

诀中说得很清楚，即内功修炼中的什么"丹田周天、子午周天、全身大周天"，什么"炼精化气、炼气化神、炼神还虚"，什么"丹道的金丹诸法"，什么"体整如铸，身如灌铅，肌肉若一，毛发如戟"的"四如境界"，皆是"一切唯心造"的"真气"之"内景内情内象"的艺境之描述。拳家以此"真气"不断地积累而成"内劲"，丹家以此成"大药"，修真者以此修成真人之"境界"，得此验证，便不为"枯桩"。

而在传统拳学中，对"桩法"修炼内功之"内景内情内象"的描述中，各门皆有精彩妙论。王芗斋在其拳论专辑中，描写得清而明矣，亦十分精彩。随手实录几条，以启习"桩功"者知之。以明"内劲"练用之功德。

"习时须假定三尺之外，七尺之内，四周如有大刀阔斧之巨敌，与猛兽毒蛇蜿蜒而来，其共存生之情景，须当以大无畏之精神而应付之，以求虚中之实也。如一旦大敌林立，在我如入无人之境以周旋之，则为实中求虚。要在平日操存体认，涵蓄修养。"

此拳论中的"假定"，乃"内劲"上身以后的"一切唯心造"的"内成之内景象"耳。无有"内劲"就没有所描述的"景象"了。只此"涵养"什么，"修养"什么的一问，便知道是"精神"。然"精要化气，气要化神，神要还虚空之体内"，才算是"神气充足"，也就是"精神十足"，也就是传统拳术所说的"十年练拳，十年养气"的又一种说法吧！因我教弟子内劲生成之功法中，弟子们在练功时，就能轻易地生成王芗斋所描述的"假定"之境界景象，自可证之。

再看王芗斋论"内劲"为主，外修为辅的"大成之虚灵妙境"的艺境。

"就以有形而论，其势如空中之旗，飘摆无定，唯风力是应，即所谓与大气应合；又如浪中之鱼，起伏无定方，纵横往还以听其触，只有一片相机而动应感而发，和虚灵守默之含蓄精神，要在以虚无而度其有，亦以有处而揣其无。"

上录两条王芗斋所谓"内、外功夫景象"之描述，都是要以真气即"内劲"为基础的。只有"内劲"在自身中"诚实"存在，才能产生王芗斋所描述的"内外功夫之景象情境"。

再录孙禄堂论自身"内劲"之体验的说法，以相互对照，更为明确。因无独有偶，故所见略同：

五、总纲

"唯身体如同九重天,内外如一,玲珑透体,无有杂气搀入其中,心一思念,纯是天理,身一动作,皆是天道。故能不勉而中,不思而得,从容中道。此圣人所以与太虚同体,与天地并立也。拳术之理,所以与圣道合而为一者也。"

此论中亦证明:"站桩"开始"守中"以候"道本虚无生一气"之"真气"生,有此"真气诚实的存在",才能"唯心造而生出"王、孙二人所述的功夫内外之情景,无此"真气的诚实存在",则"心不能造,景象不能生出",显名"顽空"。站桩练功而成此"顽空",是名"枯桩"。以"枯桩"练功,就没有什么内外功夫可言,即没有"内劲的生成和运用,往来洞无极"的种种"情景"了,久练"站桩"而无功的现象就产生了。这就是为什么有些人练站桩,久练无功的原因了。尚有执着于"意"而太过,则身内又易生出种种严重不适的症状而有害于己。不知"养气忘言守,降心为不为"的基本法则,即"勿助勿忘"的法则。似守非守,不即不离,才是正法。正法者,乃古传之"一点天清,二点地灵,三点神光遍九重"之内功法也。

因为在修炼拳术攻防之道的练功方法中,对同一事物,如"站桩功法"中,存在"圣见圣念",圣念则有功可得;"凡见则凡念",凡念则无功可得。虽然劳而无功,于身亦无大过失矣!"魔见则魔念",魔念无功而有损气伤及自身矣!

圣、凡、魔的"念",喻之说:"大路上有一锭五十两的金元宝,一人过此,见之如同未见,飘然而过,此乃圣念;又一人过此,见之欲得,理智思之不可,依然而过,此乃凡念;再一人到此,见之如同自己之物,俯首拾起,放进怀里,此乃魔念。"魔者,不当得之物,掠为己有之念头,而成事实,皆为"魔"。内功法之景象应视之而随其生灭,是圣念;随境而进退,是凡念;入景象而身临其境,是魔念。

一个习拳者知道了这些内容,在以"站桩"法练内功时,就会"依气为念",则知"念念不住是为真住"的"真念"之法,是谓"桩"功法自然矣!内功之境象情景自然把握的"来者是真,过者便假"的艺境,则自身才不会被所显的景境所迷矣!自然"内劲"的功夫境界会层层地不断升华,而最终入"道"境!但内劲功夫的修炼,必须结合外形的柔弱无骨之功夫修炼。凡内劲、外形合一的攻防招法为核心的修炼,还要保证在各种攻防招法的实施中做到"不偏不倚,无过不及的顺随用招、以柔用刚的粘走相生,化打合一"的艺境之所求,久而久之,最终才能获得传统拳术攻防之道的"虚灵不昧"的"大成境界",即"拳道境界",舍此别无良法。故有全文之又论如何"站桩"一说,因有所触,亦占一绝以和之。

2. 论"站桩"练功

> 景象由来皆是真，过后便假莫究因。
> 可劝当今习拳客，莫向枯桩境里寻。

这篇文章发表后，得到了拳术界的人士之热情赞扬，认为已经将站桩功法修炼内容实质论说清楚了，使人们对"站桩"方法修炼内劲、外形功夫及攻防功夫艺境升华等内容都得到合情合理的解决了，有了正确的认识，不再盲目地耗时瞎站了！

六、歌 要

古人多以歌诀之法，以为教授工具，谨师其意，略加变更，特编歌诀刊后，以殚学者①。

拳道极细微，勿以小道视。开辟首重武，学术始于此。
当代多失传，荒唐无边际。拳道基服膺，无长不汇集②。
切志倡拳学，欲复故元始。铭心究理性，技击乃其次。
要知拳真髓，首由站桩起。意在悬空间，体认学试力。
百骸撑均衡，曲折有面积。仿佛起云端，呼吸静长细。
舒适更悠扬，形象若疯痴。绝缘摒杂念，敛神听微雨③。
满身空灵意，不容粘毫羽。有形似流水，无形如大气。
神绵觉如醉，悠然水中宿。默默向天空，虚灵须定意。
洪炉大冶身，陶镕物不计。灵机自内变，调息听静虚。
守静如处女，动似蛰龙起。力松意须紧，毛发势如戟④。
筋肉道欲放，支点力滚丝。螺旋力无形，遍体弹簧似。
关节若机轮，揣摩意中力。筋肉似惊蛇，履步风卷席。
纵横起巨波，若鲸游旋势。顶上力空灵，身如绳吊系。
两目神凝敛，听内耳外闭。小腹应常圆，胸间微含蓄。
指端力透电，骨节锋棱起。神活逾猿捷，足踏猫蹑踏⑤。
身动似山飞，力涨如海溢。一触即爆发，炸力无断续。
学者莫好奇，平易生天趣。返婴寻天籁，躯柔似童浴。
勿忘勿助长，升堂渐入室。如或论应敌，拳道微妙技⑥。
首先力均整，枢纽不偏倚。动静互为根，精神多暗示。
路线踏重心，松紧不滑滞。旋转谨稳准，钩错互用宜。
利钝智或愚，切审对方意。随曲忽就伸，虚灵自转移。
蓄力如弓满，着敌似电急。鹰瞻虎视威，足腕如磨泥⑦。
鹘落似龙潜，浑身尽争力。蓄意肯忍狠，胆大心更细。
劈缠钻裹横，接触揣时机。习之若恒久，不期自然至⑧。
变化形无形，周旋意无意。叱咤走风云，包罗小天地⑨。

若从迹象比，老庄与佛释。班马古文章，右军钟张字。
大李王维画，玄妙颇相似。造诣何能尔，善养吾浩气。
总之尽抽象，精神须切实⑩。

【题名解】

歌要，歌诀要点的简单说法。歌诀，乃是历来拳家所惯用的谈拳论道著谱立说传授精旨妙谛常用的法式之一。故而研究传统拳术攻防之道的修炼、建体、至用，攻防功夫艺境升华的系列方法、系统工程内容，必定要精心研究、修炼、体认、印证各种歌诀内容的精妙要点，才是真正的研究者。因为，歌诀要点中蕴藏着传统拳术攻防之道的修炼、建体、至用，攻防功夫艺境升华的系列方法、系统工程内容的精华内容。

正如其所言："古人多以歌诀之法，以为教授工具，谨师其意，略加变更，特编歌诀刊后，以饷学者。"可知此歌诀之重要了。

【注解】

①历代前贤多以歌诀的方法，以为传授真传秘诀的工具。这里仅师法其宗旨教义，略加变更，特编歌诀一首刊于后面，以满足读者的需求。

②中华传统拳术攻防之道是极其细密微妙的修炼实践印证的一门学问，勿以小技来对待。三皇五帝开辟人类文明最重要的事情就是文体武用的文武之道，拳道学术开始于那个时期。当代多已经失传了，将拳道演化的荒唐而又无边际了。拳道的基本内容就是正心修身，融会众家之长，集文体武用之于一身。

③最迫切的志向就是极力倡导发扬中华民族的传统拳术攻防之道学，急欲恢复无形拳道的本来面目。修炼者要刻骨铭心地研究道理、性理，建立无形法身道体的学问，技击乃是其次的内容。要知道欲得传统拳术攻防之道的精髓妙谛，首先要由站桩修炼内功法开始。站桩时，意念导引内气流行，达到全体透空的艺境，再体认学着试力的内容。站桩时身体百骸肌肤骨节处处开张饱满而又均衡，自身内里曲折动变而外边似有球形面积的感觉，自己犹如处在球体的中间状态，又像自身起在云端一般，而且自己的呼吸深沉均匀细长，浑身舒适自然更觉得悠扬自在，外形像是似疯似痴，已然断绝尘缘屏除杂念，收敛心神细心倾听微雨似乎缠绵不绝。

④自觉满身处处都是空空静静灵动不绝的意境，一丝不挂的不容毫羽粘身之意。自觉有形之体似水流动，无形之体犹如大气飘渺无边无际。神意缠绵顿觉身

如酒醉，恍惚悠然似在水中住宿一般轻盈无比。默默向着自身内的天空，虚灵景象中须存有一定的意念：犹如自身像个庞大的冶炼金属的熔炉在陶冶自己的身体，陶冶的融化之物和次数不可数计了。这些内景象的变化之灵机都是发自身内真气灵动的变化而成之，乃是内功调息、返观内视、收视返听静处虚灵的产物。精神守候真气处于安静的犹如处女的状态，意念形体运动似乎蛰龙之腾起。外形松静自然，意守内劲犹如绳束之紧，毛发竖立之势亦如长矛大戟。这些都是内功景象的描述。

⑤筋肉顿觉收缩而欲展放，支撑的点位犹如滚动的丝线而能力增加。沿身而生出的螺旋劲势无形无象，遍身犹似弹簧一般。各处的关节若机器的齿轮，要仔细揣摩体认这个意境中的能力。筋肉好似惊蛇节节贯串，足履步法亦如风卷席。纵横变化犹如掀起巨大的波涌，像似鲸鱼在大海中畅游回旋之势。虚领顶劲，乃是满身空灵顶头悬的艺境；身中亦如绳来收束吊系才能周身一家。两目神凝收敛内视，两耳返听身内雷音不闻外界声音响动。气沉丹田则小腹内常显真气圆满之势态，胸间空虚胸脯部位微存含蓄之意。指端内气发放犹如射电透指一般，骨节部位好像起有锋棱一样。神活比猿猴矫捷，足踏似猫踯躅方能伺机而灵动。这亦是内景象的描写。

身如绳吊系：这里是存在两种身法功夫的解释，一是身法的"尾闾中正神贯顶，满身轻利顶头悬"的中轴竖起，两肩松沉的"主高臣低"的身法功夫之描述，一神领起，全身无懒骨，正是"头统乾之体，乃全身之统领"的意思之精义。犹如拿着雨伞的头，则伞翼自然松垂安静的状态；一种是攻防动变，周身四肢犹如绳系一般。正如前贤所言：

> 拳打五尺以内，三尺以外；远不发肘，近不发手。不论前后左右，一步一捶。发手以得人为准，以不见形为妙！发手快似风箭，响如雷鸣。出没如兔，亦如生鸟之投林。应敌似巨炮摧薄壁之势，眼明手快，踊跃直吞。未曾交手，一气当先；即入其手，灵动微妙。见孔不打见横打，见孔不立见横立。上、中、下总一气把定，身、手、步规矩绳束。手不向空起，亦不向空落，精明灵巧全在于活。
>
> 《心意拳诀》

文中"上、中、下总一气把定，身、手、步规矩绳束。手不向空起，亦不向空落，精明灵巧全在于活"的说法，正是"身如绳系"的意思。

⑥身动好似山飞跃，劲势膨胀亦如海溢。一触得机就爆发，炸力的劲势没有间断而连续。学拳道者莫要存在好奇的心理，平常的内功修炼就能生化出无限的

天然趣味。如柔弱无骨的修炼能够返回到婴儿的骨弱筋柔则握固的天道自然的艺境，身躯柔弱得就似儿童沐浴一般纯真。站桩的内功修炼，纯认自然而然，勿忘意念景象，勿助长意念景象，渐修顿悟，渐渐就能领悟其中天然妙趣而能升堂入室了。正所谓"功到自然成"。急功近利者难免犯有贪病，则易入歧途矣！如果或论述较技应战的攻防技术内容，拳道的攻防技术微妙玄通。

⑦首先要要求自己内气、外形之周身的劲势气力均匀齐整如一无过不及，中枢中正安舒而不偏不倚。内气、外形动静变化互为其根，内劲多在暗中显示其攻防的功能作用。进攻的路线多踏对方重心位置夺其势站其位，自身内劲、外形相互为用的松紧变化不滑利亦不涩滞而恰到好处。旋转变化谨慎小心而又稳健泼辣，出手如锉回手如钩相互为用而相宜，或拳锋锋芒锐利或防守盾牌钝固，或智取或愚昧敌人，一切都是审查对方的意思而实施的。随曲就伸、随伸就曲，虚灵之身法自然随之而转移。蓄势如弓满以待而发之，着敌身似电疾快，全凭如鹰之眼神扑捉瞬息的虚实变化，似虎视眈眈而威风凛凛。足踝沉稳如趟泥之行自然稳健。

⑧犹如鹃之落下似龙潜九渊，浑身尽是内气、外形阴阳逆从，劲形反蓄产生的圆融的劲势。蓄势要恳切而又能柔弱而忍让才能见狠真不二之运用，胆大包天而又心机更细如发，才能应变自如。劈拳缠绵中自然能够随机变势精确地实施钻裹势的横拳来，这需要在神以知来的接触的瞬间揣摩好智以藏往的时机，才能运用得达到最佳状态。如此持久的修炼以"听探之良知、运用顺化之良能；在顺化中又不断地听探，以调整顺化的良能"的周而复始的变化能力，自然就能达到良知、良能相互为用的不期然而至的自动化的状态。

鹃：俗名兔虎，鹰属中的一种猛禽。

⑨驭静以动，动中亦静，动静互为其根的动静之机的变化形无其形，与敌周旋起来之意无己之意，随彼而动静也，皆从他力取法的缘故。阴聚阳散，阴收阳发，阴阳迭神其用。吐气开声、怒喝一声风云起。这一切无形攻防功夫景象的描述，都包罗在自己的内气、外形之小天地之中变化出来。

变化形无形，周旋意无意：动手较技则"因其形而成己之形，谓之形无形；因其意而顺之以动，谓之意无意"的意思。乃说的是"顺随法式"中自己的"形"和"意"的方法。

⑩若从有迹象的方面来比喻的话，就是老子、庄子论说的无形的道的变化；释迦牟尼佛组论说的明心见性的"性"体的变化；亦如班固博览群经九流百家之言，所学无常师，不为章句，举大义而已。性宽和容众，虽著作颇丰，如与诸学子论讲五经之异同于白骨观，撰成《白骨通德论》，而又不以才能高人，故颇为当时学人所敬佩。

六、歌要

司马迁：中国历史上伟大的史学家。他因直言进谏而遭宫刑，却因此更加发愤著书，创作了名震古今中外的史学巨著《史记》，为中国人民、世界人民留下了一笔珍贵的文化遗产。

王羲之：东晋书法家，字逸少。原籍琅琊人（今属山东临沂），居会稽山阴（浙江绍兴）。官至右军将军，会稽内史，人称"王右军"。他出身于两晋的名门望族。王羲之十二岁时经父亲传授笔法论，"语以大纲，即有所悟"。他小时候就从当时著名的女书法家卫夫人学习书法。以后他渡江北游名山，博采众长，草书师法张芝，正书得力于钟繇。观摩学习"兼撮众法，备成一家"，达到了"贵越群品，古今莫二"的高度。《兰亭序》是王羲之最著名的代表作。从文学的角度，它文字优美，情感旷达闲逸，是千古绝妙的好文章。从书法的角度，它被誉为法帖之冠，被各代名家悉心钻研。

钟繇：三国魏书家，字元常。颖川长社（今河南长葛）人，或作许昌人。历官侍中尚书仆射，封亭东武侯。魏初任相，明帝时迁太傅，世称"钟太傅"，卒谥成侯。书学曹喜、刘德升、蔡邕。其正楷书法独步当时，自言精思学书三十年。所作秀美典雅，幽深无际。

张芝：字伯英，敦煌人。生年不详，约卒于汉献帝初平三年（约公元192年），敦煌酒泉（今属甘肃）人，父焕为太常卿，徙居弘农华阴。伯英名臣之子，幼而高操，勤学好古，经明行修，朝庭以有道征，不就，故时称张有道，实避世洁白之士也。善章草，后脱去旧习，省减章草点画、波桀，成为"今草"。张怀瓘《书断》称他"学崔（瑗）、杜（操）之法，因而变之，以成今草，转精其妙。字之体势，一笔而成，偶有不连，而血脉不断，及其连者，气脉通于隔行"。

张芝刻苦练习书法的精神，历史上已传为佳话。晋卫恒《四体书势》中记载：张芝"凡家中衣帛，必书而后练（煮染）之；临池学书，池水尽墨"。后人称书法为"临池"，即来源于此。三国韦诞对其有"草圣"之誉，羊欣评价云："张芝、皇象、钟繇、索靖，时并号书圣，然张劲骨丰肌，德冠诸贤之首。斯为当矣。"当时的人珍爱其墨甚至到了"寸纸不遗"的地步。晋王羲之对汉、魏书迹，唯推钟（繇）、张（芝）两家，认为其余不足观。对后世王羲之、王献之草书影响颇深。《宣和书谱》载有张芝草书《冠军帖》、章草《消息贴》。

李思训：唐代杰出画家。字健。成纪（今甘肃秦安）人。唐宗室孝斌之子。以战功闻名于时。曾任过武卫大将军，世称"大李将军"。

其子李昭道，称为"小李将军"。其画风精丽严整，以金碧青绿的浓重颜色作山水，细入毫发，独树一帜。在用笔方面，能曲折多变地勾划出丘壑的变化。

法度谨严、意境高超、笔力刚劲、色彩繁富，显现出从小青绿到大青绿的山水画的发展与成熟的过程。它和同时期兴起的水墨山水画，都为五代和北宋时期的山水画奠定了基础。其作品均散佚。《宣和书谱》记载尚有《山届四皓》《春山图》《海天落照图》《江山渔乐》《群山茂林》等十七幅，现在仅见《江帆楼阁图》和《九成宫纨扇图》。

李唐：南宋画家。字晞古，河阳三城（今河南孟县）人。徽宗朝入画院。高宗南渡，流亡至临安，以成忠郎衔任画院待诏，时年已近八十。擅画山水，变荆浩、范宽之法，以峭劲笔墨，摹写山川雄峻气势。晚年去繁就简，画山创"大斧劈"皴，画水打破鱼鳞纹程式，而得盘涡动荡之状。兼工人物，初学李公麟，后变衣褶为方劲硬折，并以画牛著称。其画风为刘松年、马远、夏圭、萧照等人所师法，在南宋传派很广，对后世也有大的影响。存世作品有《万壑松风》《清溪渔隐》《长夏江寺》《采薇》《村医图》等。

其代表作《万壑松风图》虽完成于南渡之前，仍属于北宋的构图式样，但已经注意到山的侧面与斜面所造成的深度感。在这幅画中，李唐以重墨斧劈皴染的画法，呈现出气势雄伟的气氛以及质感极佳的山石。

李唐在八十岁的时候，仍然在杭州摆地摊，谁都可以想象他的内心一定充满矛盾，但是生命的动荡没有影响画家对艺术品质的要求，他的作品精致华丽又大气磅礴，虽然意气始然却又坚持理性。后人如果凭借笔墨挥洒情绪，仍然可以借鉴李唐，他的创造是放纵和节制结合的完美典范。

这三李都是古代画家，然李唐乃是南宋时人，可知"大李"，乃指唐代杰出画家李思训了，因其名"大李将军"的缘故。

王维：字摩诘，山西太原人，曾官至尚书右丞。王维信佛，少年得志，仕途顺利。然安史之乱中，被迫接受伪职，平乱后受到处罚，从此郁郁不得志。晚年隐居陕西蓝田辋川别墅。

王维不仅是诗人，也是画家。传说，王维曾给歧王李范画过一幅《巨石图》，歧王一有时间就细细观赏，常常恍恍惚惚地进入画中的空古幽静的境界。一天，突然电闪雷鸣，风雨大作，一块巨石从屋里腾空飞起，冲出屋外，歧王赶紧到屋中察看，原来是画上的巨石飞走了。后来，到了唐宪宗时，高丽国派使臣到中国，说是若干年前的一天从空中飞来一块巨石，上面有王维的题字，知道是中国的宝物，现在把这巨石送了过来。

这段故事显然是虚构的，无非是说明王维的画神奇罢了。

王维的绘画成就有二：一是诗画一体。苏轼说："味摩诘之诗，诗中有画；观摩诘之画，画中有诗。"二是"得意忘象"、敢破常规。据记载，王维画物，不问四时，画花往往以桃杏芙蓉共处一景，在《袁安卧雪图》中，把雪与芭蕉同置一处。实际上，这正是艺术高于现实的所应具有的创造性思维的一种表现。

以上这些古代的著作家、书法家、画家都在各自艺术的领域里不拘一格，都有自己独到的艺术造诣而达到登峰造极的艺境，给后学留下了无价的艺术瑰宝。其中著书、书法、绘画的道法玄妙之机势与拳道的玄妙之机颇为相似而又惟妙惟肖。著作、书法、绘画、拳道的造诣为什么能有此众多相似之处，都是因为"善养吾浩然之气"的缘故。总之，都是从内功修炼的抽象的景象中，修炼自己的无形法身道体在身中独立而不改的切实存在才是根本原因。

【点评】

"歌要"的根本要点，就是阐述"站桩"方法修炼内功的妙处所在。正如王芗斋先生自己所说："站桩是为了求得内劲。"这一观点，前贤亦有明确的论述，为求对照，录并解之如下。

1. 前贤论述：养吾浩然之气

人既为万物之灵，必心与道洽，庶几致人，不为人所致也。故君子必具天险王道之全，洞天时地理人事之权宜，其略则孙、吴、司马之策，始可运筹帷幄，决胜千里。故君子战必胜也，历观古人个有取法。昔亚圣云：浩然之气，至刚至大，直养无害，塞于天地之间。夫浩然之气，在于天地间，则保合太和之气，以之生成，在人则空灵无间之气也，即真气。其中刚柔浑合、阴阳互生，即所以结丹粒之道也。其大莫喻，其小难破，而来往造化之神涵于其内。故曰：放之弥六合，卷之藏于密，直养即勿妄勿助。直养自然先天之能力，在神为非人力也。无害者乃顺生机之自然，去其害生机者也。养至真息圆满，百慧从生，永生无灭。小可经纶，大可赞誉天地，故曰则塞于天地之间。

夫勿妄者，非具刚决武火之力，安能常于若存？勿助者，非有攸柔文火之功，安得依行不偃？果能明道不计其功，是无为之为神为也。能庸行无息武火之力，固少顽空昏沉之偏。至若乐行不期报，亦非人力之有为，以其呼用略照吸用。全妄者，文火之功，岂更有着相燥妄之失，故内而静功、外而武学者，皆当准乎文武火侯，以行为的。

故戕贼成者，终难深造乎道。绵长者久必显达。过急则锐，恐多退速之虞；太缓则疏，未免作辍之情。然二夫准期何在？诗云：

一

休逞欢来歇力行，免将过役倦容生。
中庸万古传心法，中以庸行戒律清。

二

气欲足兮精为本，神光无滞天地春。
四肢鼓荡皆符道，力量增加要日新。

首言，人即为万物之灵，但必须是心与道洽合，方能称之"灵"，就修炼传统手战之道而言，必内外兼修，内有文体成，外有武用精，文体武用而合道者，方可在较技中能制人，而不被他人所制矣！能如此者，乃君子之修。何谓君子之修？《易》曰："其德行何也？阳一君而二民，君子之道也。君子遵之而修则道法长；阴二君而一民，小人之道，小人遵之而修故道法消。"其因何也？君子之修，一君而二民，则主从顺也，遵天道而行，其德盛，故道法长，乃顺天之道行也。即以神为主，以气为充，形从而利，以柔用刚，顺随为法，是谓君子之修道法长。小人之修，二君而一民，二主一从，内必二主相争，主从不顺，背天道而弛，其德衰，欲妄增，故道法消，乃背天之道弛也。即以形为制，尚气任力，神从则害，阴阳不辨，动静不知，刚柔不分，虚实不明，任欲而为，是谓小人之修道法消。

故君子必具天险王道之全，是何意旨？天险者，即天道艰险之简说。天道者，本体太一。体太一者，又名天险，即浑元归一，乃体太一。王道者，阴阳也，阴阳统一也。执阴阳者为王道。其义出自"君主执六律，霸者法四时，王者分阴阳，帝者体太一"。此乃治国之策，又是修炼者进阶升华之层次步骤。此文以"天险"言"帝者体太一"的神化之功、成道之神明艺境，以"王道"言"王者分阴阳"的成道之大成艺境，然此两种大成艺境，皆已经浑化归一，具备一而三之元玄之妙用了。故其所用"其势险节贵短"，乃知人所不知、能人所不能，修炼、建体、至用分明，仍具天险王道之全的精义。

然具此大成之艺境，还要洞明天时、地理及人事等诸方面的权宜之策，方可不为他人所制矣！而其权宜之策略，则以孙子的"先为不可胜，然后图谋之"以为全胜之策略；要像吴起一样，无所畏惧，战必胜之；要像司马懿能忍辱负羞，静待其变以胜之。要想制人而不为他人所制，光德艺不足以胜任，必有此三条权宜之策，始可运筹于胸间、决胜于较技之中。故君子战必胜也，有其致胜之德艺和谋略。一统阴阳之道于一身，是谓"君子必具天险王道之全"之精义耳。

六、歌要

　　虽同是修道,然历观古人,各有取进道之法,此即是"道本一,法万千"之意思。就修炼传统手战之道而言,各门派、拳种,也是各有取法。虽各有取法,然必心与道洽合的宗旨不变,以求致人,不为人所致也,乃是共同的。这就是《九要论》中所言:"盖一本而散为万殊,而万殊咸归于一本,事有必然者。"

　　以论"气"而言,昔日孟子说:浩然之气,至刚至大,直养无害。塞于天地之间。是以天地间的保合太和之气,即浩然之气,以喻身内修炼而生成的空灵无间之气,即真气。此气平时修炼可为"相",能使自身内清虚外脱换而安和;战时可为"将",统一身与人交战,以柔用刚则战必胜。此乃修炼、建体、至用及攻防功夫艺境得升华皆能与"道"洽合。

　　而真气之生成,其中坎中一阳之刚,离中一阴之柔,阴阳刚柔浑合,阴阳相互滋生,即所以又以结丹粒之道而述说之。

　　此中说明:修炼之事,必心与道洽合。而与道洽合,即与道同体。道体者,万物之祖始,本无形无象、无状之状的存在,即太虚之状。传统手战之道的修炼,所谓说"恢复古原始"就是本"剑经"中所说的"精练法的三才浑化归一的浑元之道体"。只有此道体成,才有此道体的一而三之元玄之妙用。即听探之良知、顺化之良能达到神化之功的艺境。此即"天险王道之全"的精义。

　　而能将神、气、形三才浑化归一成此道体,必须从修炼内气开始,即从丹道所论的炼精化气、炼气生神、炼神还虚为始终。在修炼的过程中,其中刚柔浑合、阴阳互生,而来往造化之神涵于其内,最终可使自身内清虚而外脱换,达到虚灵妙境,即体太一之道体,皆空灵无间之真气使然。此乃"有形练到无形处,练到无形是真功"之精髓妙义耳。道体无形,故能生妙有。此即修炼传统手战之道的后天返先天的说法中,将后天有形之形化归于先天道体无形之状,方有攻防的一而三之元玄的制人而不为人所制之妙用。

　　传统手战之道的"意气君来骨肉臣"的宗旨,就是以真气言自身空灵无间之道体的,而此真气运行往来造化之神又涵于其内,故其大莫喻,其小难破。故曰:放之则弥六合,卷之则退藏于密,卷放得其时中。全以真气之至用,而言道体之至用的。故"气以直养而无害",是说真气之生成、运用,乃至正至大至和至中的自然先天之气,其所以能有攻防之至用,是在神为,非人力也。故曰,"直养"二字,是说真气之生成、运用过程中应"勿忘勿助"。忘者,神迷遗失,不知所以。助者,妄为,假借人力以助之,故曰妄。已非自然也。

　　修炼传统手战之道,外尊天道而行,内顺自身内外各部位器官性能而修,方能成之,即此文所讲的"无害者乃顺生机之自然,去其害生机者也"。可知古今见解一致无异耳。而"意气君来骨肉臣"的君臣主从之宗旨,和以柔用刚之不撄人之力的顺其势、借其力,让力头、打力尾,粘走相生、化打合一的用法之准则，都体现了传统手战之道的"无害者乃顺生机之自然，去其害生机者也"的练、用之基本精神，就是以听探用顺化的基本法则，也充分地体现了顺生机之自然的练、用之基本精神。此乃"不以道殉身"的精髓妙义之解释。就是不能因为修炼传统手战之道，而以糊涂练法、武练法、横练法的修炼方法而残害自身的自然生化之机，造成盲目修炼所致的疾病痛苦缠身，甚至危害生命。凡以此而修炼者，又不知适时而止，错失良机，造成疾病痛苦缠身、猝死，可谓之以道殉身，此乃不值得，是得不偿失呀！前贤一再之嘱咐：文练乃正宗，舍此之修炼皆不能与道洽合，便是俗学旁门，难窥圣境矣！

修炼传统手战之道，本是中和之道，以养真元之气为主、为根本，方可使自身内清虚而外脱换，达到一身空灵之境。就以攻防而论，也只是顺势借力而用之。即以顺随法的以柔用刚一法，而应他人万拳之变化，自然恰机得当，也永无失处，本不繁杂。故练而得道者言："十年练拳，十年养气。"养至真息圆满，百慧从生。就健康而言，生机勃勃，自然能长寿。就攻防而说，以柔用刚之技术方法，也是生生不已，制人而不制于人的功夫。此乃从健康、技击并行不悖而立说。

真正"养至真息圆满，百慧从生"，则上知天文，下晓地理，中通达人事，权宜策略，成竹在胸。往小处说，有具备筹策、规划、管理事物的能力和才干。往大处说，可以赞育天地生生之德，参透天机，皆可用于造化生机。其德无量矣！

故曰：修炼传统手战之道，以养真元之气为主、为根本，直至真息圆满，自然百慧从生。小可经纶，大可赞育天地。故曰："则塞于天地之间。"此乃借天地间的浩然之气直养万物的好生之生生之德，以喻人身内真气亦可直养自身内外各部位器官，似浩然之气具备好生的生生之德，修养真气，不单可使自身生机之自然环境、状况极佳，具备良好的攻防艺境，还可开慧益智，可使自身具备筹策、规划、管理事物的能力和才干，具备经天纬地之才以普济天下。这也与浩然之气，塞于天地之间，直养万物一样。可知，前贤将修炼传统手战之道一事，视为健康、技击、增长智慧、获得才能的一门专修学问来看待。这一点，值得我们今人学习。现今之人修炼传统手战之道，有没有这样的认识，认识的高度与古人同否？真值得探讨一番，这也是继承、发扬传统手战之道的主要课题之一。

经中所言"真息圆满"，何谓真息，何谓圆满？此乃内功修炼法中的术语。真息者，乃真人之呼吸，即真气呼吸法，非指口鼻呼吸也。真气在体内运行，有升降涨渺之景象，故定为"升渺为吸，降涨为呼"。真气以此而运行，是名真人呼吸法，简名真息。圆满，是说炼神还虚、慧开道通的光明境，是为功德圆满。真息圆满，是说内功修炼的"无为者，大周天也。盖火候行于真人呼吸处"。此处本无呼吸，自无呼吸而权用为有呼吸，以交合神炁。神炁合一，而至一身无处不能真气呼吸，便是手战之道的真息圆满，此即"挨着何处何处发的太极功夫艺境"。"周身光芒不断"亦是。我只从手战之道而论，不从炼丹而言之。丹道的真息圆满另有其说。两者不可混矣！

而内功修炼法中说"火候"，火候本只寓一气之进退的节奏，非有他也。故说：火候者，即真息。如以火候而言，有真火、武火、文火之区别。真火者，含文武火，文武火正确即真火。真火之妙在人，若用意紧则火燥，用意缓则火寒。勿忘勿助，非有定则，实有物候。犹最怕意散，不升不降。

以修炼内气而言：凝神入气穴，乃武火也；凝神照气穴，乃文火也。这样，就知道：勿忘者，乃凝神入气穴，本具刚决武火之侯。不如此，安能有常于若存之景！如妄者，必意紧而火燥也。勿助者，乃凝神照气穴。非如此哪有至柔的文火之功，安得依行不断之象！文武火侯，皆本生机之自然者也，故在练、用之时，用意紧助火燥，乃妄加人力而助之，必发之病也；用意缓则火寒，乃忘也、意散也，必生之病也。可知，修炼内气生成、运行、至用，都要勿忘勿助，顺其自然，也在人自己之把握。而此把握是神为、非人力也。神为者，中和之道。人力者，忘者、助者、妄者之义尔。

修炼传统手战之道的内功、外功、内外合一，及其至用，果能明道，时时处处以柔用刚，不计算何时能成功就是"有意练功，无心求功，则功自出"。这样修炼，就是不先物为的"无为"之修，就是神为而非人力了。

能很平常地运行"无息"的武火之力，即内有真气，其象若存，固然不入顽空之境。神气合一，明而不昧，自然没有昏迷沉浊之偏的症候，必然是中正安和温柔儒雅之象。

至达到乐行修炼而不预期达到什么艺境、什么果报，亦是无为之修，亦算是非人力之所有为。无己之欲，唯道是从，即无为也。

以其呼用略照吸用。此句乃说真气呼吸法与口鼻呼吸法的名实区别之处。口鼻呼吸法，以吸入天气，呼出浊气，定名呼吸。其呼则升、吸则降。其呼升吸降，是名后天呼吸法。而真气呼吸法，是自身内的真气升降运行往来说，纯是精气之运行，而借呼吸以定名，故曰真气呼吸。就其真气运行以定呼吸之实，乃呼降吸升。故经文指明，真人呼吸法的"呼"用，略照着后天口鼻呼吸法的"吸"用。由此可知，先天真气呼吸法，是"吸升呼降"了。用于攻防较技中，就成了"吸提呼放"的法式了。

全妄者，应是"勿忘勿助"。文火者，应是"真火者"。

此句是说，修炼传统手战之道纯任生机之自然、勿忘勿助，文武火适时而行，适机而止，行止于至善，乃真火候之功，一身内外怎么会有"着相，燥妄"之失和之处。

故修炼传统手战之道的内炼之静功、外练之武技者，皆当把握住文武火候，皆当符合真火之功，是以此行为准则的。即行中和之道，方能有所成就，而终至"浑元归一"之道境的。

前面论述了"无害者乃顺生机之自然，去其害生机也"的文练法，乃修炼传统手战之道的传统、正统、正宗之方法、准则，是君子执君一民二的道法长之修炼，并反复叮咛，唯执此而能功成。

此又谈明糊涂练法、武练法、横练法的弊端之实质，并将此三法称为"故戕贼成者，终难深造乎道"。何为"戕贼"？戕者，残害之谓；贼者，邪也。完整地说，就是以残害自身生机之自然的修炼方法，皆为邪法也。为何如此之说？自古相传，一脉承之，正统的传统手战之道，乃文体成，武用精，静练体，动练用，以浑元虚无之体，以生一而三元之玄机妙用，乃尊无生妙有之义。就其运用之法则，亦是顺势借力成规矩，崇尚意气君来骨肉臣的尚德之大仁大义之勇，得此者是为真勇武，即以听探之良知，运用顺化之良能。

然而，历来就有不明其宗旨、不知运用之法则，不晓以听探用顺化之机理，"以柔用刚"之技术方法。而逞己之私欲，筋努骨突，尚血气用横力，背道而驰，明为修炼，实为戕贼而成，此乃小人之修，即崇尚后天有为之力法，故道法消。而危害生机之自然，即残害自身生机，造成疾病缠身，甚至危及寿命。就前面所说的糊涂练法、武练法、横练法，皆是不同表现形式。不同程度上的"戕贼成者，终难深造乎道"，即终不得修炼的正果福报，反而以报身应接其祸之降临，实可悲也。

"绵长者久必显达"，其意深邃，以前人之论述的精义证之，其曰：

> 武事，外操柔软，内含坚刚。而求柔软之于外，久而久之，自得内之坚刚。非有心之坚刚，实有心之柔软也。内要含蓄坚刚而不外施，终柔软而应敌。以柔软而应坚刚，使坚刚化为无有矣！神明艺境，化境之极也！
>
> 《清代杨氏传钞老谱·太极下乘武事解》

此乃"绵长者"练、用之精髓，久必显达。达此化境之极，乃神明艺境，功夫艺境至此，是谓之显达。

然修炼者众，有过急者，乃指心性过急，操练过急，执一点攻防招法的表面之技，急操急练，经过一年半载，小获攻防之能，亦是以强凌弱，虽小有获胜之率，此乃锐进之人，自以为得意。谁知，此乃后天尚气用力有为之法。虽然表象上看疾锐之进，然不修炼，恐怕存在退步迅速之危机。老子曰："暴风骤雨不终朝，天地尚不能长久，何况人乎？"修炼传统手战之道崇尚后天有为力法，虽有

六、歌要

近期之小效，然一不修炼则会迅速退去，况以此法持续三年以上者，多受害生机自然之苦，疾病痛苦缠身，乃得不偿失之举。现今此种例证，俯首即拾，真可谓举不胜举。此乃拜师学艺"敬其师，不贵其资，虽智大迷"的愚蠢行为造成的。

修炼之过急者弊病百端，已经论明。而修炼太缓则疏，未免有作辍之情。修炼传统手战之道虽不能速成，亦不能太缓，应是每日按法修炼、精心体会，粗事细磨之事。其中旨趣横生，品味不绝，是一种享受。精神的、身体的、攻防艺境的收获，都是难以描述言知的。此种正确的修炼，就是一种动力，是正确修炼方法培养成的修炼之乐趣。如果各种修炼的进阶缓慢，每日重复着同样练法，即守一法死，失去了其中之趣味，就会疏于修炼，最终就会中断修炼了。出现修炼中断的原因，皆由进程太缓所致。此乃理不明，法不清，盲目修炼者之弊病。不知转法进阶之顺序所致。

修炼传统手战之道，既不能过急地锐利进取，恐多退速之虞；又不能太缓则疏，未免有作辍之情况发生。究竟二者应如何把握，达到修炼之事不疾不缓而能适度进阶，以历诸境而最终功德圆满呢？其在诗中言明，就只好逐句阐释其诗中精髓，方能知之。

休逞欢来歇力行，免将过役倦容生。

即修炼传统手战之道一事，外尊天道而行，内顺生机之自然而练，具体日程的修炼内容之安排，即前面所言的午前练外形，午后静休守中，前半夜修炼内功。这样的安排，即有内外功法的练习之事，又有足够的休息养气、养神的时间，既不疾劳又不缓逸。千万不要心血来潮，即兴逞欢狂练。

修炼时亦不尚血气，不用横力而纯自然先天之力而练，一不过劳，二可体认其中妙趣。如修炼时间过长，自会产生疲倦，属于一曝十寒，本就得不偿失了。就是静练功法，也不能时间过长，如现今有练站桩功法的，一站就是几个小时，都属练功不当。过于劳役之苦，反而耽误功夫的升华。练功本是"心领体会"的事，心往何处想，身体就会自然做对了。只要外形能够放松，自身不紧张，经过几次调整就基本上做对了。因为一般攻防招法都没有高难度的动作，只要身体会做了，就是熟练了，熟练了再求变化，积少成多，只要顺随对手变化，持"以柔用刚"之技术方法，便可渐渐入门了。开始修炼实用变化，千万不要想着打人，只求对手打不着自己，也就抓住练用的要领了。只有这样务以意会、法以神传的渐悟之修炼，才能逐渐升华。而每次修炼1个多小时要休息半个小时认真思考总结，深刻地领会，提出新的可行的目标，然后再练。目的在于理解，这样领会、理解地练，身体自会产生系列变化的能力。此乃我多年修炼的心得体会。这样修炼兴趣高，每次练后都有新的认识、领会和理解，身体适用的范围广泛，攻防能力在不知不觉中自然就会加强了。

中庸万古传心法
中庸之道，就是中和之道，即"无过不及，不偏不倚，中正安舒"。在修炼一事，又有"知、止、定、静、安、虑、得"七妙法门。对于任何事物，先要"知"，根据知而"止"于此处，止于此处久也谓之"定"。定则能"静"，静无不应则"安"，安排得当则"虑"，滤其糟粕则能"得"其精华。无事不是起于知，终于得。故《大学》中言："物有本末，事有始终，知所先后，则近道矣。"修炼传统手战之道的由始至终及诸种练、用之法的始至终，亦未出此七妙法门和这段论述，以上总归为"心法"。

中以庸行戒律清
中和之道，就是平常人皆能做得到。庸，平常也。平常的所作所为之阴阳不偏不倚，无过不及，就是中和之道。此中庸的戒律，算得清清楚楚、明明白白，并无难理解之处。

气欲足兮精为本
要想真气充足，真气生于精，炼精化气，故精乃真气之根本。故固精、聚精会神，自能化生真气。修炼传统手战之道首在炼气，炼气在于存神，存神之始功，根于固精，能知此者，按法修炼就可以了。此乃修练传统手战之道的根本所在。

神光无滞天地春
气足则神充，神充气足则质而弥光。即眼有神光，身有灵光，体有元光，浑光普照，神采奕奕。身内纯阳之气立定，众阴邪退尽，体内万物生气勃勃，亦如明媚之春光，一派温柔和缓安泰之景象，自是虚灵妙境。此乃修炼传统手战之道的正果，必得福报。

四肢鼓荡皆符道
满身空灵，内气腾挪。下之步法、中之身法、上之手法。步法进退鼓荡之势，身法腹内松静气腾然的鼓荡变化之势，手法攻防亦成鼓荡之势，此乃纯先天自然之力所成，故时时刻刻符合攻防之道的法则。

力量增加要日新
修炼传统手战之道，到懂劲以后。一天一个体会，每天都有新的体验。此乃进入日日新的境界了,大成艺境的神化之功,指日可待。力量增加,并非后天有为力法之"力量",而是指"先天自然之力"的运用能力增加了。通读《剑经》前后文之意旨,也就可以明白,其言"在神为非人力也"就会分辨得更清楚了。

2. 小结

综观"歌诀"之精义,修炼要执"中庸"之道,才是修炼传统手战之道的正统。故在修炼、应用,时时刻刻都要以"中庸"的戒律约束自己,都要以"中庸"所传心法启发自己,才不会偏执、执偏,就不会产生"过和不及"所造成的弊病。这才是歌诀中所体现的练、用之精神及其宗旨。

从这段论述的始终,可以清楚地知道王芗斋先生的论述乃本此为宗旨而立论的。由此可见,王芗斋先生所论述的拳学,就是传统拳术攻防之道学的修炼、建体、至用,攻防功夫艺境升华的系列方法、系统工程的内容。

七、练习步骤

本拳之基础练习，即为站桩①。其效用在能锻炼精神、调剂呼吸，通畅血液舒和筋肉，诚养生强身益智之学也②。亦为优生运动，其次为试力、试声、假想体认各法③。

【题名解】

修炼传统拳术攻防之道，自然有其一定的修炼次第，前贤的"法分三修，游历三境，成功一也"的说法，已经非常清楚明白了。然王芗斋先生所说的"站桩、试力、试声、自卫"的模式，亦是"法分三修，游历三境，成功一也"的说法，只不过是从一种特殊的角度立论的而已。然而，这种模式至今并没有得到拳术界的公认而已，现在看来，仍然是一家之言的状态。但是，是否是可行的模式，还有待修炼者系统地如法修炼印证之，确实有效，方可推而广之。其实前贤早有明论："历观古人个有取法。"

【注解】

①大成拳的基础功法修炼，就是"站桩"的内功修炼建立健之体及外形松静虚空柔和的建立顺之体和建立健顺德之体。建体的方法，都属于基础功法的范畴；至用的功法则属于主体功法的范畴。

②其功法修炼的效果、功能作用，在于能够建立内劲体及内劲体的攻防功能，调节自己的外形虚空松静，内气、外形匹配如一的吸提呼放均匀自然，口鼻呼吸均匀深沉，又能通畅血脉和筋肉松静，诚然是养生强身建体增益智慧的一门生命科学。

这里的内功修炼之"锻炼精神"的说法，是指内气的运行使之具备"知来藏往"的能力成为内劲的意思。内劲是精神，这在《越女论剑》中就有论述，其说："内实精神，外亦安仪。"就说得非常清楚了。而且，还存在将"欲妄人心"调解为"无欲理心、道心"的境界中的意思。

"调剂呼吸"的说法，是内气的"吸提呼放"的法式，并非是指"调剂口鼻呼吸"而言的。口鼻呼吸的调剂，是不调而自调的。

③亦为各种运动中最有利于生命机理的运动，其次就是试力、试声、假想体认等各种功法，都是最优秀的健身方法。

【点评】

这篇文章反复强调了站桩方法修炼内功的模式，是建体筑基最节能而又能体认真切的良好功法，这是不容置疑的。正如前贤所言："站桩修炼内功，乃脱拙换灵之良方。"然而，此篇文章明确地指出：单独的站桩修炼还是不够的，还需要种种的试力、试声的方法，才能更好地通过内功假想的假借方法认真体认各种方法，才是正确周全的有利于生命机制活动的优生方法。这一优生的说法，乃是科学的说法。而这一说法也证明前贤的认识的确无误了"打拳原为保身之计"。我们从这一优生的观点来看看王芗斋先生到底是如何论述、处理传统拳术攻防之道的修炼、建体、至用之健身与技击的相互关系的。看一看前贤的论述，就能清楚地知道修炼的系列内容了，为求与此对照，录而解之如下。

越女论剑道

越女答越王问击剑之道时，论说：

其道甚微而易，其意甚幽而深，道有门户，亦有阴阳，开门闭户，阴衰阳兴。凡手战之道，内实精神，外示安仪；见之似好妇，夺之似惧虎。布形候气，与神俱往。杳之若日，翩如腾兔。追形逐影，光若佛彷。呼吸往来，不及法禁。纵横顺逆，直复不闻。斯道者，一人当百，百人当万。

《吴越春秋·勾践阴谋外传》

此文虽是论述剑道的，而文中"凡手战之道"一句，亦含拳术攻防之道在内，故以此为"拳道"之论，以拳道阐释之，乃顺理成章之事。此文对后来传统拳学的完善、拳道的建立，有着深远的影响。论拳之修炼、建体、至用，而不阐释此文之精髓，未免留有遗憾。

手战之道，其技甚微小，故容易掌握，乃后人说"拳乃小计"之意。然其深远玄机之灵活运用，其意境之幽深莫测，又非轻易获得，即后人说"拳乃通大道"的意思。此言即说，修炼手战之技，不明大道，乃小修也；虽修大道之理，不修小技之术，亦不能得手战之道。凡欲得手战之道者，必小技、大道双修，才能相辅相成，相得益彰。此论精明，千古不异之法则。

手战之道，讲究开门攻敌、闭门防守之方法，也就有了"阴守、阳攻"攻守之内容。开门破解对手的门户，关门防止对手的袭击，这需要自身的"阴衰阳兴"才能做好，"阴衰阳兴"之言，乃此文的精髓，亦是中华传统拳术攻防之道自古一脉相传之佐证。

越女所处之时代，乃《易经》学说盛行的时代，用《易经》学说理法，指导修炼手战之道，乃是当时研究手战之必然。越女论剑道一文，充分地证明了这一点，从其"开门闭户，阴衰阳兴"这句话，就已经充分说明《易经》学说的理论在各方面渗透的普遍性。下面根据《易经》学说的理法，分析越女所说"阴衰阳兴"的本意，即可通明全文所论之宗旨及其对后来拳学发展之影响。

《易经》学说是一部古典哲学典籍，其中所阐述的认识论、方法论、系统论等都具有朴素的辩证法的观点，构成了古代哲学理论体系之基础，对中国的各种学说的建立和发展都有极为深刻、极为深远的影响，故对手战之道的影响也是必然的。

《易经》中认为：

乾，阳物也；坤，阴物也。阴阳合德，而刚柔有体；阖户谓之坤，辟户谓之乾，一阖一辟谓之变，往来不穷谓之通。刚柔相摩，八卦相荡；刚柔相推，变在其中矣。乾、健，坤、顺，一阴一阳为之道。

按《易经》所论，人之内气，阳物也；人之形体，阴物也。按中医说："人之阳常不足，阴常有余。"修炼手战之道要使内气充足，是为"阳兴"；要使外形体柔顺，是为"阴衰"。身体内气充沛，外形体柔顺，即后人说的柔弱无骨。内气之一阳，外形之一阴，内外合一而用，符合"一阴一阳是为拳"的论述。内气充沛，外形柔顺，两者合一而用，才能更好地发挥"开门闭户"的拱手制效用。这就是中华传统拳术攻防之道的民族特色。

所以，越女所说的"阴衰"，是指外形体的柔弱无骨之艺境，此"衰"乃针对"外强"而说的，点明了手战之道的攻防变化对外形体的要求。阳兴，是指内气的健运不息，精神内壮的艺境，此"兴"乃针对"内弱"而说，点明了手战之道的攻防变化对内气的要求。后来之拳学皆遵循此法则，产生了修炼外形体柔弱无骨功夫的各种方法，并广为流传。如活关节、抻筋拔骨等内外功法，内劲生成和运用的各种方法，坐功、站桩、套路等种种练拳方法。

《易筋经》中论述"内清虚外脱换"的宗旨，和孙禄堂先生"道本自然一气游，空空静静最难求。得来万法皆无用，形体应当似水流"的对拳道的论述，皆是对"阴衰阳兴"的剑道功夫和对自身外形体、内劲要求一脉相承的佐证。持器的械斗术与赤手白打的攻防术，对自身形体、内劲的要求标准是相同的，这是不容置疑的事实，故此，拳道、剑道是一回事，皆为手战之道。

上面阐释了"阴衰阳兴"论说之本意，由此即可明白下文的论述了。

七、练习步骤

凡手战之道，内实精神，外示安仪；见之似好妇，夺之似惧虎。

此言重在"内实精神"四字。"精神"为何？这对理解手战之道至为关键，极为重要，幸有后人予以解释，录之于下，以明之。

《易筋经·贯气诀》中《十二节屈伸往来前后内外山下论》一文说：

> 骨节者，骨之空隙也，乃人身之豁谷，为神明所流注。此处精神填实，则如铁如刚，屈之不能伸，伸之不能屈，气力方全。

由此可知，"精神""神明"皆指"内气"而言的。内气又名中气、内劲，当时可能以"真气"命名，真气充沛就是"内实精神"。

故凡精通手战而得道之人，必然真气在体内独立存在而精神充沛。由于真气所养，外形体柔弱无骨，静而不躁，神态安舒，松静自然，舒展大方，像个性情温柔、仪态娴淑的美妇，然其攻防动变之势，却像猛虎扑食那样敏捷，其动势之威猛使人见之而自然生发恐惧之心理。此乃后人论拳之"静若处女，动若猛虎；静若山岳，动若江河"等描写的最原始出处吧！然而对"内实精神，动若猛虎"的说法，是指以内劲为主的攻防功夫艺境，后人早有明确的描述，以资为证，录文如下。

> 一身之劲，练成一家。分清虚实，发劲要有根源，劲起于脚根，主于腰间，形于手指，发于脊背。又要提起全副精神，于彼劲将发未发之际，我劲已接入彼劲，恰好不先不后，如皮燃火，如泉涌出。前进后退，无丝毫散乱，曲中求直，蓄而后发，方能随手奏效。
>
> 《清代李亦畬太极拳五字诀·劲整》

> 似梦地着惊，似悟道忽省，似皮肤无意然火星，似寒侵骨髓打战栗，想情景，疾快猛，原来是真气泓浓。震雷迅发，离火焰烘，洪水波涌。欲学不悟个中窍，丢却别寻那得醒？
>
> 《易筋经·贯气诀·点气论》

上面两段的论述皆将"内实精神，动若猛虎"功夫实质内容谈清论透了。完全可以证明：精神者，内劲也。

"布形候气，与神俱往"一句，是说外形体柔弱无骨的各种攻防变化之六合一体的形态，亦要待气之所入相配合才能产生攻防之势，而各种攻防之势的变化是与神共同完成的。即后人所论说的神为攻防之主宰。气、形合一的攻防之势，乃神的外在表象，势乃神的使者，也就是心意拳所论"意自心生，拳随意法"的意思。此论乃灵神、内气、外形三合一的手战之"中枢"的论述。

对于手战之道的精髓之把握和运用遥远得犹如太阳，只知其能发光发热，但不知其为何能发光发热的原因；只能见到拳法攻防变化之外形，像小兔子蹿过来、蹦过去一样，飞舞蹁跹，皆是表象。手战之道的表现给人就是这种印象。

手战时，双方的攻防变化，刚柔虚实，追形逐影，以及拳形变化之灵敏快捷，仿佛雷电光闪迅，呼吸往来之瞬间胜负已分，至于运用何法胜之，用后亦不及思得，此即道成者。后人对此艺境亦有所描述，为求对照，录之如下。

至于神与意之不着象，乃非应用触觉良能之活力，不足以证明之。比如双方决斗，利害当前，间不容发，已接未触之时，尚不知应用者为何？解决之后，复不知适间所用者为何？所谓不期然而然，莫之至而至，又谓极中致和，本能力之自动良能也。

《王芗斋先生论拳专辑选·单双重与不着象》

对于手战之道的纵横之身法的顺从以为进退，四两拨千斤；逆力以为揭献，借力打人之运用，仿佛从一开始修炼时就没有听到说过一样。后人论得道者之攻防功夫艺境时说："唯颤劲出没，其捷可使日月无光，而不见其形，手到劲发，天地交合而不废其力；比如双方决斗，厉害当前，间不容发，以接未接之时，尚不知应用为何，解决之后，亦不知适间所用者为何；双方接手，一哼一哈见胜负。"古今之论手战之道的精髓如出一辙，实不为怪，只因全由手战之道一脉相传耳！

故此，能得手战之道的攻防功夫艺境之人，其一人之勇，可当百人之勇；若有百人得手战之道的攻防功夫艺境，便可当万人之勇。

从其所论手战之道的修炼、运用之精微妙旨，可见其已得击剑之精微要妙了。我们从中可以获得手战之道的修炼、运用之真谛，亦能以此来体悟拳术攻防之道的修炼、建体、至用的精义要旨矣！

（一）站桩

站桩即立稳，平均之站立也[①]。初习为基本桩，习时须首先将全体之间架配备安排妥当，内清虚而外脱换，松和自然，头直目正，身端顶竖，神壮力均，气静息平，意思远望，发挺腰松，具体关节似有微曲之意，扫除万虑，默对长空，内念不外游，外缘不内侵，似神光朗照颠顶，虚灵独存，浑身毛发有长伸直竖之势，周身内外激荡回旋，觉如云端宝树，上有绳吊系，下有木支撑，其悠扬相依之神情，喻曰空气游泳，殊近相似也[2]。然后再体会肌肉细胞动荡之情态，锻炼有得，自知为正常运动[3]。夫所谓正常，即改造生理之要道，能使贫血者可以增高，血压高者可以下降而达正常。盖因其勿论如何运动，永使心脏之搏动不失常态，平衡发达，正常工作。然在精神方面，须视此身为大冶洪炉，无物不在陶熔体认中[4]。但须察觉各项细胞为自然之同时工作，不得有丝毫勉强，更不许有幻想，如依上述之锻炼，则具体之肌肉不锻而自锻，精神不养而自养，周身舒畅，气亦随之而逐渐变化，其本能自然之力，由内而外，自不难渐渐发达[5]。但切记身心不可用力，否则稍有注血，便失松和，不松则气滞而力板，意停而神断，全体皆非矣[6]。总之，无论站桩试力或技击，只要呼吸一失常，或横膈膜一发紧，便是错误，愿学者慎行之，万勿忽视[7]。

【题名解】

站桩，是传统修炼内外功夫的一种通用模式。历来被修炼家所重视，尤其是传统拳术攻防之道的修炼者极为重视，俗称为"站桩换劲"。但是，站桩的法式基本分为"形体桩功"和"意念桩功"两种模式。

形体桩功：如站马步桩、倒立桩、平衡桩等，在修炼过程中意念运行为次要的内容，是以专门方法修炼形体松静自然的桩法而得名；

意念桩功：是以平常站、坐、卧、行的法式，是以意念运行内气为主要内容的修炼模式的桩法而得名。

王芗斋先生所论的"站桩"功法的内容，就是专门论述"意念桩功"的内容。正如前贤所云："站桩为了换劲，可以脱拙换灵，脱壳换相，改变人的气质。"有关这方面的内容，王芗斋先生又是如何认识、论述的呢？看一看这一篇文章的内容，便可一目了然了。

【注解】

①站桩就是站立稳健，平稳之站也。多么简单的方法。

②初习修炼的是基本桩法，基本桩法的形态，神意究竟如何处理呢？这是非常重要的一步。修炼时首先将自身外形之间架配备安排得舒适自然稳当妥帖，内气清虚而外形脱拙换灵，松和自然，头正直，双目直观平视，身体端部要存有气到顶而齐整，内气充沛，筋劲骨力均匀，口鼻呼吸安静深沉，意思深远而望，毛发挺竖腰要松开，具体到每个关节似有微微弯曲的意境；扫除种种杂念意虑，默然对着自身内部犹如天空的景象，自然能做到内念不外游，外缘不内侵，似乎一点神光朗照颠顶，虚灵独存，浑身毛发有长伸直竖之势，周身内气、外形激荡回旋，觉如似在云端的一棵宝树，上有绳吊系，下有木支撑，其悠扬相互依存之神

情。比喻在空气中游泳一般，有些特别的相近似也。

　　此段的前半部分是身法的安排，中正安舒，松静自然；后半部分是内功修炼的内景象之比喻性的描写。这是王芗斋先生谈拳论道惯用的方法：不谈内功修炼，而运用艺境景象的描写方法说之。读懂王芗斋的拳学，必须知道他的这种独特的谈拳论道的方法，才能读懂他及他的拳学观点攻防功夫艺境。

　　③有了前面的体认，然后再体会肌肉细胞动荡之情况状态，锻炼就会有心得体会，自然能够知道乃是正常的运动了。

　　这是通过对有形之外形景象的描述，来论述无形的内劲的功能作用。有关这一点，前贤有明确的论述，为求对照，录之如下。

擎停承论

歌诀

　　　　天地交合万物生，不偏不倚气均停。
　　　　千手万手常擎举，唯有和合一气通。
　　　此交手诀，非练形也。
　　　擎者：未交手先将中气吸聚中宫，腹满坚实，全体振动勃然，其势如行军未对之先，予将军士聚齐，号令严明，鼓其勇气，以待敌兵，使气有根，非空洞明亮也。

《易筋经·贯气诀》

　　引文中"将中气吸聚中宫，腹满坚实，全体振动勃然"的说法，就是王芗斋先生所说的"体会肌肉细胞动荡之情态"的内容之精义耳！

　　④所谓正常的运动，就是能改造生理机制的要道。例如，能使贫血者恢复到不贫血；能使高血压者可以下降到正常指数而达到健康的正常状态，就因为其无论如何运动，永远使心脏的搏动不失正常的状态，身体平衡的发达，内外各部位器官正常工作；然在精神方面，必须视此身为大冶洪炉，无物不在陶冶熔化体认之中。

　　⑤但是，须细微地察觉自身各项细胞为自然之同时工作的景象，不得有丝毫的勉强，更不许存有幻想，如果依照上述的方法锻炼，则具体的肌肉不锻炼而自行锻炼了，真气不养而自然就得到补养了，周身舒畅，内气亦随之而逐渐变化，内气、外形匹配如一的自然之能力，由内而外自不难渐渐发达展布了。

　　⑥但是，切记身心空灵而不可用力，否则稍有注血之肌肉爆发力，便失于松静平和，不松则气滞而能力呆板僵拙，意停则神断，全体皆非也！

⑦总之，无论是站桩、试力还是技击，只要内气吸提呼放失于常态或胸膈膜紧张，便是错误的方法。但愿学者谨慎修行，万勿忽视。

【点评】

本段所论，就是站桩的内功修炼方法，内气具有放之则弥六合，卷之退藏于密的种种景象，直养即勿妄勿助。直养自然先天之能力，在神为非人力也。无害者乃顺生机之自然，去其害生机者也。养至真息圆满，百慧从生，永生无灭。小可经纶，大可赞誉天地，故曰：塞于天地之间。

再看一看前贤是如何论述站、坐、卧、走等桩功修炼方法及其功能作用、效果的。为求对照，录并解之如下。

1. 内功修炼"清·静·定"三字诀精义解

夫行走之间，更有三字诀，乃"清、静、定"也。清字，存神泥丸，如水清月朗，风轻日暖；净字，一气到脐，思看取莲花净之意；定字一气至海底停住，思如泰山之稳，外诱难挠，如松之茂，如秋阳之清暖，如露之含珠，月之浸水。其坚如刚，其柔如絮。再合而为一，自泥丸一想涌泉，浑浑澄澄，无碍无停，久则神光聚也。

气愈下兮身愈轻，
神居上兮心生灵。
精常固兮法术行，
形自空兮玄妙通。

外固则内壮，心静则神安。欲为人上人，且莫行捷径。

工夫要在学愚鲁，神常生兮心如腐。
不见不闻身形固，不动不牵意诚笃。
何非大效何非功，务远贪高徒自误。

此"夫行走之间"这句话有两个意思。一是接上文的六字诀之功法，在行功意走之间要随功所行到之处，还要有"清、净、定"三字功法融于其中。如：

提字诀的内气由双足踝升提至泥丸时，要有"清"字诀，存神泥丸，如水清月朗、风轻日暖之念，效果更佳。此即"元神朗照巅顶"的说法，又是"西山悬磬，海阔天空"之精义。

润字诀的内气降至脐中少停，要用"净"字诀的一气到脐，思看取莲花净之意。莲花本出淤泥而不染，乃洁净之品，故思看莲花取净之意。练功者，守身如玉，亦取玉之洁净。古有"涤除玄览，能无尘乎"？即"净"之意。净无杂质则精纯。但静则能净，古有"静之徐清"一说，而此以"净"论"静"之精义，即静则净矣。即是内气"天得一以清"和外形"地得一以宁"的"脱拙换灵"和"脱壳换相"的精义。

妙字诀，内气至气海海底多住，要用定字诀。一气至海底停住，思如泰山之稳，外边诱惑难于干扰了。自觉有如松之茂盛，如秋日之清暖，如露之含珠、月之浸水。此乃"一片冰心在玉壶"之情景，"弄壶中之日月"的结晶，定则景象万千，此情此景，如历仙境，一尘不染，一念不生，精、气、神、形坚固如钢，柔软如絮，坚融一体，成于此中，此乃养之成，非练之成。正是"精于练者，善于养"。以养为练者，乃此功诀所述之意尔。再精气神形合而为一，即工字诀中的至膝胫达涌泉，自泥丸一想涌泉，浑浑澄澄，无碍，全体透空；无停，一气不停，一念不住，无所思、无所想，只住此情此景之中。又是"定"字诀之功夫，久则"神光聚明"，全体通明。

由此可知，以气为念的意练桩功之法，甜蜜蜜之精义，于此可知矣！此乃内功六字诀再结合"静、清、定"三字诀之妙义耳。

一是随时散步行走之间，也可用"静、清、定"三字诀来练功。有云："百练不如一走，百走不如一站。"如果在练、走、站的练法中皆能运用此三字诀，则不是更好吗！今以走而言，在走时，存想神居泥丸，则虽然在走着，自身内亦如水清月朗，风轻日暖，定于此情此景之中，自得元神照巅顶之功。如果在行走中一气到脐，用静定诀，思念看取莲花，自然有净之意。如秋阳之清暖，如露之含珠，月之浸水的不练自练，以养精气神形的坚融之功德了。在行走中，再合精气神形而为一，自泥丸一想涌泉，自然全体透空，气行无碍，气自不停变化，久则神光聚而明也。一如桩功之修，所得无异也。推而广之，以此"清、静、定"三字诀，糅合于练法中，练套路、练单操等诸练法中，所得艺境是相同的、一样的。由此可知，练功之形式，不在于是站、走、练，关键是否有此内功法及"清、静、定"三字诀中所述内容之修。如果没有内气运行和清、静、定三字诀之内容，就是站桩也不会有所获得。如练法不对，落入空境，则成顽空，是名"枯桩"；如果欲妄之心不绝，凡想凡念，则多妄动，已入歧途；再有欲望不止，私念为患，难免不入魔境矣！由此论而知，习练传统手战之道要拜明师，无明师指导引渡，不知径矣。还要知道明理，按法而修，方得浑元虚无之妙境，才有一而三之元玄之妙用。修炼传统手战之道，本是灭己欲、唯道是从之事，故不能以私欲度之而妄为，期盼能成功者，绝无此理。因有一己之私欲，便生"贪、邪、巧、吝"之四病。简论之如下。

贪：犯之者，乃沽名钓誉，习得雕虫小技，藉以人前夸耀，沽名一时，貌似功能盖世，最终手眼身法步不见章法；肩肘腕胯膝不得功夫，自认为通，其实样样稀松。此种人可笑亦可怜，此其一也。

邪：邪者，不入正道，功乎弊端。踏入歧途，盲从瞎练，想入非非，狂妄自大，不求实学，竟抱幻想：一指可伤人命，半日就可登峰造极。招惹事端，无是生非，谎言实事，颠倒本末，故多积怨成仇，反伤生害病，整日忧心忡忡，无片刻之安宁。此其二也。

巧：指的是奸巧者，独裁自专，一味占便宜、取捷径，学些零零碎碎，不能一而贯之，反觉为美。孰不知"美之为美，斯不美矣""善之为善，斯不善矣"！不知"君子行无为之事，尚不言之教"的道理，反而投机取巧，结果一无所成，什么也不是，落得跟着别人跑，自成个混混儿。不知天文，不晓地理，不通人情世故，完全一个习武中的"瘪三"，只能惹人一笑而已。此其三也。

吝：不肯用功曰吝，用功不用心思曰吝。不勤练、不勤思、不明道、不知理、不懂法，皆曰吝。此种"吝"人，对于名声，向来贪得无厌，明明于拳学无知，反要神秘而摆阔，还要愿为人师者造场面、捏事实，结果，搬石头砸自己的脚，做些欺人而自欺的事而已，大损自己功德而已，于人于己皆不利。此其病之四也。

凡习手战之道，犯此四病中之一者，皆不知艺为珍宝。仁人珍之宝之以自享用。彼匪人之所畏惧者，此也。故喜好传统手战之道，修炼传统手战之道，能知其中"恶习弊病而不为之者"方是最可贵的。是真修炼者，必具超人之功夫，其处事练达，为人温文尔雅，必能逢凶化吉，趋福避祸，自无是非之言行。乃具大功德者，如其问世立言，必以利他为己任，不以名利而能改之。剖析已明，再阐诀言之精髓妙义。

气愈下兮身愈轻

气无上下内外，经云："其下不昧，其上不皦；其大无外，其小无内。"此言气之体也。至柔而纯刚，是言其体象，其至用之性也。而此诀言"气下"，乃在"外形"而说上下也。此气即真气，其下则体空，故身轻，而此轻，亦应有"清"之意。此乃言说"六字诀"的"引气下行"之妙用，即"下到外形"中之为下。乃从全部修炼的角度立言的。

神居上兮心生灵

即存神泥丸，乃言"提"字法之妙用。俗云"精神要提得起""提提神"，都说明神要提，才具其妙用。一气灵明不昧，谓之神。正是"神居泥丸""一神朗照巅顶"的"西山悬磬"之景象，自然居高临下，明而灵通。所谓"站得高，看得远"即此妙旨。古诗云："欲穷千里目，更上一层楼。"也说的是高明之意思。所谓之天神：天者为上，上而又高，神所居之，乃指人之神在头中。头乃诸阳之首，阳者气也，气之首领，谓之神。古云：一气灵明不昧者，谓之神。心藏神，然只有神居头中，心方灵明。又居一身之中则体轻灵。

精常固兮法术行

气依神，神依气，虽真气流行周身，然其归宿，乃丹田气海。固守丹田：即工字诀之至下丹田停住之旨，乃固精之法。肾藏精，肾之神，志也。肾者作强之官，技巧出焉。故固精则肾之功能健全，既有刚健之勇，又能技巧变化之谋化。乃以柔用刚是谓之法术行。

形自空兮玄妙通

此乃自泥丸一想涌泉，浑浑澄澄、无碍无停，久则神光聚也。全体透空之象，外形不空，真气不通透。全体透空，真气通透，久则神光聚，则外形内感通灵可致玄妙之境。即外形具有内顺内劲之用，又具有外顺他人拳势之能，具有内顺外从之功能，可谓之玄妙了，即通玄入妙的功能。只有外形全体透空之境界时，通玄入妙的功能俱全，而外形之所以能全体透空，是真气在体内运行周流，乾之体健全完善之所致，即修炼内功的洗髓所致的外脱换之易筋骨。功有内气运行，效在外形脱胎换骨，此即"真形合真象"的"体太一"之太极艺境。故曰："练拳始练气，练气要首在存神。存神之始功，根于固精。"实乃说"炼精化气、炼气化神、炼神还虚"。而炼神还虚是言说"神还虚空之体内"，虚空之体内就是全体透空。只有全体透空，才是精足气满神充功德完备之景象，即拳诀所说的"真形合真象"之艺境。所以说形自空兮玄妙通，即交手较技通玄入妙，神化之功，此境界方为其真。故知道外形之状态亦可表明其功夫艺境如何。

此四句歌诀，实乃藏头诗，即"精气神形"，又寓藏尾"轻灵行通"。而"精气神形"说的是自身修炼的内容；"轻灵行通"讲的是修炼后的功果状态；而中间嵌入的"身心法玄"，又论的是"身心"二物，法于玄观。只有通过"无生有、有化无"之修炼，才能具"浑合归一之体，具一而三之元玄之妙用"，此正是批讲"非浑于始，奚得其元之玄；非元之大，无以显其浑之德。是浑元者，其即无生妙有也"之精旨妙义。可见此歌诀精妙之极，将传统手战之道的"练、体、用"之因果关系、修炼法则、功法境界、系统过程，基本全部纳入其中，无一缺欠，可谓周全，非亲身修炼、体认、证验，如何能成此诀。可见前贤对传统手战之道的修炼求真，治学严谨，真乃后人之师也。学以至用，大匠之学业也。

外形坚固：乃言坚融的双重艺境。即外形至全体透空之时，其坚则破之而不开，撞之而不散；融则周身一家，善变无形又无穷；一羽不能加、蝇虫不能落的毫不受力之能。此两者乃外形的"钢者如柱，柔若绳束"之功夫，故简曰"外固"。为何不言"外强"？以避免与崇尚后天有力之力法相混淆，故不用强，而用固。《易筋经》有言："外强则内伤。"即外形聚劲力凝形或尚血气的肌肉爆发力，称为外用强，此法在传统手战之道中称为"有为、人力、注血之力"等，皆非先天自然之力也。正是老子所云：以心使气曰强的不道早已之强。古人行文，将先天自然之力称为"气力"，将崇尚后天有为力法称为"力气"，基本上是这样的。如内家拳法尚气力；外家拳法尚力气，这样，习练传统手战之道者便可分辨清楚了。气力者，刚健也；力气者，强壮也。习拳者，要刚健，不要强壮，此之谓也。

外形的坚融，其根本原因在于内壮，即内气在体内健运不息，独立存在而不改所致。内气乃精之所化，神者，乃气之所化。一气聚而为精，化而为神。精气神三者为内，内壮者：精固、气足、神充，乃真壮者也，极至则光明，乃内真壮之景象。

欲求内壮，心静为法，静则混者可以徐清。清净则神明，心静神安宁则自明。静者，一念不生；清者，一尘不染，则净矣！皆内功修炼之法则。"降心为不为"，即静心。心静之法，乃言说"炼精化气、炼气化神、炼神还虚"之事的准则，即此文中所言"六字诀、三字诀"之准则。唯依此中方法、准则，循序渐进而修，自然顿悟而进升有阶，终得正果。

修炼传统手战之道能艺高他人一筹，就要按部就班、层层递进、苦练精修，期可功成艺就。本是一项系统修炼工程，由始至终，有根、有本、有末，本无捷径而言，故从心里就不要寻觅捷径，实言修炼历程的"法分三修，游历三境，成功一也"。即"三一三"之旨义的。此乃嘱咐后人，修养健体，修炼至用。养体至中至正；练用至精至纯，哪有捷径之言，只有至诚者方能得之。故又作诗诀以明之。

工夫要在学愚鲁

修炼传统手战之道的内功、外功，内外合一之功夫，喂手、盘较等系列过程中，更要学习愚公移山的坚韧不拔之毅力，不怕困难之精神。难从易处起，大从小处做，高从低处登，多从少处积，最终必能成功。此虽然看似笨拙，实乃成功之捷径。此正是"诚之者"人道之行。莫要投机取巧，投机取巧实乃自欺、愚弄自己之事，最终会一事无成。古人云："诚于内，形于外。"即诚心诚意之修炼，最终的神化之功定会显达于外。正所谓"精诚所至，金石为开""铁杵磨成针"，全在精心励志之所为而能成之。正是"工夫要在学愚鲁"的"愚"之精义。没有大志以得道，只图小技者，又不可能成之。又如何能此而修炼呢？

上文只解了"愚"字之精义。而"鲁"字之精义,乃是鲁班的典故之借用。除鲁班的对技术精益求精之外,尚有鲁班的善于借物创造之能力。如其上山采木,爬山时被茅草割破手掌,鲜血流淌,鲁班不顾割肉流血之痛苦,而产生了为何小小茅草割破手掌之肉如此厉害?原因何在?随手将茅草拔起仔细观察,原来茅草叶的边缘生些锯齿状的利刺,随一手拿茅草用其倒刺向另一手拉去,轻轻一拽,茅草刺便有入肉割裂之感。鲁班悟到:如用铁片做成齿状,便可锯断木头,可比用斧子砍断木头省材、省时、省力得多了。回去后便投入制锯的实验,经过多次反复的实验、修改,最后制成了第一把锯,果然达到预期的效果了。后来"锯"就成为木工的得力工具了。学拳除了精心励志、以坚韧不拔的毅力学习前人的宝贵功法经验之外,还要有创建的铸法之悟性,才能达到"举一反三"的效果,终于铸法之能以传世。

上述两种学习精神,综合观之,就是"功夫要在学愚鲁"之精义的深刻内涵。

神常生兮心如腐

修炼内功者,心死神活。欲心死,元神活。元神活跃,以主修炼、攻防之事。欲心不灭,道心不生,精神不真。人能无所畏惧,神明则见之真,真知则无所畏惧。无所畏惧,因其神明,故能应无不当,故无所畏惧。此并非莽撞行事者可比。知止止者,是为神明。神明,则君子有所不为,如"君子不站危墙之下",是谓无所畏惧。当行则行,当止则止,行止皆至善,是无所畏惧。行止皆至善,就是行于当行之时、之地;止于当止之时、之地。无所畏惧者,则战无不胜,是谓之神明,神明缘于"心死"。此"神常生兮心如腐",精练地概括了"道心、理心"和"凡心、欲心"的因果、本质之区别处,乃修炼传统手战之道的基本法则。

不见不闻身形固

紫阳真人云:修炼一事,本无诀窍。乃是:

> 始于有作无人见,
> 及至无为众始知[注]。
> 但信无为为要妙,
> 孰知有作是根基。

注:无为,老子在《道德经》中提出的"唯道是从"的概念,就是"不先物为,因物之所为"的法式,名之曰"无为而无不为"。以传统拳术攻防技法论,

就是"人刚我柔谓之走，我顺人背谓之粘"的静以待动，后人发先人至之"粘走相生，化打合一"的"避向击背"之"静以制动"的法式。

此歌诀之言语正说明了"不见不闻身形固"之精义。正确的修炼之要妙，他人不能见，亦不能知，外表征象与他人无异，实乃法无为而修，即始于有作之意。及至功成，达到不先物为，能因物之所为的"无为无不为"的艺境之时，众人才知道此艺境之精妙。精妙在何处？法"无为"尔，不与人争，天下莫与之能争耳。

不动不牵意诚笃

顺人之势，借人之力，巧妙自然，以柔用刚，不搛人之力的粘走相生、化打合一，丝毫不差，乃是我神、气、形三者浑化归一的功夫纯静自然、不妄动、无牵挂。是意气诚于内而实实在在坚志不移的顺势借力之用，除此而不为也。意之精诚笃实于此，神化之功必得矣！

何非大效何非功

具此攻防较技不搛人之力的顺其势、借其力，以柔用刚的粘走相生、化打合一的神化之功，已见其真矣，何非需要大可赞育天地之效果，何非需要经纶之功德证验，就在攻防较技中已经证验无误、效果无差了。见此小效，便知大功可成，大事可为之的能力了。

务远贪高徒自误

此一句总结，言明上五句所论内容，实修炼传统手战之道的"诚之者"之所应为。不如此而修炼，而好高骛远，见异思迁，一曝十寒，妄为妄动，投机取巧，有始无终，不知本末、根由，犯者皆徒劳无功，自己耽误自己之举措。此正严厉地批评了那些犯有贪、邪、奸、巧、滑、吝等诸种不诚之修炼者的弊病之根源。习练者应引以为戒。唯道是从，不逞私欲，乃谓之修炼。

此论已经将"意念桩功"的修炼内容、功夫景象、功能艺境论说得清清楚楚、明明白白了，故而对于传统站桩的内功修炼方法的价值亦毋庸置疑了。

但是，通过站桩"换劲"的变易，都有哪些具体内容呢？这在《易筋经》中有明确的论述，以资对照，录而并解之如下。

2. 读《易筋经》以文观法明练、用精义解

弟子问曰："乾卦·九五爻辞"的传统拳术攻防之道的修炼之精义明矣！然

世间流传的修炼经典《易筋经》中,有如下之论述:

  易之为言大矣。易者,乃阴阳之道也。易即变化之易。易之变化,虽存乎阴阳,而阴阳之变化,实存乎人。弄壶中之日月,搏掌上之阴阳。故二竖系之在人,无不可易。所以为虚、为实者易之,为刚、为柔者易之,为静、为动者易之。高下者易其升降,后先者易其缓疾,顺逆者易其往来,危者易之安,乱者易之治,祸者易之福,亡者易之存,气数者可以易之挽回,天地者可以易之反复,何莫非易之功也。至若人之筋骨,岂不可以易之哉。

  又作如何解释呢?敬请师父为弟子开示明白,自可遵而行之。

  师父答曰:此乃《易筋经》中一段著名的论述,是修炼家必遵从的法旨,是修炼传统拳术攻防之道的本末始终之准绳。只有通明此段论述内容的精义妙旨,才能正确修炼,功得正果,而不入歧途。鉴于此段论述的精辟,故在《古拳论阐释》中收录并做了简略的阐释,实是解开一切古拳论的一把钥匙。但多数阅读此《古拳论阐释》一书的读者,并没有理解到这一点。不能理解《古拳论阐释》一书中的三一一一三之练用宗旨。故在修炼中不能掌握修炼方法的正确性,不能正确修炼而得到正确功夫、技艺。不能正确阅读各家拳谱而领会其中精旨妙义,以为己用,徒增不必要的困惑和烦恼。为使弟子和练传统拳术攻防之道的人们能够明白此段论述之精旨妙义,自我把握修炼方法的正确,自我权衡修炼方法、过程中的利与弊,以求修炼方法正确,易于成功,我再次较细致地阐释此段论述的精旨妙义,揭示其中的修炼、建体、至用的精髓、真谛,供修炼传统拳术攻防之道者参考、运用。

  此段论述,大致分为三个小段内容,一是其所言易筋者,是遵从"天人合一"的《易经》之理论,阴阳变化的道理,来变易自己的内气、外形的,但这种变化的关键在于修炼者自己的认识和自己的把握,这就是"而阴阳之变化,实存乎人"一句话的精义。二是变易自己的方法和具体之内容的论述,乃此段的中心内容。三是结束语,"至若人身筋骨,岂不可以易之哉"之结论。下面就将此段核心内容逐句阐释清楚、明白,展示其中精旨妙义,揭示修炼、建体、至用之精髓、真谛。

(1) 弄壶中之日月·搏掌上之阴阳

  此句说明修炼传统拳术攻防之道,有内功修炼、外技修炼两项基本内容。内功修炼为"功夫",外技修炼为"技艺",证明传统拳术攻防之道是内外双修的,功技集一身之"建体至用"的,而健身、技击之功德艺境,并行不悖的修炼之道,功成正果之时,则"文武双全将相身"。此乃传统拳术攻防之道的独特风貌。

弄壶中之日月，乃说的是"炼精化气、炼气化神、炼神还虚"的系列之内功法，以得内劲之体、用。修炼内功，还可从根本上变易自身外形之筋骨皮肉，即"气随心到、心逐气穿，心能普照、气自周全，久而能力自加焉"。能使外形脱拙换灵、柔弱无骨，善变无形又无穷，并能内感通灵，还能得"灵神"以至用。此中内容皆用"弄壶中之日月"一句话概括得明明白白了。而"日月"二字，乃言"阴阳"也。离中之"阴精"，坎中之"阳精"，"日精月华，吞入丹舍"之说法，就是"弄壶中之日月"的内功法之写照。然"形"之所成，莫不缘于"气"。气成有形便是"血"，血液运行，以滋润形体，故知"气为阳，血为阴"。此乃"气血"之阴阳。然精气神从气立论，筋骨皮从血立言。可知气血之阴阳，乃言"内气、外形"尔，内气为阳物，外形为阴物。此内气为日、外形为月，内气、外形合一之体为"明"，此又"弄壶中之日月"的精旨妙义耳。然必通过"一点天清，二点地灵、三点神光遍九重"的系列方法之修炼，方能内外如一，建体以至用。此是"内功心法"的修炼方法的重要性，可知矣！

搏掌上之阴阳，乃说的是传统拳术攻防之道的技击之阴守阳攻的内容。攻防技击之道，古来名目繁多，有称"手搏、格斗、手战、技击"的说法，名称不一，然无不是"徒手攻防之道"的精旨妙义，即传统拳术攻防之道。而此"搏掌上之阴阳"，初看好像搏斗是在"掌上"的攻防，实质"掌"字表现的乃是"权衡利弊"的阴守阳攻之道，乃全身方圆立体的阴阳变化的攻防之道。在"掌"字中存在着"己之内气、外形的阴阳变化；彼之内气、外形的阴阳变化；双方搏斗技击外在表现的阳攻阴守的变化现象"这三种阴阳的内容。但此"搏掌上之阴阳"句中的阴阳二字，乃指双方彼此攻防的阴守阳攻之"阴阳"的，前句言内功修炼的自身内气、外形的阴阳变化，是名"功夫"。此句乃言攻防运用的阴阳变化，是名"技艺"。这就是"文建体、武用精"的宗旨。

此两句说明传统拳术攻防之道存在内功、外技，即"建体至用"始与终的修炼过程，就是"拳乃道也，技击乃末技也"的功技本末、始终、先后的修炼、建体、至用之关系的。这样认识、理解"弄壶中之日月，搏掌上之阴阳"这句话的精旨妙义可谓之全了，便可理解下面的论述之实质内容，也就从此而能通解古今论拳的精义妙旨了，从此而打开了传统拳术攻防之道的神秘之大门，能够踏上真正修炼的光明坦途，成为传统拳术攻防之道修炼、建体、至用的行家里手既成事实，达到脱凡入圣的神明艺境，具有神化之功指日可待了。

（2）故二竖系之在人·无不可易

二竖者，阴阳也。在自然界，言天地也，天地的阴阳变化，万物生长化收藏。如没有天地阴阳之体、用的存在，则万物生长化收藏的演化也就不可能存在了。"天人合一"在人体内，支撑自身存在的是内气、外形，内气为阳，外形为阴，此乃自身中的"二竖"。自然界中的"二竖"是天地。故知"二竖"者，阴阳也。自然界的万物变化在天地，人身中万拳变化在气形，天地人同此阴阳也，此乃"天人合一"学说的道理在传统拳术攻防之道中的具体应用，故人法天地便可得道、体道的道理。正如前贤所云"仰观天以执行，俯察地以建极"之精义耳！

内气、外形的变易转化的正确与否，关系到修炼传统拳术攻防之道的成功与否，关系到自身的健康与否，关系到与人较技攻防的胜与负。而这三项内容的关键，实关系着修炼者的认识正确与否，这就是"二竖系之在人"的全部之实质内容，强调了人的主观能动性，在修炼传统拳术攻防之道的始终之过程中的关键的重要作用。说明修炼者观点正确方能指导自己正确的修炼，而能获得正果。这就是诀言"理精法密艺自高"句的精义。一个修炼传统拳术攻防之道者有了这样的正确认识之观点，则为了获得传统拳术攻防之道的真实功夫技艺以为用，则承认了必遵"天人合一"之理论、法则，自觉地如法改变自己，则内气、外形无不可转化变易了，无不可为己之所用了。这就是传统拳术攻防之道本"天人合一"之理法，"唯道是从"的"无为"之修炼法则，依此而修炼成的攻防之功夫技艺，在与他人较技时必能顺随为法，以静用动，则能与时俱进，方能以柔用刚而轻松的战胜对手。前贤所论的"故二竖系之在人，无不可易"的修炼思想，变易自己的观念，源于《易经》的"天人合一"之理论中。为说明以下的具体内容，再看一段论述，自然可先后连贯而能明之了。

> 乾，阳物也；坤，阴物也。阴阳合德，而刚柔有体，以体天地之撰，以通神明之德。其称名也，杂而不越。
>
> 《易辞下传·第六章》

这段论述的精旨妙谛，其用无穷。我在论述传统拳术攻防之道修炼、建体、至用时经常引用此段论述。其表明自身中的阴阳二竖：内气从乾，纯粹之精，健运不息，阳刚之性；外形从坤，镇静厚载，顺从之德，阴柔之质。内气、外形柔外刚中匹配如一，德合阴阳以为用，内气为阳刚之体，外形为阴柔之体，可刚柔相互以为用，错综变化，以成万拳的攻防变化以至用。这样的形外气中、气主形从的匹配，体现了自然界的天地阴阳刚柔之匹配的法则，而使万物产生变化一样。只有自身的内气、外形这样的按照天地阴阳刚柔的匹配至用，才是修炼传统拳术攻防之道能够通往神明艺境、达到神化之功的正确道路。这就是老子所说"万物负阴而抱阳"这句话在修炼传统拳术攻防之道中的精义之体现。虽然传统拳术攻防之道由古及今之繁衍流传，各家的论述称呼名目繁多，种种立论之言，貌似杂乱无章而不一，然通而观之，细心咀嚼，没有超越此论之宗旨的妙义的。正如拳诀所言："驭静以动，动中亦静，动静互为其根；柔化刚发，以柔用刚，阴阳迭神其用。"明白了这层意思之内容，再继续看下面具体变易的内容。就会一目了然，不觉奇怪了。因为心有所知，便可循理得法而通了。

（3）所以为虚·为实者易之

首先从虚实角度立论，说明"内气、外形"虚实的相互转换变化。不练拳者，外形乃拙实而不通灵则不足以为臣民众兵；内气虚弱而不足以为君主将帅。然修炼传统拳术攻防之道就要对内气之虚弱，变易为切实独立之刚健的体，以就君主将帅之职；就要对外形的拙实，变易为柔弱无骨之体，进一步虚化其形质，逞全体透空的状态，自成臣民众兵之职。君主将帅、臣民众兵之职守定位分明，这就是"弄壶中之日月"的内功修炼法的目的、意义，也就是"驱尽众阴邪，然后立正阳"的内气、外形"虚实变易转化"的事实，而达到"虚实相须，内外一而贯之"的体用一元之艺境。"意气君来骨肉臣"一句诀言，既是内气、外形虚实转化变易方法的说法，又是内气、外形虚实转化以后的主从关系。这就是"为虚、为实者易之"的本义。

（4）为刚·为柔者易之

这是从刚柔角度立论的，阐明内气、外形的刚柔转换而确立的功能关系。外形体本刚硬拙实，不足为拳家所用，因其不能善变无形又无穷，外形体必须由刚硬拙实变易转化为虚灵的柔弱无骨，具备顺从之德，方能至用。内气柔弱，不足为拳家所用，因其柔弱不能健运不息，不具备阳刚之性以为将帅，必须由柔弱渺小变易转化为健运不息，阳刚之性，在体内独立而不改，方可为将帅。此乃从刚柔角度立论，说明内气、外形是相互的刚柔转化变易的，即"为刚、为柔者易之"的本义，这样刚柔变易转化后，内气阳刚之体、外形阴柔之体，柔外刚中匹配如一，方能柔化刚发，"以柔用刚"以至用，只此方能达神拳神明之艺境。

（5）为静·为动者易之

这是又从动静的角度立论，阐明内气、外形动静的主从关系和外形中腰脊和手足四肢的动静主从关系。

外形、内气的动静主从关系。一般的人之生活、工作、劳动，都是外形动而内气静的状态。而拳术中的要求，外形静而内气动，这可从"内动不令人知"一句话中知道，内气一动，外形从之，故攻防之中，外形从不妄动是真功夫。故形未动而气先动，此即气形动静的主从关系，便于柔化刚发，以静用动，而能以柔用刚、以静制动以制胜。

外形中腰脊和手足四肢的动静关系。普通人的生活、工作、劳动习惯，腰脊不动为静，而四肢手足活动频繁。可拳术中要求手足安静，要随腰脊之运动而运动，正如拳诀云"以不动之腰脊催动动之手足"，就指的是腰脊和手足四肢的动静主从关系的。

上述内气、外形和外形的动静主从关系之法则，就是"为动、为静者易之"的本义。

（6）高下者易其升降·后先者易其缓急·顺逆者易其往来

此本《易经》中的"天尊地卑，乾坤定矣。卑高以陈，贵贱位矣。动静有常，刚柔断矣。方以类聚，物以群分，吉凶生矣。在天成象，在地成形，变化见矣"的定位之法则，说明自身的内气、外形的性质之乾坤定位，外形之部位的天地定位后的动变之基本法则的。

以内气、外形的性质而言，内气性阳，易升不易降，要使之能降；外形质阴，易降不易升，要使之能升。则内气、外形匹配合一而用，自能具备气升形降，气降形升，相互升降自如以为攻防之用。还要外形顺随内气以为动静。

以外形的天地定位而言，高以下为基，下以高为用。头者高以步足为基；步足为下，以头之所用为用。

心气在上为高，心下入丹田为用；肾气在丹田为下，必升腾至胸、头以为用。

身形长起，内气沉降，则身形不浮而有根；身形矮落，内气轻升至百会，则身形不重滞而灵。

上述三条内容皆"高下者易其升降"之本义。

听探之良知为先，顺化之良能后行，然顺化之中亦听探着，则神缓而眼疾，心缓而手疾，气缓步疾，盖因外疾而内缓，内心柔则劲势刚。知体用之妙矣！此缓者，和缓而静之谓也，故不会出现"心忙手乱"之病也。此乃以静用动之意，此乃"后先者易其缓急"之本义耳。"神意气劲形中"六合一统，先后运动有了缓急的顺序，则较技便有"后人发而先人至"了。

顺逆者易其往来。即内气、外形有顺逆匹配之法式。以外形论，出手乃为顺，收手乃为逆，此手法攻防之顺逆也。然与内气配合，则攻手外出为顺，配以内劲从之；防手收回内劲亦从之，此乃明劲也，即顺从法；如攻手外出为顺，配以内劲回收为逆；防守回收为逆，配以内劲外出为顺，此乃暗劲也，即逆从法。知此乃明攻防手与内劲匹配的顺逆法了。此正是"顺逆者易其往来"的自身动变平衡法则之本义。有拳诀云："势若去时要猛狠，意旋回时身步稳。百骸筋骨一齐收，手便顺随何须恐。"论的就是这个精义。

（7）危者易之安

原来的武练法、横练法、糊涂练法是用心耗精的后天尚力法，危害自身的健康，甚或威胁生命安全的错误方法。经过"以神为主，以气为充，形从而利"的修炼，达到健身、技击并行不悖的保证生命安全的正道之法式，即先天尚德的无为法，此乃"危者易之安"的本义。

（8）乱者易之治

由于气贯周身，心逐气穿，心能普照，气自周全，内气、外形的虚实，刚柔、动静、先后、缓急、顺逆的转化变易，秉承意气君来骨肉臣的宗旨，则自身由内至外，内主外从，神、意、气、劲、形、中六合一统，虚实相需，内外一而贯之，原来的乌合之众，成为纪律严明的能征善战之师，此乃"乱者易之治"之本义。

（9）祸者易之福

原来的"以形为制，尚气用力，神从而害"的后天有为之尚力法，武练、横练，糊涂练法，乃危害自身健康，甚至危害生命的埋藏灾祸之不良方法，就是依此而修炼或与人较技时，因尚力而被人借，也埋藏着被击败的灾祸。然通过变易转化，成为先天尚德的无为法，以神为主，以气为充，形从而利，顺从为法，以静用动，以柔用刚，柔化刚发，与人较技，舍己从人，人不知我，我独知人，胜人在顷刻之间，取胜乃自然之事，用必打犯不伤人，故不结怨，将本争斗之结怨的祸事，变化为交朋好友的美事，此乃拳术练、用的"祸者易之福"之本义耳。

（10）亡者易之存

原来的尚气用力的后天有为力法之外家拳法，乃是用心耗精亡身之途，变易为尚德不尚力的先天无为之巧妙的内家拳法，乃顺随为法，固精不动心而存身之道。此乃"亡者易之存"的本义，体现了"打拳原为保身之计"的宗旨。

（11）气数者可以易之挽回

气者，文体也，内在功夫也，保命之根本。数者，技艺也，武事也，外在之技艺也。内气、外形的功夫技艺，通过正确之修炼的变易转化，可使后天的尚力法，挽回成先天的尚巧法，此乃"气数者可以易之挽回"之本义。

(12) 天地者可以易之反复

内气、外形的变易，遵从天地之法则，可以易后天而复返先天。此乃"人法地，地法天，天法道，道法自然"的"逆则成仙"的修炼法则，即"弄壶中之日月"的内功法。"搏掌上之阴阳"的外技之修，内外双修之复返先天无为的尚德的正道之法式，此乃"天地者可以易之反复"的本义。

(13) 何莫非易之功也

从开始修炼内功养生之道的"弄壶中之日月"到传统拳术攻防之道的"搏掌上之阴阳"的神拳神明艺境、具备神化之功的"德普三光"的功果，无不是遵从"天人合一"之理论，变易自身内气、外形，由后天复返先天的无为法，达到无为无不为之艺境。有哪一点不是遵从《易经》理法修炼的功果，有哪一项内容不是自己"唯道适从"的变易之功果。"易"之功大矣！此正是"何莫非易之功也"的本义，但须"存乎于人"。这就明确强调了人的主观能动性的重要作用了。

(14) 至若人身筋骨·岂不可以易之哉

大到天地，小到人身筋骨，只要遵照"天人合一"的理法，唯道适从，变易自己，知道"弄壶中之日月"的内功法，如法修炼，就可使自身的内气、外形自然地发生变易转化，初期之内清虚，外脱换之基础定矣，修之时久，则破七壳，返朴归真，则"脱壳换相"，后天复返先天，筋骨自然变易，外形自然通灵透明，此正是"一点天清，二点地灵，三点神光九重天"的功成之正果。时至此则"搏掌上之阴阳"乃成易事，因已到神明艺境，具备神化之功，达无形无象的寂感遂通的艺境。功夫至此，"至若人身筋骨，岂不可以易之哉"，自然是不成问题的问题了。

为当今修炼传统拳术攻防之道者想，就将此段论述较详细地阐释了一番。我认为凡能读到此文的修炼传统拳术攻防之道者应仔细品味前贤之论述的精辟见解，自然能体会到传统拳术攻防之道的修炼、建体、至用之精髓、真谛。在修炼传统拳术攻防之道时，就应顺道而修，不会妄为了，这样，才能健身、技击并行不悖，功成时可"文兼武全将相身"。得此精髓者，应告之相识之拳友，以求共同进步，你有这样的善心，何愁功技不精乎！所有拳谱皆可"以文观法"，再求"以形鉴真"，可为通家了。

（二）试力

　　以上的基本练习，既有相当基础之后，一切良能之发展，当日益增强，则应继续学试力工作，体认各项力量之神情，以期真实效用[①]。此项练习为拳中之最重要、最困难之一部分工作。盖试力为得力之由，力由试而得之，更由知，始能得其所以用[②]。习时须使身体均整，筋肉空灵，思具体毛孔无根不有穿堂风往还之感，然骨骼毛发都要支撑遒放，争敛互为，初（动）愈微而神愈全，慢优于快，缓胜于急，欲行而又止，欲止而又行，更有行乎不得不止，止乎不得不行之意，以体认全体之意力圆满否，其意力能随时随地应感而出发否，全身能与宇宙之力起感应合否，假借之力果能成为事实否[③]。欲与宇宙力起应合，须先与大气发生感觉，感觉之后渐渐呼应，再试气波之松紧与地心争力作用，习时须体会空气阻力何似，我即用与阻力相等之量与之应合，于是所用之力自然无过亦无不及，初试以手行之，逐渐以全体行之，能认识此种力良能渐发，操之有恒，自有不可思议之妙，而各项力量亦不难入手而得，至于意不使断，灵不使散，浑噩一体，动微触牵，全身上下左右前后不忘不失，非达到舒适得力、奇趣横生之境地不足曰得拳之妙也[④]。所试各力，名称甚繁，如蓄力、弹力、惊力、开合力及重速、定中缠绵、撑抱惰性、三角螺旋，杠杆轴轮、滑车斜面等种切力量，亦自然由试力而得之（知）[⑤]。盖全体关节无微不含屈势，同时亦无节不含放纵与开展，所谓遒放互为，固无节不成钝三角形，且无平面积，尤无固定之三角形（不过与器械之名同而法异），盖拳中之力，都是精神方面体认而得之（知）。形则微矣。表面观之，形似不动，而三角之螺旋实自轮旋不定，错综不已，要知有形则力散，无形则神聚，非自身领略之后不能知也。盖螺旋力，以余之体认观之，非由三角力不得产生者也。而所有一切力量，都是筋肉动荡与精神假想相互而为，皆有密切联带之关系，若分而言之，则又走入方法之门，成为片面耳。所以非口传心授，未易有得，更非毫端所能形容，故不必详述也[⑥]。

　　总之一切力量都是精神之集结紧密，内外含蓄一致而为用，若单独而论，则成为有形破体机械之拳道，非精神意义之拳也。余据四十余年体会操存之经验，倍感各项力量都由浑元扩大、空洞无我产生而来，然浑元空洞亦都由细微之棱角渐渐体会，方能有得[⑦]。是以吾又感天地间一切学术，无不感矛盾同时亦感无一不是圆融，统一矛盾，始能贯通，方可利用其分工合作，否则不易明理[⑧]。至于用力之法、浑噩之要，绝不在形式之好坏，尤不在姿势之繁简，要在精神支配之大意和意念之领导与全体内外之工作如何。动作时，在形式方面不论单出、双回、齐出、独进、横走、竖撞、正斜互争、浑身之节、点、面、线、一切法则无微不有先后、轻重、松紧之别，但须形不外露，力不出尖，亦无断续，更不许有轻重方向之感。不论试力或发力，须保持身体松和，发力含蓄而有听力，以待其触。神宜内敛，骨宜藏棱，要在人外三尺以内，似有一层罗网保护，而包罗之内，尽如刀叉勾错并蓄，有万弓待发之势。然都在毛发筋肉伸缩拨转，全身内外无微不有滚珠起棱之感，他如虚无假借种种无穷之力，言之太繁，故不具论，学者神而明之⑨。以上各力果身得后，切莫以为习拳之道已毕于此，不过仅得些资本而已，而始有学拳之可能性。若动则即能松紧紧松勿过正，实虚虚实得中平，枢中诀要，则又非久经大敌，实作通家不易得也。然则须绝顶天资，过人气度，尤须功力笃纯，方可逐渐得不加思索，不烦拟意，不期然而然，莫知至而至，本能触觉之活力也。具体极细微之点力，亦须切忌无的放矢之动作。然又非做到全体无的放矢而不可，否则难能得其妙⑩。

【题名解】

站桩修炼已成"大乐俱生双运报身"，就要进入"试力"的修炼了。试力，非试力量，而是指种种能力的说法。这从王芗斋先生的具体论述的内容中，完全能够体现的出来，如论中的"空气阻力，虚体来风，以知用能"等说法就表明了一切。其所论述的就是"先知而后能"的因果关系；又分为自修的知己和技击的知人，能知己知彼，方能百战百胜。重要的是要明白王芗斋先生所定的种种功夫名词之概念，才能系统地知道其所论的内容实质为何，否则将大相径庭，正如前贤所言"差之毫厘，谬之千里矣"！能明此者，谓之善学者也！

【注解】

①以上站桩的内功之基本修炼内容，是为建体筑基的功夫，当有了"体如钢铸，身如灌铅，毛发如戟，肌肉若一"的四如之境的景象后，自己的听探之良知、顺化之良能及其相互为用的功能得到了良好的改善，日益增强而能达到最佳的状态，就应该继续地修炼"试力"的功法内容了。在试力方法的修炼过程中细心认真地体认"听探的良知、顺化的良能及其相互为用"的方方面面的能力和量度神情之内容，以期达到真实的效用的目的。

换句话说，就是内气、外形动静、刚柔、虚实匹配合一的"善变无形又无穷，不疾而速得真宰"的真实的攻防功夫艺境的能力。

②试力的修炼为传统拳术攻防之道学中最为重要的环节，又是最困难的一部

分功课内容。就是因为试力为获得攻防能力的缘由，自己的听探之良知、顺化之良能及其相互为用的"驭静以动，动中亦静，动静互为其根"的攻防能力之种种功能，乃是通过试力方法修炼、体认而获得的。更由体认的良知、良能，始能获得其所以运用的能力。

③修炼时必须使得自己身体内外气力均整，筋肉空灵，体认具体毛孔无根不有穿堂风往还之感觉，术名"虚体来风"；然而，又要清楚地体认骨骼、毛发都要存有支撑、强劲有力的收敛展放的景象；充分地体认自身内气、外形阴阳逆从、劲形反蓄的展放、收敛相互为用的景象，动静变化愈微细精妙则神的功能就愈全面。而慢练体会的真切，优于快练滑利疏于体认，和缓的修炼纯认自然胜过急功近利以为之妄为；修炼过程中内气、外形的相互为用运行则会出现欲行而又止，欲止而又行，更有行乎不得不止，止乎不得不行之意的意境。此乃以体认自身内气、外形匹配合一的气力圆满否？其气力能随时随地应感而发否？全身动变能与大气感应相和否？内功假借之法修炼的能力果能成为真攻防功夫能力之事实否？

意力圆满：就是能心逐气穿，气随心到；心能普照，气自周全。此谓之意力圆满。

④欲能达到内劲、外形虚体来风的时空统一的攻防动变能力，必须先有空气摩擦阻力的感觉，感觉到到空气的摩擦阻力之后渐渐地就能够虚体来风与宇宙力相呼应了。再试自身内的内气波之松紧与自己蹬踩劲势的相互作用，修炼时必须体会空气阻力，则自身就好像在空气中游泳一样，我就运用与空气阻力相等之量与之应合，于是自己所用之力自然就会无过不及；初试以手的这种感觉行之，逐渐以全身的这种感觉行之，能时时处处地体认此种与空气摩擦的力，则良知、良能的功能渐渐发达细腻无微不知矣！操之有恒，自有不可思议之妙，再有就是各种攻防功夫能力并不难入手而得矣！至于意气不使间断，灵神不使散乱，浑圆一体，动微触牵，全身前后左右不忘不失，非达到舒适得力、奇趣横生之境地不足以曰得拳之妙用也。

此种论述，就是"健顺合之至，太和一气，道也"的无形法身道体之论述。

宇宙力：宇宙的最基本运动形式，就是"涨渺"同时存在，则涨渺同时存在的能力名之曰"宇宙力"。物理学中表现在星球的相互悬空存在，名之曰"万有引力"，这种劲势能力，在传统拳术攻防之道中，王芗斋命名曰："宇宙力"。

动微触牵：具备身如绳束功夫，则能形体动作微小就能在接触点位以劲势牵引而扯动对方，正如诀言："引之使来，其不敢不来；呼之使去，其不能不去。"

⑤所试的各种能力，不外就是听探的良知的知人能力、顺化之良能的应变能

力及听探顺化相互为用的能力。然而，具体到细微的区别则名称甚为繁杂，如：蓄势的能力，劲形反蓄的弹簧景象的能力，短促紧劲的惊弹能力，内气、外形匹配如一之开中有合、合中见开的能力，以及发放沉重而又疾速之劲势的能力，中定缠绵、黏走、敷贴不撄人之力的能力，撑抱的掤劲之不丢不顶的能力以及静以待动的惰性能力，舞锥子的三角结构之攻击景象的能力和种种公转、自传的螺旋劲势的能力，上下相随的杠杆、轴心轮转的能力，拧转滑车、斜面搭坡、与大气呼应的运用八面威风等一切劲势的能力，当然是由自我或与他人相互"试力"的方法而得之、得知的，只有得知，掌握纯熟方能运用至效。

这里的"力"，并非单纯的外形力量大小之谓也，是含有内劲、外形匹配合一之功能的种种能力能不能体会得到，能不能运用得精纯的能力而言，这是理解王芗斋先生谈拳论道的惯用之"术语"概念的关键所在。通卷都是如此，传统说法称之为"攻防功夫"而已。

⑥就是因为各种能力的体现要求自身全体关节部位无不含蓄着"劲以曲蓄而有余"的状态，同时每个关节间又无不含有展开放纵的状态，这就是"肌肤骨节，处处开张"；内气、外形阴阳逆从、劲形反蓄的"遒放互为"的蓄发同时存在的状态，亦称之为"涨渺同时存在"的身法功夫。故而，全身每个关节的劲势达到无节不成"钝三角形"之松静自然之劲势圆撑饱满的蓄势景象，而且又都是圆形拱形球面的景象状态，没有直平面积的景象状态。尤其是没有固定之三角形的状态，而是随机都在瞬间圆转变化着的。传统拳术攻防之道中所说的"力"，都是内劲、外形匹配如一产生出来自己用心体会认识而获得的"能力"才能够真正确切地知道的。如果从外形表面观看，外形好似不动，其实内劲所设而形成的三角、螺旋的劲势实际上自动地轮转运动不停、错综动荡不已；要清楚地知道有外形注血之筋劲骨力的参与则这种力道散矣，只有无形内劲的运动则神聚方有无穷的攻防之威力，这种功夫景象，非自己亲身修炼体会神明领略后是不能够知道的。就是内劲势之螺旋力，以我之体认观察，非由"三角力"的功夫为基础是不能产生出来而又能得之者也。而所有的一切运用劲势、力道、量度的能力，都是内气、外形阴阳逆从、劲形反蓄及慕神设想之巧者的相互为用而得之者也，这是基础功夫，是以灵神浑化内气、外形而得之的浑化一体。假若将上述劲势、力道、量度分而言之，则又走入具体的方法之门，成为片面。所以，非经明师口传身授，不容易获得，更非笔墨毫端所能形容得出来的，故不必详细地论述了。

王芗斋先生谈拳论道，总爱运用片面和球形整体球面积来立论，这说明了什么内容呢？乃是指局部与整体的关系。就是局部的攻防技术与无形法身道体的圆融状态的关系。他要求达到任何局部的攻防技术都是无形法身的圆融状态下变化而出来的，变化出来的任何攻防技术的实施都不失自己无形法身道体的圆融状态,这才是均匀整体的功夫,否则就落入片面矣!下面就将这一理法概念,运用纸的片面性和灯笼的圆形整体球面积的关系,来说明这个问题的实质内容。

片面和中空整体球形面积的关系,犹如糊灯笼。灯笼是圆球形的整体,而每张纸都是片面的面积,如果将片面面积的纸糊成圆形球状面积的灯笼,就要将纸裁剪成腰鼓形状,再将裁好的纸边相互拼接粘连起来,就成了中空之圆球形状整体球面积的灯笼了。

如果始终在具体的攻防手法体现局部的劲势,而没有自己全体球形的整体劲势为后盾法式,按照王芗斋先生的说法,就是"局部、片面"的法式,就会出现拳一出,气便会有一偏的缺陷,就会被他人所利用。如果任何一个攻防招式的实施,都是在圆球形的整体劲势的法式中实施出来的,就不会存在这个缺陷了。

而且,片面面积的劲势,在以面积接触他人拳势的时候,自然是薄弱的;而以球形拱面积的法式接触他人的时候,自然有一个拱效应的予应力在发挥着应机制胜的作用,这也是"不力自力"的一种有效地运用无形劲势的最佳法式。

所以说:立方六面体,存在着"角的坚硬、边棱的强硬、平面积之面的薄弱"等三种不同的应力情况;球形体则不然,整体表面的应力是均匀的,故而能左右逢源而无失。

这就是王芗斋先生所说的"片面和球形整体球形面积的关系"的内容实质。

其所说的三角形,乃指内劲构成的三角形状之劲势,当然要有外形的配合才能做的完美无缺。而这三角形劲势的确立,就是六合一体正方形中的一个角的概念而已。而这个正立方体在球星浑圆劲势内又在不断地旋转着。这就是"三角之螺旋实自轮旋不定,错综不已"句的精旨妙谛。

⑦总之,一切攻防能力都是内气、外形柔外刚中匹配如一之意气君来骨肉臣的主从统一而成之以为用的。假若单独而论,则成为有形破体的机械之拳术矣!非"以天心为体,元神为用"的拳道合一之拳道也。我根据自己四十多年的操炼存心体会之经验,倍感各项功能、力度、量度,都是由"浑元一气"的扩大、空洞无我产生出来的;然浑元空洞的无形法身道体亦由细微之物(棱角)渐渐修炼体会方能有得,就是渐修顿悟而成的。

⑧是以,我又感觉到天地间一切学术无不是阴阳对立、主从统一的,亦同时感觉到无一不是圆融的。阴阳和合统一,始能贯通,方可以利用其分项功能合作而发挥其整体功能作用;否则,不易明白其中的道理。

就以传统拳术攻防之道的体、用而言,无不是内气健之体、外形顺之体,健顺参半、阴阳逆从、劲形反蓄而完成柔化刚发之攻防功能作用的,否则,就不会明白传统拳术攻防之道的"二一一二"的修炼、建体、至用之理法的。

⑨至于运用各种能力的方法,浑化一体之要点,绝对不在形式上之好与

坏，尤其不在姿势之繁简，而要在灵神支配之大意和正确地意念之统领与内劲、外形之"知来藏往"的功夫能力如何。在做攻防动作时，在外形形式方面不论是单出手、双回手、齐出、独进、横走、竖撞、正斜互争、浑身之节、点、线、一切方法准则无不有先后，轻沉、松紧的分别，但须"形不外露，力不出尖，亦无续断"，要圆融一致，更不许有轻重方向的感觉。不论试力或发放劲势，仍须保持身体轻松自然柔和的状态。发放劲势含蓄而仍然具有听探敏捷的能力，以待其来触之，自能一触即发。神宜内敛，骨宜藏锋棱，要在人外三尺以内，似有一层罗网保护，而包罗之内，尽如刀叉勾错并蓄，有万弓张满待发之势，然都在毛发筋肉伸缩拨转，全身内外无不有滚珠起棱的感觉。他人所说如"虚无假借种种无穷变化的能力"，言之太繁琐，故不具体地论述了，希望学者神而明之。

⑩以上所论各种能力果然身得之后，且莫认为习拳之道已经完毕了。不过此时仅得了一些资本而已，而始有学拳之可能性。假若要攻防动变即能做到内气、外形匹配如一的拳势达到"松紧紧松勿过正，虚实实虚得中平"的枢中要诀，则又非久经大敌，能够实作的通家不易获得矣！然则须绝顶天资禀赋，过人气度，尤其须要功夫能力笃诚精纯，方可得到不假思索，不烦拟意，能够不期然而然，莫知至而至，乃是本能触觉灵活的能力也。具体到极细微的顶点能力，亦须切忌无的放矢之动作，然又非做到全体无的放矢而不可。否则，难得拳道之精妙艺境矣！

【点评】

有关"浑元一体"的修炼及其功能的论述，前贤早已有之，录之如下。

噫！大矣哉！浑之为体也，纯而笃静；其为用也，动而多玄。即曰纯静，以其本乎天之一，养气于至清；则乎地之一，融精于至宁；此于艮之一，涵神于至灵。又浑化清、宁而一之，更至于空灵。是统三才于一致，内而精气神无少缺欠，外筋骨皮一息坚融，至是则内空灵，而外灵便。此浑元功验之所以然也。

极之则光闪耀而人影无踪，身飞腾而剑芒倏忽。或一跃千里之遥，纵横随其意向；或静息方寸之内，神威感于至诚。至于形剑之名，后天之功，果能以先天之神为体用，亦足以向机御变，因变致神。是形剑又顾名思义者也。

《浑元剑经内外篇·原序》

这是如何修炼无形"浑之体"的论述。

　　浑则静，以逸待劳；玄则元，驭静以动。动中亦静，则正奇进退之机，迟速幻转之妙，悉出于无心，系自然之运用。因时致变，因力制人。至于方圆立体发用之妙，件件原委之于自然之神，统蓄以先天寸绵之力，为无为无不为也。以动静互为其根，阴阳迭神其用。非浑于始，奚得其元之玄；非元之大，无以显其浑之德。是浑元者，其即无生妙有也。

《浑元剑经·剑髓千言》

这是对无形"浑元之体"的攻防能力、艺境的论述。

这两条是以中华民族传统文化中的天人合一之理法概念进行的论述，内容清晰，理法概念准确，便于修炼者尊而行之。

（三）试声

　　试声，为补助试力细微所不及，其效力在运用声波鼓荡全体之细胞工作；其原意不在威吓，而闻之者则起猝然惊恐之感，实因其声力并发，与徒作喊声意在威吓者不同[①]。试声口内之气不得外吐，乃运用声由内转功夫。初试求有声，渐从有声而变无声，盖人之声各异，唯试声之声，世人皆同[②]。其声如幽谷撞钟之声，似老辈云：试声如黄钟大吕之本，非笔墨毫端可以形容，须使学者观其神，度其理，闻其声，揣其意，然后以试其声之情态，方能有得[③]。

【题名解】

　　试声，就是吐气开声打展手的修炼法式。前面在"试力与试声"条目中已经有了详细的介绍，读者可以结合本章的内容参考阅读，定会对"试声"法式的种种功能作用有个清晰明确的认知了。

【注解】

　　①就是吐气开声打展手的方法，作为"试力"的细微之处所不及而生化出来的修炼方法，气功能作用的能力在于运用声波鼓荡全身每一细微之处都能投入即时所应做的事情；在技击过程中，虽然实施吐气开声打展手的方法，其发声的意思不是在利用声音恐吓对方，在于劲道精确及时，但确实存在即时发声而闻之者

则顿起猝然惊恐之感觉，实际上是因为声力并发原因，与徒作喊声意在威吓者在本质上是不相同的。

②试声法是胸口内气向下直射丹田气海内，肺内之气向上喷发而出击打声带，此气不得直接外而吐出，则声音洪亮而有内外震慑的威力，这是声由内转的功夫。初期修炼吐气开声发力法，要求有声震动内气达到全身各个细微部位，达到能够瞬间调动全身一致的能力。渐渐地要从有声而变成无声，则出手及至浑身无处不能发人、放人的功夫成矣！盖人之声音各异而不同，唯有试声之声音如"哼、哈、嘿、咦"的声音，世人皆相同。

③由于胸腹腔的瞬间虚空，所发之声犹如幽谷撞钟之声音，似如老辈所云"试声如黄种大吕之本音"，声音浑厚而有威魂慑魄的能力，非笔墨毫端可以形容得出来的。须使学者静观其神韵，揣度其机理，闻其声音质量，揣摩其意境之浅深，然后，以试其吐气开声的情况状态，方能决定其吐气开声所得的功夫情况。

【点评】

根据我的经验，吐气开声打展手的方法，初期乃劲形顺从的明劲之修炼，继之乃劲形反蓄之暗劲的修炼，再继之则是意敛内劲入骨之化劲的修炼，以上都是吐气开声的修炼方法；功夫有得就转入无声法的修炼，到此，内气、外形柔外刚中匹配如一的柔化刚发的能力，就能够"无点不弹簧"了，也就具备"依着何处何处法"的"粘衣如号脉，粘衣十八跌"的大成功夫艺境成矣！

所以，吐气开声打展手的方法毫无神秘之处，贵在得法，如法修炼，坚持不懈，持之以恒，功到自然成之。这是我修炼了20多年的吐气开声法的经验之谈，借此而详细说明之。下面介绍我具体修炼的方法，以资对照，录之如下。

1. 摇山晃海法和打展手练法

如何习练内劲和运用内劲？通过上面的分析，已是顺理成章的事了。初始修炼内劲运用的方法虽多，各门派拳种不同，然具体有两大类，一为静练法（前面已谈过），一为动练法。

静练法：站、坐、卧、躺等不同姿势。

动练法：有拳招训练法，即运用操练攻防招法修炼内劲。一般的习拳之人都以此法为多，但真能修炼出内劲功夫精纯者少矣。如以特殊的动练法形式专门修炼内劲功夫，待内劲功成，再移植到各传统拳术攻防招法里来运用，岂不是更为简练。

在这里介绍两种动练法，供修炼传统拳术攻防之道者参考。不管动、静练法，气沉丹田是生内劲之基本法式。

一为"摇山晃海法"，一为"打展手功法"。此两个方法乃形、劲、气、意、神、中六合一同的修炼法式。习传统拳术不论何门派、何拳种，如何讲求内外六合，最终体现在具体攻防招法的运用时，此形、劲、气、意、神、中之六合一统必备，而在攻防招法运用变化过程中，此六合一统之势无时不具，无处不有，无处不在。用传统拳术语言描述乃：神为主宰，意为信使，气为动力，劲用对五，形乃用半，全为中之大本化出，拳法招招如是，此六合环环相扣，拳用阴阳，虚实之变，刚柔之用，进为人所不及知，退亦人所莫明速，攻之人不知其所守，守之人不知其所攻。势如滔滔之长河，静若巍巍之山岳。不打，打在其中；不化，化在其内。发之山崩地裂鬼魅神惊，收之风平浪静逸志闲情，泰然自若。拳艺精纯至此全为形、劲、气、意、神、中的六合一统之功，得之是为神明之拳艺功夫。然此功夫具体练习则在手法、身法、步法、腿法诸有为方法中求得，而达无为为用是习拳真道路。上述摇山晃海法和打展手法，皆为诸有为法之法。故修炼传统拳术攻防之道者从有为法而求得无为法，即拳门人所说"无法便是法之'法'，亦是无上法，"便得传统拳术之法，可明传统拳术之道。即拳门前人所云：习拳之人初不得法，是为无法，得师真传，即是得师之拳法、练法、用法，由具体练法、用法而明"拳法"。即口不能言、文字不能表达之"拳道"，因拳法无形故曰"无"，亦只好以具有攻防效果之"功"来命名"拳道"。拳谚说："法自师处得，功果自己修。身外无一物，全在自心明。""道本无形又无名，拳道无形无名一般同。难倒多少英雄汉，心有灵犀一点通；师傅领进门，修行在个人；法自修来功自得，功夫不负有心人。"由以上所举谚语来看，拳法易得，拳道难明。然可以理明，可以法现，故知习拳、明理、得法便可练己而知"拳道"。故明理、遵法乃习拳之正途也。故有"明理一盏灯，遵法得真功"的修炼传统拳术攻防之道的至理名言。

2. 摇山晃海法

乃形、劲、气、意、神、中轴，内外合一法。由此法亦可得分身法艺境。摇山晃海是传统拳术中独特的一种"内劲生成"的方法，确立中轴的方法，使最佳形体与体内变化劲势运使协调一致。不论什么招式，任何手法、步法、身法都服从于这个整体的体动，而不局限于肢体的局部活动，自是一种上乘练法。前人以此法认为是"八切闪"的基本方法而流传下来。我由父、祖两代人传来而得之。

摇山有两解：一为两胯以上之身体为山；一为摇山系指摇肩，将肩胛摇活，使肩胛左右前后圆转协调灵活，继而与整个身体的摇动相谐和，是为摇山。此乃用招法的基本功夫。

晃海系指晃动丹田气海,即小腹犹如一桶,桶中内气如水而比水轻,似气而较气浓,进行晃荡,是为晃海。进如波涌,退似落潮,由此功法出。

初练摇山晃海法时,有平开步式(开步稍比肩宽为度)、前后迈步式二种。

站好姿势,平心静气,全身放松,气沉丹田,双目平向前视,双手下垂于身两侧,只用胯下大小腿变换虚实,产生左右或前后晃动(上身肩与胯锁住,腰部不能松动,用意锁住,非用力),上身整体随动,做到左右、前后不出偏,即中土不离位。身体各部位亦不能出尖,出尖则中轴弯曲。是为合法。

全身心放松,内心体会身体左右或前后晃动时百会至会阴上下之立轴存在的感觉,中轴内观时,在身体晃动时运用此立轴做水平移位,而轴不弯曲,上身不妄动,只以两腿虚实变换,产生中轴位移而全身随之,是为动作正确。此乃体会"用中而得中之用"的艺境。

两目平视前方,意想丹田气海跟随摇山的身体晃动,渐而产生丹田内虚空,内有物随之晃动,渐觉似水而非水,较水轻松,似气而非气,较气凝重,此乃内劲也!随摇山晃海动作熟练,则内劲亦发明显而量增,丹田内劲晃动幅度增大,此时渐可意想内劲随晃动沿胸腹腔内壁向上晃起达到前后、左右、少腹、上腹、前胸、后背、两肩,而可加冲击的力量,渐纯熟后可在胸腹腔内进行圆方直曲的冲击形势训练。此为晃海,出皮囊劲之良法。先以简单左右、前后直晃,然后再进行圆周形晃动,或左向右转,或右向左转,以圆为准。继而进行S形运转。此法亦是练习八切闪功夫的基础,又是步法之基础。此功夫纯熟后,要进行动步的摇山晃海之训练,给动手较技打下良好的基础。

如习拳之初,即按法习练纯熟,则有立中轴,内劲速成之妙,又有明内劲运用之妙,给拆手破招训练、攻防进退步法运用正确打下良好基础,乃修炼传统拳术攻防之道者初期训练时的一法多功效之良法。"落步成招"功夫此法最佳。

如将摇肩和晃海同时训练,可知上下相随的形体虚实之法则,养成上下手足虚实的正确运用,使以后用招法于技击中上下相随已形成良好的自然动作习惯。

故摇山晃海法乃习拳初期之良法,因人多不识,故著文以明之。熟练后再以活步动练法式来修炼摇山晃海运用内劲的功夫,效果则更佳。此法古已有之,名之曰:站桩。以资对照,录其歌诀如下:

对待用功法守中土——俗名"站桩"

定之方中足有根,先明四正进退身。
掤捋挤按自四手,须费功夫得其真。
身形腰顶皆可以,粘连黏随意气均。

> 运动知觉来相应，神是君位骨肉臣。
>
> 分明火候七十二，天然乃武并乃文。

《清代杨氏传钞老谱（一）》

由此歌诀可以清楚地看出，以活步动练法修炼，可有两个明显的功夫效果。一个是达到在活步运动中保证身法做到"中土不离位"的功夫；一是可以采集正阳之气战胜自身中七十二阴邪，获得文建体、武用精的真实的攻防功夫艺境。以此功夫为修炼"打展手"功法的基础功夫再佳不过了。下面具体介绍"打展手"功法修炼的内容。

3. 打展手功法行功顺序

打展手功法乃是自身"神、意、气、劲、形、中"内外六合一统、形神兼备的全身蓄发劲势的训练方法，是最接近实战的练功方法之一。

"闪展腾挪，拿打踢摔"八法中的闪法，是蓄势的法式，是由攻击动作转为防守动作的法式，闪后即是攻击；展法，是发放的法式，是由防守动作转为攻击动作的方式，展后又是转守，故束展是最能训练全身的蓄劲、发劲和内劲腾挪的功夫的方法，是一切动手较技功夫的总基础。一个拳手如没有进行过专项束展功法的系统训练，是不可能成为一个蓄放自如、哼哈胜负立判的好拳师的。

打展手是肩关节、肩胛骨松柔圆转灵活，左右交替运动的一种练蓄放的功法，是身手步足、胯腰脊颈蓄发劲配呼放吸提，培养"气贯丹田，丹田发劲，气贯全身，整劲击打"的综合锻炼方法，并强调必须结合发声法进行锻炼的一种功法。发声音为"哼、哈、嘿"，要求吐气发声"声圆劲整，声击丹田，而达声田内转"的功夫境界。虽是吐气发声，却并非喊叫，喊叫则精耗气散，非功夫也。高手功夫，以手置口鼻处试之，气不外吐为高艺境，非不外吐乃吐气之微渺手不可测之。不吐气何有纳气？人不吐气，呼降吸提功夫如何修为？智人明之。故拳谚云："哼哈二气妙无穷，一嘿惊倒众英雄。"足见开声吐气、气贯丹田、丹田气足是练习内劲的好方法。如展手劲练得精熟，用此内劲再按手法招式习练各种手法之用劲，则成为容易之事，故打展手为诸手法之母的意思明矣！此乃虚胸、实腹的方法之一。

打展手：双平开步稍比肩宽，平心静气，气沉丹田，两手平伸向斜前方，沉肩垂肘，两手成八字掌形，即拇指和食指成八字形，中指、无名指、小指回收半握成拳，浑身放松，左肩及肩胛骨向后摇三圈同时吸气，身体蓄劲，左手向斜前方奇出、吐气、气沉丹田、发"哼"声，同时右脚踏地，左足斜向前迈半步，前脚掌踏地，后跟抬起，膝不改变，左胯随足跟前上提撑住，左肩下压，左肋收缩，右肋开张，尾骨前上翻劲，背圆，胸空。上述动作同时完成而身法中正安静。右手打展手时全部动作同左手，只发"哈"声。

第三次，左右肩交错各转动三圈，吐气发"嘿"声，双手同时发出，各种身步法同前，上述为一周。如上，循环反复练习，是谓打展手。当发劲精熟后，还要按上述方法打展手，但注意的是蓄劲的妙处，此乃练习内劲转化的妙法，使发劲时内劲走阳道发出，收劲时内劲走阴道蓄收，蓄发内劲纯熟，则运用之妙不可胜穷！蓄收的劲足有余，则发劲干脆，蓄发轻灵，则功夫精纯，上乘可达"内劲丹田出，用手掖中吐"的掖力发劲法。

此法古已有之，然修炼传统拳术攻防之道者读谱时多见而不识之，故虽读过数遍亦不知是为此法，以资对照，录之如下：

口传百法

练打之时，要雄狠尽力，从硬打做软，从有力打做无力，方有精法。开始就以软打，后来终无精法，故拳要软中硬者此也。

又练攻防技法之时，如设一敌人在面前，手当如何进，肩当如何入，脚当如何管，俱要算定，打时必要认真着力。

与人练打之时，肘胯肩先下，是要紧关头。譬如一动手时，两肩一跌下，则身法自然低，随身转打，俱是恰对敌人空处，所谓垂肩带靠者是也。

又与人练打之时，前手如探子，必要理清，就是敌人一动手时，精神必要为之掀开，令彼自露其空处，然后一转进身，便处处是空中投石，所谓乘虚而入好用机是也。

又实施杀手之时，谨记后手一曳，必须要后脚一抵，而其最妙之处，更在坐桩，往下一踵，则通身皆精其法也，自无仰前仰后之弊。

注释：

精法：传统拳术攻防之道中的体、用说，有"全体大用的功夫，内外精粗无不到"之说法。这句诀言里，将内劲功夫称为精；将外形功夫称为粗。故知精法者，乃指内劲的"神以知来，智以藏往"的攻防功夫而言。

坐桩：此是说臀部如同坐着一个无形法身道体形成的直径50厘米的一个球体，自身自然稳健而又步法灵便。平常所说"坐着打人"，就是这个功夫景象。

上面谈了动练法修炼内劲的方法，只是修炼内劲功法中的一部分，各门派、各拳种，修炼内劲之静与动的练法相当多，但以提高功夫快而又实用的真方法，我认为在内功静练建体功法的基础上而以打展手的动练法为最妙。我之打展手的功法乃家父所亲传的，在传授给我打展手的功法过程中并详细解释，拳法劲势、招法运用的"快而不乱、慢而不断，松而不懈，紧而不僵，轻而不浮，沉而不重"的周身一家的功夫艺境，皆可由打展手方法得出。"打人不用力，出手不露形"皆可由此悟出、得矣。

（四）自卫

自卫即技击之谓也①。须知大动不如小动，小动不如不动，要知不动，不是不动，如如之动，才是生生不已之动②。比如机械之轮或儿童之捻转儿，快到极处，似乎不动。如观之已动，则是将不动，是无力之表现矣。所谓不动之动速于动，极速之动犹不动，一动一静，互根为用③。其运用之妙，多在于神经支配、意念领导与呼吸之弹力、枢纽之稳固、路线之转移、重心之变化。以上诸法，若能用之得机适当，则技击之基础备矣④。亦须在平日养成随时随地一举手一抬足皆含有应机而发之准备，要在虚灵含蓄中意感无穷，方是贵也⑤。然在学者于打法一道，难无足深究，亦似有需要必经之过程，如对方呆板紧滞，且时刻表现其重心路线部位之所在，则无足论。倘动作迅速身无定位而活若猿猴，更不必曰各项力之具备者，就以其运动之速，则亦非一般所能应付，故平日对于打法亦应加以研究⑥。习时首先锻炼下腹充实，臀部力稳，头、手、肩、肘、胯、膝、足，各有打法。至于提打、钩打、按打、挂打、锯打、钻打、搓打、拂打、叠打、错打、裹打、践打、截打、堵打、摧打、拨打、滚力打、支力打、滑力打、粘力打、圈步打、引步打、进步打、退步打、顺步打、横步打、整步打、半步打、斜面正打、正面斜打、具体之片面打、局部之整体打、上下卷打、左右领打、内外领打、前后旋打，力断意不断，意断神又连，动静已发未发之机和一切暗示打法，虽系局部，若非实地练习，亦不易得⑦。然终是下乘功夫，如聪明智慧者则无须习此⑧。

【题名解】

这段"自卫"技击功夫内容的论述，提出了"形拳招熟"为下乘功夫的概念，并说明聪明睿智者可以直接通过站桩、试力、试声、自卫的法式修炼中成气、意拳懂劲的功夫。但是，并没有否定形拳招熟的下乘功夫不可以修炼，而且还清楚地说明"虽系局部，若非实地练习，亦不易得"也。这就表明王芗斋先生是容纳前贤之成果的，但又着重指出：只有达到神拳神明艺境，才是真正的传统拳术攻防之道的真功夫。这样认识王芗斋先生的拳学观点，才能准确无误！

然而，王芗斋先生的意拳、大成拳之命名，就是强调：只通过站桩、试力、试声、自卫的修炼模式过程，就可以修炼成功的这样一种信念。

【注解】

①所说的自卫，就是技击功夫内容，这个定义非常清楚。没有技击功夫的拳术，等同于体操。

②然要知道在传统拳术技击攻防中身法大开展的动静变化不如身法小开展的动静变化，身法小开展的动静变化不如内气动而外形不动的动静变化，要知道不动是指外形不妄动，而是外形顺人之动而又内动运动不令人知的动，就是"圆机活法，伏机待动的阴阳逆从，劲形反蓄"的机制，才是生生不已、源源不断的真动攻防机制。

内气的运动无形、速度疾快不可测之，谓之神速。太极拳中有"内动不令人知"的说法，就是"如如之动"的意思。

③好比机械之轮或儿童玩的捻捻转，快到疾速之时，似乎不动；如果观看到已经在动，则是将不动矣，是一种无力的表现了。所谓极速的不动之动的速度速于将不动之动的速度，故曰"极速之动犹不动"。内气外形一动一静，相互根生为运用的方法、准则。

一动一静，互根为用：这句话要是以"听探之良知"为静，"顺还之良能"为动；以听探用顺化、顺化中亦听探的相互为用的话，确实体现出"一动一静，互根为用"的精旨妙义了，有关这个"动静法说"的详细内容，附拙著"动静法说"一文于点评之后，以资对照。

④内气外形相互为用之妙，多在于神意的支配、意念的导引、内气在外形中的吸提呼放产生的弹簧能力效应、中枢部位的稳固、进退路线之及时的腾挪转移、重心的偏移动转之变化。以上诸法，若能运用得机适当，则技击之基础功夫齐备矣！

⑤这就须在平日修炼中养成随时随地一举手一抬足皆含有应机而发的准备；要在虚灵含蓄中意念感受到"变化无形有无穷，不疾而速得真宰"的境界，这才是最为可贵之处。

⑥然在修炼传统拳术攻防之道的人于打法一道，难在无足够的深究，亦似是有必须经历之过程。如对方呆板紧滞僵拙，且时刻表现其重心路线部位之所在，则无足论也。倘若身法动作迅速身无定位而活泼若似猿猴，更不用说各项能力之具备者，就以其运动之速，则亦非一般功夫者所能应付得了，故平时对于打法亦应加以详细精密的研究。

⑦修炼传统拳术攻防之道，先要气沉丹田，少腹内气充实饱满，臀部通过松

腰坐胯、翻臀、敛臀、裹臀、溜臀、勾臀、翻臀，达到尾闾中正神贯顶的坐势状态，自然下盘稳固了。头、手、肘、肩、胯、膝、足七个部位各有打法。至于提打、钩打、按打、挂打、锯打、钻打、搓打、拂打、叠打、错打、裹打、践打、截打、堵打、摧打、拨打、滚力打、支力打、滑力打、粘力打、圈步打、引步打、进步打、退步打、顺步打、横步打、整步打、半步打、斜面正打、正面斜打、具体之片面打、局部之整体打、上下卷打、左右领打、内外领打、前后旋打等，都要做到"力断意不断，意断神连"；攻防动静已发未发之机，就要利用刚发他力前、柔乘他力后的方法得之。还有一切暗示、诱导让其犯错误的打法，虽系局部的功夫，假若非实地修炼亦不易得到也。

⑧虽然得到了这些打法功夫，然而最终也是形拳招熟的下乘功夫。如果是个聪明智慧的人则无须修炼这种功夫，直接修炼中成的气、意拳懂劲功夫，或大成的神拳神明功夫。

【点评】

自卫，就是技击。技击功夫分有不同层次，这是明确的。然能分为几个层次？如何分法？王芗斋先生没有细致地划分论说。但是，从本文的有形的形拳招熟最终是下乘功夫之说法内容中，也含蓄地说明传统拳术攻防之道存在下乘的形拳招熟，中乘的气、意拳懂劲，上乘的神拳神明三成攻防功夫艺境。这个认识与传统的认识是相一致的。例如《内功经·神运经》中的说法，为求对照，录之如下。

1. 言神运之用

> 击敌有用形、用气、用神之迟速。被攻有仆也、怯也、索也之浅深。以形击形，身到后而乃胜；以气击气，手方动而可畏；以神击神，身未动而得人。形受形攻，形伤而仆于地；气受气攻，气伤而怯于心；神受神伤，神伤而索于胆。

《越女论剑道》中说："凡手战之道，内实精神，外亦安仪，见之似好妇，夺之似惧虎；布形候气，与神俱往。"历代论拳谈理法之著作，无可计数，然能于短论中全部谈到形、气、神之体用不同之功能作用，又这样层次清楚明了者，当首推《神运经》第三章"言神运之用"这篇短论文章了。此篇短论，乃为谈拳论道千古绝唱的经典文章。

击敌有用形、用气、用神之迟速的区别；被攻有仆也、怯也、索也之浅深的划分。

（1）以形击形　身到后而乃胜

古拳谱中有论："着人肌肤，坚刚莫敌者，形也。形之所着，未有不疼者，疼则不通，理当然也；而深入骨髓，截营断卫者，则在乎气。隔断血气之道路使不能接续，能壅塞气血之运转使不流通，可分筋骨毙性命于顷刻，气之为用大矣哉！但能知其聚，明其发，神其用，方能入彀，如射之中的。"此乃用形、用气之一段论述，然与《神运经》所论的用形、用气之意，又有很大的区别。《神运经》中的用形、用气、用神，皆具备"用必打犯不伤人"的特点。如：以形击形，身到后而乃胜。说明了站起位拔起根的跌人、摔人之法，具有不伤人的精义存焉。拿、打、踢、摔诸法全有用形击人之用，虽有"形受形攻，形伤而仆于地"之说法，然此中之"伤"非病伤也，乃形被击中失控仆跌在地而失败的意思。

（2）以气击气　手方动尔可畏

"以气击气，手方动而可畏。""则气受气攻，气伤而怯于心。"这个论述在古拳论中可寻得两处以证之，一曰："唯颤劲出没，其捷可使日月无光，而不见其形；手到劲发，天地交合而不废其力。"一曰："至于中气，能令敌人进不敢进、退不敢退，浑身无力，极其危难，足下如站在圆石上站着不敢乱动，几乎足不动即欲跌倒，此时虽不打敌，敌自心怯而诚服。"

（3）以神击神　身未动而得人

"以神击神，身未动而得人"；则"神受神攻，神伤而索于胆"。

孙禄堂先生记：

一日会谈一室，言笑一如平常，初不料甲某之蓄意相试，洛能先生毫无防备之意。而甲某于先生行动时，乘其不意，窃于先生身后捉住先生，用力举起，及一伸手，而（指某甲）身体腾空斜上，头颅触入（纸）顶棚之内，复行落下，两足仍直立于地，未尝倾跌。此乃以神击神，身未动而得人之艺境，（某甲）以邪术疑先生（某甲已怯，而索然不知也），洛能先生告之曰："非是邪术也，盖拳术上乘神化之功，有不见不闻之知觉，故神妙若此，非汝所知也。"

然如何才是神化之功？如何而修炼？孙禄堂先生曰："拳术至炼虚合道，是将真意化到至虚至无之境，不动之时，内中寂然，空虚无一动其心；至于忽有不测之事，虽不见不闻，而能觉而避之。《中庸》云'至诚之道，可以前知'。是此意也。"修炼方法已然论述得清清楚楚、明明白白的了。

由上述所论可以知道，以形击形者，迟也，功夫浅也；以神击神者，速也，功夫深也。此乃形神之用的迟速、浅深之道理。然于修炼传统拳术攻防之道一事，应以先修炼形拳招熟的以形击形开始，继而修炼气、意拳懂劲的以气击气的功夫，当根基稳固、神而知之，再修炼神拳神明的功夫艺境，最终可以达到神化之功的以神击神、身未动而得人的无上艺境。

能明白"言神运之用"中的不言之意者，便可以明白《神运经》所言之法分三修、游历三境的宗旨，即先用《内功经》《纳卦经》《十二大劲》周身全局精习微妙，方可学此《神运经》的内容，否则无益有损。而观现今之时的习拳者，入手便是大成攻防功夫艺境之修炼，上乘艺境，亦如水中捞月，只因为不观读此经文之过也。习拳者如能广阅各家拳谱、拳论，就能眼界大开，就不会囿于一家之见而来谈拳论道了，自然视野开阔，便可探本穷源而成为通家了；能够融会贯通各家之论而在自身内修炼体认清楚明白，便可内外精粗无不修到，层层攻防功夫艺境无不历练得到。一旦神而明之，豁然贯通，自然智慧开启，非师父所传授，而自己的本然智慧开启，传统拳术攻防之道的修炼、建体、至用及攻防功夫艺境升华等一切内容之精微奥妙无所不至、无所不知、无所不晓了。俨然贯通古今传统拳术攻防之道的圣明之大家。

2. 动静法说

弟子问曰：动静说一文，已将传统拳术攻防之道中自身的神、意、气、劲、形、中六合一统的动静关系之规矩、法则、规律，基本上阐述清楚明白了。关于内外功修炼和用于技击的动静先后之法式顺序、动静兼修的宗旨论清说明了。但是，为何未阐释《太极拳论》中"太极者，无极所生，阴阳之母，动静之机"这句拳论中的"动静之机"是指什么内容而说的？应如何认识"动静之机"的这一说法呢？诚请师父为弟子开示！

师父答曰：问得精妙！乃善学之者也！容为师详细拆解清楚，说明动静之机体、机制的全部之含义及有关动静说法之精义。

天地之道，不外阴阳，阴阳转结，出自自然。阴静阳动，性之属也。故静极而动，阳继乎阴也；动极而静，阴承乎阳也。造化无穷无尽。此乃天地自然造化万物的基本动静之机制，万物并皆依此机制而自然演化。

天人合一学说认为，自然界乃一大天地，人身乃一小天地。人乃秉天地合德所生，本心物一元之存在，与天地同具自然之属性。故人亦自然存在阴阳动静之机体、机制，而此动静之机体、机制又是与生俱来的。这就是人的听探之良知、顺化之良能，听探、顺化相互为用的生化、生理之机体、机制之秩序。简曰：生化机能，再简曰：生机。如以动静二字来论"知、能"的这一生理机制，则名之曰：动静之机。而有关这个与生俱来的听探之良知、顺化之良能的机体、机制之认识，拳家自有明确的论述，以资对照，录之如下。

  盖人生降之初，目能视，耳能听，鼻能闻，口能食（体能触）。颜色、声音、香臭、五味（冷暖、轻沉），皆天然知觉固有之良；其手舞足蹈与四肢之能，皆天然运用之良。思及此，是人孰无？因人性近习远，失迷固有。要想还我固有，非乃武无以寻运动之根由，非乃文无以得知觉之本原。实乃运动而知觉也。
  夫运而知，动而觉；不运不觉，不动不知。运极则为动，觉胜则为知。动之者易，运觉者难。先求自己知觉运动得之于身，自能知人；要先求知人，恐失于自己。不可不知此理也。夫而后懂劲然也。

《杨谱·固有分明法》

  夫如人之身心，致知格物于天地之知能，则可言人之良知、良能。若思不失固有，其功用浩然正气，直养无害，悠久无疆矣！

《杨谱·太极阴阳颠倒解》

  引用杨谱中的这两段论述，完全说明了自身与生俱来的听探之良知、顺化之良能的生化、生理之机能，也就是动静之机。
  《太极拳论》中所说的"太极者，无极所生，阴阳之母，动静之机"，其中的"动静之机"就说的是自身之听探的良知、顺化的良能的自然之生化、生理机体、机制的，这是从动静角度立论的产物。这是典型的以动静概念来阐述自身与生俱来的良知、良能这架攻防机体、攻防机制的修炼、建体、至用之内容的。
  一般正常人皆以听探之良知，来获悉对自身内界和外界的一切事物之信息，来决定自身的一切行为动态，而这一切自身内外获知信息的静态机能的功用之总称，名为"听探之良知"；而自身这一切行为的动态之总称，名为"顺化之良能"。将此两种功能简称为"知能"，又可名之曰："本能"。我们的一切自己的行动作为，就是由听探所得的信息，发出顺势转换变化的能力之体现。而普通常人皆是以听探之良知来运用自身的顺化之良能，在顺化中亦不断地听探着以随时随处调整自己的顺化之良能，来从事生活、学习、工作等一切活动的。此就是心物一元的听探之良知、顺化之良能的"知能二元统一"的机体、机制说，即动静之机的生化机理、机制说。

七、练习步骤

如以动静二字论听探之良知、顺化之良能的话，则静字所涵盖着听探之良知的一切方法、过程；动字即涵盖着顺化之良能的一切方法、过程，故而知道动静之机的机体、机制的基本涵义所指为何了。以此来认识、论述动静之机的阴静阳动的道理、法则、规矩、规律等全部内容，就会准确无误了，认识"静极而动，阳继乎阴；动极而静，阴承乎阳"的攻防机体、机理、机制等练、用的法则之说法，也就极为清晰了。就是说，听探之良知的一切方法、过程，为静，即阴静；顺化之良能的一切方法、过程，为动，为阳动。为什么有此阴静、阳动这样的划分听探之良知、顺化之良能的定义呢？老子在《道德经》中说：

归根曰静，静曰复命。复命曰常，知常曰明。不知常，妄作凶。知常容，容乃公，公乃全，全乃天，天乃道，道乃久，没身不殆。

以此论中的归根曰静的说法来认识所说的听探的良知，就是种种外界的信息之内传递的过程，就是从耳、眼、鼻、舌、身、意诸感官捕捉到的信息内归至六种感官之根枢的这个方法、过程为静。以此论的归根曰静的理法类推，则知"根生曰动"了。即信息处理完毕，发出行动的信息指令致身体的种种行动的完毕之一切方法、过程为动。故知，归根曰静、根生曰动之说法，乃表明了在中华民族传统文化中对人是如何认识客观事物、从事一切事务的活动及一切事物的演化之内容，运用动、静之概念作了根本性的法定之分界了。我就是从这个基本的"静、动"之根本性法定之分界法，来认识我们人体自身与生俱来的这个动静之机的机体、机制的，是在此基础上立论展开对传统拳术攻防之道的自身这个攻防机体、机制之修炼、建体、至用的系列方法之深入讨论的，并展示了这个系统工程的尽可能展示的全部内容。

如果再以阴阳来论动静的属性，则动静的态势更为明了了。则知，静属阴，是为阴静；动为阳，是名阳动。阴则内收，阳则外发。其属性、态势就自然认识得清楚了。如以听探之良知和顺化之良能来揭示阴静、阳动的攻防动静之机的实质内容，则是，听探之良知的信息所以能够获得，是外感信息的内传递的运动态势，这个运动方法、过程为归根，故名之曰"阴静"；顺化之良能是信息外传导所致的身体之运动为根生，故名之曰"阳动"。以此理法类推而能知道，人的一切之运动，修炼传统拳术攻防之道者较技的内外一切之攻防运动，皆始于听探之良知而终于顺化之良能这样一个过程，即始于静而终于动。此乃阴静、阳动的自身知能之机体、机制的根本属性态势之定位，此乃自身攻防的动静之机最简单的说法吧！

故有"静极而动，阳继乎阴也"之论，是说攻防较技时的听探之良知明白了，自然就会发出顺化行动的指令了，而必然出现自身良能的顺化之行动了，此过程便是"静极而动，阳动继乎阴静也"的必然现象。

又有"动极而静,阴承乎阳也"之论,是说攻防较技时在顺化之动的过程中也随时存在着听探之良知的工作内容之现象,即所探知之信息的内反馈,又可随之从新调整顺化之功能的内容,此过程便是"动极而静,阴静承乎阳动也"之精义。

上述就是以动静二字来论述我们每个人都具备的听探之良知、顺化之良能的这个内外统一的生理机制的基本内容,也就是《太极拳论》中所说的自身动静之机的攻防机体、机制之具体内容。

然普通常人的这个与生俱来的听探、顺化的知、能之机体、机制的功能,针对于日常的生活、学习、工作来说,能够满足人们的需要了,但是对于修炼传统拳术攻防之道的人,在与人比武较技的搏斗中具备能打善斗而能制胜不败的要求来讲,这个动静之机的攻防机体、机制的听探、顺化的知、能的功能之能力也就远远不能够适应了。这就须从根本上挖掘听探之良知和顺化之良能的潜在之能力,使之达到最佳的状态,就是寂感遂通的自动化的状态,才能满足传统拳术攻防之道对此动静之机的机体、机制之最基本的要求。这就是传统拳术攻防之道的修炼、建体、至用的系列方法、系统工程中的核心内容。

而一个传统拳术攻防之道的修炼者,要达到听探之良知,能知人所不知;达到顺化之良能,能人所不能的攻防功夫艺境,即沾人如号脉之知、沾衣十八跌之能,亦非易事。故前贤之论传统拳术攻防之道的修炼、建体、至用的内容时,就围绕着听探之良知、顺化之良能的这个攻防机体、机制为核心,纷纷展开了论述,从各个方面、不同角度、多种层次展开了全面的实践之探讨,形成理论论证,以备后来者所得而至用。详细介绍如下:

拳诀云:一静一动是为拳。这句拳诀最简捷地说明:拳。一静的听探之良知和一动的顺化之良能的全部内容,就是传统拳术攻防之道中的自身这架攻防机器的机体和工作机制之核心内容,但是,必须是"静动互为其根,阴阳迭神其用",方能最佳发挥其功能的妙用,这样,用一静一动四个字,就清清楚楚论明了传统拳术的德之体、道之用的内容了,至于修炼的内容之方法、准则、规矩,也就自然而然地存在其中了,也就知道如何依法按序修炼而能成功了。可知,一静一动是为拳的说法,就将传统拳术攻防之道的修炼、建体、至用的方法、准则之全部内容概括进来了,这是多么简捷精炼之论呀!

修炼传统拳术攻防之道就要从体、用二字求之,这是修炼的顺序。前贤云:"涵养之以静以蕴其继(体),灵妙之以动以畅其用。体非无以立其大本,用非无以彻其元功。"这四句诀言,就明确地说出了修炼的先静修内功以建体、在动修外功以至用。因为,攻防机体未建立,则大的根本没有立住,无法能用。虽然攻防机体建立住了,然运用攻防的方法、准则不对,也无从能够达到健身、技击并行不悖的预期效果。故而，先建动静的攻防机体，立机制秩序，方有此攻防动静之机的机体、机制之妙用。此乃传统拳术攻防之道中的建德体、至道用之本末始终、先后因果的顺序。这就是文建体、武用精的修炼之因果说。但要不落因果，方可不昧因果，才能了得因果，自能证得因果，必能修得正果。

这要法分三修，游历三境，方能成功一也。即建体从三个方面修炼，方能体成而可至用。三修者，乃内功法的天得一以清；外功法的地得一以宁；此于艮之一，涵神于至灵；再以至灵之神，浑化清宁而一之，致使内精气神无少欠缺，外筋骨皮幻化灵便，内外合一之虚灵妙境的浑之体成矣！游历三境，乃形拳招熟的小成、气意拳懂劲的中成、神拳神明的大成。成功一也，乃指最终的以天心为体、以元神为用的体用一元的拳道合一之功成而言的。详细内容可观看三才篇。

故有拳诀云："静为本体，动为作用。"此拳诀乃进一步说明自身这架攻防的动静之机的"体静用动"的体、用之动静的关系。这其中有两层意思，一层意思是，凡听探之良知和顺化之良能的本体，皆为阴成之有形的器官，故具阴静之性能。只有这些阴成之有形的器官之功能动起来的时候才能发挥它们各自的作用，共同完成攻防制胜的事宜。在这静动体用之上的动是指绝对的动而言的。但是，在这绝对的动的范畴内，下面列属了听探之良知的静和顺化之良能的动。这是以"易有太极是生两仪"的观念来认识事物演化规律、法则，此乃从有立论的法则。另一层意思是，凡听探之良知和顺化之良能的本体，皆为阴成之有形的器官，故具阴静之性能。只有这些阴成之有形的器官之功能动起来的时候才能发挥它们各自的作用，共同完成攻防制胜的事宜。在这静动体用之上的静是指绝对的静而言的。但是，在这绝对的静的范畴内，下面列属了听探之良知的静和顺化之良能的动。这层意思以"道生一，一生二，二生三，三生万物"的观念来认识事物演化规律、法则，此乃从无立论的法则。而针对"易有太极是生两仪"的观念之从有立论的法则和"道生一，一生二，二生三，三生万物"的观念之从无立论的法则之选择上。我在静为本体、动为作用的诀言之说法中倾向于"道生一"的静动说，即体静用动说和本静生动说，即道本静而生动，动中自分静动法。

既然存在的是静为本体，动为作用关系下的听探之良知的静与顺化之良能的动的这层动静关系之体、用，下面就详细揭示这层静动关系之体、用的内容。

就神、气、形三才浑化合一的浑之体浑化至寂感遂通的艺境时，就具备静则无不应的功能了，就是静能先知于人。此乃浑则静，以逸待劳之功夫齐备了，就是修炼而成的道体法身的听探之良知的功夫齐备了。既然听探之良知能先知于人，就自能以静用动，方能免去自身内外妄动之劳苦。此正是针对"静以待动有上法"这句诀言的精义之解释，说明自身的攻防动静之机的听探之良知的功能，乃是本体至用功能的根本内容。此正是静为本体的这一层之精义。

在自身攻防动静之机中，由于具备了听探之良知的先知于人的功能的原因，才有先机于人的本体之至用的制胜之效果的产生之可能。此又说明了顺化之良能的动为作用的这一层之精义了，就是修炼而成的道体法身的顺化之良能的功夫齐备了。既然顺化之良能能先机于人，正是驭静以动中的动为作用的功果效用。

但是，双方攻防较技并非一厢情愿的事情，有了听探之良知的先知于人的能力，而运用顺化之良能的先机于人之过程中，自然就有对手变化破解的可能，针对这个问题又是如何解决的呢？这就是诀言"动中亦静"所欲表达的精义，即在顺化之良能实施的过程之始终都在随时随处运用听探之良能窥视着对手的任何微妙的变化，以便随时随处地调整顺化之势。

从上面两段分析中就得出自身攻防动静之机的攻防体用的至用之精旨妙义了，就是从动静二字所得出的诀言"驭静以动，动中亦静，静动互为其根"。如果运用阴阳刚柔的概念来解释这一诀言的精义，就是"柔化刚发，以柔用刚，阴阳迭神其用"之诀言了。

从上面的分析中可以看出，静为本体、动为作用之诀言中的本体说，是说明自身这架攻防动静之机的机体、机制的体静用动之内容的；又同时说明体静用动中所蕴涵的听探之良知、顺化之良能及其相互为用的精义之内容。就是在这一层面上说体静用动，指明攻防较技是在听探之良知的基础上，顺化之良能的动用之"驭静以动，动中亦静，静动互为其根"时才能得以发挥，只有这样才能更好地发挥自身攻防动静之机的作用。自然也就有了这一层的详细解释了。

拳诀云："静无露其机，动不见其迹。"这是针对攻防功夫已经修炼到全体透空的太极艺境之"毛发松弹守三阳"的境界时的说法。因为此时的听探之良知已臻寂感遂通的艺境，先知于人的能力极佳，自然不会漏掉战胜对手之任何机势的。而顺化之良能已化为太和一气，自然圆能粹正，具备无有入于无间的功能，自能先机于人以至也，又至于无幽杳之内，故秘密而人莫能窥其机，故动而人不能见其迹，发则必中。此即自身的动静之机的以柔用刚之巧、以静用动之妙也。然非功臻神明的大成艺境者，不知此中无形功夫之神奇妙用耳。即功臻以天心为体，以元神为用的体用一元之艺境者，方能明此之论。前贤对此艺境有修炼、建体、至用的详细介绍，以资对照，下面从修炼、建体、至用三方面，依序摘出，录之如下。

> 拳术至炼虚合道，是将真意化到至虚至无之境，不动之时，内中寂然，空虚无一动其心，至于忽然有不测之事，虽不闻不见，而能觉而避之。《中

庸》云："至诚之道，可以前知。"是此意也。

《拳意述真·第八章·练拳精义及三派之精意》

放之则弥六合，其大无外，无所不容；卷之则藏于密，其小无内，无所其入；卷放得其时中，丝毫无差，无不切机。

《龙涎集·修炼、建体、至用之真诀》

本境有某甲，武进士也，体力逾常人，兼善拳术，与先生素相善，而于先生之武术，则窃有不服。每蓄意相较，辄以相善之故，难于启齿。一日会谈一室，言笑一如平常，初不料某甲之蓄意相试，毫无防备之意。而某甲于先生行动之时，乘其不意，窃于身后即捉住先生，用力举起，及一伸手，而（指某甲）身体已腾空斜上，头颅触入顶棚之内，复行落下，两足仍直立于地，未尝倾跌。（某甲）以邪术疑先生。先生告知曰："是非邪术也，盖拳术上乘神化之功，有不见不闻之知觉，故神妙若此，非汝之所知也"。时人遂称先生曰：神拳李能然。

《拳意述真·第一章·形意拳家小传》

以上所引用的三段，都是有关神拳神明艺境的功臻以天心为体、以元神为用的体用一元之拳道合一之艺境者内容。然三段所论的内容各有主次之分，第一段乃以修炼的方法为主要内容，第二段乃以法身道体性状为主要内容，第三段乃以法身道体的功能作用、效果为主要内容。

拳诀言："动以静为本，静以动为用。"这是阐明自身攻防动静之机的机体、机制的静动本末之关系的拳诀，同时亦是动静之机的体用之关系的，自然就有了本与用的关系之内容了。此点是从"物有本末，事有始终，知所先后，几于道矣"这段有名的修炼格言中脱化出来的。

第一句诀言说的是：双方攻防较技顺遂转换变化而制人的能力之根本，在于听探之良知的功夫。如果听探的知人能力良好或极佳，则顺化的能力就会发挥得良好，敌动便可得其咎，发放便可胜之；反之听探的知人能力出现差误错谬，则顺化的制人能力就必然会出现错误的妄动，或过或不及而被人所制。这就是动手较技的动以静为本的精义。

然而，第二句诀言说的是：双方攻防较技的听探之良知的目的，是为了瞬间顺随转换变化以制人，最终战胜对手。如果听探之良知的知人能力极佳，而顺化之良能的能力不足，亦同样会失去战胜对手的良机，自然也就不会有胜人的效果，也就不会达到胜人的目的，反有被乘之隙而让对手借机取胜之落败。故顺化之良能的攻防能力，也是修炼传统拳术攻防之道的一项重要而又丰富的内容。这就是动手较技的静以动为用的精义。

然在传统拳术攻防之道中的听探之良知和顺化之良能，皆是自身攻防的动静之机的机体、机制之两项重要之功能的内容，这两项功能，必须合一至用的内容中。两者之中，哪一项更为重要一些？根据我多年动手较技的经验之体认和二十多年的教学经验之体会，得出听探之良知更为重要一些。因为，动手较技在于以知用能，能者必胜。以不知用能，能亦妄动，妄动者凶。故习拳必先求知，然后才求能乃顺序也。可有良知而不能为，但决不会出现有不知而能为的事。修炼传统拳术攻防之道者必须知道这一点。

综合观之，听探之良知和顺化之良能，皆是自身攻防的动静之机的机体、机制之重要的两项之功能的内容及这两项功能必须合一至用的内容。而听探之良知和顺化之良能的两项内容，视为是两仪的内容，自然又可以细分为听探、良知、顺化、良能之四个内容来对待，此乃是修炼传统拳术攻防之道中的"四大"内容。即自身攻防的动静之机是如何能够见境生情随机应变以胜人的，由此四大内容就可以完全地论述清楚明白了。这正是"动以静为本，静以动为用"之拳诀的全部精义之内容。

修炼传统拳术攻防之道者明此，则知"动以静为本，静以动为用"之拳诀在传统拳术攻防之道的修炼、建体、至用中的重要作用及其价值了。老子在《道德经》中所说的"明白四达，能无知乎"就说的是这个道理。这句话应用在传统拳学中就是：明白通达听探、良知、顺化、良能之四大修炼、建体、至用之内容，能不具备真正的知识吗？

明白了上述动静二字之精义、动静之机的体用主从之涵义，还应明白下面陈述的两个问题之实质精义，才能比较全面地明白动静二字在拳学中之精旨妙义；动静之机的机体、机制之全部涵义及其运用之奇妙的精义，习拳练艺方不至于误入歧途，便可始终如一而贯之，此乃明理知法的理精法密的妙处之所在。明此者，修炼传统拳术攻防之道可为已得真传秘诀矣！

已发未发之时，谓之动静。此拳诀出自形意拳的"练用十六法"中。通过前面的论述，已经知道自身攻防动静之机的体、用之说法的内容了。就以体用而言，听探之良知为静，顺化之良能为动，说明一静一动是为拳，此乃是一而二，二而一的"二一一二"宗旨的说法。据古人云，凡事物之理法，用一、二不能论述清楚时，就用三来说明。如以动静之二说，尚不符合元气含三之法则的论述，合三才于一致，方是自身攻防动静之机体的全面之建制，方能体用浑化如一寂感遂通，始足以称浑之体，方有一而三之元玄，以昭其用。这就是说，自身攻防的动静之机在听探之良知的静和顺化之良能的动的两个环节之间，还要有一个重要的环节存在，方能符合自身攻防动静之机的体之建制全面的要求。这个重要的环节之存在，正是"已发未发之时，谓之动静"之真传秘诀的重要之精义。分析如下：

听探的信息之内传递的方法、过程，为静；信息内传递到信息处理中心后，信息处理中心对信息处理的方法、过程，至信息处理后的发放信息指令前，这个阶段名为"动静"；信息指令外发及至形体内外按信息指令完成全部行动的方法、过程止，为动。

这样，我们会清楚地知道自身这台攻防动静之机的机体、机制，动静演化的一个完整的周期过程为：静、静动、动。即起始于静而终于动，其中有"动静"的重要之一个环节。

这样，对于我们理解自身的攻防动静之机的机体、机制之内容；此攻防动静之机体的至用内容；静为本体，动为作用；动以静为本，静以动为用等问题，也就可以一目了然了，在明白内主外从的主宾法则的运用上，又有了更深一层的认识，也对自身攻防动静之机的机体、机制之至用时遵守以静用动的基本法则的重要性有了更为清晰的认知了。即以听探之良知运用顺化之良能的法则。此正是《浑元剑经》中所论述的自身攻防动静之机的体、用之法则，其曰："浑则静，以逸待劳；玄则元，驭静以动。"就说的是驾驭听探之良知以用顺化之良能，才是以逸待劳，避免盲从妄动之制胜的基本法则。前贤论传统拳术之修炼、建体、至用之内容精细备至，可见一斑。

然而，传统拳术攻防较技实战争斗，如果双方功夫艺境旗鼓相当，并非一触即能战胜对手时，必须要以攻防往来的施手用招、施招用手的不断变化转换才能切机以胜之。针对这样的局面，自身攻防动静之机又是如何动变运转的呢？即如何能够连续运转动变的呢？此正是在驭静以动之法则的基础上之实施中，又有动中亦静的机制之运用，即在顺化之良能方法实施的过程中，亦同时存在随时随处地听探着对方之拳势的内外虚实、刚柔、曲直、方圆、疾缓、进退、轻沉、伸缩、吞吐之种种动静的阴阳变化之态势，以便时时刻刻调整自己顺化之良能的应变方法、态势，达到无隙自退、乘机能进以制胜的目的。故知，动中亦静是在以静用动，即驭静以动之基本法则的基础上，对自身攻防动静之机的体、用之完善。故拳诀所云"动中处静有借法"之精义，正说明的是动中亦静这一法则的运使之功效的。此乃第一个内容。

第二个内容，乃是《内功真经·神运经》中所说的"知静之为静，动亦静也；知动之为动，静亦动也"这段拳诀的论述，将自身这台攻防动静之机的体用之根本法则"以静用动"和"动中亦静"的精义，又做了全面深入的探讨。是用动、静二字所含之精义，概括地将听探之良知和顺化之良能的具体内容做了全面的总结；将动静之机的功能作用范围之内容又做了细致而精确的分工之论述，致使习练传统拳术攻防之道的人有了明确的修炼、建体、至用的具体方法、准则，而又能使动静二字之精义始终一而贯之。分析如下：

我们已经知道了听探之良知的方法、过程为静。然外形攻防招法的根生外展之动的态势，是为了听探的目的时，此外形根生的外展之动的态势不名为动，仍然呼之为静。此就是诀言"知静之为静，动亦静也"的精义。

我们已经知道了顺化之良能的方法、过程为动。当外形攻防招法内收归根之静的态势，是为了顺化地放得人跌摔翻扑在地而制胜的目的，此时外形攻防招法的内收归根之静不能呼为静，仍然名之为动。此就是诀言"知动之为动，静亦动也"的精义。

上述两点内容，乃从外形攻防的功能作用上分别动静的概念之观点。这一观点较单纯的从外形动态的"根生为动，归根曰静"的分类法又深入细致了一层，这样，更便于运用动静二字来说明自身攻防动静之机的施招用手、施手用招中更为复杂一些的问题，可使复杂的问题简单化。

这就是运用动静二字解释听探之良知为静、顺化之良能为动的效用，又能以此阐明自身攻防动静之机的妙处之所在，故以动静二字论述传统拳术攻防之道的修炼、建体、至用的方方面面的问题之内容，则可一而贯之。便能对此中的理法、准则一目了然、清楚明白，如法修之而无误；也更便于同道者之间相互交流心得体会，有利于传统拳术攻防之道的蓬勃发展。

又如"动中有静，静中有动；一静无有不静，一动无有不动；不动之动，方是生生不已之动；静而无静，动而无动，非不动不静，乃真动静"，这些在拳谱中常常见到的拳诀，也就无不迎刃而解了。下面就从自身攻防动静之机的精义之内容中解析之。

（1）动中有静·静中有动

此诀言乃说明施招用手、施手用招的听探之良知的方法过程中自然存在着顺化之良能的方法、过程；顺化之良能的方法、过程中亦同时存在听探之良知的方法、过程。即动静同时存在，也就是听探和顺化同时存在。这就是听探顺化的动静互为其根、阴阳迭神其用的精义。

（2）一静无有不静·一动无有不动

此拳诀说明自己周身虚实相须，内气、外形一而贯之。如对此拳诀的前后句重叠观之，不正是"静而无静，动而无动，非不动不静，乃真动静"的精义吗？说的是较技攻防中的施招用手、施手用招的静动互见之"以静用动，动中亦静"

的听探和顺化的高度统一，须臾不能相离之精义，即不见二不知一之艺境，乃言二一一二之精义。

（3）不动之动·方是生生不已之动

此拳诀是说明自身攻防动静之机的工作之原理、法则。不动者，则为静。而此不动，不是没有动，只是动的一种态势，就是静的归根之动的态势，也就是指听探之良知而说的"之动"二字，自然指的也就是顺化之良能了。换句话说明此意就是，具备听探之良知的顺化之良能，方是生生不已之动的攻防机制、之运用法则。再换句话说，以听探用顺化的相互为用，方是生生不已之动。

如果以内气与外形的动静关系来看，形静气动这一运动方式也可以说成不动之动，并具有一定的攻防能力。但是，此种说法却直接表明不了"生生不已之动"的原因。如以内气、外形的阴阳迭神其用之说法，针对生生不已之动来说也是可以解得通的。但以动静立论，只有以听探用顺化的静动互为其根，即以静用动，动中亦静，静动互为其根才具备生生不已之动的条件。这样，"不动之动，方是生生不已之动"的精义也就彻底清楚了，就是说明自身攻防动静之机的听探顺化之机制原理、法则的。只有这样的解释阐述，也才最具有说服力！

故本文开篇时说：天地之道，不外阴阳，阴阳转结，出自自然。阴静阳动，性之属也。故静极而动，阳继乎阴也；动极而静，阴承乎阳也。造化无穷无尽。此乃天地自然造化万物的基本动静之机制，万物并皆依此机制而自然演化。

故依此理，按天人合一之法，本阴阳动静之自然理法，以阐明人身攻防动静之机的机体、机制之妙用。故以静言听探之良知的方法、过程；以动言顺化之良能的方法、过程。以这样的方式方法，阐明传统拳术攻防之道的修炼、建体、至用中的一切动静说的内容，无不能合道、合理、合情、合义、合法地解说明白，能如此的解说清楚明白，就是真一不二之理法。

从这些论述中也可以清楚地知道，传统拳术攻防之道的修炼，乃"直养自然先天之能力，在神为非人力也。无害者乃顺生机之自然，去其害生机者也。直养即勿妄勿助，养至真息圆满，百慧丛生，永生无灭，小可经纶，大可赞誉天地"这一说法的精髓妙谛意旨了。

从这些论述中也可以证明，传统拳术攻防之道的修炼、建体、至用，具有健身、技击之功德艺境并行不悖的民族文化风格之特点。

综观动静说的前后两篇之文，便可将传统拳术攻防之道中的动静说的一切修炼、建体、至用之内容阐释得明白而无遗了。可为弟子们逐渐扫除迷障，指点玄关，豁其路程，诱之以造于极。可为修炼传统拳术攻防之道者择而用之提供了方便。故动静法说到此可以结束了。

（五）技击桩法

技击桩与基本桩，神形稍异，然仍依原则为本，步如八字形，亦名丁八步，又为半丁半八之弓箭步也[①]。两足重量前三后七，两臂撑抱之力内七外三，何时发力，力始平均，平衡之后，仍须如枪炮之弹簧，伸缩不断之意，两手足应变之距离，长不过尺，短不逾寸，前后左右，互换无穷，操之愈熟，愈感其妙[②]。至于松紧沉实之利用，柔静惊弹之揣摩，路径之远近，间架之配备，发力之虚实，宇宙之力波以及利用时间之机会，然后逐渐研讨拳学之整个问题，在平时须假定虎豹当前，蓄势对搏力争生存之境况，此技击入手之初不二法门，亦为最初之法则[③]。兹再申述神、意、力三者之运用于后[④]。

【题名解】

内功修炼"技击桩法"概念的提出，与单纯修炼内功健身桩法的区别，在于以技击功夫、方法为目的，然健身的意义亦在其中矣。内功健身桩法，亦有修炼内劲技击功能的作用。如果以严格的方法划分桩法的功能作用的话，应该按照桩法的功能、目的来划分，方趋于合理。这就是内功修炼的"洗髓"桩法名之曰"意念桩法"和形体修炼的"易筋"桩法名之曰"形体桩功"。详细划分的方法见拙著"论站桩"一文，里面有详细的论述和说明。

前贤论过："站桩，是为了脱拙换灵，进一步修炼则能脱壳换相。"这就是站桩修炼的作用、目的。下面看一看王芗斋先生是如何论述"技击桩法"内容的。

【注解】

①技击桩与平常内功修炼的桩法，在神意、外形上稍微有些差异，然而，仍然遵依内功修炼的原则为本。技击桩法的站步，一为丁字步，又名丁八字步；或者不丁不八的疾步式，即如形意拳三体式的步法。弓箭步者，仗身而坐双腿微弯的步法。

②就站法的劲势来说，两足的劲势分配是前足三成劲势，后足七成劲势；两臂撑抱之劲势的分配，内有七分外撑的劲势，外有三分回收抱裹的劲势。还可以随着功夫的升华而有"四六的劲势，阴阳对五的劲势两种法式"。不管何时发劲与不发劲，都要求自身劲势均匀，充分掌握自身时时处处都处在"肌肤骨节，处处开张"的动变平衡的状态。自身仍须时时处处都处在如枪炮的弹簧状态，形体

伸缩自如劲意不断的艺境；两手、两足随机应变的距离，长不逾尺，短不过寸，前后左右，相互变化无穷无尽，将此状态操练得越纯熟，就越感到其中的动静变化之要妙了。

力始平均：类物比象地说，足球，外有一层皮革属阴形，内有一股气属阳气，尚有一中心点，此正元气含三之象。内中阳气外涨之劲势及密度是均衡而又均匀的；外形皮革收敛的形式，各部位亦均匀而均衡。皮革内层面与内气外涨层面的界面，名之为"坚"；而足球内外整体的状态名之为"硬"。这个足球从任何一个方面来认识，都是"历史平均"的状态。

③至于内劲、外形的阴阳逆从，劲形反蓄的松紧、轻沉、虚实之匹配的运用，外形柔静、内劲惊弹的揣摩，劲势在身中运行的道路之远近，外形的间架之配备，收放劲势之虚实转换，一气涨渺以及运用的时机，明白了这些内容，然后逐渐将各个问题内容研究、讨论清楚，再进行传统拳学修炼、建体、至用，攻防功夫艺境升华的系列方法、系统工程的整体学问的问题进行全面研究讨论。在平时，须在平常站桩修炼时，内景象假定虎豹当前，蓄势与之对搏尽力争取生存之境况，乃能干净地去掉恐惧的心理，此乃技击功夫入手之初的不二法门，亦为最初修炼的根本法则。

关于劲势分配的问题，前贤多有论述，以资对照，附文于"点评"条目中。

④我详细申明论述"神、意、力"三者之运用的方法、准则于后。这里的"神、意、力"就是传统的"神、气、形"的说法。古有"意者气也，气者意也"的说法，可以证之；外形存有"筋劲、骨力"两种力系，古有"以力代表外形"的说法，亦可证之。

【点评】

在此文中清楚地谈到"站桩"修炼的规矩、劲势分配的方法等问题。关于身法规矩、劲势的分配等问题，前贤亦多有论述。如身法规矩，张横秋先生在"家传秘诀"中有较为全面的论述，为求对照，录并解之如下。

1. 传统拳术"站桩"身法规矩论

（1）家传秘诀

学拳之要，总不外乎身、手、脚三部而已。人能悟出此法，习练成熟，打为一片，无分上下左右，不论拳、枪、棍、射，莫不得心应手，何须别费神力，另起炉灶，而竟得其全器在。实是秘诀之家传也。向无书旨，只耳提面命。在上智之人，心领神会，意以贯之。若中材以下之人，非朝诵夕讲，何能得以入其门。予不敢私其传，秘其诀，与我同志者，毋以妄言罪我，庶几有补于授受之益者乎。

诀曰

刃❶对鞘直刺牵拳，手平肩下腰宜坚。
头端面正眼勿闲，胸开背合❷体贵偏。
两膝微弯偏齐下，后脚着力前脚悬。
靠后三分休拜出❸，拽来送去势宜圆❹。
左右两膀均匀练❺，根实指蹻地莫粘。
势为坐马腿夹紧，形似开弓腰下先。
还有一个真口诀，气下脐平小腹膨❻。
练得熟时成一面，神清气爽快无边。
此是呆立第一法，偏闪腾挪也要言。
步踏梅花预偷半，横冲直撞要满填。
不动犹如文士立，一发疾如箭离弦。

注：

❶刃者，手抄谱皆为刀字。拳诀言：八锋不挠而锐利。锋者刃也。故而更正之。

❷胸开背合者，就是现在所说的气沉丹田之虚胸实少腹的气贴背之背圆胸方的法式。

❸"靠后三分休拜出"句，乃说的是立身中正的中土不离位的形式前三后七的法式，体现的是前空后丰身法站势。

❹势宜圆者，攻防进退左闪右挪的种种变化，立身中正而又中土不离位的势正招圆之谓也。

❺"左右两膀均匀练"句，是说左右两手的攻防变化能力要一致，不能练偏了。而有"两手撑拳托掌若风烟"的劲力均匀，才见功夫。

❻小腹膨者，乃气沉少腹丹田之谓，并非小腹的用力鼓胀膨起也。根据阳散阴聚的法则，肚脐聚而回收，自然由胸到少腹之上下是平的。如果大腹便便，练法就错了，不能腹内松静气腾然了。

此"家传秘诀"一文，说明张横秋先生的拳学内容禀承家传。以这一点来看，好似曹谱中所说的"至于张鸣鹗者生平极好武艺"这一说法，还是有根据的。可以推论出，张横秋先生之拳学内容，有家传的，有良谱《总序》中所说"实吾师陈松泉翁"传授的。可见也有师传的。而张横秋先生的文笔又相当精彩，立言著论贴切而又易懂，便于后学领会。

虽有曹谱和良谱问世，不合而观之，亦不得张横秋先生谈拳论艺之宗旨、秘诀精义。然此"家传秘诀"一文的存在，可使我们理解张横秋先生所传拳法的内容宗旨、秘诀精义，功夫艺境有了一把钥匙，可以走进《张氏短打拳》的殿堂游览一番了，有心者可以由此得到养生、护身之宝了。下面具体依文阐释之。

学习传统拳术攻防之道的要点，总不外乎身法之变化，手法之攻防，步法之进退。人能悟出此三法合一的浑之体之统三才于一致，内而精气神无少缺欠，外筋骨皮一息坚融，至是则内空灵而外灵便，具一而三之元玄之用。习练纯熟，神形一体，以听探用顺化，顺化中亦听探，能"动静互为其根，阴阳迭神其用"。方圆立体之运用，皆委之于自然之神，无所谓上下左右，一气灵明不昧。功到此境，不论在习拳法、棍法、枪法、射技，莫不得心应手，何须再费神消耗体力去修别的什么了，即不用另起炉灶了，所谓"拳成兵易就"的说法，亦是此个道理。而竟得全器在，即得到全体大用的出神入化之神明功夫艺境了。此对"大成艺境"的描述，是根据张横秋先生说的"妙乎神者是为法，化乎一者谓之拳"的意旨来阐发的。即张氏短打拳法亦尊"坤为吾母乾为父，太极一气贯来衡"的"健顺参半"之宗旨的。

（2）三种智人·归于正道·皆可共证正果

上述这些内容，实是家传的秘诀，向来没有著书立言，代代只是口传身授，自己修炼而悟之。这就须要习者的悟性了。但人的禀赋不同，智慧各异，就有了上智、中智、下智的区别。三种智慧之人的悟性不等，学拳习武也就有了三种方法的分别，学拳者亦可自选其一而修之。下面分别论述：

上智之人，心领神会，意以贯之。所谓上智之人，即生而知之的悟性极高的人。何谓生而知之？即生心想知便能知道的人，谓之生而知之的人。这样的上智之人，对于拳法的认识清楚，理解透彻，能够心领体会，意以贯之。神以明之，唯道适从，直致中和，故能提携天地，把握阴阳，呼吸精气，独立守神，肌肉若一，从不寻奇猎异。此种人习拳练武，修之便可达神明艺境，具备神化之功。历代著谱之大家，皆属此类上智之人，故能艺成著言立说。正如老子所言"上士闻道，勤而行之"的上士，即上智之人。

中智之人，学而知之的人，必须通过从师学艺，又能朝夕背诵诀言，按法精心修炼，不断孜孜以求，经过几年艰苦的磨练，亦能功臻上乘的艺境。其中过程虽有反复，仍能终成功业，也能得正果。正如老子所言"中士闻道，若存若亡"，即指此中智之人的吧！

下智之人，可分两种，一种是勉而为之的，即拜师学艺，朝夕背诵诀言，按法精心修炼，虽是孜孜以求，然悟性较薄，功夫艺境升华缓慢，能够勉力自己，持之以恒，渐渐悟性纯厚，亦能功臻上乘，之所以能功成艺就，勉而为之之功德所至。俗云"精诚所致，金石为开"，乃指此种修炼之人。

上述三种智人，皆能功成艺就，共登为传统拳术攻防之道的智通圆融之人才了。

（3）愚智之人·寻奇猎异·戕贼自害矣

另一种下智之人，可以说属于愚智之人。修习拳术从不拜师学艺，虽读经谱，亦是咬文嚼字，寻奇猎异，武练横练自以为能，不知身体已遭戕创，健康已处危机。就是拜明师学艺，闻师论道谈理法，毫不领会，亦不能按法修炼，甚觉枯燥无味。名誉上虽拜师，实未入门，并随时便离师而去，不再问顾。此种人智愚不化，正如老子所言"下士闻道，大笑之，不笑不足以为道"的那种人吧！

由上述之论，可知中下之材智的人非朝夕诵讲这些宗旨、秘诀，勤而修炼方可成之。不这样修炼如何能进得门来，上得道去。

故我不私留真传，将秘而不宣其练、用之诀窍，整理出来公布与我同道之士。真传秘诀具有练、用之实效，就不要认为是我的私欲妄说而怪罪于我。或许对那些授拳的师尊、学拳的子弟们有所补益吧！

刃对鞘直刺牵拳，手平肩下腰宜坚。

刃者，锋刃，乃指拳锋而言，整体来说是自己的拳锋之刃，要对准对手脊椎骨处发手用招才最具有威力。

鞘直，自身要中正安舒，温柔之中锋芒锐利，锋刃直对对手要害部位，这在歌诀中有"恢恢游刃有何难"和"八锋不挠，随颠随狂"两句言说以为证。中正安舒乃指身法而正，假借"鞘"之中空而言的。老子曰："以正治国，以奇用兵。"依拳法言，正者，身法也。如立正、稍息之法论，此"正"字是言身正的。奇者，此处乃言内劲的。"奇"古音读"如"也，在此乃指"锋刃"而说。整体观之，刃对鞘直，是说内劲之锋刃要对准对手的要害部位，但要保证外形身法中正安舒，才能得以发挥攻防作用，此正是传统拳术攻防之道中的内气外形的"柔化刚发"之宗旨所体现出来的"以柔用刚"之技术方法的论述。此乃整个"诀曰"歌诀的核心之内容，习拳者必须分辨清楚，才能全部理解此"诀曰"歌诀的全部之内容，并依此才能全部理解《拳经·拳法备要·二卷》中所论述的"张氏短打拳"的修炼、建体、至用的全部之内容，以完成自己的修炼而终得正果。

刺牵拳：此刺字是概括一切攻击手法的，牵字是概括一切防守手法的。任何一个攻防式，不外由攻击手法和防守手法同时存在，而攻防手法又都是相互转换变化的。又说明了任何一式攻防招式都是身法中正安舒，锋刃无不直接对准对手的要害部位的这样一个特点。

上述就是"刃对鞘直刺牵拳"这句话所含的精旨妙义之内容。但如何能真正做到这一点？下面的诀言又作了细致而又具体的分析和阐述，我们可依次观之，便可明白了。

手平肩下，双手一前一后，一短一长，抱门而立，前手之高度，腕与肩齐，后手之高度，略比前手肘弯高些，这样可上下右左地防护好自身之前后左右上下了。此是手平之精义。身法一立，肩要松下，方能便于用肘用手，又能转换自身时灵便快利，也就不宜让对手掀翻了。此肩下必与坠肘相互为用，此诀中未能谈说坠肘，但暗中有沉肩必定坠肘的因果关系，因为，只有沉肩坠肘做对了，自然也就有了背圆胸方的肩撑肘横之劲势的运用能力了。此乃手平肩下的精义。

腰宜坚。腰乃自身上下之中枢，坚直鞭固自能上下一以贯之以助攻；圆融灵活以变化，自能九节一以贯之而善变。此诀只言"腰宜坚"，是强调一般人不知"弓张把要顶"的用腰之法而常犯"腰软"之病的缘故，不知腰下松腰坐胯，腰上拔背，才是"坚腰"之法式。当然，诀简，而内容是口传身授的，这就是只知诀言，不能具体练功的道理之所在，必由明师所传才得，即耳提面命方真。

头端面正眼勿闲，胸开背合体贵偏。

头端面正。头端，即满身轻利顶头悬之谓也。头为一身领气之所，头正则一身自正。如何认为是头正？只有百会穴置于最上端，头自然是正的。头正，用时还要"面正"，即脸面始终要对准对手，才能正视对手，这是基本方法。如"头若顶千均，颈如搬树转"之诀，就说的是身法左右变化，但脸面始终要正对对手，这只有真正的能做到头正的"顶头悬"的人才能够真正做得出来，这就是头端面正的意义。

眼勿闲。眼为见性，有审机度势的功能，即有"审来势之机会，察敌人之短长"的作用。如眼灵者，审视有先之明，知其未发之招，悉其将发之意；如眼直射者，可一眼透三关之妙用。本经谱的"杀手之神在眉间"说的就是用眼的方法。拳诀云"眼到、手到、身步到"，说明了眼勿闲的精义了。交手较技时，眼要不断巡视对手之空隙可击之处，则手自然到之，能如此而施招用手者，拳法不快自快，对手自然应顾不暇了。可知，快打人，非单纯的肢体的快速运动。可知"起伏进退，得先者王"，是说只有先知于人，才能先机于人。而先知于人就首要在于用眼的功夫上体现出来。这就是眼勿闲的精义。

然眼勿闲而能视野宽阔，罩住对手，基础在"面正"上，而面正的基础在头端正上，而头端面正的基础，在于颈部似有若无的"顶头悬"之功夫上。

上述的全部内容就是"头端面正眼勿闲"之精义。

胸开背合，是说涵胸，又名含胸，空胸乃用胸的方法。空胸即气沉丹田的内容，这样胸部松静自然，自然不会产生喘满之病拳了。背合，是说背圆的气贴背的蓄势之状态。再结合前面所论的沉肩垂肘，可以体会到站式的身法之腰以上的状态为何模样了。

体贵偏，即指侧身而立，谓之偏，但要中正安舒。此偏侧身形，鼻尖必须最大范围也要对准自己的左右乳头，不能过之。如过则自己先失于偏，此即正面侧身之规矩。而此侧身形状，谓之轻身法，具有灵活变动之能力。这个偏字，又有用"扁"字来说的，乃地区和历史时期不同，用语习惯不同形成的。

但要知道，拳术用语有侧闪、偏闪的说法，这两种说法，有通用处，又有不同之处，这都无所谓，但没有见过用"扁闪"的。只在此处说明一下而已，是说给细心研究拳法者的。

两膝微弯偏齐下，后脚着力前脚悬。

膝乃下盘之门户的中枢所在，宜平分内裹，不可外开。要在略带压下跪势，仗身法坐至将平即可，乃中盘架势。这是指前后脚不丁不八步的疾步站式而言的，又名熊步。就像形意拳门的三体式的步法一样。亦可以用丁字步法式。

后脚着力，是指后足跟的蹬劲而言，要求后足全部敷地。前脚悬，是说前足为虚步样，并非悬空之谓也。前脚虽虚悬，但亦全部敷贴在地，便于腾挪的过身后的踩劲之用。但能全面理解此前后脚的步法之精义，还要明白下一句诀言的精义，才能最终明白下盘步法的精旨妙义。

靠后三分休拜出，拽来送去势宜圆。

此乃说明身法一站，全身重心位置放在前后双足之间的何处为最妥当。靠后三分，是说前后足的净距离三等分时，全身的竖轴，即百会穴至会阴穴的虚中，要放在靠后三分之一的略前一点，此乃"中土不离位"的重心稳定之规矩。休拜出，即此重心不要出了中间的三分之一距离范围内。如果重心出了中间的三分之一距离范围，而落在了后三分之一距离范围内，则成了"偏轻偏重"的病拳式，则前脚轻浮无根，后脚重滞不灵的偏无着落了。

如果立身中正，竖轴的虚中正好放在两足净距离中间的三分之一范围内，是名"中土不离位"。这样，可以根据形势，掤捋採摘地拽来，或双手扑击地送抛，都能做到势正招圆而无楞角，变化温柔圆润而含蓄着锋芒锐利的伏机，自可有八面玲珑的变化之能力，又具备八锋不挠的攻击之用的威力。此种"中土不离位"的方法，攻防变化流畅自然，而其又威力无比，可张横秋先生只用"靠后三分休拜出，搜来送去势宜圆"一句话就将中土不离位的妙法精义概括得全面而无遗漏，可见其驾驭文字的能力亦炉火纯青，实为后人之良师尔。

左右两膀均匀练，根实指蹻地莫粝。

说完双脚站立之法，复又论两手臂的练用之法，秩序井然。

左右两臂的劲力要均匀，而又要左右手皆可为攻防手法之运用。同样的攻防招法，左右皆可用之，运用的质量应该是同样的。

虽说是左右两膀的劲力要均匀，有力不出尖之意，又有攻防手的劲力运用之区别，即主攻手的劲力为四分，防守手的劲力用六分，甚或艺境高些的"劲用对五"的五阴五阳之用。这些都是"均匀"的内容，不单手臂如是，步法、身法，皆应如是。因为，只有自身的劲力均匀，才能更好地发挥听探之知能，以运用顺化之良能，才能更好地控制较技攻防变化时的整体局面而得以制胜。

"根实指蹻地莫粝"这句话，在此是指手臂的肩、手和手的掌根、手指的方法而言的。

肩和手，是一臂的根节和梢节的关系，根节为地才部位，梢节为天才部位，故根节要坚实，梢节要轻灵。诀云："梢节领，中节随，根节催，三节齐到力增加。"这就说明了肩和手的"根实指蹻"之精义了。

以一掌而言，掌根乃根节，指尖乃梢节，也要根实指蹻。这不单是说"掌形"的问题，而是继续论述劲力均匀的内容之精义。

由此推论，自然有一身的足为根节、腰为中节、头为梢节，及胯、膝、踝的腿之三节之定位，这样就形成了一身九节一气贯串的"九曲珠"的动变能力之论法。

地莫粝。地者，指地方而言，即指根节、梢节的这些地方而言。粝者，粗糙之谓也。完整地说："根节要坚实，梢节要轻灵，关于根节、梢节这些部位的潜在功能要仔细认真地修炼，莫要粗糙地对待。"这才是其精义。否则，难至其精妙矣！

如果将"左右两膀均匀练，根实指蹻地莫粝"这两句诀言合起来观之，第一句讲的是左右的劲力均匀问题，第二句讲的是根梢的劲力均匀问题。说明了自身各部位的劲力均匀，是指劲力有序合理地分配得当的内容的，说明了劲力均匀不是劲力均等。习拳者一定要将劲力均匀和劲力均等的概念分辨清楚，才能习练无误，功夫艺境自然容易成之。否则，自入歧途而不知返，铸成大错，悔之晚矣！

势为坐马腿夹紧,形似开弓腰下先。

全身的步法、身法、手法,都已经论述到了。现在又做一个整体的站架之描述,并点出了其中的关要所在。

势如坐马腿夹紧。整个身架之势,犹如坐马之架势,虽分前后脚的疾步式,亦名势如坐马,即曰坐马势。如何才为坐马势呢?腰下先,即先要松腰坐胯,这样,臀胯犹如坐在马上。此势千万不要坐在后腿上,即"靠后三分休拜出"一句之精义,在此处落实了。现在习拳者不知此中精旨妙义,多将胯臀坐实在后腿上,也就不明"势如坐马"之精义。腿夹紧,并非左右两大腿向内夹紧的意思,而是指双膝内扣,圆裆开胯,前足如万斤之石压,后足如门闩之坚而抵来,臀如坐剪夹大银,身如太山无可撼的双腿之下盘稳固的综合方法之效果而言的。即前看"双膝若并",后看"臀胯若有所凭"的精义,就是"腿夹紧"的"势为坐马"的正确姿势了。

形似开弓腰下先。从身法外形上来观看,上身好似开弓射箭之形态,即前手如推石柱、后手如扯拗马的意思。腰下先前面已经说了,不再赘述。

此"势为坐马腿夹紧,形似开弓腰下先"之说法,也引出了良轮先生总结的《跨马开弓乃拳技身步之祖》的论述之内容。其作歌诀言道:

> 欲习拳技首练功,不知何处是真踪。
> 但求跨马开弓义,一法通时万法通。

此歌诀中肯地论证了坐马开弓有一法通时万法通的效用。在下一首歌诀中再一次申明坐马开弓势之要义,歌诀云:

> 跨马开弓万化兼,腾挪偏闪是为先。
> 进攻退守斯为重,百法因之发大源。

所谓"万变不离其宗",从攻防招法立论,坐马开弓势,乃万般拳法变化之宗,将此势习练纯熟,则百法之宗立定,百法也就能纯熟见境生情的运用出来了。此乃习拳从简易入手的论述。其又作歌诀,进一步阐明"左右开弓为操持诸械所宗"。录之如下。

> 左右开弓妙更奇,诸般器械任操持。
> 能知骑射真宗旨,拳技从此得精微。

七、练习步骤

坐马开弓，能左右实施，正是"左右两膀均匀练"的精义之一。而能通左右开弓自如，拳技从此得精微。然单习拳术而不习器械者亦要"身步坐马务须两手开弓"。良轮先生针对此点，亦作歌诀述之，录之如下。

坐马开弓有即施，不开弓手作何技？
若还坐马无弓拽，问他坐马做甚的？

此歌诀之精义是说单纯习坐马架式，没有手法的开弓之义，那样的坐马没有什么意义。关于这一点，其又著言曰："正身坐马者，乃操练坐身之端尔。非进退攻守之法，学者留心审之。"此将坐马的正身坐马和偏侧身坐马的修炼目的不同、作用不同，寥寥数说就辨别清楚，足见良轮先生具师之文风了。其又作了"辟用正身坐马之谬"的歌诀，批评了认为正身坐马是练攻防之用的谬误观念，亦录之如下。

正身坐马不堪恃，徒将两脚强支持。
纵然能得身端正，山迳无事跨毛驴。

尽管其所运用的手笔有辛辣谐的一面，但其所批评的态度还是很中肯的，治学还是很严谨的。接着其又在"指流宗源"的歌诀中，阐明了开弓势之要义的所在，录之如下。

拳经要略在开弓，长短诸技一统宗。
千般变化由斯运，万种机关尚此通。
若道武论无妙义，只缘学者自迷濛。
不因骑射真诠谕，百般操练总成空。

此"七言八律"歌诀中的"不因骑射真诠谕"一句，说明了"坐马开弓"势的一势，为长短诸技之统一的"宗"。即一切传统拳术攻防招法，皆由坐马开弓一势发展而流传开来的。此个见解，着实耐人寻味。思之再三，确实如此。良轮先生在最后用"根本莫忽"的歌诀内容，肯定了坐马开弓在拳技中的应具有的位置，录其歌诀如下。

千言万语重开弓，休将根本自朦胧。
一处成功千处用，武技大略拳归宗。

此歌诀道出了为什么千言万语强调坐马开弓势的重要性，因为它是一切攻防拳法的根本，如果能将开弓坐马势演练纯熟而功成，则有千般用处，武技的大略已经得到了，拳法也就能归宗如一了。可见，良轮先生习拳练艺，已经获得了张横秋先生拳学之实质内容。关于这一点，将在后面"此是呆立第一法"一句的阐释中，再作详细解说。此处还是先进行家传秘诀之"诀云"的阐释，方能一气而贯之。

还有一个真口诀，气下脐平小腹膨。

此诀言之中还有一个真口诀，即"气下脐平小腹膨"。什么气下？下到何处？吕洞宾在"百字真言"开头就说："养气忘言守，降心为不为。"说明了是"心气"下。降到何处？乃脐下少腹"丹田"中，此处为"气海"，乃气之归宿。而"丹田"的说法，是法身、法界说的内容，故身体解剖后是看不到"丹田"的，这一点与中医的经络说有些类同相似之处，而又有不同。经络在身体生化机能中存在，但在现在的身体解剖学中，确又看不到"经络"实体。丹田只在正确的修炼者的身中存在。

所谓"气下"，实是"虚胸实少腹"的全部内容之简说。心气下沉入少腹丹田，则胸中虚空，少腹实满。此少腹实满，亦是自我感觉而知，自觉确似有物在其中，而此物，又是"物物非物之物也"。小腹膨，膨字乃指心气沉入少腹的自觉有物的现象之形容、比喻，如果真是少腹的外形之膨胀，则大谬特谬矣！这有"气下脐平"之说法，已经明白地告诉习拳者，不要用力膨胀小腹之外形，只是自觉真气下存，少腹内如有"物"的充实感觉就是了。"少腹常圆满"，亦是指真气下存，少腹内有充实感觉，就为圆满了。内功修炼上乘者，可由真气形成一个内有形状又有颜色的球体，古名之曰"太极紫金球"。故修炼传通拳术攻防之道者在习拳练艺时，就不必要用力膨胀少腹部位，以免体形变形，反而体形不美观，又会影响生化机能，倒妨碍身体健康了。少腹，即小腹，脐下之腹；脐上之腹为大腹。此乃中医学中之分法。

脐平，这很重要，有的习拳者，不知身法的"阴聚阳散"之要义，不知腰之部位要阳散、脐之部位要阴聚的规矩法则，肆意的大腹和少腹以肚脐为中心的向前努力突出，造成大腹便便之形态，反自将腰部折断，形成腰部僵拙的病拳身法，身弓自然遭到破坏，也就不存在拳术中须要的正确身法了。这一点在下面一句的歌诀中，讲得相当清楚，自然要往下看了。

练得熟时成一面，神清气爽快无边。

良谱和曹谱在论述张氏短打拳法时，经常运用"一片"二字，如"神形一片，一片打法"等。为何此处说"练得熟时成一面"，此"一面"指何而言？实是解释"坐马开弓势"练得纯熟时的。由于"气下脐平小腹膨"再加上"胸开背合"，则由胸至少腹，形成上下一个平面的形态，这才是拳法要求的身法之胸腹的正确之外观形态。如果大腹便便，肚脐努出前突，肯定是错了。因为胸腹上下成一平面时，符合"前空后丰"的攻防技击身法之要求；也符合"天圆地方"的身法之规矩；更符合自身生机之自然者也的要求。

只有虚胸实少腹，则炼精化气，炼气化神，自然自身中浊气下降，清气上升，神清气爽，光灵明而不昧，体刚健而长生，自然精神清爽快乐无边，可充分享受人生之快乐；拳技之法，亦是内空灵，外灵便，能做到来无影，去无踪，一团清风倏忽快捷如闪电，无可测量。

此是呆立第一法，偏闪腾挪也要言。

呆立二字最妙，说明此"诀曰"的内容由始至此，皆是论述的"坐马开弓势"呆立练习的方法。按现在的通用说法，即是"坐马开弓势"的"站桩"修炼之方法、规矩等内容。

如果按此诀对"坐马开弓势"站桩方法的描述内容来看，不由得使我们联想到形意拳门的"三才式"桩法了。此两个拳种的呆立站桩方法极其相似，而对此桩法的认识又极其相同。如形意门中人说："少练三体式，万法出于三体式。"此谱说："此是呆立第一法；跨马开弓万化兼，百法因之发大源。"更为奇妙的是，跨马开弓势的身法要求和形意门三体式的身法要求又极其相似，而所练的外形、内气方法又极其雷同。此两个拳法不同，产生时代、地域不同，能有这样共同的入门方法及其共同的认识，这决不是偶然的，除证明有我们现在所不能知道的传承之脉络关系外，还说明只要唯道适从，"功夫艺境及其识见，能与古人同；也可与今之善者无异"也，这样的事实存焉！因为拳本一家的缘故。

而此谱所言的"骑马开弓势"之练法，有练外形的内容，又有练内气的内容，也有内外齐练技击的内容。即是说，可以用作形体桩功来练，又可用作意念桩功的练习，还可用作技击技法的练习。而在曹谱中的"用（劲）力"条目中，将此骑马开弓势的呆立桩法的操练内容作了一番描述，记之如下，可与形意拳门三体式桩法进行一下核对比较，习拳者自然能够心中明了了。录文如下。

周身用（劲）力，逐一细推。头如顶千钧，颈如搬树转，下颌如龙戏珠而顶出。肩膊如铁，浑坚而陡来。前手如推石柱，后手如扯搠马。前脚如万斤之石压，后手如门闩之坚抵来，臀如坐剪夹大银，身如太山无可撼。此周身用（劲）力之妙，摹神设想之巧者也。

关于这一段的阐释，放在后面之系列文章中，此处只作介绍，不予阐释了。列出只是让习拳者便于参照而已，旨在明白"骑马开弓势"的站桩练法之内容的要义耳。

讲过骑马开弓势的呆立练法，还要言明此骑马开弓势的偏闪腾挪的动变应用之要点，这才能达到学以致用、练必能用的目的。

步踏梅花预偷半，横冲直撞要满填。

步法主进退腾挪，然步法踏定的是"梅花五行步法"。而梅花五行步法中含有阴阳两仪步，三角猫步，四门斗步，单转、双转等，几乎无所不包容，囊括所有步法了。然运用梅花五行步法时要预先偷进半步，此乃近敌的方法，然后才能横破直，直破横则能够胜人。能够胜人的条件在于闯满的满填，此满填对手空虚之处而使对手不得变化，必然跌扑在地。这正是《太极拳经》中所云："急与争锋，能上莫下，多占一分，我据形势，一夫当关，万人失勇。"这句话中的"我占据形势"就是满填的意思，也正是歌诀中所言"用横用直急起上，步到身旁跌见伤"的偷半步之功效。

全部歌诀只用一句话说明骑马开弓势运用的要点，一是预偷半步，二是满填。这样，给习拳者一个启示，任何攻防招法的实施，都要具备预偷半步，得势满填，才能战胜对手，也就毫无异议了。习练攻防招法而能具备制胜的价值时，由此两个要点入手，也就容易得多了。

不动犹如文士立，一发疾如箭离弦。

静以待动，犹如文士，无动于中。得机得势，疾发快如箭离弦直奔目标射去，此正古传"静若处女，动如猛虎"之喻。

全诀以此句而收，耐人寻味，整首歌诀，大部分全在论自身内外之规矩，并言明是呆立站桩法。说明"静练法"一可练内功，二可练外形，古人早有明论了。周身之规矩，亦可在"呆立站桩"法中进行有效的调整。此乃秘诀之一也。

身法具备，动练步法偷半步，横冲直撞要满填，千招万势归一法，即归到骑马开弓一势之用。脉络清楚，思路明白，习者易懂，真不愧拳家经典之论，习拳者的渡命真言。知此，得此秘诀之精义妙旨尔。

2. 传统拳术劲势分配论

到身

到身之时，手、身、肩、膀、臀与大腿、膝头、需要一段而进，更要一齐着力，前后手要相应，前后脚亦要相应。前手用四分力，后手用六分力；前脚用四分力，后脚用六分力。后手第一要拽得紧，后脚第一要拴得直，以后脚过身法，以身法送前手。又以后手拽住，需以勒马状态。故知拳家之定舵，需在一只后手，此为要领。后脚拴得直，所谓势去也。一段而进，所谓百骸身骨一齐收也。杀手之时，用力需在眉间一线。咬牙带皱山也愁是也。（又名眉间带麼，心最狠也）

此"到身"乃讲"躲拳需要侧手防，他拳放过需忙进"中的"忙进"之法和忙进到位时的发人放人之一身之法的内容，是"身法操持"的内容，继"审视、粘身"之后必须阐明的精髓内容，胜人之秘，由此揭出。故要分别领会体认其所述之法式，然运用时却是一气呵成，本无分段可言，这一点，读者需用心方可窥其所论之妙，而能得其要旨。下面具体阐释其中所论之精义。

到身之时，手、身、肩、膀、臀与大腿、膝头、需要一段而进，更要一齐着力，前后手要相应，前后脚亦要相应。

此论重点在"一段"。一段者何？《九要论三要》中说："至于气之发动，要从梢节领起，中节随，根节催之而已。然此，犹是节节分而言之者也。若合而言之，则上自头顶，下至足底，四体百骸，总为一节，夫何三节之有哉！"

此"一段"者，乃自顶至足四体百骸，总为"一节"者。此正是"虚实相虚，内外一而贯之"之精义。"一段而进"古亦有论，最精辟者，《九要论·七要》之论最详细，录之如下，以资对照理解。

头为诸阳之首，而为周身之主，五官百骸，莫不为首是瞻，故身动头不可不进也。手为先锋，根基在膀，膀不进则手却而不前矣！是膀亦不可不进也。气聚于腕，机关在腰，腰不进则气馁而不实矣，此所以腰贵于进矣。意贯周身，运动在步，步不进则意索然而无能为矣，故步尤贵于进也。以及上左必进右，上右必进左，其为六进。

此六进者，孰非着力之地焉？要之，未及其进，合周身而毫无关动之意；一言其进，统全体俱无抽扯游移之形。六进之道，如此而已。

此论已将到身之时的"一段"而进之精义，论述得详尽细密了。由此可知，拳本一家，各家所论自然真一不二了。

然此"一段""一节"之"一"者何？《九要论·一要》中讲：夫所谓一者，从首项至足底，内而有脏腑筋骨，外而有肌肉皮肤、五官、四体百骸，相联为一贯之者。破之而不开，撞之而不散。上欲动而下自随之，下欲动而上自领之，上下动而中部应之，中部动而上下和之。内外相连，前后相需，左右相应，所谓一以贯之者，其斯之谓焉？

此论解此"一"者，可谓精矣！然仍需论明。这要从"建德体、至道用"才能论述得清楚明白，即内气健之体、外形顺之体，健顺和之至乃德之体。此德之体即太和之气，此太和一气之"一"既是"一段、一节、一贯"中的"一"之"体"的精义，有此"体"，方有其用。我为何这样解释，因为此"拳经"亦是以"意气为君骨肉臣"为宗旨的。其在后面"提劲运用之法"条目中说："夫气者，力也。拳家之根本，籍乎气之足则力亦足，不可乱出。"这足可以证明其所言"一段"之"一"乃"一贯"之"一"。因其论拳从简易入手，故多从"外形"而论攻防技法，实际上却在阐明"柔外刚中"的"德之体"之运用的内容。故观读此"拳经"的内容，时刻不能丢掉此个精义，方能得其所论之精旨妙义，自能入门上道按此谱中所述之法习之，则练之不会有差误了。

至于"更要一齐用力，前后手要相应，前后脚亦要相应"之论述，是在说明"更要一齐用力"的方法，属于攻防技术范畴的内容，习惯成自然以后，就升华为"功夫"范畴的内容了。如何"一齐用力"下面有详细的说明，但要先明白为何用"着力"二字。何为"着力"？"着力"二字在此处是说自身拳势攻防的"内劲、外形之筋劲骨力"的如何分配运使的内容，即如何运使自身的"劲、力"，才能保证自身在动变平衡的基础上击败对手。将自身"劲、力"分配得当的方法，称为"着力"。可知"着力"又是传统拳术攻防之道中的术语之一。传统拳术攻防之道中先讲求自身拳势的"劲、力"均匀，才能充分发挥拳势的攻防效用。关于"劲、力均匀"，古人在《易筋经贯气诀·擎停承论》中的"停"字条目下说："此交手诀也，非练形也。停者，使以交手也，落点不先不后，不偏不倚，阴阳均匀，停停平分，不多亦不少。"只有自身劲、力均匀，才能有运用攻防时的劲、力之均匀，而能战胜对手。但这"均匀"二字，绝不是"平均摊派"的均匀。对于攻守之拳势的攻击之用劲力和防守之用劲力，是有劲力大小之区别的，虽有区别，但劲力是均匀的。看下面此经文之论述，就会明白了。

前手用四分力，后手用六分力；前脚用四分力，后脚用六分力。

此乃以"前四后六"来分配劲力的，尚有"前三后七"和"阴阳对五"的劲力分配法式。而"阴阳对五"正是"二五力均"的劲力分配法。是指"五阳数的二十五，五阴数的三十"匹配而说的。此三种劲力分配法，前三后七为初练入手之法式；前四后六乃中期功夫艺境之法式；"阴阳对五"则是功成艺就时的法式了。此拳经以"前四后六"之法式立论，兼顾前后而述之，取乎中矣！

前手用四分力，后手用六分力，说明攻防拳势的前攻手、后防守手的两夺之明劲的"争力"法之劲力分配。"争力"，亦是术语，乃"对拉拔长"的两夺之势的用力方法，名为"争力"。此争力本"无力而争"是名"争力"，是内劲、外形的运势方法，可有"明劲"法和"暗劲"法的区别。此说明后手后扯、前手前推的两夺之劲势的四六开势，做对了就为"均匀"。

前脚用四分力，后脚用六分力。此乃言自身步法形成的"人字架"之劲力分配法的。

前脚为"踩"劲，后脚为"蹬"劲。后脚后跟蹬劲，劲势沿身体上升至印堂处，有一"力"柱，乃六分力。前脚前掌踩劲，劲势沿身体上升至大椎穴，有一"力"柱，乃四分力。前踩后蹬之劲势形成的两根"力"柱，也就形成了"人字架"的模样，是支撑自身稳健的"力"柱之架构。俗云："打架"，就是指摧毁对手的此个"人字架"即是胜者。过去有"输拳不输架"之说，其中"不输架"之"架"，就是指此"人字架"而言，可知此"人字架"之重要了。此正为余大猷所说："步法管前后，手法管左右，中直八刚十二柔"的"步法管前后"之"人字架"的精义。虽有手法的攻防之前四后六的两夺之争力，但要拳全凭步法的前四后六之"人字架"结构为基础，才能发挥其效用。可知此拳经注重下盘步法之练用，并非推理的捕风捉影之谈，而是实战较技经验的理法之总结、精辟的见解之结果。

而对此"人字架"的认识，并非此拳经的独自认知。心意六合拳种就将此前四后六的两根摹神设想之巧者的力柱，称为"垩柱"。我在少年习拳时就已精熟此"人字架"的运用了，并将此称名为"人字架"。后足蹬劲之力柱，称为"垩柱"，只是到后来，大约20世纪80年代末时，看到此"拳经"，当读到"用力"条目的"前脚如万斤之石压，后脚如门闩之坚抵来，臀如坐剪夹大银，身如泰山无可撼，此周身用力之妙，摹神设想之巧者也"，方才恍然大悟。对此"人字架"结构，古人早已有明文论述，而论述得又相当精确，自叹不如。故我后来著述《杂论卷》的文章时，相信传统拳术攻防之道的修炼、建体、至用确有实质内容，"只要唯道适从，修炼的攻防功夫艺境，可与古人同，亦与今之善者无异也"，由衷发出这样内心的感慨。此"人字架"的内容，也是其中原因之一吧！

后手第一要拽得紧，后脚第一要拴得直，以后脚过身法，以身法送前手，又以后手拽住，须似勒马状样。故拳家之定舵，须在一只后手，要领会也。

这段首要是后手要拖拉、牵引得紧，后手的捋带拖拉牵引犹如勒马状的样子，使对手不可挣脱亦不可变化，此为"定手"，则另一手可随势击打之，此乃"以定用手"的方法，是施招用手、施手用招时常用的方法之一。还有一法是"以重击中"，常以靠法形势出现。而此"以定用手"的方法之后手，乃拳家"定舵"之手，故要领会此中要义，即变化亦通过此定舵之后手的听探良知而来。故用于定舵之后手的劲势力度，亦应与对手的劲势力度恰当，无过不及是功夫。能做到"彼有力我亦有力，我力在先；彼无力我亦无力，然我意仍在先"的火候，乃后手定舵之功夫手成矣！当然，定舵之后手，亦有步法后脚之蹬劲为基础，方能得以实施。

后脚第一要拴得直。此"拴"得直，正是"后脚如门闩之坚抵来"的"形曲力直"之意，正是由内劲锁定形骸的"接骨斗榫"的方法。这在古拳谱《易筋经贯气诀·十二节屈伸往来落气内外上下前后论》中，有明确的论述：

其所坚硬者，则在诸处之骨节。骨节者，两骨间之空隙也，乃人身之溪谷，为神明所流注。此处精神填实，则如铁如钢，屈之不能伸，伸之不能屈。手有肩肘腕三节，腿有胯膝踝三节，左右相并共十二节，乃人身之大骨节，手之能握，足之能步，全赖乎此。

可知，此"后脚第一要拴得直"不是外形的绷直，而是内劲之劲势形成的"人字架"之"华柱"为之"直"。明白此意，则练用无误矣！

"以后脚过身法"，古有"过气论"，曰："落点坚硬，猛勇莫敌，全身之气，尽聚一处者也。"此论是说内气之传导称为"过"。而此"以后脚过身法"之"过"是说"身法外形"位移内容的，即以后脚之蹬劲将身法稍向前运行的方式，称为"过身"的方法，这与腰要顶而身弓开张的方法稍有区别。腰顶弓张时作为弓弦的中轴，可不往前运行，只是原位上下的往上拔长而已，达到身弓发人放人的目的，诀云"掌穿力自如反弓"就是。而"过"身法，是百会穴至会阴穴之一身的中轴，要向前位移，即头至会阴的身段一齐与之前移，有"以重击中"的法式之意思。不过，有时此"过身法"也与"腰顶弓张"法配合同时使用，不力自力的效果之威力更强盛威猛一些。如再与"过气法"同用，则神足威力猛之势更盛。此乃"以后脚过身法"的精义论明无遗了。而"过身法"，乃要保证"中土不离位"才是真功夫。

以身法送前手。就是"过法"的内容，只不过更明确了以身法用手法之攻防机制了。这就是在"以定用手"的方法中，加入了"以重击中"的整体发放之方法，效果自然加强了。不过，拳诀云："以不动之腰脊，催动动之手足。"就已经阐明了"以身法送前手"的秘诀了。但这首拳诀，出自"八卦掌门"，可见拳术本一家之宗旨，又有一明显的例证了。由此可见《拳经》此论"到身"之法，字字如珠玑，句句是秘诀真言，此誉不为过也。

后脚拴得直，所谓势去也。后手曳得紧，所谓势来也。

此句表明"问答歌诀二十款悉尽其中之秘"的第一问答"势雄脚不稳，何也？在势去来"之一意耳。是"后脚蹬劲之去势，后手曳得紧之来势。下去上来，亦是动变平衡"之一法。以我之所论，则曰："攻防同时体现，同时存在；

上（前）手势就是下（后）手势得预备势。"此"下去上来"的动变平衡法，属于"阴阳逆从"法，其不同于"劲形反蓄"法，这一点，习拳者一定要辨别清楚，以免混淆。

拴得直：乃"形曲力直"之谓也！并非"外形强直"的意思。这从歌诀"两腿微弯力自然"句，可以得到证实。

一段而进，所谓百骸筋骨一齐收也。

这是本拳经所持之观点，关键在一个"收"字。"收"字在这里是"约束、控制"的意思。正如古拳论所言："身如绳束。"此谓之"收"。这样，理解"一段而进"就是所谓百骸筋骨之一身犹如绳束，方有威力。此段前面所论之内容皆如是法。有进有退，退中自进，进根于退，方能拳势势势具有威力。如以退为静，进为动来立论，就是"动静互为其根"，方能"阴阳迭神其用"的传统拳术攻防之道的宗旨法度，其名虽杂，然条理清晰而不越也。

杀手之时，用力须在眉间一线，所谓一身精力在眉尖，咬牙带皱山也愁是也。（又名：眉尖带蹙，心最狠也）。

此段高度地总结了"到身"的秘密内容。杀手，按现时所讲，就是发人、放人、跌翻人。发人放人之时，用力须在眉间一线。此有两解，一是"人字架"的后脚之蹬劲，直到眉间印堂穴，此乃"顶劲如犀"的"挲柱"之能力所致。二是"神机"之功能在此。印堂穴为神机穴，神之在此，可有进退左右运动之势，可领带全身进退左右运动产生攻防之势成。所谓一身精力在眉间，就是说此"神"的。此神又名曰"杀手之神"。所谓"杀机一线在眉尖"也是此意。这在太极拳推手中，好手可运用自如，形不动，只此眉间之神进退左右运动，就会造成对手进退左右的不能自主之失势，完全可以证明《拳经》之结论的正确性、可用性。

咬牙带皱山也愁是也。这一句总结，我不赞同如此之说法。咬牙则全身骨节僵紧，不易腾挪变化。带皱乃脸面变形，则胸腹中必僵紧转换不灵活。应该是"无仇为良""和颜悦色真刚毅"，哪能有"故做神头鬼脸"之事情发生呢？古人早对此有所批评了。《易筋经贯气诀·面部五行论》中说："俗学不悟，谓故做神头鬼脸，怪模怪样以惊人，岂通元达理之士哉"！故我认为，此句"咬牙带皱山也愁是也"，并非原《拳经》的文句，可能是传抄者将他人之注文，抄成正文之语句了。

又名：眉尖带蹙，心最狠也。由于那句"咬牙带皱山也愁是也"，故曹焕斗先生不得不用括弧内之文注解，蹙者，皱眉也，这在好手面容上是看不到的。前面已经论清了，不再解释。但"心最狠也"一句，是何意思呢？

《六合十要序·七日上法进法》中说:"狠者,忿怒也,动不容情,心一颤而内劲出也。"说明"心最狠也"有两个意思,一是动不容情之谓狠;一是心一颤而内劲出也谓之狠。那内劲出者是什么样子呢?在《十日内劲》中说:"唯颤劲出没,其捷可使日月无光,而不见其形。手到劲发,天地交合而不费其力。总之,运于三性之中,如虎伸爪不见爪而物不能逃,龙之用力不见力而山莫能阻。"由此而能明白"心最狠也"之精义,由心最狠也而能明白"一线杀机在眉尖"。由"杀手之神在眉尖"而能知道"到身"的始终过程的诸法之妙用。则"到身"条目中所述之精义得矣!

《张横秋秘授跌打抓拿拳谱·阐释》

通过引用两篇文章的对比,由此可以知道"站桩"的身法规矩、劲势分配,乃是初习拳者的入手不二法门,自古早有明确的功法流传、承继。

(六) 神意之运用

技击之站桩,要在具体空灵均整,精神饱满,神犹雾豹,意若灵犀,具有烈马奔放、神龙嘶噬之势①。头顶项竖,顶心按缩,周身鼓舞,四外牵连,足趾抓地,双膝撑拔力向上提,足跟微起,有如巨风卷树,思有拔地欲飞、拧摆横摇之势,而具体则有撑裹竖涨、毛发如戟之力,上下枢纽曲折,百绕重线,自乘其抽拨之力,要与天地相争,肩撑肘横,裹卷回还,拨旋无已,上兜下坠,推抱互为,永不失平衡均整之力②。指端斜插,左右钩拧,外翻内裹,有推动山岳地球之感。筋肉含力,骨节生棱,具体收敛,要知思动含蓄吞吐,有横滚推错兜卷之力。毛发森立,背竖腰直,小腹常圆,胸部微收,动则如怒虎搜山,山林欲崩之状,全体若灵蛇惊变之态,亦犹似火烧身之急,更有蛰龙振电直飞之神气,尤感筋肉激荡,力如火药手如弹,神机微动雀难飞,颇似有神助之勇焉③。故凡遇之物,则神意一交,如网天罗,无物能逃,如雷霆之鼓舞,鳞甲雪霜之肃草木,且其发动之神速,更无物可以喻之。是以余此种神意运动,命名之曰"超速运动"④。言其速度之快,超出一切速度之上也。以上所言,多系抽象,而精神方面须切实为之,以免流入虚幻⑤。

【题名解】

神者,一气灵明不昧,谓之神。这是从"以天心为体,以元神为用"的体用一元的角度立论的;意者,神之使者也。这是从传统医学经典《黄帝内经》五脏神论中"心藏神,脾藏意"的内容立论的。明白了这一点,就能清楚地知道"神意之用"说的是自身内在的"心、意、气"之功能的运用方法、准则内容的。

既言"神意之用",就要附带说明"外形"的即时功夫状态,只有在"外形"的即时功夫状态的条件基础上,才能说明"神意之用"的方法、准则。而即时的"外形"功夫状态,乃是"虚灵妙境"的状态。明白了这一点,就能读懂、领会这篇文章的精旨妙谛了。

神意,在这里如果以"二——二"法的观点来认识,就是"内劲";能同时领会下一篇"力之运用"一文中的"力",乃指"外形"的功能而说的。这两篇文章同时所指的内容就是"内劲、外形"匹配合一的内容了,体现的是"健顺参半"的天人合一的理法。

【注解】

①技击之站桩,要在外形具备空灵的景象、劲力均整的状态、内劲势饱满。心神能够普照谓之犹如雾豹,内气周全。意若灵犀一点通的能力,内劲运行的气势具有烈马奔腾、神龙嘶噬之势。

神犹雾豹:豹有"环视"的功能,以此比喻神的普照圆融之观而无差也。

烈马奔放、神龙嘶噬之势:都是形容内功景象中的内气腾挪变化,具有"极之则光闪耀而人影无踪,身飞腾而锋芒倏忽。或一跃千里之遥,纵横随其意向;或静息方寸之内,神威感于至诚",如烈马奔放之势;又具有如龙灵便,用力不见力而山莫能阻的气势。

②耳后高骨竖起,神贯头顶百会穴处,百会穴又存有按缩的劲势,周身空荡如鼓,内有一气飞舞荡漾,牵连着四肢,即一身如绳束的感觉;双足趾敷平于地,双膝微弯,内劲向上撑拔提起周身,足根微微悬起,自觉自身犹如巨风卷树,思我拔地欲飞的感觉。自觉自身劲势拧裹、左右摆动、前后摇晃之势;而具体又能体会到自身则有内劲横撑圆裹、竖涨饱满、毛发如戟的势态。自身上下枢纽曲折,千缠百绕不离重心轴线,自然能乘内劲的抽拔之劲势,要细心体会与天地相争的气势。沉肩坠肘,具有肩撑肘横的劲势,裹卷回环,拨旋生生不已,上用兜劲蕴蓄着下坠的劲势,下用坠劲含蓄着上兜的劲势,外用推放的劲势蕴蓄着回收的劲势,回收的劲势含蓄着推放的劲势,永远是内劲、外形匹配如一的"阴阳逆从,劲形反蓄"的不失动变平衡的均整之势态。

③双手指端呈现斜插、左右勾拧、外翻内裹之劲势,又有推动山岳撼动地球之感觉,筋肉含蓄的内劲,骨节间生有骨小梁的感觉。具体到收敛要知道思量动变含蓄着吞吐的劲势,还要有横向滚动竖向推卷上下兜错的劲势,才称得上圆满活力。自身体认毛发森立耸然,背竖腰直,小腹内长存内气圆满的态势,胸部微收内空松自然,此正是"气沉丹田,虚胸实少腹"的说法。动则如怒虎搜山,山

林欲崩之状态，全身形若灵蛇惊变之状态，亦犹似火烧身之紧急，更有蛰龙疾飞如电之神气，尤感筋肉激荡振颤，这样才能体会到"气如火药拳如弹，灵机一动鸟难逃"的景象，颇似有神灵助我之勇猛异常也！

④故凡遇之物，则神意一交，如撒下天罗地网，无物能逃。这龙虎两句，乃是由"如龙灵便，用力不见力而山莫能阻；似虎快利，用爪不见爪而物不能逃"句脱化而来。如雷霆之鼓舞，鳞甲雪霜之肃杀草木一般，且其发动之神速，更无物可以喻之。是以我谓此种神意运动，命名之曰"超速运动"。

⑤言其速度之快，超出一切有形运动的速度也。古人所言"神速"者也。

以上所言说的，都是无形之内劲的功能作用，而内劲方面须切实地体认清楚，方为有得。有关这方面，前贤有明确的论述，为求对照，录之如下。

十日内劲

夫内劲寓于无形之中，接于有形之表，而难以言传，然其理亦可参焉。盖志气之帅也，气体之充也。心动而气即随之，气动而力即赴之，此必至之理也。今以功于艺者言之，以为撞劲者非也，功劲者非也。及谓抖劲、崩劲者皆非也，殆颤劲是也。撞劲太直，而难起落；功劲太死，而难变化；抖劲崩劲太促，而难展招。唯颤劲出没，其捷可使日月无光，而不见其形。手到劲发，天地交合，而不费其力。总之，运于三性之中，发于一战之顷，如虎伸爪不见爪，而物不能逃，似龙之用力不见力，而山不能阻。如是上九法合而为一，而克人其有不利乎。

《心意拳·六合十要叙》

这段论述，已将王芗斋先生所论的"精神、神意"的内容阐发贻尽矣！

【点评】

所谓"神意之用"，就是"神、意、气"的三位一体的运用，要求外形空虚灵动。所谓外形的灵动，乃指坤顺乾的法旨，外形顺乎内劲之动静而动静，只有这样，才能具备内劲的"神速"之运动。而关于内劲的功能作用，前贤多有论述，为求对照，录并解之如下。

点气论

似梦地着惊，似悟道忽省，似皮肤无意然火星，似寒侵骨髓打战悚，想情景，疾快猛，原来是真气泓浓。震雷迅发，离火焰烘，洪水波涌。欲学不悟个中窍，丢却别寻哪得醒？

着人肌肤，坚刚莫敌者，形也。而深入骨髓，截营断卫者，则在乎气。形之所着，未有不疼者，疼则不通，理应然也。能隔断血气之道路使不接续，能壅塞气血之运转使不流通，可以分筋骨毙性命于顷刻，气之为用大矣哉！但须知其聚，明其发，神其用，方能入彀，如射之中的。坚刚形体（形整气正），不偏不倚，如矢之端直，簇羽均匀；会聚中气，神凝气冲，如开弓驰张，弓圆弦满。而其中之神勇，可串叶，可透七札，乃在撒放之灵与不灵也。故气发如炮之燃火，弩之离弦，陡然而至。熟理其词，自然有得心应手之妙，且勿作闲语略过。

苌乃周先生曰：

余谓此精神之至极，不为异也，盖神之所注，气即聚焉。气之所聚，神亦凝也。神气凝聚，象即生焉。象之所丽，迹即着焉。生者之神气助乎此，亡者之神气应乎彼，两相翕合，随结此形。故曰："缘心生象。"又曰："至诚则金石为断也。"

前有"过气论""落气论"，后有"炼气论""中气论"。此文之"点气论"之"点气"，乃阐明善用刚柔者落点如"蜻蜓点水，一沾即起"之点气的刚势是内气的作用，虽有外形体占位之能，如无内气发放落点之气势，击打未必有如此的效果。

歌诀曰："似梦的着惊，似悟道初醒，似皮肤无意燃火星，似寒浸骨髓打战悚"，皆是描述内气的功能效果及重要作用的，只有内气团聚，在体内独立存在健运不息，才能具备"神以知来，智以藏往"的"人一触我皮毛，我之劲意即以如其骨里"的功夫。内劲骤发，由骨内透皮毛，由接触点发人放人，犹如摧枯拉朽一般。这情景的疾快猛之势，使对手莫名其妙而自飞跌出之，虽发之也未知其然。分析原因，是因为自身内的真气泓浓，聚放自如。内劲泓浓，其发人的气势犹如震雷之作，迅雷不及掩耳，似离火之焰烘烘不可阻挡的燎原之势；如坎水之波涛汹涌而无从遏止的澎湃之势。这个意思，后来之拳家亦有论述，以资对照，录之如下。

比如双方决斗，利害当前，间不容发，已接未触之时，尚不知应用者如何；解决之后，复不知适间所用者为何！莫其然而然，莫知致而致也，此乃良知良能也。

《王芗斋拳集选·用力》

欲想学习、修炼传统拳术攻防之道的人，不能悟出内劲为主的个中窍要，丢掉内劲的生成、运行及收放之法，而别途另寻"武练、横练、糊涂练"的方法，误入歧途，怎么还能领悟传统拳术攻防之道以内劲为主的体、用之精髓呢？舍"道体"而修外技是不会有大成就的。

动手较技，着人肌肤，显现坚刚莫敌的拳势，是外形的作用；而透入骨髓，截断营卫的效果，则在乎内气的作用。拳势所以着人未有不疼者，痛则不通，乃身体生理的必然现象。内劲势、外形势合一而成之拳势，能隔断血气之道路，使之不能接续，壅塞气血使之不能流通，可以分筋断骨毙性命于顷刻之间，内气之势的作用大矣！然而，后来的拳学发展，用必打犯不伤人的技术、技巧、功夫的出现，也就是"沾衣十八跌"功夫的形成，使得习拳者相互磋技、印证，成为文明的交流的事实，而得出拳诀"出手伤人，不是出自武学高门"的结论。这一传统拳术攻防功夫成果，关键就在于内劲功夫的运用，也就是"意气君来骨肉臣"的宗旨指导下的成果。这是后话。

但是，修炼传统拳术攻防之道能达到如上的攻防功夫艺境，首先必须知道"真气"的聚敛方法，再明白发放"真气"的内在机制，神明而能运用自如，方能达到攻防较技制人而不受制于人的效果，方能胜对手于顷刻之间。所谓坚刚的身体，就是形体要精神贯注，中正安舒，不偏不倚，形如箭般端直，簇羽均匀；会聚中气，神凝气冲之势，犹如开弓放射，弓圆弦满，喻如自身"五弓开张"，内劲蓄足，而其中神勇：准，可百步穿杨，丝毫无差；力度，可透过叠成七层厚的薄木板。其拳势发放的准确度和劲势力度之效果，乃以撒放时的灵与不灵来分别，灵则及时、准确又有劲势力度；不灵则错失良机。故拳势之内气势的发放，犹炮药之见火，触之即发；如弩之离弦，陡然而至，发必中的，乃必然也。习拳之人，精熟领会上述之言，聚气、发势自然能得心应手。勿将此段言语当作"闲言碎语"而忽略过去，这损失可就太大了。

苌乃周先生说，歌诀之言"谓此精神之至极，不为异也"，实得此段言语之精髓，肯定了"以天心为体，以元神为用"的体用一元的攻防功夫艺境。其"神之所注，气即聚焉。气之所聚，神亦凝也。神气凝聚，象即生焉"，皆具体练功、运用之法也，同时又肯定了"神气"者"一"也，即自身太极之体也，亦是后来我说的无形之法身道体也。前人论拳，精辟见解，比比皆是，此一证也，真乃后人之师也。可知"精神"者"内劲"也，无形的法身道体也。正如诀言："有形练到无形处，练到无形是真功。"无形的真功，就是以"天心为体，元神为用"之体用一元的无形之法身道体也。

其论"缘心生象"，说明两个问题。一是何者为"缘"？二是何者为"心"？然此两者皆说的是自己无形的法身"道体"尔。这样，再理解"有缘、结缘"等概念的时候，就知道是指"同气相求"的现象而言；在理解"用心、心法"等概念的时候，就知道是指"内气"而说的。正如前贤所云："体非，无以立其大本；用非，无以彻其元功。"此诀指明了传统拳术攻防之道的修炼之两项基本内容。

《古拳论阐释·易筋经·贯气诀》

从引文中看，就能完全理解王芗斋先生所论"神意之用"的精旨妙义为何内容，也就不存在盲目的迷信了。

（七）力之运用

神意之外，力之运用更为切要，且系良能之力，此非面力也①。唯大部分须试力尚求之，习时须无有节段面积之偏倚而求力量之均整，继由点力之均整，揣摩虚实之偏倚，复由偏倚之松紧以试发力之适当，更由适当之发力，利用神光离合之旋绕与波浪弹力之锋棱，再以浑身毛发有出寻问路之状，而期一触即发之功能②。有时时准备技击之要点，万不可无的放矢，见虚不击击实处，要知实处正是虚，虚实转移枢纽处，若非经历，永不知混击蛰打亦有益，须看对手他是谁，正面微转即斜面，斜面迎击正可推，勤习勿懈力搜求，静谨意切静揣思③。

技击在性命相搏一方面言之，则为决斗。决斗则无道义，更须抱定肯、忍、狠、谨、稳、准之六字诀要，且与对方抱有同死决心，若击之不中，自不能击，动则便能致其死，方可击之。其决心如此，自无不胜。此指势均力敌而言，如技能稍逊，不妨让出④。若在同道相访，较试身手方面言之，则为较量。较量为友谊研讨性质，与决斗不同，须首重道义，尤须观察对方之能力何似，倘相去远，则须完全让之，使其畏威怀德为切要⑤。较量之先，须以礼让当先，言词应和蔼，举动要有礼度，万不可骄横狂躁有伤和雅⑥。夫今后武德可以渐复，古道可以长存，实我拳道无尚光荣，则余有厚望焉⑦。

【题名解】

此言"力"的运用，一句"且系良能之力"也，已经清楚地说明了"力"是"外形"的筋劲骨力的善边无形有无穷的"能力"之简称。

外形应该具备什么样的能力？即指外形"善变无形又无穷"的能力及"攻防占位"得机得势的能力，并非指"运用力量"的大小而言的。正如《太极拳经》之诀言所说：

急与争锋,能上莫下;多占一分,我据形势;一夫当关,万人失勇。

如何运用"外形的能力"以及"外形"如何发放内劲,才能产生最佳的攻防拳势威力,这些内容才是本文论述的主要课题。只有看王芗斋先生是如何论述的,才能清楚。

【注解】

①说明了内在的心、神、意、气的功能内容,外形之筋劲骨力的运用内容就更为切要了。也就是说外形的内顺乾以动,外顺从对手之动静的周身圆融顺化之良能的能力也,此非片面之力量也。

面力:外形片面的力量大小之谓也。是针对外形的圆机活法、伏机待动之善变无形又无穷、不撄人之力的占位得机得势的全面圆融之良好功能而言的。

②所以,外形的圆机活法、伏机待动之善变无形又无穷、不撄人之力的占位得机得势的全面圆融之良好功能,绝大部分须运用"试力"的系列方法为能追求得到。修炼时须没有外形的关节分段面积力之偏倚的力量而求自己全身劲势圆融之均匀齐整整体如一;继之再由点力之均匀齐整化一,揣摩内气、外形的虚实之偏倚,复由内气、外形的偏倚之松紧状态以试发力之适当否;更由适当之发力,利用神光之离合的旋转变化与波浪弹力之锋棱;再以浑身毛发具有出寻问路的听探状态,而期一触即发之功能。

这句话的完整意思,就是"驭静以动,动中亦静,动静互为其根"的攻防机制的描述。内劲、外形要具备"听探之良知,顺化之良能"的"知来藏往"的功能,才能具备"一触即发"的攻防能力。

神光离合:就是心能普照,气自周全,才能周身光芒不断。对敌的锋线,只言神光锋芒,谓之神光离合。

波浪弹力:就是传统拳术中所说的"翻浪劲、波浪劲"的意思。即"如水扬波"之势。

锋棱:拳必有锋,乃指锋线,又名锋刃,亦名锋棱。古有"八锋不挠"的说法。如果到了大成艺境,就是"八风不挠"了。诀言:"来无影,去无踪,一阵清风疏忽。"说的就是这个功夫景象;再高级就是"神光普照"。

偏倚:不偏不倚,无过不及,一般地说攻防拳势出现了偏倚乃是病拳,然而在这里的"偏倚",乃是指自己的内劲、外形的匹配合一而用的内劲腾挪的内容,故而不为病拳解之,是以功夫说之。而且,论说的是自身内的顺逆法式中"节节贯串"的功夫艺境。

③故而,要具备时时准备进行攻防较技乃是重要的武备内容,即不要丧失警惕性。不管是修炼还是运用,千万不可无的放矢,都是有目的的活动。在较技过

程中，见虚灵部位不击打而击打对手的僵实之处，要知道对方的僵实之处正是其即时的虚弱环节之处，也正是虚实转移变换的枢纽所在处。若非亲身经历，永远不会知道：混击、蛰打亦是有益的，须看对手是谁，逢强智取，遇弱力擒。拳势攻防变化，正面微转就是斜面对着对手了，此时恰好我是正身法，彼为侧身法，我实施迎击的方法正好运用虎扑推翻对手。勤学苦练勿松懈，努力搜寻追求，站桩静炼法的外形安静而内气滚滚泓浓不息，再加之静功的默想揣思，哪有不能成功的道理！

④技击，一是性命交关之相互拼搏，谓之决斗。决斗则是你死我活的事情，所以，决斗不讲道义的。在决斗中更须抱定坚守六字诀言"肯于拼命；忍辱、忍痛勇斗；施手用招、施招用手真一不二，能打则打，不能打则守；谨慎小心、胆大心细，用则至彼于死地；静以待动，稳健则有条不紊；左遮右挡前进后退恰到好处"。其决心如此，自无不胜的道理，当然要以功夫能力为基础。故曰："此指势均力敌而言。"如若技能稍逊于人，不妨退让跳出圈子以结束之。

⑤若是同道间的攻防较技的切磋武艺、较量拳术攻防技能，这是在友好的基础上进行的，故而，用必打犯不伤人，是谓之道义。所以与决斗不同，重在相互切磋，相互沟通，相互提高，须首重道义。尤其是观察对方之攻防能力属于哪个档次水平的，如果功夫水平相差甚远，则需完全谦让之，使其畏威怀德是最为切要的事情。

⑥较量之先，须以礼让三先，就是"好汉让三招"，言辞亦应和蔼亲切，举动要有礼数，万不可骄横跋扈、狂言躁动，有伤和谐文雅的气氛。

⑦习武练拳者，只有人人如此谦和，礼让有嘉，武德可以渐渐地复兴矣，淳朴、古道热肠的助人为乐之风气可以长存矣！实在是我国拳道的无尚荣光呀！则我有深厚的期望了。

【点评】

探之良知、顺化之良能及其相互为用的攻防能力，就是自己的"攻防功夫能力"。如何运用攻防功夫能力？决斗除外，就是同道间的攻防较量的切磋较技了。先要礼让三先，再量力而行，达到相互沟通、交流、共同提高的目的，才是符合"拳道"的道德观念的行为之准则。

然而，生死决斗则不然，是你死我活的决斗。尤其在势均力敌的情况下，则两者相遇勇者胜，两勇相遇智者胜，两智相遇道者胜。这也是符合攻防之道的一般规律的。因为传统拳术攻防之道具备"三性"之修，具有与时俱进的特点。为详细说明这一点，为求对照，录文如下。

1. 论拳术三性之修

或问：您以"中华拳术明镜录"为题，在《武魂》杂志上发表"传统拳术攻防之道"理、法、术、功的方方面面问题的文章，其中所阐发的内容、立论的角度、叙述的方式，确实给人耳目一新的感觉。您是如何认定"传统拳术攻防之道"的？传统拳术攻防之道的本质及其作用为何？现时代，有的人说：拳术就是修真之道，拳道合一。有人说：拳术攻防之道就是攻防技术。有人说：拳术攻防之道就是伤人、杀人的功夫，如非这样就是假的等，各抒己见，而又觉得各有其理。您是如何认识，又如何对待的呢？

答曰：我之所以以"中华拳术明镜录"为题发表文章，是在让现代广大的习拳爱好者对传统拳术攻防之道和传统文化有一个正确明白的认识，能为现代人所用。"中华拳术明镜录"是我写成而未出版的一本书稿，此书稿内容是我修炼拳术攻防之道的成果记录，又是我认知传统拳术攻防之道的心得体会记录，也是我传授弟子拳术攻防之道的教学大纲。它像一面镜子，可时刻照出我们的正确与错误，借用它，可以改正我们的错误，又能像望远镜，穿透千古历史看到拳术攻防之道的发展过程；它又是显微镜，能将拳术攻防之道中的一切观察得清楚明白。因为他是在阐发前人的成果，故而是无私的。因为他不愿吹捧自己，其所言出，皆是朴素无华的。因为他不会哗众取宠，这就是他的价值。因为他没有门派之见，他为所有传统拳术攻防之道的人所钟爱。

中国历史注重两种学问：文、武。而武术中有两个内容：拳术，又名白打，即徒手搏击的技术、功夫；械术，即持器械搏斗的技术。此两个内容合说便是"武术"，历来凡习拳术者都习械斗术，故凡习拳者，也称为习武术。我之所以名"中华拳术明镜录"只是论述白打之拳术，内容是闪展腾挪、拿打踢摔的徒手技击技术功夫，故有别于"械术"。因为拳术是械术的基础，械术是拳术的一种更高体现，而拳术、械斗术又是一脉相承的。拳术和械术在历史的发展中也存在相互借鉴，并共同发展。

至于"传统拳术攻防之道"的本质和作用，前贤已经从不同方面进行阐述，如"打拳原为保身之计"这句话已然表达得非常明白了，只是初习拳的人，未必能看得透。

就"打拳原为保身之计"这句话，我们可以从几个方面来认识。从历史的发展过程来说，拳术为保身之计的内含，已经有了内容的界定，这一点，是不以人的意识为转移的。

修炼拳术攻防之道可以"强身健体，调心益性"，从这方面说，不应否认这是事实。然而，就在"调心益性"这一点上，显示出了传统拳术攻防之道的本质和作用。在修炼拳术攻防之道中的调心益性有：调心修真养道性；调心修术养斗性；调心修杀养野性。凡此三修，皆传统拳术攻防之道的本质及其相对的作用，皆是构成传统拳术攻防之道的不可缺少的内容，这就是传统拳术攻防之道的本质及其作用的界定。这三种修炼拳术的宗旨都是对的，都真实地从各自的修法内容中反映出了传统拳术攻防之道的本质，并共同反映出了"打拳原为保身之计"的作用及其目的，这一点是共同的。

（1）调心修真养道性

调理心态在"本天地自然法则，内顺自身内外各部位器官的性情为法"，以气沉丹田德润身入手，获得内劲功夫，交手较技以顺随不争的无为法为主，即"粘走相生、化打合一"以柔用刚之技，最终可达到"终柔软以接坚刚，使对手之坚刚化为无有"之大乘艺境，即虚灵一体的功夫。因其修为之难，故其必博学广知，触类旁通，能以拳入道，自身拳道合一。功夫有成者，必精通拳术攻防之道的攻防之术、格杀之技。由于其功夫艺境深厚，胸怀坦荡，光明磊落，安处世、敬其业，待人宽容大度，此乃善修的皎皎者，是从拳术攻防之道内在的根本上修炼出"保身"之道矣！即健身、技击并行不悖的真一之道，故尔无妄。

（2）调心修技养斗性

调理心态在"即练拳术，就得技高人一头"。虽然按法而修自身内外的功夫，明理，知法，因其斗心之性太盛，故练功刻苦，假以时日，即能获得以柔用刚的上乘功夫。但其闻名于世，是以善斗能胜而受人尊敬，故在较技时常胜，此乃在拳术攻防之道的较技场上获得了"保身"之功夫。

（3）调心修杀养野性

调理心态在"专修杀人伤人之技"，即钻研拳术中的"出手击人致伤，甚或致死之技术"，此本源于人类与野兽争夺生存权利的博杀之术，后来发展到专以能伤人杀人为目的的技术了，属于拳术中的"格杀"技术之类。历史上这一有意"格杀致伤"之术，历来就散存在各门派的拳谱拳法及拳术攻防技术中，属于密传之术。凡明白此道的人，皆能在现存的拳谱所介绍的技法中认知。因为，普通的招法之运用就是杀人伤人的方法，杀人伤人的方法就存在于普通拳法中，所以，修炼伤人杀人之技术，必先修炼"野性"，即与野兽争斗的心性。所谓"野性"，在历史上是属于特殊人物特殊需要的特殊训练方法而成的，属于专门的"格杀术"训练，故其不易推广，且其适用面小，故属于不易普及的拳术知识。"格杀术"对于修炼拳术大家来说并不是陌生的，而是相当熟知的技术。

前贤提出拳术攻防较技"出手伤人,不是出于武学高门"的认识,一方面告诉习拳者,出手伤人是低功夫艺境,只有修到"用必打犯而不伤人"之技,才是高手功夫艺境;一方面说,动手较技用不伤人而能打犯,就已经精通"格杀伤人"之技了,但与他人切磋较技,是以武会友、以拳会友的一种方式,没有运用"伤人格杀"之技术的必要,只应用"攻防之道"就够了,这是应合最广大习拳者的心理的。

(4) 拳术三性之修之间的关系及于时代统一的与时俱进的特点

我的《中华拳术明镜录》中的内容,就是阐发"调心修真养道性"的内容为主,而"调心修技养斗性"的内容包含在内,以适应现代社会人们的需要及现代社会的需要。至于"伤人格杀"技术,在现时不易推广罢了。但是,如果以"伤人格杀"技术代替传统拳术攻防之道的全部内容,也是一种对传统拳术攻防之道不完善的认识。

我们从拳术攻防之道的社会作用,就可以知道修炼拳术攻防之道的目的与社会需要是相一致的,但有时又是不好界定的。

冷兵器时代,拳术攻防之道,即白打的技术功夫,是械斗,即武术的基础,而战斗中之械斗术皆是真实的伤人、杀人的技术功夫。如何又能抹杀拳术攻防之道具备的伤人杀人之技术的存在呢,客观事实是抹杀不了的。

在社会上,精通拳术攻防之道的人,可以申张正义、惩恶扬善,有的使为恶之人致伤,使其不能继续犯罪;有除恶而将恶人致死,鲁智深三拳打死镇关西就是例子,怎么能说"伤人格杀"之术不属于拳术内容呢?不承认拳术的这一实质功夫,也是不客观的。

而拳术界历来就有"拳术攻防较技"比较各人技术、功夫的各种"赛事"。民间中"以武会友,以拳较技",在这种活动中,只是"盘拳过手"较量技术功夫水平的高低而已,故此在这种场合,拳术中的伤人格杀技术是不能施出的,也就不能体现了。但此术并非不存在,只能体现出双方"较技的格斗技术功夫"之艺境罢了。这也是拳术存在的重要原因之一。

而我们现时社会,将"拳术攻防之道"的双方"攻防斗技争胜负"的这一方式作为丰富人们文化生活的一种有效形式搬上赛场,作为一种公开较技的形式,体现传统拳术攻防之道的内在价值,而所体现的又只是"以柔用刚的攻防技术功夫"这单一方面。当然,有这项运动,就有从事这方面的专业运动员,即职业拳手。为保护从事传统拳术攻防之道的这项职业拳手的生命安全,绝不会允许在赛场上使用"徒手格杀术"的,因而"拳术修真和拳术格杀"这两方面的内容是不能体现出来的。

这正是传统拳术攻防之道本身的内容、性质所决定的。因为，以拳修真、以拳修斗技、以拳修杀技，是因为其具体目的的不同而出现了基本上三个内容之间的界定，而这三个所修之内容，皆是先贤所说"打拳原为保身之计"的真正含义，而三者的基本功夫的攻防机制是一样的。

我们从动物世界中知道非洲的狮子，尤其是雄狮之间争夺狮王的位置时，其相互之间的无情争斗异常凶猛激烈，并时常出现你死我活的精彩格斗场面，但他们都将利爪隐藏在肉垫中。原来雄狮之间的争夺王位之争，是在不伤害对手身体的前题下，公平合理地运用争斗之技，以显示自己的强大，而使失败了的雄狮心服而敬畏其威猛之势，承认其王位之尊。我们再看，狮子们猎扑斑马时，利爪的捕杀之技，异常犀利，因为这是生与死的博斗。

从这里我们可以体会到，上述阐述的传统拳术攻防之道的三个调心养性的区别之处，是让习拳者明白修炼拳术攻防之道的目的不同，时效不同，而应与社会的需要相适应。故现在的习拳者，究竟何去何从，任由你自己的权力。"习拳原为保身之计"，请你们自由地选择。从中所论，就是我的认识。我所选择的是"以拳修真，以拳入道，拳道合一，而保自身"的这条艰难之道路，我已获得了成功的喜悦。

马国兴　书录于北京
2000年3月12日

有了对传统拳术三性的正确认识，再看前贤是如何论述"良知、良能"及其相互为用的内容，以资对照，录并解之如下。

2. 固有分明法

  盖人生降之初，目能视，耳能听，鼻能闻，口能食，体能触。颜色、声音、香臭、五味、冷热轻沉，皆天然知觉固有之良❶；其手舞足蹈与四肢之能，皆天然运动之良❷。思及此，是人孰无？因人性近习远，失迷固有❸。要想还我固有，非乃武无以寻运动之根由，非乃文无以得知觉之本源。是乃运动而知觉也❹。

  夫运而知，动而觉；不运不觉，不动不知❺。运极则为动，觉盛则为知❻。动知者易，运觉者难❼。先求自己知觉运动得之于身，自能知人❽；要先求知人，恐失于自己。不可不知此理也。夫而后懂劲然也❾。

此文以精练的语言，细致地申明"人身固有之良"的具体内容，及良知、良能的相互为用之关系；又进一步精辟地论述如何才是正确修炼太极拳术攻防之道的方法、准则及进功的先后顺序。此篇文章的论述之精义，可同时参考《浑元剑经·剑髓千言》中所云"人为万物之灵,其即仰观天以执行,俯察地以建极,居覆载之中,首出庶物者也。仰人何谓乎先?涵养之以静以蕴其继,灵妙之以动以畅其用。体非无以立其大本,用非无以彻其元功。离之中坤其静基也,《易》之卑法地者此也。然静则功力绵绵不息,其体至柔至刚。非柔则原委难于无间;非柔中刚,未免有作辍之时。柔者静之体,刚者则又柔之体也。坎之中乾其动机也,《易》之崇效天者此也。非无则空灵犹恐障蔽;非无中生有,奚以见变应之奇"这段论述的精义,基本上就概括了太极拳之练、体、用的基本内容之宗旨了,可与本文论述的宗旨有异曲同工、相互印证之妙。

注:

❶与生俱来眼目之视觉能视物辨色识远近,耳朵之听觉能听声音分辨旋律、位置,鼻之嗅觉能知香臭腥膻,舌之味觉能分酸甜苦辛咸之五味,身体触觉能辨物体之轻沉冷热,皆天然生成的固有之良知的能力。

❷手舞足蹈及身体四肢所有能做到的种种能力,皆天然生成的固有之良能的能力。

❸想到人的听探之良知、顺化之良能及其相互为用的能力,又有哪一个人不具备呢?因为,人在与生俱来的听探之良知,顺化之良能的本性这一点上是完全相同的。由于认识观念的不同,修炼方法的各异,是否能正确地运用自身之听探的良知、顺化的良能及其相互为用的功能,就有了明显的差异了。有的人反倒在修炼太极拳术攻防之道中失迷了固有的听探的良知、顺化的良能及其相互为用的功能。这个意思乃从《三字经》的"人之初,性本善。性乃近,习相远"的意思脱化应用而来。

❹修炼太极拳术攻防之道的文建体、武用精乃返本还原之道,就是恢复我固有之良知、良能及其相互为用之功能的最有效的方法。因为,武用精神可以寻觅到顺化之良能的运动根由在于良知;文建道之体可以寻觅得听探之优良觉知的本源。这就是听探之良知、顺化之良能相互为用的运动而能觉知的道理。

❺只有通过内功心法的修炼,气遂心到,心逐气穿,心能普照,气自周全。此乃运而知的精义,只有通过外功不断地实践,才能获得觉知的功能。此即运而觉的精义。然而,觉知的敏捷之良能乃是通过内功心法的修炼从根本上获得的,这就是不运不觉的精义;不通过较技实践的活动,就不能够知道听探之良知、顺化之良能及其相互为用之功能作用价值的,此乃不动不知的精义。

❻内气运行而导致外形的运动,这个过程则为动,就是运极则为动的精义。而关于觉盛者,内容相当丰富。如有眼直者,审视有先之明,知其未发之招,悉其将发之意。又有一眼罩三关的功夫,上视眉间,中视齐项,下视脐带,此为

三关。上关胜负之机，强弱邪正、善恶奸诈之所从出，招所由变，欲左者虚其右，欲上者虚其下，约之前后、进退、起伏、攻守、刚弱、奇正皆如之，盖人通病，能融化者乃入妙矣。中关看其横斜、曲直、钮跨、腰腿、动止、手肘、起伏之枢。下关看其引诳之变，跳跃之机也。还有人一触我皮毛，我之内劲已入其骨里，如皮燃火、如泉涌出，丝毫无差地将人跌出，此谓之临皮静的功夫。以上乃为觉盛则为知的精义。

❼太极拳术攻防运动知道自己而能由己的功夫，容易获得，此乃动知者易的精义。在攻防运动过程中凭着觉知的功夫而能随屈就伸，无过不及，做到人刚我柔谓之走，我顺人背谓之黏的黏走相生、化打合一的艺境，可就难了，此即运觉者难的精义。

❽所以，修炼太极拳术攻防之道的功夫，先求自身的听探之良知、顺化之良能及其相互为用的功能于自身，乃是先求自己知觉运动得之于身的精义，再以顺从的方法而求得知人，功弥久自能知人。

❾如果修炼太极拳术攻防之道不先求知己而要先求知人，恐怕就会失去自己的听探之良知、顺化之良能及其相互为用的功能之本来面目了。所以，修炼太极拳术攻防之道者不可不知道"先求自己知觉运动得之于身，自能知人"的这个简单的修炼过程之道理吧！能知人者，而后自能懂劲，这是修炼的必然规律。

这篇文章已经将与生俱来的"听探之良知、顺化之良能"及其相互为用的攻防能力及如何才能更好修炼出真攻防功夫艺境的基本方法、升华道路阐发清楚了。这是拳家一篇难得的论拳之文章，习拳者必精心阅读之，方可明其精旨妙谛。

3. 树立正确的求功心态

有关正确的学拳心态，前贤多有论述。如何与人切磋较技，应该具备什么心态？所遇到的功夫艺境有哪些是高水平？须如何处理？此篇文章中已经论述得非常清楚了，可供习拳者参考！

> 余练习拳学，一生不知用奸诈之心。先师亦常云：兵不厌诈。自己虽不用奸诈，然而不可不防他人。终身未尝有意一次用奸诈之胜人，皆以实在功夫也。若以奸诈胜人，彼未必肯心服也。奸诈心有何益哉。与人相较，总是光明正大，不能暗藏奸心，或是胜人，或是败于人，心中自然明晓，皆能于道理有益也。虽然奸诈自己不用，亦不可不防。唯是，彼之道理刚柔、虚实、巧拙不可不察也（此六字是道理中之变化也。奸诈者，不在道理之内，用好言语将人暗中稳住，用出其不意打人也）。刚者，有明刚，有暗刚；柔者，有明柔，有

暗柔也。明刚者，未与人交手时，周身动作神气皆露于外。若是相较，彼一用力抓住吾手，如同钢钩一般，气力似透于骨，自觉身体如同被人捆住一般。此是明刚中之内劲也。暗刚者，与人相较，动作如平常，起落动作亦极和顺，两手相交，彼之手指软似棉，用意一抓，神不只透于骨髓，而且牵连心中，如同触电一般，此是暗刚中之内劲也。明柔者，视此人之形式动作，毫无气力，若是知者视之，虽身体柔软无有气力，然而身体动作身轻如羽，内外如一，神气周身并无一毫散乱之处，与彼交手时，抓之似有，再用手或打或撞而又似无，此人又毫不用意于己，此是明柔中之内劲也。暗柔者，视之神气威严，如同泰山；若与人相较，两手相交，其转动如钢球，手方到此人之身似硬，一用力打去则彼身中又极灵活，手如同鳔胶相似，胳膊如同钢丝条一般，能将人以粘住或缠住，自己觉着诸方法不能得手，此人又无有一时格外用力，总是一气流行，此是暗柔中之内劲也。此是余与人道艺相交，两人相较之经验也。以后学者若遇此四形式之人，量自己道理深浅，神气之厚薄，而相较量。若是自己不能被彼之神气欺住，可以与彼相较；若是见面先被彼神气罩住，自己先惧一头，就不可与彼较量。若无求道之心则已，若是有求道之心，只可虚心而恭敬之，以求其道也。兵法云："知己知彼，百战百胜。"能如此视人，能如此待人，可以能无敌于天下也。并非人人能胜方为英雄也。虚实巧拙者，是彼此两人一见面，数言就要相较，察彼之身形高矮，动作灵活不灵活，又看彼之神气厚薄，一动一静，言谈之中，是内家是外家，先不可骤然取胜于人，先用虚手以探试之，等彼之动作，或虚或实，或巧或拙，一露形迹，胜败可以知其大概矣。被人所败不必言矣。若是胜于人亦是道理中之胜人也。就是被人所败，亦不能用奸诈之心也。余所以练拳一生，总是以道服人也。以上诸先师亦常言之，亦是余一生所经验之事也。以后学者，虽然不用奸诈，不可不防奸诈，莫学余忠厚，时常被人所欺也。

《拳意述真·第九节·李存义论形意拳·二则》

此乃学拳必读之文章，有两点必须注意：一是自己虽然忠厚而不用奸诈算计人，但要谨防人家的奸诈暗算；二是尤其遇到明刚、明柔、暗刚、暗柔四种功夫艺境的人，定要虚心请教。否则，擦肩而过，顿失良机，终生悔恨矣！

（八）论桩功之境界

持桩需经历三种境界，体认有得，方为功夫。所谓境界，即持桩时所有之心理状态与生理状态也。盖心理作用于生理,生理作用于心理交相辉映也①。

清末学者王国维先生尝谓:凡成事者皆须经历三种境界,一曰:衣带渐宽终不悔,为伊消得人憔悴。二曰:昨夜西风凋碧树,独上高楼望尽天涯路。三曰:众里寻她千百度,蓦然回首,那人却在灯火阑珊处。习拳亦应如是②。

桩功之第一境界,从心理上讲谓之"不悔"。学者需坚信不疑,有百牛挽之不动决心。从生理上讲坚持百日即有感觉。坚持三四年,即觉四肢膨胀,手足发热,有灌铅之感。四肢阴面有感觉较易且快,其阳面有感觉则较难且慢。四肢之阴阳面皆须有灌铅膨胀之感,方为有得,臻此境界始可学功③。

桩功之第二境界,从心理上讲谓之"望尽天涯路",此际须信天下拳道之妙,唯我自尔独尊,而他家所无也。从生理上讲持桩至五六年即觉两耳膨胀,眉鼻梁觉如有物在内鼓动,颈项挺拔犹如顶上有大绳吊引,头皮发胀、须发飞涨,觉有大石压顶之感。此即持桩时头直顶竖之功也。同时上肢之感觉渐渐蔓延至臀部及小腹。至此四肢之感有日增焉。臻此境界,即觉天趣盎然矣。然所发之力还非源自腰脊而是梢节之机械之力也④。

桩功之第三境界,从心理上讲谓之"回首",此时本能活力如蛇。"神庄意静",弹指挥手,无非天籁。回过头来再看,十年来所操各法,皆如敝屣,理应弃之沟壑而不惜,初步所练即为正果。从生理上讲坚持十年左右即觉腰脊有膨胀之感。此种感觉直达谷道臊根,却觉体整如铸,身如铅灌,肌肉如一,行走似趟泥,抬手锋棱起,身动如挟浪,腰脊板似牛。臻此境界,动则自有奇趣横生之感,所发之力始能均整。至此技击之资备矣⑤。

以上所谈之年限,皆系我自身体识所得。在于学者或可略长,或可略短,均在于个人天赋与功力然耳。曾文正公曾谓:"成就事业天资仅作三分,而勤奋则占七分。"此非虚语也,学者勉之⑥。

持桩虽日久,但见效不著,须求之于己身,不是姿势不正确,或既是心理起副作用于生理,或既生理起作用于心理,总之必有问题,当求证于高明,莫自以为是,切要!切要⑦!

又持桩切忌死持一式,各式须交替轮流,每日如此。同时又须有站卧之分,站式与卧式尤须坚持。如是始有调配生理机能之作用。各式桩法虽皆可培育内劲,但各式之效应不同(故以桩功治病,才因人设式)若死持一式,从技击角度看则为偏颇,学者慎之⑧!

每日之中持桩时间以一小时至一个半小时为宜。每日持桩之时间应占练功总时间的三分之二,以三分之一做试力,就我之经验而论,如此为宜。盖桩功为意拳之基本功之故也⑨。

《拳道中枢（大成拳论）》注解点评

【题名解】

持守站桩的内功修炼，由于功法的不同则内景象亦不相同，则先后陆续经历的境界、艺境就有不同的感受。但是，这篇文章中所论述的桩功之境界有站桩的信念、信心，要经历不悔、望尽天涯路、回首三个阶段，并在后文中谈到站桩修炼的时间问题，都是非常重要的论述。让我们从注解中更好地了解这些内容的具体情况吧！

【注解】

①站桩修炼内功总体上说需要经历三种境界，在于体认有得。所谓境界，乃站桩内功修炼的法身界的种种景象，非常人能体会得到的，这是站桩内功修炼自我开发功能的成果。

②清末学者王国维先生引用北宋诗人柳永"蝶恋花"词中的言语常说：凡成事业者皆须经历三种境界，一曰"衣带渐宽终不悔，为伊消得人憔悴"。说的是精心励志的修炼，消耗掉多余的脂肪而清瘦了；二曰"昨夜西风凋碧树，独上高楼望尽天涯路"。说的是修炼了一段时间似乎有了明白的感觉，而又觉得面前天涯无尽而路茫茫；三曰"众里寻她千百度，蓦然回首，那人却在灯火阑珊处"。再修炼一段时间，顿觉开悟，历经过多少境界寻觅的道，如同蓦然回首，却在光明境中而得之。修炼桩功者，亦是如此的三种境界的感觉。

③所以，站桩之第一境界，虽然"衣带渐宽终不悔"，所说不悔，乃是学者需要坚定信心而不疑，要有百牛挽之不动的决心。从境界上说只要能坚持百日即有明显松静的感觉。坚持三四年的光景即能觉到四肢存在内劲的膨胀，导致手足发热，自身有如灌铅的沉重之感觉，四肢的阴阳面的感觉亦不相同，阴面有感觉内劲的流动较容易且速度快，阳面有感觉内劲的流动则较艰难且速度慢。只有四肢的阴阳面皆须有灌铅膨胀的感觉，方为站桩有得，达到这种境界始可以学习攻防功夫了。此为"尾闾中正神贯顶"的艺境。

④站桩之第二境界，虽然从法身境界上说是"望尽天涯路"，此即必须相信自己无形的法身道体之精妙，为我自尔独尊，而他家所无有也，这就是信念。从法身界的景象来说，持桩五六年的时候即觉得两耳膨胀，眉、鼻梁部位觉得内如有物在内鼓动；颈项挺拔犹如头上有大绳吊引，头皮发胀、胡须毛发飞涨的感觉，觉得有巨石压在头顶的感觉，此正是持桩修炼头直顶竖之功夫景象也。也就是"满身轻利顶头悬"的境界。同时上肢的松空内劲势饱满的感觉渐渐蔓延至臀部及小腹部位。至此四肢及身躯的松空内劲势饱满的感觉日益增厚。到此艺境，即觉得天然情趣蓬蓬然兴致大增。然所发之劲势还非源自虎背熊腰的腰脊之劲

势，而是外形梢节之机械的劲力。

⑤站桩修炼内劲的攻防功夫，即"拳道"攻防功夫的第三层境界，从心理上讲，是"回首"的阶段；从攻防功夫艺境上说，乃是"听探、顺化相互为用"的灵活能力如龙蛇，就是遂感而应、一触即发而无误的自动化阶段的功夫了。神情庄重，意气形体安静自如，就是一弹指一挥手，无非天然而成的自然能力之体现。回过头来再看，十来年所操练的各种方法，皆应当抛弃，理应弃之沟壑而不可惜了，此时初步所练即可为正果视之。换句话说就是"得来万法皆无用"，故而都可抛弃了，只有即时的功夫才是正果。从生理变化上讲，自己坚持了十年的站桩修炼，即觉得腰脊有内气膨胀的感觉，而这种感觉直达谷道臊根，的确觉得自身体整如铸势整、身如灌铅之松沉、肌肉若一之轻灵、毛发如戟之锐利、行走如趟泥之稳健、抬手如锋棱竖起、身动如挟浪波涌、腰脊板整似牛之势强。功臻此艺境，动则自有情趣横生之妙感，所发之劲势始能均整自如。至此，技击之资本备矣！

文中"腰脊板似牛"的说法，就是古传"虎背熊腰"的身法功夫说。有关"虎背熊腰"的身法功夫，详细论述于"点评"之后，可供参考观之。

⑥以上所谈的年限、艺境，都是我修炼时的自身体认所得出的结论。在于学拳者或可略长，或可略短，均在于各个人的天性禀赋与用功能力而出现分别的。曾国藩曾经说过："成就事业天资仅作三分，而勤奋则占七分。"此并非虚语也。希望学拳者勉励而为之，自会效果显著。

⑦持守站桩修炼拳道功夫，虽然操练的日久天长，但是见效不显著，须求之于己身：不是姿势不正确，或是心理障碍起了副作用于生理状态；或是生理起作用于心理状态，总之必有问题存焉！当处此境，必须求助于功夫艺境高明的人，且莫自以为是而踏入歧途，切记此要点，切记此要点。

⑧又持桩修炼且忌死守一个姿势，须各种姿势交替轮换的修炼，多方面体认，每日都是如此。同时又须有站、坐、卧、行的分别，站式、卧式犹须坚持。如是始有调节生理上听探、顺化相互为用的机能之作用。各式桩法虽然皆可以培育内劲的功能完善，但各式之功能效应不完全相同（又以桩功修炼内功养生术，才因人而设具体功法内容不同）。假若死守一个姿势，从技击角度看则为偏颇，学拳者、学内功养生术者，都要谨慎之。

⑨每日之中持桩修炼时间，以一个小时到一个半小时为适宜。按两次修炼，每次只需要半个小时到45分钟的时间。再有一种算法，就是每日持桩练功之时间应该占用练功总时间的三分之二，以三分之一时间作动炼法的"试力"内容。就我修炼之经验而论，如此为适宜。盖桩功为意拳之"建体、至用"的基本功之缘故耳。

【点评】

此篇文章是了解王芗斋先生站桩内功修炼"拳道"功夫的重要篇章之一。在本篇文章中基本上谈到了两个内容：一是桩功修炼内劲功夫；二是桩功修炼的时间内容。

不管其他人如何说，王芗斋先生谈拳论道，是以内修为主要内容；而在修炼的过程中始终要求保证心理、生理上的健康，是充分发挥自身固有的听探之良知、顺化之良能及其相互为用的能力。这须要精心体认。这样就否定了现在之人所说的每天站桩十多个小时的谬论了。其这一观点，与历代前贤的认识是一致的。

1. 前贤真正传统的修炼法式论

练剑莫先于炼气，炼气要首在于存神。存神之始功，根于固精。能此方可以论剑之练法，否则作辍之，鲜有成为完璧者。工夫贵勿刚勿缓，和平得中，且存且养，内外兼济。直外便能和中，炼形亦可长生。活动筋骨身轻灵，周身气血力加增。由子至午锻炼外，自未至申静息中。戌则吞斗持罡，运用水火，和合坎离，妙在筑基，要乃清心寡欲。此入道之机、成道之具，岂可杳视？唯昼夜无间，则阴阳协理。呼吸定则灵光生，而三宝定位，同居其中。金丹日益，身法愈轻。昔唐太宗养剑士数百人，时或令舞，则诸士身共剑各飞。若此神舞，神威足以胜人者，非此而何？

夫剑贵乘机以进，无隙则退。故奇正明，剑法成；精神全，神力猛。古语之"一声吓断长江水"，乃威神并作也。既能如此，何患对敌难胜？非内外打成一片，难以飞而出快，妙而显神。非真阴阳生，不能召天地之精气神，归入身心。唯气结于根，久战如未战也。至于生威之道，在于存神。神能常存，久自生威。存神以固精为本。《圣经》云：知止止者，亦进攻退守之道也。进攻之道，见机而作；退守之道，忍辱为先。进退得宜，便为知止。若茫然而进与退，昧然而守与攻，非徒无益，恐招尤之媒来自面前，而昧已晚。是求荣反辱。欲固守己身，多助敌资，良可惜也。故曰：战胜一时，由于训练千日功夫。岂偶然乎？

人既为万物之灵，必心与道洽，庶几致人，不为人所致也。故君子必具天险王道之全，洞天时地理人事之权宜，其略则孙、吴、司马之策，始可运筹帷幄，决胜千里。故君子战必胜也，历观古人个有取法。昔亚圣云：浩然之气，至刚至大，直养无害，塞于天地之间。夫浩然之气，在于天地间；则保合太和之气，以之生成，在人则空灵无间之气也，即真气。其中刚柔浑合、阴阳互生，即所以结丹粒之道也。其大莫喻，其小难破，而来往造化之神涵于其内。

故曰：放之弥六合，卷之藏于密，直养即勿妄勿助，直养自然先天之能力，在神为非人力也。无害者乃顺生机之自然，去其害生机者也。养至真息圆满，百慧从生，永生无灭。小可经纶，大可赞誉天地，故曰则塞于天地之间。

夫勿妄者，非具刚决武火之力，安能常于若存？勿助者，非有攸柔文火之功，安得依行不偃？果能明道不计其功，是无为之为神为也。能庸行无息武火之力，固少顽空昏沉之偏。至若乐行不期报，亦非人力之有为，以其呼用略照吸用。全妄者，文火之功，岂更有着相燥妄之失，故内而静功、外而武学者，皆当准乎文武火候，以行为的。

故戕贼成者，终难深造乎道。绵长者久必显达。过急则锐，恐多退速之虞；太缓则疏，未免作辍之情。然二夫准期何在？诗云：

一

休逞欢来歇力行，免将过役倦容生。
中庸万古传心法，中以庸行戒律清。

二

气欲足兮精为本，神光无滞天地春。
四肢鼓荡皆符道，力量增加要日新。

从本文开始的传统拳术攻防之道之具温柔之气质，中正安舒之风度，和缓中锋芒锐利，灵则通神，玄能入妙。到第二段的资禀于阴阳炉火之性，性成于元亨利贞之能。再到剑成于外，则剑气备于内，是尔身心之主。至剑气乃罡气。罡气乃"内气"，即经过阴阳炉火之炼，性成于元亨利贞之能，乃身心之主。还要通过知天文、晓地利、明人事，去尽暴烈之气，以成一派温和之景象。直到此段才讲明，练剑，亦说练拳，皆应该首先修炼内气为筑基入门。因为内气乃一身动变之根本、之主导。

这样，我们就知道，修炼传统拳术攻防之道，不管是械术、拳术，都要先修炼内气功夫为筑基、入门之方法、之道路，这是肯定了的。我们从《易筋经·贯气诀》和《内功四经》中所论述的练功顺序之观点，都可以知道，都可以得到证明。故修炼传统拳术攻防之道先修炼内气的生成、运行，这是公认了的认识，是各门派、拳种统一的正确认识之结论。这样就给我们今人修炼传统拳术攻防之道的方法、过程，指明了起手入门之道路，可避免走弯路或入歧途。

修炼内气的生成，也就是炼精化气。然炼精化气之首要在于存神。神不能息于丹田之中，则精不能化气。故曰：炼气要旨在于存神。但如何能存神呢？存神之开始的功夫，根于固精。何为"固精"呢？即古传"聚精会神"之方法。今详细介绍"聚精会神；固气存神；炼精化气"诸法于下：

聚精会神：什么是聚精，聚什么精？虽然在《易筋经·贯气诀》的篇章中有"上下会乎中，中气甚坚硬"的说法，《三皇炮捶谱》中有"浮气聚要"的气聚丹田的说法，虽知其意，但不确切。准确地说乃是：阴精、阳精之相聚，方才以此精而化气。关于此"阴精、阳精"之物，老子在《道德经·二十一章》中曰：

惚兮恍兮，其中有象，恍兮惚兮，其中有物。窈兮冥兮，其中有精，其精甚真，其中有信。自今及古，其名不去，以阅众甫。

此论充分说明此物乃精，乃真实地存在着，而让人能够相信其真实可信，因其物是有信验的。但到底是何物呢？此物乃是离火中之真阴精；坎水中之真阳精。阳精藏于少腹丹田中，阴精藏于心中一气内。聚精，就是心气沉丹田内，与阳精相聚在一起，是名聚精。阴阳之精相聚于丹田内而不散，是名固精。只有此固精法，尚不能炼精化气，必须存神于此中，始能炼精化气。何谓存神？恍惚者，是本性元神，不著于知觉思虑，似知觉之妙虑，似知觉之妙处，其中便有物。已知元神。而其中之物，乃一点真阳精炁，则必在内为生气之根者。阴精、阳精，必由元神参与，则相合而化生纯阳之气。此乃古传"闭息伏练"之法也。闭者，神在此中存之；息者，气停在丹田之内。伏练，神炁潜伏在此中，则阴精、阳精、元神三者浑化，以化真阳之气。此乃炼精化气之功法也，正是吕洞宾所言"养气忘言守，降心为不为"之意，也是入药镜云"先天炁，后天气，得之者，常似醉"之说，又是中医、儒家所言"阴阳和合，刚柔匹配，坎离相交，水火相济"之意思。然要知道，修炼时又是"似守非守，勿忘勿助，任其天机自然"才见功夫。法对自然是，功到自然明。

当炼精化气达到一定火候则真阳之气跃跃欲动从丹田飞腾而出，则顺势以导引法行周天之功，在身体内运行，是为运气，或曰搬运。经过一定修炼，内气可在体内健运不息，运行自如，独立存在而不改，可谓之内气功夫初步修炼功成。当能达到内气具有"神以知来、智以藏往"之能，可为身之宰相、将帅，可行君主之令时，能此方可以论健身之要旨、拳术攻防之道的攻防外用之修炼，否则，没有此内功建文体的功夫成，徒修外用之攻防招法的功夫技术，因不具备较佳的听探之良知、顺化之良能，也只是盲目的攻防技术，肤浅的技击功夫而已，很少能达到"人不知我，我独知人"的神明艺境而能具备神化之功的。这里再一次强调修炼传统拳术攻防之道以内功修炼为主的宗旨，再一次申明内气功夫在传统拳

七、练习步骤

术攻防之道的修炼、建体、至用及攻防功夫艺境升华中的主要和重要作用。不修炼内气功夫而修炼传统拳术攻防之道，终不会得到圆满的功夫之正果，一定会半途而停滞不前了，而不能再向高层境界升华了。此论的确如此。我曾于20世纪80年代教了几个人专习手法攻防之技，没有修炼内功，时至现在，他们的技术水平达不到妙手、神手的艺境，就很好地证验了"否则作辍之，鲜有完璧者"之论断。可知先哲的论断之确切，是会有此应验的。

修炼内气功夫，不要刚暴猛烈，也不要缓慢不前。内气运行刚暴猛烈，多生弊病，正所谓欲速则不达；也不要进程缓慢，要见景生情，随情景而变化而升华，此所谓："守一法死，得一法活。"就是修炼攻防招数时，也是一样，松静自然，随机用势，不能运用刚暴猛烈的后天之力法。随机用势，松静自然，也不是缓慢滞行之意，而是舒适和缓，即柔行气之和缓、刚落点之疾快的快慢相间，目的是为了内气外形中和化一，心平气静而得势势中正安舒的中和之境，即虚静灵妙之动变的能力。这样才能做到且存机用势之攻防，兼存精用气以养神。才是炼养结合，以练为养，以养而练，才能内气、外形刚柔相济、互根为用。这样修炼，内气为主才能健身强体，此乃内气为"相"之德；技击攻防制胜，此乃内气为"将"之功，此两者并行而不相悖，乃内气为将相之身的精义。此乃修炼之道也。

外形的中正安舒、动变如行云流水，便能和中，即使内气平和而刚中，以为外形之中枢、之根抵。则外形具备内感通灵之功，能和中气变化一致，而互为其用。此乃外形功夫之要旨。此乃说明，练外形之纯任自然，亦是长生之修。外形动变纯任自然，必耗能量少，耗能少则精气长存。故曰：练形亦可长生。

活动筋骨，纯任自然，自然外形能柔弱无骨，乃得筋骨空灵之境，自然身体动变轻灵了。筋骨轻灵，气血周流顺畅，自然之活力增加了。此"力"乃灵通的筋骨之活力，变化无形又无穷之能力，并非力量之大的大力耳。此点一定要分别清楚。也可以说真力加增，其意相同，即真气之灵通活力耳。

上述两段论述说明，修炼内气固然重要，内气是健康长寿、技击功夫之根本；而修炼外形柔弱无骨，亦非常重要。外形柔弱无骨功夫，可以和中气匹配柔外刚中，具备刚柔相济，互为其根之运用，即以柔用刚之技术方法，可以增加善变无形又无穷之能力及整体变化能力增加的效果，即轻灵如羽、势重如山的双重效果。于此可知，传统拳术攻防之道是内外双修的。故内外不能偏重，虽然是"意气君来骨肉臣"的君臣主从关系，但二者缺一不可。故强调兼修乃是正确的方法、准则，但要承认内气的主导作用。

既然是兼修，前论内气为先修内容，内气功夫成，方可修攻防之用。再修外形之论。实际上是内外的先后修炼说。下面又重申，每天的内功、外用的具体修炼时间，此才是内外交叉同时修炼的安排。我们看看先哲是如何安排的？其道理何在？

传统拳术攻防之道的修炼，自古相传，是为"朝夕"功夫。"朝"为露水功，"夕"为"熬灯油"的功夫。而朝夕又各修炼什么内容呢？

由子至午锻炼外

即由半夜11点至中午11点，锻炼外形体之功夫。如抻筋拔骨、展筋伸骨、柔弱无骨，攻防招法的单操、喂手拆变、盘拳过手的操练，以外形功夫、外用功夫的修炼为主要内容。因为这个时间段是人的生命机体最朝气蓬勃的时候，阳气通外，在外形体中运行最旺盛的时期，即一阳生而至三阳盛。故此，在这个时间段内修炼外形诸方面之功夫，都可取得最佳效果，符合阳气外动之性。

自未至申静息中

由下午1点至5点，为静养生息、守中之修。由于上午之修外形功夫，身心皆有所劳，故在午后至下午5点以静养生息之法，守中复本，即恢复精力，故守中气为主。因为人体生机至中午之时，三阳虽盛，而一阴自生，阳气自有内归之势，顺其阳气内归之势，必然以静养生息的守中之法，以应合阴生之静的复本，即阳气复归于内之用。

午前练动，应合阳气外行，午后静息守中，以应合阳气内归，此乃顺生机之自然的修炼方法。此种认识，即无害生机之自然者也。

下午5点到7点乃酉时，是休息之时，进晚餐及餐后休息。以7点到9点，乃三阳之气归于内中，内机正盛之时间，应合此身体生机之势，要在此时修炼内气功夫，即内练为主要内容，或静练桩功、站、坐、卧。或动练内养功，诸法皆可行，但以内练精、气、神功夫为主要内容。练功内容可行"炼精化气、内气运行、炼气化神、炼神还虚、驭气、驭神"。此即文中所说的"运用水火"的坎离相济，阴阳交合。此内炼内养的功法、行功目的，皆为构筑生化之根基，强化精气神的内外神通之功能，保证攻防技击、健康长寿，乃从根本的筑基之修。从老子《道德经》中所论，其功法有"载营魄抱一，能无离乎？抟气至柔，能如婴儿乎？涤除玄鉴，能无尘乎？爱民治国，能无为乎？天门开合，能如雌乎？明白四达，能无知乎"等不同的练法之论述及行功要领。其"知白守黑；知雄守雌"及"道曰大，大曰逝，逝曰远，远曰反"的驭气、驭神之法，皆是内功的修炼方法。简单地说，凡内功修炼，皆是真气生成、运行的练法，以求法身之成而能至用，此乃目的。

故在修炼内功之时，必须清心寡欲，才能唯道是从，按法而修，勿忘勿助是准则。忘则神迷气滞，助则神昏气乱，忘助则百乱丛生、众魔侵进，后果不堪设想。修炼内功，全凭自然，事由心造，心想事成，景象情致虽幻皆真。谨守"念住不住是为真住；来者是真，过者是假"的内功真诀，自然在修炼中"迎送相当"，方可境境历过不迷而入圣境，层层游到自不稀奇。

上述之内修外练的种种方法、准则，此乃修炼传统拳术攻防之道的入道之机、成道之具，是丝毫不可含糊的，必须遵此而行，方能有所建树。想修炼得道，对于此机具，容不得杳视的。惟有顺生机自然之理，朝外练，夕内修，练养得法，则内气、外形阴阳协调，主从理顺，方能虚实相须，内外一贯，而能体全用精。

修炼传统拳术攻防之道，本是以后天真人呼吸法求得真人呼吸处，能求得真人呼吸处，便是"浑身无处不太极，挨着何处何处发"的攻防功夫艺境。此乃"呼吸定则灵光生，而三宝定位"，即精、气、神内三宝能各在其位，司其职、尽其能；也就是形、气、神的内外三宝也能各在其位，司其职、尽其能了。而此三宝，同居"浑元一体"之中。

其"金丹日益"的说法，乃广义的金丹大道之法说，即"炼精化气、炼气生神、炼神还虚"之过程，并非具体的练成之"金丹"说，此处要分辨清楚、明白，否则，误将修炼传统拳术攻防之道，认为是修炼"金丹"之事了。此处的金丹日益乃指"炼神还虚"的功夫成，则自然身法愈轻而灵了。因其全体透空，内感通灵，外形身法能不轻吗？虚空轻灵，则"听探"之良知、"顺化"之良能，自然达到最佳之状态，而"意在人先"的"神明艺境"也就顺理而成之。但要以"以柔用刚"之技术，顺随为法而用之，否则，亦不是矣！

至于修炼传统拳术攻防之道达到轻灵的全体透空的神明艺境，亦并非难事，只要明理按法而修，凡修炼者皆可达到。昔日唐太宗贞观年间，养着剑士数百人，时或令其舞之，则诸剑士献技演练，身共剑各飞，神威足以胜人者，就是按上述之修法而成，非此而何能之。关于此剑士的剑舞之景观，可借《古剑诀》述之。

> 电擎昆吾晃太阳，一升一降把身藏。
> 摇头进步风雷响，滚手连环上下防。
> 左进青龙双探爪，右行丹凤独朝阳。
> 撒花盖顶遮前后，马步之中用此方。
> 蝴蝶双飞射太阳，梨花舞袖妙无双。
> 凤凰浪翅乾坤少，掠膝连肩劈两旁。
> 进步满空飞白雪，回身野马去思乡。
> 莫邪曾入千军队。

由歌诀中可知，数百人共舞，其景壮观，奇妙无双，神威自显矣！全凭剑士自修而成，共舞而显之。

内气为主，外形为从，内主外从的具体修炼时间，及静练内以健体，动练外以至用。内气、外形的虚实相需，内外一贯的至用等方方面面的精髓论述得很清楚了。现在接着论述至用方面的精髓。

传统拳术攻防之道的至用，首要是"进退"。诀云"攻防进退横竖找"，已经说明攻则进、防则退，攻防进退自身要有奇正变化。奇正者，身法之横竖、正侧之谓也。此言"乘机以进，无隙则退"，说明"定在有隙"必乘机以进而击之，有隙可乘，不敢不入，故必进而击之，失此机会，恐难再得。说明有隙乘机而进，势在必得，乃进法之妙用，即"放则弥六合"。是说人之劲一挨我皮毛，我即知其虚实，我之意已入其骨里，于彼劲将发未发之际，我劲已接入彼劲，恰好不先不后，如皮燃火，如泉涌出，将其跌翻。此乃"以静制动"的进击之法。

无隙则退，"定在有隙，中在得横"，皆是进击之法。对手无隙、无力可借，势必退取固守，此乃"虚在当守"。在不得势或得不到进攻机会的时候，应当采取防守的策略，防守的态势应是"卷则退藏于密"，即防守得让对手不知其所攻，使对手选择不出进击的时机、方位、角度、线路、部位。此乃善守之道也。

拳术攻防之道的进退之法则，即乘机以进，无隙则退，而其艺境是"放之则弥六合，卷之则退藏于密"。但必掌握到"卷放必得其时中"的火候，才是攻防进退功夫的炉火纯青之艺境。

时至此境，可以说"奇正明，拳法成；精神全，神力猛"。这里要说明的是，进退要达到什么效果，才能有神力猛之体现呢？谚云："进则人所不及知，退亦人所莫名速。"此乃真正体现了"精神全，神力猛"的描述之效果。因为精神全备，则"神以知来，智以藏往"全凭觉而用之，不用思索。神力猛，并非"力"之大小，更不是后天形拳之尚气用力，而是"以先天之神为体用，亦足以向机御变，因变致神"之用。"进则人所不及知"，因未改变对手，故进则对手不能及时知道。"退亦人所莫名速"，是因内动不令人知，故退则对手也莫名其妙，不知其如何之速。此乃"神力猛"之真解也。

"一声吓断长江水"乃古人所描述的"威神并作"也。此亦解释上段的"神威足以胜人者"一句之精义的。在这里提出"神"和"威"乃两个概念，即神是神，威是威，此两者"并作"即共同发挥作用，才有"神威"之效果。何为神？何为威？在传统拳术攻防之道中皆有具体所指。神，一气灵明而不昧，谓之神。神乎神，耳不闻，目明心开而志先，慧然独悟，口弗能言，俱视独见，适若昏，昭然独明，若风吹云，故曰神。威，气势强盛之貌。古有"分威法伏熊"之说，又有"怒生威"之法。可知,威由气、形所出。《阴符经》云:"擒人之制在于气。"此即说明,威力源于内气之势所成。以此而明"神威"并作之精髓妙义了。神明则知来藏往,人不知我,我独知人,谓之神明。威力是人能为我所用,我之一切不为对手所知、所用,是谓威。可知"神威"乃"神充气足"之意耳,乃修炼传统拳术攻防之道的"致知格物,尽性立命"功夫艺境之说法。

既然能够"人不知我,我独知人",具此"神威"之攻防功夫艺境,何患对敌之斗,还有难于制胜之的道理吗?肯定地讲,是不会存在的。

为何有此"神威"之艺境?非内之精气神,外之筋骨皮,内外一而贯之,才能至此虚灵妙境,有此神化之功,得此神明艺境。虚灵妙境之妙,具静则无不应之巧,虚则无不灵之妙。此巧妙何在?攻防之中如何体现的?一句话"善变无形又无穷,不疾而速得真宰"。此真宰者何?即以柔用刚的"顺其势,借其力;让力头,打力尾;粘走相生、化打合一"的技法,得此技法之实施,方是"得真宰"了。"神、气、形"三者合一之用,非此得真宰之用,是难以施招飞出而言疾快、妙而灵通以显神威的,此正揭示了传统拳术攻防之道的"舍远求近"之正法。如以"舍近求远"之练、用,已入旁门,是难以达到施招用手的飞而出快、妙而显神的。其虽然施招用手自觉之快,自认其妙,不知舍远求近之用,亦只是欲望造成心思神机,内气外形的妄动而已,此不能制敌以胜之,反而资敌以致败。由此论而知,传统拳术攻防之道历来就有"正统""正道"与"俗学""旁门"的分别,修炼传统拳术攻防之道者如何能不分辨清楚明白呢?分辨得清楚明白,自会踏上修炼的正途而体用之自有功可验之,分辨不清楚、认识不明白,虽取法而修炼之,亦会误入旁门,或为俗学,此统称为"糊涂练法",终不能得正果。说其为糊涂练法,其名与实相符耳。

乃此传统拳术攻防之道的神化之功、神明艺境,并非想象而得,乃遵道按法、渐修顿悟而成之,即"非真阴阳生,不能召天地之精气神,归入身心。唯气结于根,久战如未战也"。此论是何义旨?即说修炼传统拳术攻防之道能至神化之功的神明艺境,而具备胜人的神威之能力,还在于"真阴阳"的修炼而生成。古有"养精者,饱含真永之精以炼己;养神者,外养全体之神以合气"之修炼的说法,就其全部过程而言,即炼精化气、炼气化神、炼神还虚,以得神之内外神通之用。真阴阳生,是指离中之真阴精、坎中之真阳精,此阴阳刚柔相济而化生真元一气。只有此真元之气纯阳中正中和,才能感召天气、地精、人神,归入身心,而使身心一元,即一而贯之,方有虚实相需,内外一而贯之的攻防之妙用。只有内气根结于丹田,因内气乃丹田中阴阳合和而生、周身运行而成,虽在周身运行以为用,然必以丹田为归宿。气之归宿之处曰根,故气以丹田为根,气结于根,即是内气以丹田为收放之中枢。传统拳术攻防之道本"意气为君骨肉为臣"，内气结于根，则一身之主定矣！故久战不疲不衰，战之结束，又如未战之时一样神充气足，精力旺盛，此乃传统拳术攻防之道的练用至妙之处，即现时所言的"内劲"功夫，"归入身心"，乃言"神回身中气自固"又回归丹田则一身坚固之意，此正是唯气结于根之意耳。

至于生威之道，在于存神，是说初练功时"神依气"，故存神则气有所炼，精能自固。然后期练功则"气依神"，即神依气而显其用，气因依神而显其能。所谓"存神"乃固精而化气之谓也。所谓"生威"乃积气至用之说也。说到底，还是内气的生成至用，为修炼传统拳术攻防之道的功夫内容。所谓"练拳不练功，到老一场空"，即说的只修外用攻防之技法，不修内气至用之功夫，总是空架子，到老不能健身以长寿。故说"神能长存，久自生威"，此乃"十年练拳，十年养气"的注解之说法。中气至正至和，其威自生，存神之功也。而于神能长存，久自生威之功夫效果，前贤有段描述记之如下：

> 至于中气，能令敌人进不敢进，退不敢退，浑身无力，极其危难，足下如在圆石上站着不敢乱动，几乎足不动即欲跌倒，此时虽不打敌，敌自心服。
>
> 《陈氏太极拳图说》

此段论述，足以证明"神能常存，久自生威"之精髓妙义矣。

然为何能有此神威的攻防功夫在身，精此进击退守之道？答案很简单。《圣经》云：知止止者，亦进攻退守之道也。《圣经》者，《易经》也。知止止者，此乃以"艮卦"象曰："艮，止也。时止则止，时行则行，动静不失其时，其道光明。艮其止，止其所也，上下敌应，不相与也。是以不获其身，行其庭不见其人，无咎也。"这段论述，是说明传统拳术攻防之道的进攻退守之法则及其至神至妙之艺境的。试以传统拳术攻防之道的进退之用以解之。

艮卦，是说明"止"的。"止"之义，有止于止之义，有止于行、止于进、止于退、止于静、止于动。然止之用精，当止于至善，何谓止于至善？即不管进攻还是退守，当止于当止之时、当止之地，谓之至善。能于至善，则时止则止、时行则行，动攻静守不失其时，不失其位，其用必致光明之境。而艮之止，止其所处也。上下左右与敌争战周旋，不相与之正面相争也。唯顺其势，借其力；让力头，打力尾；以柔用刚的粘走相生，化打合一。处此法之中。谓止其所处也。只有处此法之境界中，才能虚灵得一羽不能加、蝇虫不能落的毫不受他人之力，故人不能知我，而他人之所用，皆为我之所能用，故我能独知人，而止于此法之境，不会产生过失而致失败矣！此乃"知止止者，亦进攻退守之道也"。实乃揭示"顺随"之法，乃传统拳术攻防之道的实施具体攻防招法的精髓之妙义耳。

故其总结曰：进攻之道，见机而作，即乘隙而入，不能错失良机，则攻必克敌；退守之道，忍辱为先，即无隙就退，再图进攻之机。此乃"尺蠖之屈，以求伸也"之义。常人以退为辱，故此处借用之。而言退守之道，是忍辱为先。传曰："一忍可支百勇。"乃有谋略者方能行忍。因传统拳术攻防之道的修炼，不拜明师，不得真传，多匹夫之勇，而少尚德的仁义之勇，故以此而言之。此也正是兵家的"先为不可胜，而后图谋之"的战略战术之体现。既有争斗，就有攻守之变化，进攻退守，皆胜人之法也。用之得当，便为上者。能知"以柔用刚"的技术方法之精义者，谓用之得当，是为上者。

进则当进之时之地，退则当退之时之地，是为"进退得宜"。能于较技中进退得宜，便为"知止"之道了。以此胜人乃理所当然的了。

若不能所探至真，茫然不知彼之虚实，而妄进妄退；昧而不知对手之短长，盲目地发动进攻或退守，不单单是徒劳无益，恐怕要招来对手借我之失机失势将我击败，及至此时，而悔之已晚了。此乃《拳经》所言："敌如诱诈，不可紧追，若逾界限，势难转回；况一失势，虽悔何追？"此乃茫昧之进而招来的失败教训。其中又曰："我守我疆，不卑不亢，九折羊肠，不可稍让，如让他人，人立我跌。"此乃盲目冒然而退招来的失败之教训。习传统拳术攻防之道者，不能不精研攻守进退之法而得其道，方能为己之所用。

为何有此茫昧之进退的失败，皆因不知"以听探用顺化"为根本，不知"以柔用刚"之技术方法，不知"顺随"之法则。一方面不精研攻守进退之法，不得其妙用之精髓，另一方面虽掌握攻守进退之法，一时战发，气愤填膺，逞匹夫之勇而斗胜，结果是求胜利之虚荣，反受失败之实辱。虽欲固自守己身不受其攻，非闪避而逃躲，谁知逃躲之法又多助对手的利用之资本而将自己击败。如果知乘机以进，无隙则退，胜利乃属于自己的。正因冒然而进，昧然而退，反倒成为失败者，这样的胜利转为失败，有多么可惜呀！

因为，修炼传统拳术攻防之道者艺成出师，一生能有几回搏呢？为数不多，以此冒然、盲昧而致失败，实为可惜之事。故古人云："武不善动。"也有此层意思，即与他人较技，必须凭"以柔用刚"的真实技击功夫而胜之，否则，必后悔不及。如技击实力不如对手，是无可惜之处的，失败乃是值得庆幸的事，乃知不足而能后进取之意。

对于修炼传统拳术攻防之道有关胜负之论，曰："战胜一时，由于训练千日功夫，岂偶然乎。"此乃说明，胜者，练功之证验；败者，亦练功之证验。胜负的根本原由，在于练功是否正确、合道、合理、合法，方有至用无误之能胜。不能至用有误之必败。胜与负是修炼的必然结果，并非偶然的现象。此论确切，然不排除大意失荆州之失败的现象存在，但作为一个精心修炼者，也不可能发生这样的情况。当然，如果出现了，也属于修炼过程中的不知谨慎为何之所致。

此言论明，战胜对手是一时的事情，然其体现的却是千日修炼功夫之成果。故欲想在较技中获得胜绩，就要在平时刻苦依法练功，必须精益求精，方可有预期之效果。

首言：人即为万物之灵，但必须是心与道洽合，方能称之"灵"。就修炼传统拳术攻防之道而言，必内外兼修，内有文体成，外有武用精，文体武用而合道者，方可在较技中能制人，而不被他人所制矣！能如此者，乃君子之修。何谓君子之修？《易》曰："其德行何也？阳一君而二民，君子之道也。君子遵之而修则道法长；阴二君而一民，小人之道，小人遵之而修故道法消。"其因何也？君子之修，一君而二民，则主从顺也，遵天道而行，其德盛，故道法长，乃顺天之道行也。即以神为主，以气为充，形从而利，以柔用刚，顺随为法，是谓君子之修道法长。小人之修，二君而一民，二主一从，内必二主相争，主从不顺，背天道而弛，其德衰，欲妄增，故道法消，乃背天之道弛也。即以形为制，尚气任力，神从则害，阴阳不辨，动静不知，刚柔不分，虚实不明，任欲而为，是谓小人之修道法消。

故君子必具天险王道之全，是何意旨。天险者，即天道艰险之简说。天道者，本体太一。体太一者，又名天险，即浑元归一，乃体太一。王道者，阴阳也，阴阳统一也。执阴阳者为王道。其义出自"君主执六律，霸者法四时，王者分阴阳，帝者体太一"。此乃治国之策，又是修炼者进阶升华之层次步骤。而此文以"天险"言"帝者体太一"的神化之功、成道之神明艺境，以"王道"言"王者分阴阳"的成道之大成艺境，然此两种大成艺境，皆已经浑化归一，具备一而三之元玄之妙用了。故其所用"其势险节贵短"，乃知人所不知，能人所不能，修练、建体、至用分明，仍具天险王道之全的精义。

然具此大成之艺境，还要洞明天时、地理及人事等诸方面的权宜之策，方可不为他人所制矣！而其权宜之策略，则以孙子的"先为不可胜，然后图谋之"以为全胜之策略；要像吴起一样，无所畏惧，战必胜之；要像司马懿能忍辱负羞，静待其变以胜之。要想制人而不为他人所制，光德艺不足以胜任，必有此三条权宜之策，始可运筹于胸间、决胜于较技之中。故君子战必胜也，有其制胜之德艺和谋略。一统阴阳之道于一身，是谓"君子必具天险王道之全"之精义耳。

虽同是修道，然历观古人，各有取进道之法，此即是"道本一，法万千"之意思。就修炼传统拳术攻防之道而言，各门派、拳种，也是各有取法。虽各有取法，然必心与道洽合的宗旨不变，以求致人，不为人所致也，乃共同的。这就是《九要论》中所言："盖一本而散为万殊，而万殊咸归于一本，事有必然者。"

就以论"气"而言，昔日孟子说：浩然之气，至刚至大，直养无害。塞于天地之间。是以天地间的保合太和之气，即浩然之气，以喻身内修炼而生成的空灵无间之气，即真气。此气平时修炼可为"相"，能使自身内清虚外脱换而安和；战时可为"将"，统一身与人交战，以柔用刚则战必胜。此乃修炼、建体、至用及攻防功夫艺经得升华皆能与"道"洽合。

而真气之生成，其中"坎中一阳之刚，离中一阴之柔，阴阳刚柔浑合，阴阳相互滋生"，即所以又以结丹粒之道而述说之。

此中说明：修炼之事，必心与道洽合，而与道洽合，即与道同体。道体者，万物之祖始，本无形无象、无状之状地存在，即太虚之状。传统拳术攻防之道的修炼，所谓说"恢复古原始"就是本"剑经"中所说的"精练法的三才浑化归一的浑元之道体"。只有此道体成，才有此道体的一而三之元玄之妙用，即听探之良知，顺化之良能，达到神化之功的艺境。此即"天险王道之全"的精义。

而能将神、气、形三才浑化归一成此道体，必须从修炼内气开始，即从丹道所论的炼精化气、炼气生神、炼神还虚为始终。在修炼的过程中，其中刚柔浑合、阴阳互生，而来往造化之神涵于其内，最终可使自身内清虚而外脱换，达到虚灵妙境，即体太一之道体，皆空灵无间之真气使然，此乃"有形练到无形处，练到无形是真功"之精髓妙义耳。道体无形，故能生妙有。此即修炼传统拳术攻防之道的后天返先天的说法中，将后天有形之形，化归于先天道体无形之状，方有攻防的一而三之元玄的制人而不为人所制之妙用。

传统拳术攻防之道的"意气君来骨肉臣"的宗旨，就是以真气言自身空灵无间之道体的，而此真气运行往来造化之神又涵于其内，故其大莫喻，其小难破。故曰：放之则弥六合，卷之则退藏于密，卷放得其时中。全以真气之至用，而言道体之至用的。故"气以直养而无害"，是说真气之生成、运用，乃至正至大至和至中的自然先天之气，其所以能有攻防之至用，是在神为，非人力也。故曰"直养"二字，是说真气之生成、运用过程中应"勿忘勿助"。忘者，神迷遗失，不知所以；助者，妄为，假借人力以助之，故曰妄。已非自然也。

修炼传统拳术攻防之道，外尊天道而行，内顺自身内外各部位器官性能而修，方能成之，即此文所讲的"无害者乃顺生机之自然，去其害生机者也"，可知古今见解之一致无异尔。而"意气君来骨肉臣"的君臣主从之宗旨和以柔用刚之不撄人之力的顺其势，借其力；让力头，打力尾；粘走相生，化打合一的用法之准则，都体现了传统拳术攻防之道的"无害者乃顺生机之自然，去其害生机者也"的练、用之基本精神，就是以听探用顺化的基本法则，也充分地体现了顺生机之自然的练、用之基本精神了。此乃"不以道殉身"的精髓妙义之解释，就是不能因为修炼传统拳术攻防之道，而以糊涂练法、武练法、横练法的修炼方法，而残害自身的自然生化之机,造成盲目修炼所致的疾病痛苦缠身,甚至危害生命。凡以此而修炼者,又不知适时而止,错失良机,造成疾病痛苦缠身、猝死,可谓之以道殉身。此乃不值得,是得不偿失呀!前贤一再之嘱咐:文练乃正宗。舍此之修炼皆不能与道洽合,便是俗学旁门,难窥圣境矣!

修炼传统拳术攻防之道,本是中和之道,以养真元之气为主、为根本,方可使自身内清虚而外脱换,达到一身空灵之境。就以攻防而论,也只是顺势借力而用之,即以顺随法的以柔用刚一法,而应他人万拳之变化,自然恰机得当,也永无失处,本不繁杂。故练而得道者言:"十年练拳,十年养气。"养至真息圆满,百慧从生。就健康而言,生机勃勃,自然能长寿。就攻防而说,以柔用刚之技术方法,也是生生不已,制人而不制于人的功夫。此乃从健康、技击并行不悖而立说。

真正"养至真息圆满,百慧从生",则上知天文,下晓地理,中通达人情事故,权宜策略,成竹在胸。往小处说,有具备筹策、规划、管理事物的能力和才干。往大处说,可以赞育天地生生之德,参透天机,皆可用于造化生机。其德无量矣!

修炼传统拳术攻防之道,以养真元之气为主、为根本,直至真息圆满,自然百慧从生。自己小可经纶,大可赞育天地。故曰:"塞于天地之间。"此乃借天地间的浩然之气,直养万物的好生之生生之德。以喻人身内真气,亦可直养自身内外各部位器官,似浩然之气具备好生的生生之德,修养真气,不单可使自身生机之自然环境、状况极佳,具备良好的攻防艺境,还可开慧益智,可使自身具备筹策、规划、管理事物的能力和才干,具备经天纬地之才以普济天下。这也与浩然之气,塞于天地之间,直养万物一样。可知,前贤将修炼传统拳术攻防之道一事,当作健康、技击、增长智慧、获得才能的一门专修学问来看待,这一点,值得我们今人学习。现今之人修炼传统拳术攻防之道,有没有这样的认识?认识的高度与古人同否?真值得探讨一番,这也是继承、发扬传统拳术攻防之道的一方面之主要课题。

经中所言"真息圆满",何谓真息?何谓圆满?此乃内功修炼法中的术语。真息者,乃真人之呼吸,即真气呼吸法,非指口鼻呼吸也。真气在体内运行,有升降涨渺之景象,故定为"升渺为吸,降涨为呼"。真气以此而运行是名真人呼吸法,简名真息。圆满,是说炼神还虚,慧开道通的光明境,是为功德圆满。真息圆满,是说内功修炼的"无为者,大周天也。盖火候行于真人呼吸处"。此处本无呼吸,自无呼吸而权用为有呼吸,以交合神炁。神炁合一,而至一身无处不能真气呼吸,便是拳术攻防之道的真息圆满。此即"挨着何处何处发"的太极功夫艺境。"周身光芒不断"亦是。故我只从拳术攻防之道而论,不从炼丹而言之。丹道的真息圆满另有其说,两者不可混矣!

七、练习步骤

而内功修炼法中说"火候",火候本只寓一气之进退的节奏,非有他也。故说:火候者,即真息。如以火候而言,有真火、武火、文火之区别。真火者,含文武火,文武火正确即真火。真火之妙在人,若用意紧则火燥,用意缓则火寒。勿忘勿助,非有定则,实有物候。犹最怕意散,不升不降。

以修炼内气而言,凝神入气穴,乃武火也;凝神照气穴,乃文火也。这样就知道,勿忘者,乃凝神入气穴,本具刚决武火之候。不如此,安能有常于若存之景!如妄者,必意紧而火燥也。勿助者,乃凝神照气穴。非如此哪有至柔的文火之功,安得依行不断之象!文武火候,皆本生机之自然者也,故在练、用之时,用意紧助火燥,乃妄加人力而助之,必发之病也;用意缓则火寒,乃忘也,意散也,必生之病也。可知,修炼内气生成、运行、至用,都要勿忘勿助,顺其自然,也在人自己之把握。而此把握是神为、非人力也。神为者,中和之道。人力者,忘者、助者、妄者之义尔。

修炼传统拳术攻防之道的内功、外功、内外合一及其至用,果能明道,时时处处以柔用刚,不计算何时能成功就是"有意练功,无心求功,则功自出"。这样修炼,就是不先物为的"无为"之修,就是神为而非人力了。

能很平常地运行"无息"的武火之力,即内有真气,其象若存,固然不入顽空之境。神气合一,明而不昧,自然没有昏迷沉浊之偏的症候,必然是中正安和温柔儒雅之象。

至达到乐行修炼而不预期达到什么艺境、什么果报,亦是无为之修,亦算是非人力之所有为。无己之欲、唯道是从,即无为也。

以其呼用略照吸用。此句乃说真气呼吸法与口鼻呼吸法的名实区别之处。口鼻呼吸法,以吸入天气,呼出浊气,定名呼吸。其呼则升、吸则降,其乃呼升吸降,是名后天呼吸法。而真气呼吸法,是自身内的真气升降运行往来说,纯是精气之运行,而借呼吸以定名,故曰:真气呼吸。就其真气运行以定呼吸之实,乃呼降吸升。故经文指明:真人呼吸法的"呼"用,略照着后天口鼻呼吸法的"吸"用。由此可知,先天真气呼吸法是"吸升呼降"了。用于攻防较技中,就成了"吸提呼放"的法式了。

全妄者,应是"勿忘勿助"。文火者,应是"真火者"。

此句是说,修炼传统拳术攻防之道纯任生机之自然、勿忘勿助,文武火适时而行,适机而止,行止于至善,乃真火候之功,一身内外怎么会有"着相、燥妄"之失和之处。

故修炼传统拳术攻防之道的内炼之静功、外练之武技者,皆当把握住文武火候,皆当符合真火之功,是以此行为准则的。即行中和之道,方能有所成就。而终至"浑元归一"之道境的。

2. "虎背熊腰"身法功夫论

所谓"虎背熊腰"身法功夫,就是传统拳术诀言"前空后丰"的身法攻防机制秩序说,也是"圆转法猛兽"的精义之具体的体现、落实,是王芗斋先生所说攻防发动源于"腰脊"的身法功夫说,也是我论述"王八拳精义解"一文的身法功夫的主题内容。下面详细论述之。

(1) "虎背"法说

身法功夫中的"满身轻利顶头悬"的功夫做好了,其中有"气贴背",就是在身法下盘"翻臀"时将内气上翻至丹田,当腰部"拔背"做好了,再将丹田中的内气上翻至两肩胛骨中间,将此处填实使之饱满膨起,再向两肩头延伸,从肩下向肘、再向手腕部位伸展至小指侧"小天星"位置止住,这样两手臂和肩背部形成了一道"气梁",贯通两手,谓之"通背"。术语称此为"虎背",因为老虎的背圆而以此喻之。

(2) "熊腰"法说

"尾闾中正神贯顶"的身法功夫做好了,在运用内劲将两胯上软组织部位填实令其饱满浑厚,形成以腰中命门为中心一道圆形的气梁,气梁两端沿胯骨向前至股骨沟向下至膝窝"委中",再向下至两足后跟处,这样就形成了一道内劲形成环状"气环"。三皇炮捶拳门将此称为"圈劲",陈式太极拳门将此称为两腿的"勾劲"。其实,这是内劲形成的下盘中的一道环形劲势,由于腰部两则劲势饱满,恰似"熊"的腰部而得名"熊腰"。

(3) "虎背熊腰"身法功夫的功能论

上面的"虎背"之气道与下面的"熊腰"之气道又是如何连接的呢?即由内气上下贯串而连通的。有关这方面的内容,有两家的论述可以明之。以资对照,录而并解之如下:

> 吾邑张孔昭先生曾遇异人传授,其术独臻神妙。其时从习者甚众,而得其真传者,唯程子景陶、胡子我弘、张子仲略三人而已。嗣后支分派衍,渐失其真,间有能崛起,名震一时,大都皆筋努骨突任气用力,而于先生运用之法,变化从心之妙,概未之闻也。盖先生拳法,藏神在眉尖一线,运气在腰囊一条,发如美人之采花,收如文士之藏笔。诸葛君之纶巾羽扇,羊叔子之缓带轻裘,差可仿佛,夫岂有圭角之可寻哉?

《拳经拳法备要·注张孔昭先生拳经·序》

七、练习步骤

文中"运气在腰囊一条"的说法,就将"腰背脊骨"为气道的内容论说清楚了。但是,还不够详细。再看下面的论述,就极为清楚明白了。

　　五曰神聚:上四者俱备,总归神聚。神聚则一气鼓铸,炼气归神,气势腾挪;精神贯注,开合有致,虚实清楚。左虚则右实,右虚则左实。虚,非全然无力,气势要有腾挪;实,非全然占煞,精神要贵贯注。紧要全在胸中、腰间变化,不在外面。力从人借,气由脊发。胡能气由脊发?气向下沉,由两肩收入脊骨,注于腰间,此气由上而下也,谓之"合";由腰形于脊骨,而布于两膊,施于手指,此气之由下而上也,谓之"开"。合便是收,开即是放。能懂开合,便知阴阳。到此地位,功用一日,技精一日,渐至从心所欲,罔不如意矣!

《李亦畬·太极拳论五字诀》

　　上面心静、身灵、气敛、劲整四项功夫艺境俱备了,总要归一神聚的功夫内容中来。何为神聚?就是健顺和之至,太和一气,灵明而不昧者。换句话说,就是法身道体的圆满无损之候。从攻防功夫艺境上说,就是神以知来、智以藏往的神知艺境。正是"皮打抖弹震死牛"的神聚则一气鼓盪之候,是炼气归神,气势腾挪磅礴的功夫之候。这时的修炼更要精神贯注,内气、外形匹配如一的开合有致,虚实清楚。内气运行左虚则右实,右虚则左实。虚,非全然无力,气势要有腾挪;实,非全然占煞,精神要贵贯注专一。紧要关头是内气的变化运用全在胸中、腰间变化,不在外形的方面。欲要伤人,力从人借,气由脊发。如何才能气由脊发?如果内气由脊向下沉降,由两肩收入脊骨,注于腰间,此内气由上而下也,谓之"合";如果内气由腰形于脊骨,而布于两膊,施于手指,此气之由下而上也,谓之"开"。合便是阴收,开即是阳之发放。能懂内气的阳动而开、阴静而合,便知阴阳之要义了。修炼到此地位,功用一日,技精一日,渐至从心所欲,就没有不能如意之处矣!

　　这一段的腰部脊背之处内劲上下"开合"的说法,就将"虎背熊腰"的气道法说论述得相当清楚了。也正是王芗斋先生在文中所说的"抬手锋棱起,身动如挟浪,腰脊板似牛。臻此境界,动则自有奇趣横生之感,所发之力始能均整。至此技击之资备矣"的精旨妙谛!

八、论信条与规守

拳学一道，不仅锻炼肢体，尚有重要深意存焉①。就传统而言，首重德性，其应遵守之信条，如尊师敬长、重亲孝长、信义仁爱等，皆是也②。此外更需要侠骨佛心之热诚，舍己从人之蓄志，苟不具备，则不得谓拳家之上选③。至于浑厚深沉之气概，坚忍果决之精神，抒发人类（道）之情感，敏捷英勇之资质，尤为学者所必备之根本要件，否则恐难得传，即使传之，则亦难能得其神髓矣④。故先辈每于传人之际，必要再三审慎行之者，盖因人材难得，不肯轻录门墙，至其传授之程序，率皆先以四容五要为本。如头直、目正、神庄、声静，再以恭、慎、意、切、和五字诀示之，兹将五字诀歌列后，以示其意⑤。

习拳即入门，首要遵师亲。尚友需重义，武德更谨遵⑥。
动则如龙虎，静尤古佛心。举心宜恭慎，如同会大宾⑦。
恭则神不散，慎如深渊临。假借无穷意，精满浑元身⑧。
虚无求实切，不失中和均。力感如透电，所学与日深⑨。
运声由内转，音韵似龙吟。恭慎意切和，五字秘诀分⑩。
见性明理后，反向身外寻。莫被法理拘，更勿终学人⑪。

【题名解】

此章专门论述传统拳学的信仰，强调注重尊道崇德、明心见性的修为，其应遵守的条规，如尊敬师长、重亲孝长、信义仁爱等内容。正如前贤所言："欲习上乘之法，当先存一点救世之心，方可习也。"

在歌诀的最后强调："见性明理后，反向身外寻。莫被法理拘，更勿终学人"的活学活用实战实践第一的思想，贯彻"教学相长"的宗旨。

这些是修炼者必须树立的修炼观念！只有如此行之，才能功德圆满，才能体会出学拳学做人的宗旨。

【注解】

①传统拳学一道，不仅是单纯的锻炼身躯肢体的简单内容，尚有一层更为深刻的意义存焉。

八、论信条与规守

②就传统的观念而言,首先注重尊道崇德、明心见性的修为,其应遵守信仰、条规,如尊敬师长、重亲孝长、信义仁爱等内容,皆是修为的内容。

③此外更需要树立侠骨佛心之热诚,舍己从人的蓄焉志气。如果不具备以上数条内容,则不能称谓拳家之上选的人才。

这正如前贤所言:"惜乎形剑之不传也亦久。夫欲习上乘之法,当先存一点救世之心,方可习也。"简单地说,就是具备"利他心"才能学习上乘功法。这样看来,古今之大家的认识是一致的,所以才得出"学拳学作人"的正确结论来。

④至于浑厚深沉之气势,坚忍不拔英勇果敢之至诚的精神,抒发人类唯道是从之情感,这些内容尤其应为学拳者所具备的最重要的基本条件。

⑤四种神情形态如:"头正"择无令亦从;"面正"则身正而又视之周全;神情庄重则威严自生;声音浑厚圆润,再辅以恭敬,谨小慎微,意志专注,态度恳切,至正中和虚灵,和五字诀,共同揭示其中的奥秘。现在就将"五字诀"列于后面。

⑥习拳入门就要拜师学艺,既然拜师入门,首先要尊师尊亲如父,待友要重义气。义者,相宜者也。武德更要谨慎遵守而如实行之。

⑦动则如龙灵便,用力不见力而山莫能阻;似虎快利,出爪不见爪而物莫能逃。静则犹如古佛的心情,亦似止水,湛然透彻。此语脱化于《九要论·一要》一文中:

> 当时而静,寂然湛然,居其所而稳如山岳;当时而动,如雷如崩,出乎尔而疾如电闪。且静无不静,表里上下,全无参差牵挂之意;动无不动,前后左右,并无抽扯游移之形。洵乎若水之就下,沛然莫能御之也。若火机之内攻,发之而不及掩耳。不假思索,不烦拟议,诚不期然而然,莫之致而至。是岂无所致而云乎?

举动的心情且宜恭敬而又谨慎,使人望之威严,如同让人肃然起敬;即之也温,恰似会见高贵的宾客。

⑧恭敬他人则神不散,谨慎如临深渊,假借对方之势则具有无穷的意味、意境,精足、气满、神全,才是浑元一气的不坏金刚之身躯。

⑨虚无之中求得切实的内劲功夫,才能不失中和的虚灵之道,才能内外均匀一致,能力的发挥能让对方感觉到如透电一般。到此艺境,所学则能日日新,功夫日渐高深了。

⑩运用吐气开声法则能达到声音由丹田内转而出之,音韵恰似龙吟虎啸,恭敬他人如贵宾、谨慎小心恰似身临深渊,情真意切才符合中和虚灵之道,五字秘

《拳道中枢（大成拳论）》注解点评

诀论述格外分明了。

⑪内功修炼到明心见性的艺境，明白拳法的避实击虚的顺随施招用手、施手用招的理法后，就要向他人身上实践操作来寻求实战能力的提高。在投明师访高友的实战实践过程中，莫要被理法所拘束，要大胆地实施体认并能创新铸法，知他人所不知，能他人所不能；更不要永远作学拳的人，亦要广泛宣传，教会同道后学，这样在诚心的教学中，亦能提高自己的理法见解和攻防功夫艺境水平，这就是"教学相长"的精旨妙谛！

【点评】

习拳学艺到底为了什么？这应当是习拳者首先要考虑周详细密的问题，否则，自然会半途而废，枉用功夫。看看前贤是如何论述的，录并解之如下。

1. 习拳小引

夫文以处世，武以济危。文武而遂，犹如日月行天。而相需用，莫可偏废也。

今观世家巨族，习文者，竟以武为匹夫之行，否而不亲；习武者，乃以文为迂腐❶之事，厌而为狎。甚至文武不习者，日慕钱谷而惟利是图，不思全家之策，不想保身之计。游荡无节，骄懒自生。寻常间则扬扬自得，视为无上之乐。一旦事变，怆卒祸来意外，莫能解脱，束手待毙，是之过欤！

殊不知：习文以和其性，潜消乖戾之心❷；学武以勤其体，间添御敌之艺。由是观之，习文而兼武者则成全才之用。

游荡而至骄懒者，定遭凌辱之羞。所以，侪辈中人，宜于正务之余，训诲子弟，习练身法、步法、手法，以坚肢体，使之心清眼明，气聚以养身计。演弄惯熟，进退利便。久而气力融合❸，筋骨坚固。不持其技，何以制敌保身？

抑且其术尤能却病强身健体，岂非有益之为哉！是古人文武兼全者良多，由此耳。敬呈俚言，敢动尊听。高明君子，亦知名教中有此具数矣。

注：

❶迂腐，习文而不明事物道理者为迂；好文而不能自强不息又不思进取者为腐。两者兼而有之者，就为迂腐之人了。

❷乖戾之心，因慕名、贪利的占有欲望而形成偏激鬼祟的心理活动。所谓之"人心惟危"之一说，即指具有此心之人者也。

八、论信条与规守

❸气力融合，秉承"意气君来骨肉臣"的宗旨，致使内气、外形，柔外刚中的浑化如一，得以能够"以柔用刚"的柔化刚发之用。

这是一篇劝说人们重视习武练拳的好文章，就在当今看来，也是有现实意义的鼓励人们练拳习武的好文章。好在哪里？文章历数了习武练拳的好处有：活动肢体，可以却病强身健体；健其体可以消其骄懒之性，间添御敌之艺；文武兼习可成全才之用。最佳者乃从根本上明白学拳学做人的心理、身体健康之道理，并能坦然具备济世利人之行动。总之，人不可以不习武练拳，就像现在之人不可以不习文一样，人人都应文武双修，才能成为身心健康的全才之用，即功成艺就的"文兼武全将相身"的济世之全才者也！还是看先贤之明论吧！下面分段阐释之。

夫文以处世，武以济危，文武而遂，犹如日月行天。而相需用，莫可偏废也。

三皇治世，立文武之道。文以处理世间之事物，尚无为❶而治，则天下太平；武以解危困之急，平定猖獗之乱，谓之师出有名，则天下安定。

文武之道，一弛一张，治世济危，随运而行，犹如日月行于天空，应时而至。

故文治武备，相需而用，文治精则武备良，武备精良则文治兴盛，是文武之道不可偏废，此正文武相济互根之理。

谚云："文有太极安天下，武有八极定乾坤。"说的就是这个道理，大则一国如是，小则一人如是，必文武兼备，方为圆满。

然于文武之道，三皇圣传："人心惟危，道心惟微，惟精惟一，允执厥中。❷"其宗旨就是文武而相需用，莫可偏废之精义。

注：
❶无为者，不先物为而为者也。只有无为而治者，才能因物之所为而达到无不能治也。此乃无不为之上治者也，天下之所以无纷争之事者，此也。

❷"允执厥中"全句之义，就是人心轻浮、私心欲望贪婪无度，故而时刻威胁身体健康、寿命，而经过明心见道的修炼，则道心生。道心者，唯道适从，故而公而无私。崇尚无为，故而无不为也。道心微妙玄通，故能健身长寿。所谓道心者，就是"以天心为体，以元神为用"的体用一元者也，此即"惟精惟一"句之精义。有了天心道体，就其所用，亦遵从中庸之道，即中和之道。中和之道的宗旨，就是得中用中之道。这就是"允执厥中"句的精义。

今观世家巨族，习文者，竟以武为匹夫之行，否而不亲；习武者，乃以文为迂腐之事，厌而为狎。甚至文武不习者，日慕钱谷而唯利是图，不思全家之策，不想保身之计。游荡无节，骄懒自生。寻常间则扬扬自得，视为无上之乐。一旦事变，怆卒祸来意外，莫能解脱，束手待毙，是之过欤！

今日观看社会风气，以某种专长世代相传承的家族和人口众多的家族，可称为巨族。而这些家族的人们，专习文者，竟以习拳练武为匹夫的行为，否定了习武亦可成济世之才的事实，而不亲自习练武艺；精攻武者，乃以习文为拘泥于陈旧的准则，不能适应新生事物的事情，不承认习文正是日日新之策，亦可成济世之才的作用，故而厌烦习文，而不亲历习文之事。此两种人都对文武之道执偏颇之认识，故不能成为文武全才之人。此乃"知见障"作祟造成的不良结果。

甚至还有文武全不习者，每是日慕钱谷之事，而唯利是图了。更有不思保全家族太平安定的策略，不想保全自己身家之计划的，每日闲游散荡而无节度，自然骄气横生，懒惰成性。寻常时间则扬扬自以为得意，将此无所事是、醉生梦死、行尸走肉之状，视为无上之乐趣，一旦事发变故，怆猝间祸来意外，没有应变之才能，不能解脱困境，亦只有束手待毙了，是这些人平时不修文武之道所造成的必然之过失呀！所谓咎由自取者，此之谓欤！

此段将偏文偏武、弃文弃武之人所存之病，分析得相当透彻，批评亦非常深刻。当今之人，自应文武双修，以成全才，其理明矣！

殊不知：习文以和其性，潜消乖戾之心；学武以勤其体，间添御敌之艺。由是观之，习文而兼武者则成全才之用。

这些人们竟不知道，习文可以平和其心性，文理可以潜移默化地消除不合情理的心理障碍；学武练拳可以勤奋其身体，使之身体康健，行动灵敏快捷，修炼过程中自可增添御敌之攻防功夫艺境。

由这样的认识观点出发，习文而兼武者，习武而兼文者，则自可成文武双全之人才以为用了。况习拳练武，本就是文武双修之事，即"文体武备"的内外双修，才能成之。故前贤论曰："文兼武全将相身。"即习拳练武本身就是文武双修的。故习拳练武者，文体武用是不可偏颇的。有歌诀云：

习文没武少精神，练武缺文气煞人。
文武双修得自在，不枉天地造化身。

游荡而至骄懒者，定遭凌辱之羞。所以，侪辈中人，宜于正务之余，训诲子弟，习练身法、步法、手法，以坚肢体，使之心清眼明，气聚以养身计。演弄惯熟，进退利便。久而气力融合，筋骨坚固。不持其技，何以制敌保身？

闲游散荡的人，容易养成骄气凌人，懒惰成性，自会招来祸端，定要遭到欺辱之羞的。所以，吾同辈之人，宜于正务的余暇之时，训导教诲子弟们，习练武艺，习练身法、步法、手法，以坚实肢体，使之通过修炼，能够心清眼明，行气、运气，其气聚敛以为养身之计。

演弄得习惯而成自然，纯熟得不假思索，进退利便自如，工久而内气、外形必然融合归化合一，内而精气神无少缺欠，外而筋骨皮一息坚融。至是则内空灵而外灵便，神形浑成一片。不持其技以凌弱，但可以应变制敌以保身。

抑且其术尤能却病强身健体，岂非有益之为哉！是古人文武兼全者良多，由此耳。敬呈俚言，敢动尊听。高明君子，亦知名教中有此具数矣。

然而，传统拳术攻防之道的正确修炼尤其具备能祛病、健体、强身的特殊作用及功效。前贤云："工夫贵勿刚勿缓，和平得中，且存且养，内处兼济，内可以固精，外可以全神。直外便能和中，练形亦可以长生。活动筋骨身轻灵，周身气血能力增加。"习拳练武岂不是有益于身心康健的作为吗！古人文武兼全具将相之才者很多，其道理也在于此。即文武双修的效果。

恭敬地呈上几句通俗易懂的习武有益的言语，冒昧地动扰尊听。凡高明独照而有修为的人亦知道：凡有名的教师，在教学中，皆是文武双授的，因为他本人就是文武双全的通才。其具数充足矣，故能传文武道，授文武业，解学者文武之惑也。能此者，是为明师矣！名师矣！

2. 小结

此篇提倡学武、练武有益之论，观点明确，立论精辟，论证充分，并申明是在文武双修、文武不可偏废的基础上立论的。

尤其是文治武备的阐述，小则个人，家族；中则企业单位，地区；大则民族，国家，都应树立这样的文治武备之观念，并由己做起，实施起来，这正是"居安思危"之远虑的谋略。否则，变起萧墙，应变不暇，自取耻辱，悔之晚矣！习拳者应精读此文，自能为业而自强不息！矢志不渝！功德自益矣！

这是一篇奉劝人们珍惜传统拳术攻防之道，奉劝人们修炼传统拳术攻防之道的传世之文章。其实，一个人的精神文明建设的方法就在其中。所谓一个人的精神文明建设就是古人所说"明心见性"，也就是"德修、修德"的过程、始终之内容。

看看圣贤是如何说的。《大禹谟》中说："人心惟危，道心惟微。惟精惟一，允执厥中。"再看《大学》中的说法："自天子以至于庶人，壹是皆以修身为本。其本乱而末治者，否矣。其所厚者薄，而其所薄者厚，未之有也。此谓知本，此谓知之至也。"看过两家之言，一个人能不修炼传统拳术攻防之道以达到自修身而成"文兼武全将相身"之济世人才的目的吗？

九、论拳套与方法

拳之深邃本无穷尽，纵学者颖悟绝世，更要具笃信力行之精神，终身习得，亦难究其极，而拳套与方法，所谓人造之拳架子是也①。自满清三百年来，为一般门外汉当差表演而用，即拳混子谋生之工具②。果欲研拳者，则又何暇而习此？非但毫无用处，且于神经、肢体、脑力诸多妨碍，戕害具体一切良能，故习此者鲜有智识，而于应用尤不合适，且害处极多，笔难书罄，对于拳之使命，卫生原则相距太远，则根本不谈，对于较技，设不用方法拳套，而蛮干混击或不致败，倘或用之，则必败无疑③。至谓五行生克之论，吾恐三尺孩童亦难尽信，夫谁信之？可询之于决赛过者，自知吾言非谬也。见汉书洪范五行识，乃指政治、人民需要，开发金、木、水、火、土应用而言，后一般不学无识之辈，滥加采用，妄为伪造，致演为世之所谓五行生克之伦，此不过为江湖之流信口云云而已，岂学者可以读此乎④。盖拳套一项，大都知系人伪造，然招势方法又何尝不是人所伪为？皆非拳之原则发挥本能之学也⑤。纵有纯笃功夫信专之坚忍恒心毅力而为，然亦终归是舍精华而就糟粕者也。要知拳学根本无法，亦可云无微不法，一有方法，精神便不一致，力亦不笃，动作散慢不果速，一切不能统一，更有背于良能⑥。所谓法者，乃原理原则之法，非枝节片面之刻板方法，习枝节之法，犹之乎庸医然也，所学者都是备妥方法药方，以待患者，而患者须按方患病，否则无所施其技矣⑦。凡以拳套方法而为拳，是不啻以蛇神牛鬼之说而乱大道，皆拳道之罪人也。叹今之学者，纵有精研之志，苦无可经之门，故余不顾一切，誓必道破其非⑧。夫拳套方法既属毫无用途而且有害，何传者习者尚不管人者，何也？概因此中人大都智识薄弱，故多好奇喜异，即告之以真，彼亦难悟，悟亦难行，盖习之者咸以拳套方法，藉以眩人而夸世，而传之者更以拳套方法以欺人，但犹藉此以消磨时间而便于谋生，况根本不识拳为何物者？故相率以已误遗误，永无止境，诚可怜可哭亦可气也⑨。噫，岂仅拳之一道，吾感一切学术，大都亦是畸形发展，余实不忍目睹同类走入迷途之浩劫而不救，故不惜本我多年的体认之经验，所得所知，反复申论，以正其妄，而期唤醒同胞，勿复执迷不悟也。大凡天地间之高深学术，皆形简而意繁，而形势复杂者绝少精义，固不仅拳道然也。顾同志三思之⑩。

九、论拳套与方法

【题名解】

这是论述无形拳道和有形拳术对比的一篇文章。无形拳道攻防体用功夫是不能从有形拳术中看得出来的，故而否定了有形拳术套路修炼传统拳术攻防之道的法式。所以才对修炼传统拳术套路的方法达到修炼无形拳道的目的进行了严厉的批判。

但是，前贤提出"有形练到无形处，练到无形真功夫"的说法，已经点明了从有形的拳术套路修炼无形的拳道攻防功夫，亦未尝不可！这就是"假借可修真"的一种"入门上道"的法式。

王芗斋先生未尝不知道这个理法，其所以如此严厉地批判修炼拳术套路者，只是因为这些人将传统拳术套路的演练功夫视为"拳道"功夫了。其实两者是实不相干的，套路的演练有其存在的价值，套路并不等于"拳道"的体、用功夫。弄清楚这其中的差别，一个研究拳道功夫而又得道的人，亦可以演练拳术套路而能体现拳道功夫艺境；一个演练拳术套路而未能得到拳道功夫的人，其如何演练拳术套路都不能体现出拳道功夫艺境的。这就是两者差别的所在。明白了这一点，就清楚地领会了王芗斋先生论述的精旨妙谛了！

【注解】

①传统拳术攻防之道的修炼、建体、至用及攻防功夫艺境升华的系列方法、系统工程内容博大精深，乃是躬身自厚、本无穷尽的自学成"文兼武全将相身"的济世人才之事业，遵从的是艺无止境的宗旨。纵然是天资聪颖、绝世悟性的人修炼，更要具备笃诚坚信尽力修行的精神，虽然终生修习不得间断，亦难修炼达到登峰造极的境界。而传统拳术套路与拳套展示的有形的攻防技术方法，即所谓人造的拳架子是也，并非无形拳道的本能之方法也。

②自从清朝到现在三百年以来，传统拳术套路就是为一般门外汉作为当差、表演而用之，成了拳混子谋生的工具了。

③欲精心研究传统拳术攻防之道者，又哪有闲工夫而修炼传统拳术套路的内容呢？修炼传统拳术套路非但没有用处，且于精神的调整、身体健康、心理活动等诸多方面多有所妨碍，如果用力不当，则戕害自身与生俱来的听探之良知、顺化之良能及其相互为用的功能。故而，专门修炼传统拳术套路的人鲜有攻防之道的"建体、至用、攻防功夫艺境的升华"之知识和智慧，而于实战攻

防较技的应用尤其不合适，且害处极多，笔之罄竹难书。对于"打拳原伪保身之计，学拳学做人"的传统拳术之使命，脱拙换灵、脱壳换相、健康长寿的卫生原则相距得太远了，从根本上就谈不到了。对于攻防较技，假设不用拳术套路的有形之机械方法，而能蛮干混打倘或不至于失败呢！倘若用之，则必败无疑矣！因为在蛮干混打的方法中尚存在听探之良知、顺化之良能及其相互为用的灵感在其中发挥着作用的缘故；而运用拳术套路的有形之机械方法，则听探之良知、顺化之良能及其相互为用的灵感火花受到人为的摧残而泯灭了，故而失败乃正常的。

④至于传统文化中的五行"金、木、水、火、土"生克制化的理法之论述，我感觉到三尺孩童亦难全都相信，谁又能信之呢？这可以循问于经过决赛的攻防较技的人，他们的答复，自然就知道我所说的话并非谬论了。见《尚书·洪范·五行识》篇的内容，乃指政治治理的事情内容，说的是人民生活、生产的需要，故而开发金、木、水、火、土五种能源而利于人民的应用而论说五行内容的，后来一般不学无识之辈，滥加采用，妄为伪造，以致演化出为世人所说的五行生克制化之论了。此不过为江湖之流信口开河的泛泛之论而已，岂是学拳者读此论而能得攻防功夫的事情。

事实是这样的吗？五行学说自有其存在的价值！看看下面的专题论述，不就清楚了吗！

1. 五行学说的出处

有关"五行"学说的出处，乃是《易经》天人合一学说中的一个哲学命题，乃论述的是天道理法，其可以谈政治，论医理，又可以为修炼家所应用而谈拳论道，无有不中其的的。所以，我对王芗斋先生对拳家遵照"五行"学说观念理法以炼己的观念持否定态度，应当存疑。就是说我不承认王芗斋先生的这一观点。孙禄堂先生说过："拳术体万物而不遗"，持这一观点认知，"五行"学说的理法，同样可以为拳家所运用以阐明拳道之理法的。因为，在修炼一门，治身和治国的清静无为之理法是一致的，所以，治国的理法，同样可以用于传统拳术攻防之道的修炼、建体、至用而效果极佳。为了阐明这一观念，后面"点评"条目中自会论述拳家"五行论"的内容，以明确其观点。现在下面先看一看《洪范》的内容，对理解后面拳家"五行论"自然有妙不可言之处。

2. 洪范

《洪范》，《尚书》篇名。旧传为箕子向周武王陈述的"天地之大法"。今人或认为系战国后期儒者所作，或认为作于春秋。《汉书·五行志》曰：

"禹治洪水，赐《洛书》，法而陈之，《洪范》是也。"故亦称"洛书"。托武王与箕子对话，言禹治水有功，上帝予其"洪范九畴"（大法九种）。其中提出水、火、木、金、土"五行"及其性能作用。主张天子建立"皇极"，实行赏罚，使臣民顺服。又提出"正直""刚克""柔克"三种治民方法。认为龟筮可以决疑，政情可使天象变化，后成为汉代"天人感应"思想的理论基础。董仲舒以五行之序释孝子忠臣之行，夏侯始昌作《洪范五行传》，刘向作《洪范五行传论》皆参以谶纬、天人感应之说。王安石作《洪范传》以五行为"天所以命万物者也"。

(1)《周书·洪范》

武王胜殷，杀受，立武庚，以箕子归。作《洪范》。

唯十有三祀，王访于箕子。王乃言曰："呜呼！箕子。唯天阴骘下民，相协厥居，我不知其彝伦攸叙。"

箕子乃言曰："我闻在昔，鲧堙洪水，汨陈其五行。帝乃震怒，不畀'洪范'九畴，彝伦攸斁。鲧则殛死，禹乃嗣兴，天乃锡禹'洪范'九畴，彝伦攸叙。

"初一曰五行，次二曰敬用五事，次三曰农用八政，次四曰协用五纪，次五曰建用皇极，次六曰乂用三德，次七曰明用稽疑，次八曰念用庶征，次九曰向用五福，威用六极。

"一、五行：一曰水，二曰火，三曰木，四曰金，五曰土。水曰润下，火曰炎上，木曰曲直，金曰从革，土爰稼穑。润下作咸，炎上作苦，曲直作酸，从革作辛，稼穑作甘。

"二、五事：一曰貌，二曰言，三曰视，四曰听，五曰思。貌曰恭，言曰从，视曰明，听曰聪，思曰睿。恭作肃，从作乂，明作哲，聪作谋，睿作圣。

"三、八政：一曰食，二曰货，三曰祀，四曰司空，五曰司徒，六曰司寇，七曰宾，八曰师。

"四、五祀：一曰岁，二曰月，三曰日，四曰星辰，五曰历数。

"五、皇极：皇建其有极。敛时五福，用敷锡厥庶民。唯时厥庶民于汝极。锡汝保极：凡厥庶民，无有淫朋，人无有比德，唯皇作极。凡厥庶民，有猷有为有守，汝则念之。不协于极，不罹于咎，皇则受之。而康而色，曰：'予攸好德。'汝则锡之福。时人斯其唯皇之极。无虐茕独而畏高明，人之有能有为，使羞其行，而邦其昌。凡厥正人，既富方谷，汝弗能使有好于而家，时人斯其辜。于其无好德，汝虽锡之福，其作汝用咎。无偏无陂，遵王之义；无有作好，遵王之道；无有作恶，尊王之路。无偏无党，王道荡荡；无党无偏，王道平平；无反无侧，王道正直。会其有极，归其有极。曰：皇，极之敷言，是彝是训，于帝其训，凡厥庶民，极之敷言，是训是行，以近天子之光。曰：天子作民父母，以为天下王。

"六、三德：一曰正直，二曰刚克，三曰柔克。平康，正直；强弗友，刚克；燮友，柔克。沈潜，刚克；高明，柔克。唯辟作福，唯辟作威，唯辟玉食。臣无有作福、作威、玉食。臣之有作福、作威、玉食，其害于而家，凶于而国。人用侧颇僻，民用僭忒。

"七、稽疑：择建立卜筮人，乃命卜筮。曰雨，曰霁，曰蒙，曰驿，曰克，曰贞，曰悔，凡七。卜五，占用二，衍忒。立时人作卜筮，三人占，则从二人之言。汝则有大疑，谋及乃心，谋及卿士，谋及庶人，谋及卜筮。汝则从，龟从，筮从，卿士从，庶民从，是之谓大同。身其康强，子孙其逢，汝则从，龟从，筮从，卿士从，庶民逆吉。卿士从，龟从，筮从，汝则逆，庶民逆，吉。庶民从，龟从，筮从，汝则逆，卿士逆，吉。汝则从，龟从，筮逆，卿士逆，庶民逆，作内吉，作外凶。龟筮共违于人，用静吉，用作凶。

"八、庶征：曰雨，曰旸，曰燠，曰寒，曰风。曰时五者来备，各以其叙，庶草蕃庑。一极备，凶；一极无，凶。曰休征；曰肃、时雨若；曰乂，时旸若；曰晰，时燠若；曰谋，时寒若；曰圣，时风若。曰咎征：曰狂，恒雨若；曰僭，恒旸若；曰豫，恒燠若；曰急，恒寒若；曰蒙，恒风若。曰王省唯岁，卿士唯月，师尹唯日。岁月日时无易，百谷用成，乂用民，俊民用章，家用平康。日月岁时既易，百谷用不成，乂用昏不明，俊民用微，家用不宁。庶民唯星，星有好风，星有好雨。日月之行，则有冬有夏。月之从星，则以风雨。

"九、五福：一曰寿，二曰富，三曰康宁，四曰攸好德，五曰考终命。六极：一曰凶、短、折，二曰疾，三曰忧，四曰贫，五曰恶，六曰弱。"

〖分器〗

武王既胜殷，邦诸侯，班宗彝，作《分器》。

（2）白话译文

周文王十三年，武王询问箕子。武王说道："啊！箕子，上天庇荫安定下民，使他们和睦相处，我不知道那治国常理的规定方法。"

箕子回答说："我听说从前，鲧堵塞洪水，胡乱处理了水、火、木、金、土五种用物。上天震怒，不赐给鲧九种大法，治国的常理因此败坏了。后来，鲧被流放死了，禹于是继承兴起。上帝就把九种大法赐给了禹，治国的常理因此定了下来。

"第一是五行。第二是认真做好五事。第三是努力施行八种政务。第四是合用五种记时方法。第五是建事使用皇极。第六是治理使用三种品德的人。第七是尊用以卜考疑的方法。第八是经常注意使用各种征兆。第九是凭五福鼓励臣民，凭六极警戒臣民。

"一、五行：一是水，二是火，三是木，四是金，五是土。水向下润湿，火向上燃烧，木可以弯曲、伸直，金属可以顺从人意改变形状，土壤可以种植百谷。向下润湿的水产生咸味，向上燃烧的火产生苦味，可曲可直的木产生酸味，顺从人意而改变形状的金属产生辣味，种植的百谷产生甜味。

"二、五事：一是容貌，二是言论，三是观察，四是听闻，五是思考。容貌要恭敬，言论要正当，观察要明白，听闻要广远，思考要通达。容貌恭敬就能严肃，言论正当就能治理，观察明白就能昭晰，听闻广远就能善谋，思考通达就能圣明。

"三、八种政务：一是管理民食，二是管理财货，三是管理祭祀，四是管理居民，五是管理教育，六是治理盗贼，七是管理朝觐，八是管理军事。

"四、五种记时方法：一是年，二是月，三是日，四是星辰的出现情况，五是日月运行所经历的周天度数。

"五、君王的法则，君王建立政事要有法则：掌握五福，用来普遍地赏赐给臣民，这样，臣民就会尊重您的法则。赐予您保持法则的方法：凡是臣下不要有邪党，百官不要有私相比附的行为，只有把君王作为榜样。凡是臣下有计谋有作为有操守的，您就惦念他们。行为不合法则，但没有陷入罪恶的人，你就成就他们；假若他们和悦温顺地说"我遵行美德"，您就赐给他们好处，于是，臣民就会思念君王的法则。不虐待无依无靠的人，而又不畏显贵，臣下这样有才能有作为，就要让他献出他的才能，国家就会繁荣昌盛。凡那些百官之长，既然富有俸禄，而您不能使他们对国家有好处，于是臣民就要责怪您了。对于那些没有好德行的人，您即使赐给他们好处，将会使您受到危害。不要不平，不要不正，要遵守王令；不要作私好，要遵守王道；不要作威恶，要遵行正路。不要行偏，不要结党，王道坦荡；不要结党，不要行偏，王道平平；不要违反，不要倾侧，王道正直。团结那些守法之臣，归附那些执法之君。君王，对于皇极的广泛陈述，要宣扬教导，天帝就顺心了。凡是百官，对于皇极的敷言，要遵守实行，用来接近天子的光辉。天子作臣民的父母，因此才做天下的君王。

"六、三种品德：一是正直，二是过于刚强，三是过于柔弱。中正和平，就是正直；强不可亲就是刚克；和顺可亲就是柔克。应当抑制刚强不可亲近的人，推崇和顺可亲的人。只有君王才能作福，只有君王才能作威，只有君王才能享用美物。臣子不许有作福、作威、美食的情况。假若臣子有作福、作威、美食的情况，就会害及您的家，乱及您的国。百官将因此倾侧不正，百姓也将因此发生差错和疑惑。

"七、用卜决疑：选择建立掌管卜筮的官员，教导他们卜筮的方法。龟兆有的叫作雨，有的叫作霁，有的叫作蒙，有的叫作驿，有的叫作克；卦象有的叫作贞，有的叫作悔，共计有七种。龟兆用前五种，占筮用后两种，根据这些推演变化，决定吉凶。设立这种官员进行卜筮。三个人占卜，就听从两个人的说法。你若有重大的疑难，你自己要考虑，再与卿士商量，再与庶民商量，再与卜筮官员商量。你赞同，龟卜赞同，蓍筮赞同，卿士赞同，庶民赞同，这叫大同。这样，自身会康强，子孙会昌盛，很吉利。你赞同，龟卜赞同，蓍筮赞同，而卿士反对，庶民反对，也吉利。卿士赞同，龟卜赞同，蓍筮赞同，你反对，庶民反对，也吉利。庶民赞同，龟卜赞同，蓍筮赞同，你反对，卿士反对，也吉利。你赞同，龟卜赞同，蓍筮反对，卿士反对，庶民反对，在国内行事就吉利，在国外行事就不吉利。龟卜、蓍筮都与人意相违，不做事就吉利，做事就凶险。

"八、一些征兆：一叫雨，一叫晴，一叫暖，一叫寒，一叫风。一年中这五种天气齐备，各根据时序发生，百草就茂盛，一种天气过多就不好；一种天气过少，也不好。君王行为美好的征兆：一叫肃敬，就像及时降雨的喜人；一叫修治，就像及时晴朗的喜人；一叫明智，就像及时温暖的喜人；一叫善谋，就像及时寒冷的喜人；一叫通圣，就像及时刮风的喜人。君王行为坏的征兆：一叫狂妄，就像久雨的愁人；一叫不信，就像久晴的愁人；一叫逸豫，就像久暖的愁人；一叫严急，就像久寒的愁人；一叫昏昧，就像久风的愁人。君王之所视察，就像一年包括四时；卿士就像月，统属于岁；众尹就像日，统属于月。假若岁、月、日、时的关系没有改变，百谷就因此成熟，政治就因此清明，杰出的人才因此显扬，国家因此太平安宁。假若日、月、岁、时的关系全都改变，百谷就因此不能成熟，政治就因此昏暗不明，杰出的人才因此不能重用，国家因此不得安宁。百姓好比星星，有的星喜欢风，有的星喜欢雨。太阳和月亮的运行，就有冬天和夏天。月亮顺从星星，就要用风和雨润泽他们。

"九、五种幸福：一是长寿，二是富，三是健康安宁，四是遵行美德，五是高寿善终。六种不幸的事：一是早死，二是疾病，三是忧愁，四是贫穷，五是邪恶，六是不壮毅。"

⑤所有的传统拳术套路一项内容，大都是知道其中底细人的伪造而成的。然有形的攻防招式、方法，又何尝不是人所伪造而为的呢？这些都不是无形拳

九、论拳套与方法

道的本原法则，就是发挥人的听探之良知、顺化之良能及其相互为用的本能之学业成就也。

⑥一门子专心修炼传统拳术套路的人，虽然有精纯笃诚的功夫，信、专之坚忍的恒心毅力而努力为之，然最终仍然是舍精华而就糟粕的人呀。要清楚地知道"化乎一者，方称为拳"。无形之拳当然从根本上就没有有形之法了，亦可以说无形之拳"无微不法"；一有有形的方法，神、意气、劲，便不可能一而贯之，而至外形之力亦不专笃矣，则周身动作散漫不能果断迅速，一切则不能"神、意、气、劲、形、中"六合一统，更有悖于自己的听探之良知、顺化之良能及其相互为用的能力发挥。

⑦所谓法者，乃无形拳道的清静无为方法、准则，非有形的枝节片面之刻板的攻防技术方法尔。修炼有形的枝节片面之刻板的攻防技术方法，犹似庸医使然也。庸医者，所学都是备妥方法要方，以等待患者来临，而患者须按方患病，否则无所施其技也！

⑧凡是认为传统拳术套路是拳的人，乃是不啻以牛鬼蛇神之种种说法而乱大道矣！这些行为皆"拳道"之罪人也。常常叹息今天的学拳之人，纵然存有精心研究传统拳术攻防之道的志向，但苦恼于无可经历之门径。面对此种情景，故我不顾一切，誓必道破其中的不符合拳道之理法的内容。

⑨要说传统拳术套路的方法既然属于毫无用途而且有害，为何传授者、学习者尚不关心管住自己和他人呢？这是什么原因造成的呢？大概因为传授者、习拳者大都是拳道知识浅薄智慧的弱者，故多好奇喜欢猎异，就是告诉其真传秘诀奥谛，彼亦难于开悟，就是开悟的人亦难于坚持常久如此认真的精心修炼体认，我亦难以推行拳道良方矣！都是因为传拳者、习拳者都以传统拳术套路的方法，借以眩人耳目而夸悦于世人面前，而传授者更以拳术套路的以己之误而贻误他人，这样的以误传误、以讹传讹之恶性循环永无止期、永无止境。这种恶性循环的现象诚可怜、可哭而又可气也！

⑩噫，岂仅拳学之一道如此，我感觉到一切学术，大都亦是"畸形"地发展着。我实不忍心目睹同道同类走入修炼的迷途之浩劫而不可救药，故而不惜我多年修炼的体认之经验，所得所知，反复申明论述，以正其妄，而期望唤醒同胞，勿复入执迷不悟之迷途矣！大凡天地间之无形高深的学术，皆是形简而意繁；而形势复杂者绝对少了精义，故而不仅拳道如此然也。愿同道者三思之，是不是这个理。

其实，各种学术，都是"乾易坤简"的，正如《易经·系辞上传》中所言："乾知大始，坤作成物。乾以易知，坤以简能。易则易知，简则易从。易知则有亲，易从则有功。有亲则可久，有功则可大。可久则贤人之德，可大则贤人之业。易简，而天下矣之理矣；天下之理得，而成位乎其中矣。"

【点评】

就传统拳术套路的存在、演练及其功能作用问题，历来皆为拳家认真讨论的问题之一。我曾经著作一篇"论套路"的文章，阐明了我对传统拳术套路的认识内容，为求对照，录之如下。

1. 论套路

问：中华拳术各门派，各拳种的拳术套路有什么意义，有什么作用，有什么价值？如何学习套路、如何修炼套路？学习拳术套路与修炼拳术的攻防技击的技术，功夫是什么样的关系？修炼拳术攻防之道是先学套路，还是后学套路，各有什么利弊？为什么有的拳师反对以练套路的方法修炼技击功夫？有的拳师主张专习套路而能修炼好技击功夫？

答：欲求上述问题的解答，首先要知道拳术套路内容的实质为何，从各种拳术套路中明显看出是由"起式，各种拳势组合而成，拳势由招式组成，招式由手法组成，收式"组成。

陈复元《太极拳论》中的"变化"条目中讲得更为明白，抄录如下："变化者，有一手之变化，有一招之变化，有一势之变化，然无论一手一招，一势，其变而能化，皆由简单渐至详密，以开合为一手之变化，以转关为一招之变化，此即上传下接之义，唯身法步法，旋转紧凑方向之变，皆属一势之变化也。由开展至于紧凑切莫逾手范围，乱其顺序，自能积手为招，招合为势，势联成套，始练似觉有界，久练功夫娴熟，自能豁然贯通，运化自如，千变万化，随心所欲矣！"

从引用上边的论述中我们可以分析，套路是由手法组成招式，由招式组成拳势，积拳势而联成套路。我们可以这样认为，套路是拳势、招式、手法、身法、步法、腿法的仓库；套路是手法、招式、拳势的各种变化运用的方法、准则、规律的仓库；而又是蕴藏着由最简单而至详密的"闪展腾挪，拿打踢摔"八法攻防变化的方法、准则、规律的仓库，以及各种手法招式拳势、八法攻防变化运用时自身内部结构机制的确定、变化、转换运用的方法、准则、规矩规律的内容。可以说，不管拳术所编排的是短套路"八势"还是长套路一百二十八势，每个拳种的其中一个套路，精细研究，可以确认都蕴含着中华拳术攻防之道的攻防变化运用的法则、规矩、规律，自身内功、外功的全部内容，又可以理解"每一个拳术套路就是中华拳术攻防之道的全部技术功夫内容

九、论拳套与方法

的全身的缩影"，这才是最全面最正确地认识拳术套路的观点，对拳术套路的各方面的价值就不会有偏见的看法了。

初学者如何学习拳术套路？历来就有两种方法，一种是"顶针续麻"法，即是积手为招，招合成势，拳势联成套路。言说的是初习套路时以招为单位，学会一招，明白招内有几个手法的运用，是外部的用；再明白自身内部如何变化，如何运动而能产生外部手法招式的运用，此乃以体明用的方法，即是内外齐修的练法。动作规矩熟练了再学下一招，亦是如此的运动变化是否正确，外用攻防的意境是否清楚，基本上符合要求再继续学招式，拳势，直至一套拳路学完。虽然学完一套拳时间花费的长一点，由于是循序渐进，一旦学完一套拳时心中已然明白了好多，身体也适应得很好，为以后自己盘架子继续练习拳术打下了好基础。这种方法适用于初习拳术的人。

一种是先学拳皮子，俗称"画道"，可在很短的时间内就能学完一套拳的套路。然后自己再分段重复，弄明白每手每招每拳势的自身内在的变化，外用攻防的意境，也是打好以后盘架子的基础。这种方法学套路适用于有一定拳术基础功夫的人，可以节省学套路的时间。

"盘架子"即每天修炼套路拳术的行家的用语名称。因为所学的拳术套路中的手法招式拳势已经很熟了，为了吃透套路中的精华，体会套路中蕴含的全体大用的功夫艺境，就要每天不断地盘架子来体认，心领神会，这是很吃功夫的方法。谚云"拳打千遍其理自现"就是指这种修炼方法。说是练拳，不如认为是每天用拳术攻防的手法、招式、拳势在练己更明白。即是用招式手法拳势天天训练自己的手眼身法步、肩肘腕胯膝是不是符合手法招式拳势的"神意气劲形中"六合一统的要求，即每天盘架子都要严格关注自身内部和外部各个部位的协调性，是否符合手法招式拳势的精确要求。开始觉得上一手下一手、上一招下一招尚有界线的区别，熟练精纯，自然形透神明，豁然贯通，自身内外动转自如，拳术功夫由此上身。

然后再按"行拳运势"和"行招打手"的方法每日反复修炼套路中手法的衔接、招式的转化、拳势的起承转合，做到"拳拳伏应"，久练精熟运转自如似行云流水，认真仔细地体认每一手一招一拳势，自身内的劲势的转化、形体的变化、内外合一的法则规律及如何导致出的每一手一招一拳势的攻防内容、技术要领特点，参透明招、暗招的转化机制，再认识明招暗招及各种不同手法招式拳势的普遍的共同特点，这点相当重要。因为能知拳术套路是明招中的暗招，才能彻底明白拳术套路的真实含义，这是修炼拳术套路功夫艺境升华的景象。

这样再修炼套路的每个拳势，每招、每手皆具精义，自然能内外合一，形神兼备，一气贯通，周身一家，行拳运势犹如江河之水，滔滔不绝，手眼身法步，处处交待清楚，肩肘腕膝胯，随招运势，轻重缓疾，时时运转自如而能随心所欲，可谓拳术套路中的手法招式拳势演练纯熟，自得运用之精义，自能体会出自身内部的运作机制而合规矩，又自有规律，能自明手法招式拳势蓄放攻防的意境。

如能达到拳术套路演练的高艺境，即"一心在拳势运行变化之中而不知有己的行拳功夫"，乃得拳术动中能静的精髓矣！然非十几年的纯精功夫是不可能达到的，此乃行拳功夫达到炉火纯青的艺境。

然而拳术套路中所演示的各种手法、招式、拳势的具体招式的攻防的效用，还不能直接运用于较技中，尚须将拳术套路中的各种招式拆解成具体的手法、肘法、靠法、胯打、膝法、腿法等，各法都要单独训练，做到自己身体内外各部位要哪有哪，才是运用招法攻防的自身的功夫。这就是修炼拳术攻防之道练好拳术套路后继而进行的拆手阶段。谚云："练拳不拆手，什么也没有。"经过拆手，亦名拆拳，可以更清楚地明白，套路里蕴藏的明暗招法应有尽有，现以太极拳"金刚捣碓"式为例分析说明练拳和拆手的关系，练架子由起势到收势共有八个架式，完成了五对缠丝，一个震脚，"明手法"有六手加一个震脚，暗招尚有四个，一个点脚、膝击、权喉、反关节小擒拿；变招六个，两个肘法，一个蹬脚，一个下斩一个上斩，一个劈砸反关节，合计十七手，尚未拆尽，如以挨着何处何处发来理解"金刚捣碓式"运用于实战中会有更多的运用。从这里可以知道拳招式的手法蕴含量的丰富，亦表明了套路招式的价值，能知此艺境可以说明拳术。

尚有拳术套路中的招式，因为全是练习拳法的架子，行话说是"亮架、显架、外场架"，就是供公开场合练拳的"大架子"，故在套路行拳中有舞的成分，故好看而有欣赏价值，但仍然不失供行家里手观赏的手法招式拳势的攻防意境。修炼拳术攻防之道的人倘要换成"用架子"，即行话说的"暗架、里架、内场架"，就是为实战攻防用的小架子，行拳中因为实战而用，故没有舞的成分，行家看"每手每招每拳"，行拳者浑身松静自然，但内外处处蕴含着杀机和变化的技巧。动手较技功夫精熟而深者，行拳时每拳每招拳架，浑身潇洒自然，其内外祥和反而显现处处毫无杀机和变化的巧妙之处，此乃大象无形、大智若愚、大巧若拙、大勇若怯、大成若缺的得道之象。故能如此，属"真人不露象的上乘艺境了"。可以明白拳术修炼水平多层次的道理。

故有的拳种有小拳架的套路，其中招法可以直接用于攻防中，然其中的招法仍可以拆手而用，可知拆手是大小架拳套路须做的一项必不可少的事情，是修习攻防之道必做的事情。拆拳势招法而成为手法，简称为"拆手"。

修炼拳术攻防之道攻防招法，确实存在着练习和运用的分别，即行话说的

九、论拳套与方法

"大练小使"乃是攻防招法练习与运用的法则，即俗说的"练大使小"。练习拳术套路是谓大练，经过拆手而能用是为小使，也是成手的过程。

修炼拳术套路中蕴含的各种手法、招式、拳势的攻防变化，运用的方法，准则规矩、规律方面的内容，是完全可以直接在动手较技中运用的。这一点正是"拳术套路"中蕴藏的一项非常丰富的内容，一般习拳者容易忽略而不得其用；尚有身法、步法攻防进退变化运用的法则、规律，亦是一项非常丰富的内容，也是较易忽略的内容，而不知在较技中运用。还有拳术套路中蕴含的手法、招式、拳势、身法、步法体现招法攻防进退、碾转反侧、轻重缓急、奇正相生等变化运用的连续性的功夫、技术、内容，亦是可直接用于较技中的功夫，也是易忽视的内容。上述三点内容所阐述的皆是抽象存在于拳术套路中，是手法招式拳势的具体形象反映不出来的功夫内容。

从上述简单而又具体的分析可以知道，拳术套路中蕴含的各个方面的内容都直接与拳术攻防技击有着密切的关系，大制不割即是此理。

如果一个修炼拳术攻防之道的人能够很好地修炼拳术套路，精心领会并能纯熟掌握运用其中蕴含的各个方面的法则规律的精华，又能正确地处理好手法招式拳势"大练小使"技术问题，即用经拆手后的"实用架"的招法训练好自己，使自身内外各部位做到要哪有哪，做到各种攻防招法运用时，自身形体、劲势应机到位，自身随机遇势而招法攻防做到应随变化自如，达到随心所欲的艺境，自然具备一手可有八手变化之能，八手皆任意变化为其中一手而用，乃是拆手破招的成熟阶段，较技中即能做到一手拆八手、八手破一招的应变自如的艺境。从古以来前贤得艺的事实证明，凡是动手较技功夫精通者，都对拳术套路有精深的研究和修炼，其所得的功夫艺境皆取之于拳术套路这一宝库中；也有不习套路而动手功夫好的人，只不过是将拳术套路中的内容分解实练而已。以此不能说明，亦不能抹煞拳术套路的实际价值，即拳术套路中蕴含着具有拳术攻防技击功夫的实用性价值的内容。其只是变通了运用拳术套路的一种练拳方法而已，究其所用皆是拳术套路中库存的内容，这就是套路的全融性的特点。

修炼拳术攻防之道是先学套路好还是后学套路好，这不是主要的，修炼拳术攻防之道要立足于攻防运用上下功夫，修炼自身内功、外功和内外合一而用的功夫艺境，先修拳术套路理解拳术全体大用，还要进行拆手等单项修炼，先进行单项拆手招式修炼，然后再修拳术套路，理解拳术全体大用的功夫内容，这两种不存在差异，全在各人自己的悟性了。按我的认识，两者没有区别，最终获得拳术攻防功夫上身后，每天习练拳术套路是最好的养生强体、巩固攻防技术功夫、精纯拳术攻防之道的最好的方法。这是没有疑问的，又是行之有效的最简便的方法。较技水平高，打拳艺境就高。

《拳道中枢（大成拳论）》注解点评

　　为什么有的拳师反对套路修炼，而有的拳师却主张套路修炼？认为拳术套路蕴含"生生不已"的内外功夫的一切境界，拳术攻防之道的全体大用的功夫是套路的精华，是内修强身健体、外修攻防招法连环而施的拳术独自的特点是单项修炼不可获得的，是主张修炼套路之人的重要理由。认为修炼拳术攻防之道单纯修炼套路，不知攻防招法运用中自身内外功夫的艺境，而有流于华而不实的花拳绣腿的空架子，会白费时间，故而主张单项训练为好，乃是反对拳术套路的修炼方法的理由。

　　前述两者全在各言其是，无可非议。综观各门派、各拳种的拳术套路，皆是前贤所编排的，定有编排的实用价值。然而，时过境迁，人已非是，拳术套路是死的而留传下来，全在而后的习拳者如何运用，就像棋谱一样，是留给后人、启发后人如何领会其中蕴含的精华奥妙，而后人能通过修炼悟通能充分发挥运用其中的精华奥妙，显示出其内含的神韵，才能最充分地体现出拳术套路全体大用的价值。一个修炼拳术攻防之道较技艺境水平高的人，对拳术套路中的招法、法则、变化规律等，即使是从拳谱中看到图像解文，都能很好地运用于较技中，而使他人敬佩。如何估量拳术套路的价值，是根据人的功夫艺境不同而结论不同。只有艺境达到"以文观法，以形鉴真"的功夫艺境的人，其给予的估价值是最高的，也就不奇怪了。

　　对于拳术套路，乃是前贤智慧的结晶，是中华拳术文化中主要的内容之一，其功不可磨灭，修炼拳术攻防之道的人应全面认识其价值，以为练己而用之，定会大有补益，这无可置疑。

注：

　　单纯修炼拳术套路，其中的攻防招式、技法，不经过系列的喂手、拆招变手、盘较之系统的修炼，是不能用于攻防实战的。

　　由此可知，如何运用传统拳术套路以炼己，才是问题的关键。能不能运用演练传统拳术套路的方法获得拳道功夫，亦在于修炼者本人的用心所在。正如前贤所言：

　　　　试由天而地，以近索乎人。人为万物之灵，其即仰观天以执行，俯察地以建极，居覆载之中，首出庶物者也。仰人何谓乎先？涵养之以静以蕴其继，灵妙之以动以畅其用。体非无以立其大本，用非无以彻其元功。离之中坤其静基也，《易》之卑法地者此也。然静则功力绵绵不息，其体至柔至刚。非柔则原委难于无间；非柔中刚，未免有作辍之时。柔者静之体，刚者则又柔之体也。坎之中乾其动机也，《易》之崇效天者此也。非无则空灵犹恐障蔽；非无中生有，奚以见变应之奇？

《浑元剑经·剑髓千言》

修炼传统拳术攻防之道的关键问题,首先在于建体,然后就是至用,故而,不在修炼形式耳!

2. 五脏五行论

> 夫捶以言势,势以气言。人得五脏而生气。五脏实为性命之源,生气之本,而名为心、肝、脾、肺、肾也。心属火,而有炎上之象;肝属木,而有曲直之形;脾属土,而有敦厚之势;肺属金,而有从革之能;肾属水,而有润下之功。此乃五脏之义,而犹准之于气,皆有所配合焉。凡世之讲拳术者,要不能离乎斯也。
>
> 其在于内,胸廓为肺经之位,而肺为五脏之华盖,故肺经动,而诸脏不能不动也。两乳之中为心,而肺抱护之;肺之下、膈之上,心经之位也。心为君,心火动,而相火无不奉命焉。而两乳之下,右为肝,左为脾,背之十四骨节为肾。至于腰,为两肾之本位,而肾为先天之第一,又为诸脏之根源。故肾气足,则金、木、水、火、土无不各显生机焉!此论五脏之部位也。然五脏之存乎内者,各有定位。而见于身者,亦有专属。但地位甚多,难以尽述。大约身之所系,中者属心,窝者属肺,骨之露处属肾,筋之联处属肝,肉之厚处属脾。想其意:心如猛,肝如箭,脾之力大甚无穷,肺经之位最灵变,肾气之动快如风。是在当局者自为体验,而非笔墨所能尽磬者也!

此文,是以五行理论而论述自身内外之所以能够"散之必有其所统,分之必有其合,纷纷者各有所属,攘攘者自有其源"的道理,是继第一要所论一身以一气贯串、气形合一而用的自身生化之机制。此文以中医学的自身全息理论,系统地阐明"五行合一"而用以统一自身内外、上下、前后、左右各个部位能为拳术所用;以五脏、经络、身体各部位的联属关系,为传统拳术攻防功夫能够修炼到自身内外协调统一而用提出了科学的论断。此文是传统拳学的经典文章之一,习拳者不可忽视,如欲深究者,观习《黄帝内经》便可更为明了。

讲拳法不能不讲拳势,讲拳势不能不讲气势,讲气势之用,就不能不讲气的根源及气的生成之理,就不能不知道气的运行、运用机制。人靠五脏的正常生化而得以生存运动,靠五脏的生化机制得以生化成生命的活气,这就是"气由五脏而生"的说法。五脏,确实是生命形状的源头和内气生成的根本所在。五脏之名为心、肝、脾、肺、肾。按五行学说而论,心属火,而有炎上之象,故显轻灵;肝属木,而有曲直之形,故形有曲直之用;脾属土,其具敦厚之性,故有无所不化,无所不容之能;肺属金,其性虚灵,故有随势变革之能;肾属水,其性松沉，故有润下之功。此乃五脏的属性之本意。能准确地生发内气，维持正常的生命活动及自身正常的神意、形态之运动，皆因五脏之间各司其职而又配合默契来得以保证。

传统拳术攻防之道的修炼和运用，时刻不能离开对自身五脏、经络、各部位所属的认知，这对自身一气而统贯周身的运用是非常重要的，离开这一点来研究、探讨传统拳术攻防之道的修炼、建体、至用等内容，皆成为无源之水，无根之木。

此文所论五行之意，后来发展到形意拳，而又具体以"崩拳属木，似木之直射如箭；炮拳属火，似火爆烈而又轻灵上炎之势；横拳属土，似土敦厚，其形如弹丸之圆；劈拳属金，似金之利，如下劈之势，从金气肃降之意；钻拳属水，似水无孔不入之意，但要拳势松沉为本"而立五行拳法，来论述传统拳术攻防之道的修炼、建体、至用的理法术功，是以此文的宗旨为根基而阐发的。由此看来，传统拳术攻防之道的一脉真传，不在于从师何门，而在于是否得到一脉真传之理、法，而又能集理法术功于一身。得成者是为真传，非得真传者，言拳必无根本，故多谬言。

现在，再来看看五脏在自身胸腹中的位置及其功能。

肺脏处在胸腔间，胸膈膜之上，手太阴肺经由此而连于手。由于其处位在最上，而为诸脏之华盖，肺气以轻灵肃降之性润滋脏腑。肺司呼吸吐纳，瞬隙不可以止息，肺之所以动而安静（归根之曰静，故曰：安静之动），诸脏随之亦不能停止生化之活动。故肺脏躁动不安静而不能行使肃降之令，是会影响到诸脏亦不能安静。上极则下行以降，乃肺脏之功能，轻灵肃降乃肺脏之性。

心脏处在两乳之间的胸中，而肺脏包护其外。心居肺之下、胃之上。心为君火，动而相火无不奉合。相火，传统医学认为乃肝胆春阳之火。手少阴心经由此心包络经而连手。

心肺同居上焦，乃示天位的阴阳平衡之象。心属火其性炎上，肺属金其性肃降，是上焦乃似天之位，故医家有上焦如雾之气化功能的说法。

而膈膜下两胁之间，肝脏居右，而其用事之功能为阴尽阳升之象，其经名"厥阴"，下而连足。人体左为阳，故此文曰"左为肝"，乃从其用而论的；脾脏在左胁间而居，而其用事之功能为阴中之阳升之象，一补上焦气化功能；一助胃的息息下行之功能。人体右为阴，故此文曰"右为脾"，亦从其用而论的。足太阴脾经，由此而下与双足相联系。

脊背十四个骨节皆为肾之所主，此固然为系五脏之位置，五脏皆系于背脊。脊通肾脏而生精髓，脊又通全身之骨髓，故全身之骨皆为肾所主宰。至于腰之两侧，则为肾脏所居之本位，故肾为藏贮先天元精，即元阴、元阳之所在，故有先

九、论拳套与方法

天之第一的说法。即修炼传统拳术攻防之道不以后天筋劲骨力为大用,而以后天之形体,修炼元精化成之真气以为用者。肾属水脏,水能生木;肝属木脏而主筋,乃生肝长筋;木能生火,心属火脏而主血脉,乃生心而生血脉;火能生土,脾属土脏而生肌肉,乃生脾而长肌肉;土能生金,肺属金而主皮毛,乃生肺而长皮毛。五脏依次而生长,六腑依次而生之,是外形骨、筋、血脉、肌肉、皮毛之成也。形乃气之聚也,故曰"肾为先天之第一",尤为诸脏生成之根源。故肾水即精之气足而木火土金诸脏的"生长化收藏"的功能皆有生机,此乃五脏之位所使之必然。

且五脏之存于体内,各有其固定之位置,而具体到身体各部位,亦自有所专属。

后脖领、头顶、脑、骨骼系统、背皆为肾之所主,两耳亦属肾;浑身之血脉,皆属心;而筋节则属于肝;上下两唇和两腮部位皆属脾;两发,即毛和发,皆附生于皮,故属肺。

天庭,为六阳之首脑也,此处荟萃五脏之精华,实为头和面之主,乃一身之座督。印堂,阳明胃气流注所在天庭性起,机由此达;但生发之气,由肾而达于六阳,故肾之生发之机,实为天庭之枢机。天庭部位所属心肺也,心生杀机肺行肃降,由肾而达于六阳荟萃天庭。故此,古拳论有"眉间一线露杀机;杀机一线在眉间"的说法。"天庭乃一身之座督",即为杀机在此的意思。而肾者"作强之官,技巧出焉",故肾之生发之气,又是"天庭杀机之神"的枢机。

两目皆属肝之窍,而仔细论之,上眼帘属脾经,下眼帘属胃经;大眼角属心经,角膜属肝经,小眼角属小肠经,角膜属胆经;白眼球属肺经,黑眼球属肝经,瞳仁属肾经。眼实为五脏之精华所汇聚同司之器官,而不得专为肝经之所主而论。以此论为引,身体各部位器官皆相互为所主属,就是现在的"全息论"在身体中的运用。古人已经清楚地认识到这一点,故有自身脏腑、经络、器官、部位相互为用所从属的系列性论述。

鼻孔也为肺经之窍,两颐为肾经所主,耳门之前为胆经,耳后高骨属肾经。鼻为面部之中央,属土,其与肺共司吐纳呼吸之职。吐故纳新得天之精气所养,乃自身滋生之源泉,实乃中气生成之主要因素。无吐纳呼吸之资生,中气就不能生成。

人中穴部位,为血气汇聚之地,上冲印堂,达于天庭,亦为至要之所在。唇之下为承浆穴,承浆之下及左右为地阁,地阁与天庭相对应,承浆、地阁亦肾经所主之位也。

后脖领,头顶百会穴,有曰领上为项者;颈,脖子左右两侧;项,脖前为项。此四个部位,即脖子前后左右及头顶,皆为五脏之气运行之道路,气血之总会处。又分为，前为饮食、呼吸之气出入之道；后为肾气升降之途。肝气由之而左旋以升，脾气由之右旋以升，其系统更为重要，为周身内气运行的关键部位。前《易筋经·贯气诀》有言：头为诸阳之首，全身之气入与不入皆以头为领，即此文之要领说。

两乳乃筋聚所成，故为肝经所主；两肩凹陷之窝，为肺经所主；两肘为肾所主；四肢为脾所主，医家言：脾主四肢之谓也；两肩头肉厚之膊处，皆为脾所主，脾主肉也；而十指则为五脏所主：心为火主中指，脾为土主大指，肺为金主无名指，肾为水主小指，肝为木主食指；膝与胫骨皆为肾所主，两脚跟为肾之重要部位，涌泉为肾经的穴位。

大约而论，身体各部位归各脏所系：中者、突出者为心经所系；内陷成窝者，为肺经所系；骨之露者皆为肾；筋之连处皆属肝；肉之厚处就为脾经了。像其五行之意：心火，其性猛如虎；肝木，其形直如箭；脾土，其性敦厚，蓄势最足，故其气力无穷；肺经之位，轻灵便捷，故变化灵敏；肾水，其气动快如风，似冬日疾风强劲也。以上为用法之论五行的五脏之"经"者。

举例说明，凡身之所属于谋经者，终不能无有其意义，是在习拳者自己修炼、自己体认，才能知之。这个问题，不是笔墨书写、言语表达就能够明白的。

至于五行的生克制化，虽然自古医学就有一套完整的理论体系，但是，追究五行学说的核心，自有统一会中的宗旨。运用五行学说论述自身百体之所属，尽可一言以概之，总是一元生发而成。自身之四体，即头为诸阳之首，一体也；身、颈至尾骨、会阴，二体也；双腿足，舟车者，三体也；双手臂，门者，四体也。三心者：头顶之心，百会也，一心者；两足之心，涌泉也，二心者；两手之心，劳宫也，三心者。以此四体三心合为一气所用，就是"一阴一阳是为拳"，一阴者，四体三心之总合为一的说法。一阳者，就是气沉丹田所生成的中气。此中气所统一阴形而用，便成拳势以为用，多么简单易行的修炼传统拳术攻防之道的方法呀！既然如此简单明了，又何必非要把拳法、拳势，组成拳势之形体部位与经络一一对号入座来论述呢？何必把原为一个有机的整体，用毫不相干的方法拆开来再零零碎碎地解释呢？大道从简易，约繁就简之论述，就是"一阴一阳是为拳"。

此五行要论，初论是习拳者应知应会的内容，而不要执著于经络之气说，亦不要执著于五脏脏气说，此两者皆为医家所用之。拳家借此而明理、法，一旦理、法明之，就要进入到内气、外形的一阴一阳是为拳的理法中来修炼，也就是本文的四体三心合为一气的说法。习拳不知取舍之法，不算醒悟；凡知取舍之法的人，必是醒悟者，大乘之艺境便指日可待了。

《古拳论阐释·九要论·五脏五行论》

这篇文章清楚地说明了五行学说的理法，同样可以指导传统拳术攻防之道的修炼，而能达到无形拳道的艺境。所以，五行学说的理法，具有指导传统拳术攻防之道修炼、建体、至用之实际的意义。

3. 五行有真假论

否定"五行"学说的论述，肯定是不对的。看看下面前贤的论述，问题就清楚了。

尽心穷理第三要

> 不但此也，且阴阳有内外，五行有真假。性命工夫两段，先后二天各别，有真有假，有真中之假，有假中之真，有真中之真，有假中之假。此等机关究之不彻，即行之不到；辨之不清，即作之不成。是以吕祖三次还丹未成，后得崔公《入药镜》而始完功；紫清有夜半风雷之患，重复修持而方了事。如二翁者，神仙中之领袖，些子不明，犹有不虞，而况他人乎？学者须当三思之。

《刘一明·修真九要》

内功养生之道的修炼不但有此些内容也，况且阴阳亦有内外的分别，五行亦有真假的划分。性命功夫分为两个阶段修炼的内容，还有先后天各别对待的要领；有真就有假，有真中假，有假中真，有真中真，有假中假。

阴阳内外

真仙上圣，悯其如此轮回，已而仍归堕落，深欲世人明悟大道，比于天地、日月之长久。始也备说天地、阴阳升降之理，次以比喻日月精华往来之理。彼以不达天机，罔测玄妙。以内药比外药，以无情说有情。无情者，金石。金石者，外药也。有情者，气液。气液者，内药也。大之天地，明之日月，外之金石，内之气液。既采须添，既添须抽。抽添之理，乃造化之本也。且冬至之后，阳升于地，地抽其阴。太阴抽而为厥阴，少阳添为阳明，厥阴抽而为少阴，阳明添而为太阳。不然，无寒而变温，温而变热者也。夏至之后，阴降于天，天抽其阳。太阳抽而为阳明，少阴添而为厥阴，阳明抽而为少阳，厥阴添而太阴。不然，无热而变凉，凉而变寒也。是以天地阴阳升降而变六气，其抽添之验也。若以月受日魂，日变月魄，前十五日，月抽其魄而日添其魂，精华已满，光照上下。不然，无初生而变上弦，上弦而变月望者也。若以月还阴魄，日收阳精，后十五日，日抽其魂而月添其魄，光照已谢，阴魄已足。不然，无月望而变下弦，下弦而变晦朔者也。是此日月往复而变九六，其抽添之验也。世人不达天机，罔测玄理。此乃内功养生之道的修炼之"阴阳内外"之理法说的基本内容。

天机：天道之机制的简单说法。天道者，天气也，自身之先天真元一气也。天机者，天道自然生命之气机也。常说"天机不可泄露"的意思，乃是生命气机要回环往复的运动，才是生命能够生生不已的机制，如果真元之气泄于外而不能复返回者，必死亡矣，此是"天机不可泄露"的本义。俗说："人有一生，而有两死。"说的是"生机勃勃"之一气，如果口鼻只有出的气，没有进的气，一死也；放屁真气下出而亡者，亦是一死也。

所谓的内功养生之道和传统拳术攻防之道的修炼，就是唯道是从的正常的维护这生命气机达到性坚命固的艺境，得以身心健康，而达到自然长寿的艺境耳！

五行真假

内功修炼养生之道，运用五行生克制化的学说内容，乃运用内"五行本一气"的内容为真；而外"五行"之有形者为假，如心、肝、脾、肺、肾之五脏器及皮、肉、血脉、筋、骨等，都非修炼之药物也，故曰假。

性命双修

命者，气也；性者，神也。炼精化气，修命之功也；炼气化神，修性之功也。

先后二天：先天者入于无象，后天者滞于有形。先天者真净妙明之心也，后天者端严具足之形也。先天妙明真性本来清净，无始以来，一念垂珠至今日，若不得后天具足之体招摄，则阴灵孤渺。后天具足之体若不得先天灵妙之元神，则不能变化通灵，岂能超凡入圣。夫性命者，神气之根源也。气者天一之水，神者太乙含真，性者无中之有象，命者有中之虚无。命无性不灵，性无命不立。无者是先天之性，神者真一之气也。有者后天之命，气者真一之精也。此有形阴质因一点无象阳气而生，此有形之内怀无象之真，必假锻炼澄清，方得玄珠显象。玄珠既显，采归炉内，有无混融，二气感通，如影之随莛，如谷之应声，自然心凝形释，骨丹都融，形神俱妙，与道合真。此乃自身及修炼内功养生之道中的"先后二天"的说法之内容。

此等机关究之不彻，即行之不到；辨之不清，即作之不成：上述内功养生之道修炼的种种"机关"问题研究得不彻底，就是运行之不到位；景象辨别得不清楚，就是运作的不成景象。

是以吕祖三次还丹未成，后得崔公《入药镜》而始完功；紫清有夜半风雷之患，重复修持而方了事：就是吕洞宾修炼内功养生之道都三次还丹未能成功，后得崔希范《入药镜》而始得功德圆满以成道；紫清翁有夜半雷声之患，重复修炼而方了道。

如吕祖、紫清二翁者，乃修炼内功养生之道中的领袖人物，在一些关键处尚不能明白，还有料想不到之时，而何况他人了。学习、修炼内功养生之道的人须当自己三思而后行之。

些子：一些关键点子内容的意思。属于真传秘诀的气机关键内容。

不虞：料想不到。

4. 形简意繁和乾易坤简的区别何在

（1）形简意繁的精义

王芗斋先生在文中说："大凡天地间之高深学术，皆形简而意繁，而形势复杂者绝少精义，固不仅拳道然也。"其中"形简意繁"的意思是：外形的攻防形式极为简单，而内劲的变化运用又极其繁琐复杂。对于修炼者来说，确实是这样的。如外形拳式不变，而内劲运用就存在有：明劲法式、暗劲法式、化劲法式。而在这三种劲法中，又属暗劲法式的运用方法多得数不胜数，故而王芗斋先生面对拳道中的内劲运用方法的这种现象，而得出"形简意繁"的正确结论来了。

（2）乾易坤简的精义

我引用《易经·系辞上传》中所言"乾知大始，坤作成物。乾以易知，坤以简能。易则易知，简则易从。易知则有亲，易从则有功。有亲则可久，有功则可大。可久则贤人之德，可大则贤人之业。易简，而天下矣之理矣；天下之理得，而成位乎其中矣"来说明"拳道"方法的内劲、外形本来"易简"的事实，在神拳神明的拳道功夫艺境，外形拳式的简单，内劲运用法式的易行。内劲也就是"球形体的涨渺"功夫而已，也就不像中成艺境的气、意拳懂劲时的暗劲法式阶段那样复杂了。此乃通过内劲的"融化法融化"而获得的大成拳神明的拳道真攻防功夫。

（3）形简意繁和乾易坤简的区别在于功夫艺境的区别

形简意繁和乾易坤简的根本区别在于：形简意繁，是论述从一开始修炼拳道功夫，要经过站桩、试力、自卫技击实践，攻防形式简单；而内劲的体认从无到有，再从有化无的复杂过程。

而乾易坤简，只是专门论述神拳神明艺境的大成拳道攻防功夫艺境的说法，而忽略了暗劲阶段的复杂法式之论述。所以，拳道阶段乃是"乾易坤简"的法式，根本就不存在"形简意繁"的意繁之内容。这个正确的认识，才能充分体现出拳诀"有形炼到无形处，练到无形真功夫"的说法精确；又能体现拳诀"以无入有皆如是，以有入无能几人"的妙论。

这样的认识，就将"形简意繁"的精义和"乾易坤简"的精义清楚地区别开了，不至于混淆了。修炼者的认知精确，才是提高攻防功夫艺境的最重要的前提。

十、论拳与器械之关系

古云:"拳成兵器就,莫专习刀枪。[1]"若能获得拳中之真理,复对各项力之内能与节段面积之屈折,长短、斜正之虚实、三段九节之用、路线高低之方向和接触时间之火候,果能意领神会,则无论刀枪剑棍种种兵器,稍加指点,俱无不精[2]。即偶遇从无见闻之兵器,且执于使用该兵器专家之手,彼亦不敌,何则比如工程师比小炉匠、医博士比护士,根本无可比例之可似也[3]。

【题名解】

王征南说:"拳成兵易就。"简单地说,传统拳术攻防之道的功夫达到:听探之良知、顺化之良能及其相互为用的自动化能力的艺境,谓之"拳成",再演练运用各种兵器,也就成了容易达到炉火纯青的事情了。

王芗斋先生"拳成兵器就,莫专习刀枪"的说法,从王征南的说法中脱化而来。强调的是修炼"传统拳术功夫"为第一要事的内容。所以,在文章中主要论述的是大成拳法的修炼和意领神会之大成艺境功成艺就时的艺境内容。

【注解】

[1]黄百家撰著的《内家拳法》中王征南曾经说过:"拳成兵易就。"说的是拳术功夫成功了,再修炼兵器的运用就容易成功了。所以,修炼传统拳术攻防之道,乃兵器学的基础功夫,故而"莫专习刀枪",这符合建体筑基的修炼法则。

拳成兵器就:这个"器"字意思就有些武断了。可能是"易"字的笔误吧!王芗斋南游得了第一手资料,肯定得到了黄百家撰著的《内家拳法》这部著作了,故而有此说法。

[2]修炼传统拳术攻防之道若能获得拳术攻防之道真传秘诀之理法,复对听探之良知、顺化之良能及其相互为用各项能力与阶段面积之曲折、长短、斜正之虚实、三段九节、路线高低之方向和接触时间之听探顺化的火候,果然能够意领神会,则无论刀枪剑棍种种兵器,稍加指点,俱无不精通的道理。

各项力：就是听探之良知、顺化之良能及其相互为用的能力。

节段面积：任何关节的曲折都存在此处的截面面积的内容，如果是形用半，劲用对五的话，则节段面积就分为虚实而至用，是功夫；如果运用注血之力，则节段面积就无此虚实之分，是隔断不通的病拳状态。

三段九节：就是传统拳术中的三才九节论的内容，以资对照，录而解之如下。

九要论·三节论

夫气本诸身，而身之节无定处，若逐节论之，则有远乎拳术之宗旨；故分为三节而论，可谓得其截法。三节者，上、中、下，或根、中、梢也。

以身言之：头为上节，身为中节，腿为下节。

以上节言之：天庭为上节，鼻为中节，下颌为下节。

以中节言之：胸为上节，腹为中节，丹田为下节。

以下节言之：足为梢节，膝为中节，胯为根节。

以臂言之：手为梢节，肘为中节，膊为根节。

以手言之：指为梢节，掌为中节，掌根为根节。

观于是，而足不必论矣！然则自顶至足，莫不各有三节也。要之，若无三节之分，即无著意之处。盖上节不明，无依无宗；中节不明，浑身是空；下节不明，动辄跌倾。

由此观之，三节之论，岂可忽乎哉！

至于气之发动，要从梢节领起，中节随，根节催之而已。然此，犹是节节分而言之者也。若合而言之，则上自头顶，下至足底，四肢百骸，总为一节，夫何三节之有哉！又何三节中之各有三节云乎哉！

夫内气之生成本诸身，即成之亦敷布于全身，内贯周身而不能分节段。内气之所用，必依附于外形体。而按外形体化分之节段部位甚繁，若逐节而论之，则有悖于传统拳术从易简立论之宗旨，故依《易经》天地人三才定位之法，而以三节论述，则易明了。所谓三节者，上中下也，又名根、中、梢者，其意相同。可谓"位有定处，自有其用处"之意也。

以一身而言之，头为天才上节，身为人才中节，腿为地才下节。

以上节头言之，额为上节，鼻为中节，颌为下节。

以中节之身言之，胸为上节，腹为中节，少腹丹田为下节。

以下节腿言之，足为梢节，膝为中节，胯为根节。

以手臂言之，手为梢节，肘为中节，肩为根节。

以手言之，指为梢节，掌为中节，掌根为根节。

十、论拳与器械之关系

观上述所论之意，足之三节就不必论述而能自明之。

然自顶至足莫不各有三节之分，重要的是，一身如果没有三节定位分明，拳势攻防变化的施招用手、施手用招就没有着意之处，内劲也就没有着落之所在了，内气、外形不能匹配合一而用，拳势必然自乱矣！三节分明乃是自身处理局部与整体统一协调的好方法。因为上节不明就会失去应起的领气之作用，中下节就失去了首领，失去了号令，而不能行动一致了；中节不明，自身的防守就不严谨，要害部位就容易暴露，而遭到对手的重击；下节失控，就是根节不稳，可以说不用对手击打，自己一动便有跌倒的可能。由此观之，三节分明之重要，是不可忽视的身法规矩内容。

至于攻防变化的施招用手、施手用招，皆是内气催动、外形体传导所发起的拳势，皆是梢节领起，中节顺随，根节催动所为，如此而已。这是以节节相关、一气贯串的气形合一运用的说法。要是从传统拳术攻防之道的整体观念出发来论，那么自身从头项到足底，从根到梢，乃一虚灵的全体透空之整体，哪里还有什么三节！三节之中又如何会有三节呢？

修炼传统拳术攻防之道有一条"练用有别"的法则，而又有入门初修攻防功夫艺境的内容和上乘功夫艺境内容的区别。先肯定三节的重要性，乃是初修入门的必修内容；后又否定了三节之论，而是阐述全体透空的太极整体之运用，乃是针对大成艺境的说法。一论而兼顾，乃论传统拳术攻防之道的修炼、建体、至用及攻防功夫艺境的升华内容从易简处着手，可省去了多少笔墨；习拳者能以文观法、观文得法，又能以形鉴真，乃是拳门行家里手也。

③就是偶然遇到从没有见过、听说过的兵器，而且这样的兵器还执掌在该兵器的行家之手中，彼亦不能敌也。这是什么原因呢？比如工程师比小炉匠，医学博士比护士，根本无可比性也。

【点评】

这一"拳成兵易就"的观点，古今武学大家都是这样统一认识的，为求对照，录并解之如下。

习器技莫先习乎拳

然肄武莫先乎习拳。而说者曰："拳，徒手搏技也。何如器械之坚利！"不知弓矢矛剑之能卫乎身，不能使身善为用，何也？身与手不习也；手与器不惯也。欲其得心应手也难矣。唯拳有身法焉、步法焉、手法焉，实武艺之根本也。一法不备不足以精器械者，欲精器械者，必先练夫拳。

盖拳不一家，而各擅其长。或善于掌焉，有顺掌、反掌、拜掌、托掌、单掌、双掌、鸳鸯掌之不一，或善于拳焉，有顺拳、反拳、冲拳、揎拳、横拳、圈拳、披拳、填拳、牵拳、勾拳之不齐。或善于肘焉，有顺肘、反肘、直肘、横肘、冲肘、斜肘、顶肘、顿肘、挫肘之不同。有善于膝者，有左膝、右膝、撇膝、跪膝、顶膝、迎膝、缩膝、短膝之不等。或善于腿焉，有单腿、双腿、换腿、旋腿、踹腿、跟腿、蹭腿、短腿、撤腿、插腿、颠腿之分别。或善于身焉，有进身、退身、反身、顺身、蹲身、跃身、偏身、闪身、伸缩身之各殊。或善于步焉，有长步、短步、直步、横步、闪步、点步、顺步、反步、勾步、曲步、纵步、挺步、实步、虚步、管步、偷步、雀步之不侔。

未若跌打抓拿之法大成者也。跌而不打则跌轻，打而又抓则打重，抓而不拿则抓松，拿而又跌则拿硬。若四时之错行而相资，如日月之代明而互用。形势与人同，筋节与人异，所谓拳之上乘者耶！

试言其手法，则凭虚而入，不撄人之力，乘时而逢适中彼之窍。若僚之弄丸，循环无端。如丁之解牛，游刃有余。

于身法，重如泰山之压；轻若鸿毛之飘。游扬处，花飞絮舞；变幻处，活虎生龙。

若夫步也，具之且玄难。以觅踪亦长亦短，无能把作，进则为排山倒海，退则为雨散云消。

不图为拳之至于斯也，用之习技不须另寻。故曰：习技莫先乎习拳。余业儒也，而辟性好武。从拳操技，盖有日矣。吾以谓有文章者必有武备哉！

《张衡秋秘授跌打抓拿拳谱·阐释·总序》

然习练武术最好先修炼拳术。可有人说："拳术只是徒手搏击的技术、技巧、功夫，就是将拳术攻防之道修炼得技艺很好了，也比不上各种器械之坚利呀！"有这样认识的人，不知道弓矢矛剑虽能保卫自身，又能用于兵战之中，但是，不能使自身达到最佳和最完善的发挥效用，即不能最完善地达到健身、技击并行不悖的最佳状态。这是什么原因呢？只因为徒习器械会造成身法和手法两者的不能相互习惯，会造成习非成亦非是的不良后果；由于器械的构造之特殊形状，也会使手与器械不能习惯成自然，便会习以为常的有错误之处而自不知。这样不先练拳术而直接修炼器械，欲其得心应手也就增加了很多不必要的困难。惟先习练拳术才能具备良好的身法之变化，步法快利敏捷之进退，手法出神入化之攻防能力，而三法合一的攻防变化至妙之自出。但以他力取法，自能含形随应至变而致神知。故曰：拳术攻防功夫实武术之根本也。因为三法中有一法不备，不足以精熟器械之运用，欲精熟器械之运用能达出神入化之艺境的人，必须先习练拳术攻防功夫，是从根本之修。这正是历代众武术家们"拳成兵易就"的习拳练武之先后顺序的观念之表述，强调了习拳练武亦遵从"物有本末，事有始终，知所先后，几近于道矣"的传统修炼之观点的表证。

盖言拳术是武术的根本功夫，然拳术的千古流传又繁衍的分门别派而非一家，因风格各异而各有其所擅长。或善于掌法，如"八卦掌"拳种就是以掌法著称的。然具体掌法很讲究。

顺掌：就是拇指上、小指下的直出之掌法，亦名顺掌。三穿掌不翻手掌的用法就是顺掌之掌法。

反掌：亦名反背掌。以手掌背击人的掌法名反掌，如单鞭手就是反掌的用法之一。

拜掌：亦名盖掌。双手一起一落而用的掌法就是拜掌，亦名"锄田掌"。压打就是拜掌。

托掌：手心朝上托打对手肘，臂的用法就是托掌。有单托、双托之别。托抢式就是双托用法。

单掌：单手立掌以小鱼际击人的掌法，如劈锋掌就是单掌的一种用法。

双掌：有双撞掌、双扑掌、双捋掌、双砍掌、双消掌，皆属双掌的概念。

勾掌：属单掌范畴，只是有竖掌上勾，用大拇指外侧；有下勾掌，用小指外侧。

鸳鸯掌：双掌阴阳相辅相佐而用，如手挥琵琶式，就是一左击一右击，或一下击一上击的鸳鸯掌法。亦可用于掳带或是扑撞击出。尚有搬打的用法、提打的用法、分打的用法，皆属于鸳鸯掌法的概念。

善于用掌者攻防变化之手法，无不以掌法幻化而出，亦能出神入化，因掌法灵通善变之故耳。

或善于拳法的，如炮捶拳，以擅长双手握拳而施招用手的，还有太祖拳亦是。用拳者，拳拳沉实而有骨力，然拳亦有诸法之用。

顺拳：即虎口向上的直出之拳，是为顺拳。亦有出拳时虎口外旋手心向上为顺出直拳。

反拳：握拳以手背击人为反背捶，是名反拳。又有出拳时虎口内旋手背向上而逆出者，亦名反拳，此乃反顺向而出，故名反拳。

冲拳：现名刺拳，冲击而出又速回，因此而得名。可连续冲拳而击，节奏疾快。

掼拳：抛掷而出的拳法，名掼拳。多用摔手劲，即梢节贯劲击人，有放长击远的效果。燕子穿梁手法,即可用揎拳法。

横拳:左拳左打,右拳右打,谓之横拳。此乃直横、竖横之横拳。如形意五行拳之横拳,乃直拳顺出,虎口外旋手心向上的横拳,有出手横拳不见横的特点,是天地骨水平横置之谓也,故与此条目广泛的横拳之义不能混淆矣。习拳者应于微妙处分解清楚为佳。

圈拳:摆拳的名称,弧线打法的拳,有上下左右圈拳之别。与直拳、冲拳从外形状态都有显著的区别。但又不是抡摆拳法,此圈拳走的弧线距离短促,但有明显的击打弧线迹象是其特点。

披拳:以手腕、肘、肩及半身之力所出的拳法,可有各种方向的用法。披拳势松沉,威力强悍势猛,是披拳的特点。常与挂揭法互补为用。故有披挂拳拳种,专以披挂法擅长。技法中有披揭法式。

填拳:非一定之拳式,属于用法的一种,而填虚补空为特点。所谓"一攻一防一补招"中的"一补招",就是填拳的意思。形意拳中的"钻拳",就有无孔不入之意思,但非填拳。填拳有"无拳不可填而用之"的特点。

牵拳:一切能够牵控对手的拳法,都可谓之牵拳。即一切防守拳法都有牵拳的用法之特点,如挎、捋、摘、採等拳法皆是。

勾拳:就是勾摆拳,较圈拳的动作大,迹线长,有上下左右等方向用法。

善于用拳的,攻防变化之手法,无不以拳法幻化而出之,亦能出神入化,拳法变化自能通灵善变之故耳。

然大多数拳种,多是拳掌互用的,如通背拳,就是一手拳一手掌,拳掌日月分阴阳而相互为用的。这样拳掌互用,肯定就较单纯用掌、单纯用拳的攻防变化致用的技法内容更为丰富。

又有善于用肘,当然不会是单纯运用肘法来攻防的,而是爱用肘、善于接手用肘胜人而已,故没有单一用肘的拳种,也是在情理之中的事情了。谚云:"宁挨十拳,不挨一肘。"可见肘法的杀伤能力大,制胜的几率高。但用肘必能破门进身方能至用。故用肘攻防要求的技术能力就要水平高一些了。然具体肘法的运用亦有很细致详密的讲究,必得诀窍方能运用精熟。

顺肘:即水平顺势所用的钉心肘,名顺肘。乃左手入右怀的左肘直击,右手入左怀的右肘直击。用肘尖前钉击。

反肘:乃左手右伸复回屈肘用左肘后击打对手,右手左伸复回屈肘用右肘后击打对手的肘法,名曰反肘。反肘之用,可抢里击打对手胸腹,亦可抢外击打对手腋下肋部。

直肘:亦名竖肘,即左手心掩左耳屈肘,用左肘尖直击对手胸膛,或以右手心掩右耳屈肘,用右肘尖直击对手胸膛。此直肘法最为简捷,可起手进身步即可击中，常有速胜之效。

横肘：即顺肘，反肘的左右横打的肘击法。上可用于左右横击对手的头、颈，中可左右横击对手的胸背、臂胛。下可左右横击对手的腹肋胁部。

冲肘：可横冲肘、竖冲肘、直冲肘，亦名刺肘，冲击而出又速回，亦可连续冲肘点击，节奏疾快无比。冲击而如钉钉。

斜肘：肘法斜上斜下的扫击、划击，包括扣肘的砸击，都属于斜肘的范畴。斜肘的特点是变化多而疾快，肘尖前后里外皆可用之，两肘配合互用，可有对手防不胜防之效果。

顶肘：非有形之肘法，乃肘的用劲方法，当对手控我之肘时，以逆力法揭献击打谓之顶肘。所谓弓张把要顶之意也，肘为臂弓之把，用肘之顶劲将人对出击翻，就是顶肘。

顿肘：即下顿肘，下坠肘劲的方法，亦可用于空人，又可用护肋，还可袭击对手来击之膝上，还可砸击对手胸背。太极拳八劲别中的"肘"劲法，都含有"顶肘、顿肘、挫肘"的用法。

挫肘：多用于挫折对手肘关节，有水平挫肘和下切挫肘的用法之分别。挫折肘所用部位多是肘尖前三寸内的前臂骨侧。用于反关节时须另一手配合，方可致效。然单用挫肘于对方手臂时只能起到挫败对手的进攻而已。如用挫肘法击打对手身上亦可有制胜的效果。如破解对手的反关节而用挫肘，则必用肘后上臂。

善于用肘的，必以手法为先锋，才能破门而入以用肘攻击对方。然用掌、用拳、用肘，必须以八面肩头的功夫为根基，方见运用之精妙。因肩为一臂之根节，而善用肘的，接手用招必是拳掌手出即用肘击。更有精熟者，能以肘接招而继之以肘法击人，常捷效。然用肘精妙者，可用必打犯而不伤人，已然用肘出神入化之妙矣！

有善于膝者，上用肘，下用膝，膝肘皆人才部位，击人常有出其不意之效果。但没有单纯用膝的，因为这是在拳术攻防中绝对不可能的事情。膝法可作为主要的攻防手段之一，但其不能独立迎对对方的攻防变化，故善用膝者，也是以手法为首领而乘机用膝胜人的。故膝法亦很讲究技法，正是"两手相加乱扰攘。无心思到下盘伤。横直撒膝因穴道，纵是英雄也着忙"，这就是善于用膝而胜人的秘诀。

左膝、右膝：左右双膝皆可用于击打对手，此左右膝乃言横膝之击打。如左膝可横起右击对手少腹、环跳；右膝可横起左击对手少腹、环跳。

撒膝：左膝左撒，右膝右撒，可拦击对手的左右大腿的里侧。

跪膝：可跪击对手小腿外侧、后侧，亦可腿勾跪膝用大腿臀胯切击对手膝关节处。正侧皆可用之。亦可直跪砸击对手大腿正面。

顶膝：顶击对手桩腿，或抬起顶击对手大腿外侧风市穴。提顶而出之。

迎膝：以膝迎面冲击对手少腹，全凭步法之精妙耳，可有捷效。亦可侧迎防守为用。

缩膝：不缩如何能伸。缩膝一为蓄势，一为化解对方攻击的用膝之落法。只有缩膝之妙，才有用膝胜人之巧。

短膝：提膝收胯，膝自然为短。是诸膝法之母耳。

一身各部位的攻防技法，除头以外，膝法是最少的了。虽然膝法最少，然膝法能熟练精妙、用之胜人，常有意想不到之敏捷的效果。膝法实为"出其不意、攻其不备"之妙法耳。

有善于腿法者，腿法之用的攻防技法数不胜数，然不外踢扫勾挂、蹬踩鞭跺、点拦切绊而已。然有擅长腿法之拳种，如戳脚拳就是，真是别具一番风格，腿法之精妙，难有出其右者。但腿法难练精熟，必从童年起练方能功成艺就。这只是指腿法全面的技能而言的。

单腿：单腿的踢扫勾挂等技法娴熟，或只用单腿之技法胜人，皆谓之单腿。

双腿：双腿的踢扫勾挂等技法娴熟，或可用双腿之技法胜人，皆谓之双腿。如二起脚，一腿起踢，落地之瞬间另一腿接续踢起。如玉环步拐子鸳鸯脚，右腿穿心脚踢出未中，将右脚回落扣放在左脚左侧转俯身，迅将左脚倒踢蹬撩而出之。

换腿：双腿互换连环实施的腿法。如右脚点踢对手少腹，对手凶猛无惧猛冲迎击而进，即顺势抽撤右腿回落身后，复起左腿点击对手少腹，无不中的。

旋腿：即鞭腿法，又称摆莲脚，有左右腿的里外旋腿。可分上中下三路运使。

踹腿：有踩、蹬、踏、跺之别。如膝外掰的踩脚法，可下攻对手小腿，中攻少腹，上攻咽喉。蹬脚，有前后侧之分别，主要用足跟之劲势者为蹬。踏法，脚前掌、后跟皆均匀着力者为踏。单用前掌者为踩，单用后跟者为蹬。踩、蹬、踏，外形可近似，然取用劲着力部位不同而名异。跺法，又名跺子脚，以脚法的外边沿或内边沿的脚法，名为跺子脚步，取切跺立意。如横身跺子腿，即对手来攻击我面门，我后步立脚不动，身子侧俯，迅提原前足斜上直行疾出，以脚外边沿跺击对手腋下、喉头皆可。盖步跺子脚，即后脚盖前脚而出，以脚内边沿跺击对手膝关节外侧。

跟腿：进前腿则后腿跟进；退后腿则前腿跟回。谚云："打手要跟，不跟则不济。"是说自己自身处处跟上，又说与对手亦要能跟进跟退，才能乘机而进，无隙而退。步法主进退，然进退之巧妙的关键在腿。故跟腿乃指跟进跟退之能力。

蹿腿：谚云："腿似鞭。"可向上向前冲击的腿法，如穿心腿的正面上起之踢，水平的向前点踢对方小腹，皆属蹬腿内容。如左右摆踢，则属于旋风腿或摆莲腿法，属于鞭腿的范畴。

短腿：动作短小的腿法，谓之短腿。如屈膝点踢、抖弹、勾挂等诸法皆是。

撤腿：单腿撤回，有微撤法及前腿倒成后腿的全撤腿两种。微撤腿法有"步若收短寸许，亦能变更"身法之妙，具让中不让、不攻而攻之效果。前腿倒成后腿的全撤腿法，有侧闪空费拔山力的不争之妙，乘虚而入好用机之巧。故撤腿乃"知止止"者，方能得其至用之巧妙的玄机。

插腿：腿法不外三盘之进，即中盘、外盘、边盘。而外盘之抢进，名为"套"。而中盘、边盘之抢进，名为"插"。即进退之法不外"套插"二字。套者，套住对手，其必在我控制之中也。插者，插进对手空虚之地，其必在我圈之外也。抢对手中门则将腿插在对手双腿中间，有对面插腿；有己用背靠的后插腿；还有抢对手背后从其身后将腿插在其双腿中间的插腿；甚至有从侧面将腿插在其两腿中间的插腿。然边盘法的插腿，有其独特之处，即对手左脚前右脚后的站式，我可用左脚插在其左脚外侧而进；亦可用右脚从其左脚前侧插进。如对手右脚前左脚后的站式，我反之亦然。此乃插腿之基本内容。

颠腿：亦名颠脚之法，以脚踹人节缝处，以快为主，以后跟着力。属后足跟勾踢的方法，名为颠腿。

一身各部位的攻防之技法，除手法外，则腿法为最丰富。正因为手法和腿法的攻防技能内容丰富，也就容易形成一般拳手所表现的那样之拳打脚踢的下乘之拳法了。拳打脚踢的拳法之所以谓之下乘，一是因为其不知"身法"的中枢之重要作用，这样的拳法永远是散兵游勇的打法；一是这样的拳打脚踢之拳法忽视了全身整体的有机之协调性的重要，而不能达到上乘的周身一家、虚实相虚、内外一贯的大成艺境的，这就有了下面要讨论的身法和大成艺境的内容了。

或善于身法者，身法乃一身变化之中枢，上可用手，下可用腿，使一身攻防变化之动静互相为用而秩序井然。习拳者能不精通身法之运用吗？况身法有三诀之说：一曰伸缩，伸缩者，如龙灵变，用力不见力而山莫能阻，似虎快利，出爪不见爪而物不能逃！二曰直射，直射者，如箭矢之快入也，迅雷不及掩耳！三曰一片，一片者，神形一片，左右烂熟，手到脚到身到之谓也。达此三者，则身法备矣，手脚则次之。这是说明拳打脚踢为下乘拳的第一个原因。然身法亦很讲究技术章法，不得此窍要，亦不知练、用之秘诀耳。下面论之。

进身法：古传有六进法之论，"头为诸阳之首，而为周身之主，五官百骸，莫不唯首是瞻。故身动头不可不进；手为先锋，根基在膊，膊不进则手却而不前矣！是膊亦不可不进；气聚于腕，机关在腰，腰不进则气馁而不实矣。此所以腰贵于进，意贯周身，运动在步，步不进则意索然而无能为矣，故步尤贵于进也。

以及上左必进右，上右必进左，共为六进。此六进者，孰非着力之地欤？要之，未及其进，合周身而毫无关动之意；一言其进，统全体俱无抽扯游移之形。六进之道，如此而已"。能明此六进之精髓，则得进身之法的秘要耳。

退身法：拳法之进退，当进则进，乘机而进，殚其身而勇往直前；当退则退，无隙而退，领其气而回转当伏势。此则明进退之机势，进退之身法矣！即能进则人所不及知，退则人所莫明速，皆因凭虚实而出入，不攥人之力。乘时而逢适中彼之窍尔。进若猛虎，退若伏猫，身法之进退得矣！

反身法：反身顾后，后即前也，拳势所施，身法之用，无前无后，是因有定无定，全在自己得法精熟而随机用势者便是。对手偷袭自己身后，一转身形，即将对手置于面前受攻击的位置上了。此乃反身顾后之法。亦可有转身而施招法，如背靠、胯打的擂天骨、虎尾腿、倒踢紫金冠等招法，皆是"后即前"的招势。两种反身之法的施手用招，施招用手，只在自己是否能眼观六路、耳听八方。如能自心常警醒，拳弥六合，拳打八方，自然成为易事，何患反身法不精乎？

顺身法：自己之身法贵顺，所谓形顺气畅者是也。然与对手较技时的一切施招用手、施手用招的身法，都要做到因时致变、因力制人皆以他力取法，含形随应顺变不攥人之力的身法，是名顺身法。此乃拳中第一之身法。此即说明各种身法运用正确得当，皆可谓之顺身法，故顺身法无一定之式，但有一定之法势。

蹲身法：即低身法，则抑其身，而身有攒捉之形，即一缩，一矮攒聚身形，犹如伏身扑鼠之猫蓄势之法。古论有"分威法伏熊"之说，即熊在扑食之前，俯身曲伏，以蓄前扑之势。低身法即此意。打人长身，而要防人矮身。长身攻击对手，蹲身伏缩亦可领带全身攻击对手。故后人云："起也打，落也打。"即说手法招势之用，更说身法之长起、蹲矮之落也。皆可随势而施之，无不效也。

跃身法：身法纵横之跃起也，敌攻自己双足，不得不跃起以避之。又前打一丈，后退八尺，身不跃起何能为之。故跃身法乃必修之课题也。今人几乎不见习练的，嗟呼！技不绝人，人欲绝技耳！

偏身法：扁身之谓也，侧身之说也。即前足夺后足，后足站前足，左右一边站，单手克双雄中的"左右一边站"的身法，是名"偏身、扁身、侧身"。拳术中身法不外"奇正"，正南对敌是名"正身法"，又名"重身法"；侧面对敌是名"奇身法"，又名"轻身法"。诀云："重对重两无用，轻对轻一场空。"只有身法"轻重互换"、奇正相变，方能得机乘隙地施招用手、施手用招以制胜。如偏身法出现宽不窄秀则易被击败。如左手一领右肩进，右手一领左肩行，皆是扁身而进之法；如对手进击，前步撤回为后步，亦是防守扁身之法。可知偏身法具进攻退守双重之作用。不可不精研之。

闪身法：诀云："闪开正中定横中。"此乃大身法之闪法秘诀。然拳法中可有小闪法，非常实用，即古传"八切闪"法。即自身任何一个部位的任何一个方位的闪法都是恰到好处地让过对手之攻击，即可发动反击了。此闪身法就是说的此"八切闪"法内容。

伸缩身法：尺蠖之曲，以求伸也。拳法不外乎攻防二字。一般地讲缩则化解蓄势，伸则展放击人。如能形用半，劲用对五，阴阳逆从，劲形反蓄，中土不离位，则任何一个攻防拳势都是伸缩同时存在的，又能达到伸中有缩、缩中有伸的动变平衡，中正安舒的身法之状态。能如此者，得伸缩身法之秘要。此法之中，尚有"折叠、吞吐"等诸法存在其中，又不可不知。知之是为精也。

然身法为何？纵、横、高、低、进、退、反、侧而已。谓之身用之八法耳。

纵则放其势，一往而不返；横则裹其力，开拓而莫阴；高则扬其身，而身有增长之意；低则抑其身，而身有攒捉之形；进则殚其身而勇往直前；退则领其气而回转当伏势；反身顾后，后即前也；侧顾左右，使左右无敢当我。习拳练艺，有此八种身法之用，亦可谓之善拳者也。八法虽殊，实为一身之用耳。拳之身法无不皆然。

或有善于步者，步乃一身之根基，进退偏闪腾挪的攻防运动之枢纽也。所谓攻防机关者，变化者在心，察机知势短长者在眼，随机应变者在于手，而实所以身为砥柱者，而所以身手之转移者，实在于步。进退反侧，非步何以作鼓荡之机？而转转抹角，千变万化而不至于窘迫者何？莫非步为之司命欤？而要非勉强以致之也，必要精是技矣！攻防动作出于无心，鼓舞出于不觉，身欲动而步以为之周旋，手将动而步亦早为之催逼，不期然而已然，莫之驱而若驱，所谓"上欲动而下自随之者"，其斯之谓欤？步法有如此之重要作用，能不精细研究各种步法之秘要吗？然各种步法皆具妙用，最妙者是能将各种步法有机地相互转变以为用，才是最佳之艺境。故分析各种步法之窍要秘诀也就非常必要了。

长步：即长马弓箭步。此步法开展大方，步距多在尺半以上，属于长拳打法的步法，多倒步法运用，起横落顺，退高进低为技术特点。运用纯熟，常有不招不架就打一下之速胜的捷法及贴身靠打之妙法存焉，更便于放长击远的战略战术之运使。多高腿法。

短步：即疾步，亦名不丁不八之熊步。此步法圆融紧凑，步距多在尺二三寸左右，属于短打拳法的步法，多用跟步法，即进则前步先进，后步跟进，退则后步先退，前步跟回。进退步法多擦拭地而行。行招用手多磨转脐不转，有前足或后足定位为枢轴的拧转变化。运用此短步的拳法多肘法、靠法，故用必进身的贴身靠打、跌摔技法为擅长。变化圆活灵通者，常以步法胜人，故多运使低腿法为特点，而手法精妙者常不以腿法胜人，懂劲者多以跌法胜人，实乃短步之特点。亦有更短步者，步距几在五六寸间，乃善于贴身靠打的上乘功夫者惯用的步法。

直步：长三步者，皆可以直步而进退。此步最迅捷，只有乘机入身而用之，或套或插皆可用之。但常配合其他步法方见直步之功效。

横步：横向拉开之步法，常用于避其锋芒、权变造势。有左右之分别，如与直步结合而用，可形成"半步"打法之步法。而此论中的横步，亦含斜步在内，又不可不知。

闪步：步法用于闪法，是名"闪步"。故闪步无固定的步式，只有用法之名。闪步有左右足的各八方闪化之用法，皆为避实击而没，又有闪进击虚之步法。故避实击虚的效用之步法，皆可谓之闪步。

点步：虚点问虚实之步法，是针对虚足之步法而言的。点步善变，式如骑马，二足尖点地，腰竖直，头提肩松，一足直立，一足点出，左右换之。点步精者，行如飞也。

顺步：顺势用步之法也。左对右、右对左，就近而用，此其一也。你从左来，我从右进；彼从右来，我从左进。顺势而用，此其二也。两种用法皆为顺步之法也。

反步：扣者为顺，掰者为反，此以虚足的扣、掰而分顺、反之步法也。

勾步：落步带勾，或起步用勾，皆可为勾步。步中有脚勾之法。有里勾之扒、之挑；外勾之拦、之绊；足跟勾之踢、之颠。

曲步：即起动步时成曲线而进退的步法，或步法连续的进退之蛇行的之字步、三角步、玄字步、掰扣的旋转步、单转、双转，皆为曲步，变化多端，妙用无穷。

纵步：有直纵、横纵的分别，能前进一丈倒退八尺。以直纵为例，疾步站式，左足前，右足后。后足前跃左足起跳，右足先落地，左足仍在右足前成原站式，所跃纵约一丈远；前足后跃右足起跳，左前足先落地，右足仍在左足后成原站式，所退纵约八尺远。此直横纵步虽然妙用无穷，可当今之习拳者确实极少练习了。

挺步：虚腿变实腿的方法，原步不动变之步法，是名挺步。挺步用于对手边盘、外盘抢进未闯满之时，或对手靠击之时，用对手来击胸腹而来不及闪躲变势，只将前足由虚变实，重心微前移者，便是挺步。

实步、虚步：双足必是一实一虚，双足虚实转换则身法、手法虚实亦随之变换。虚实足的分工是：实如槁，虚似舵，才能步如载身之舟。但虚实步所用的劲力则是"实则满、虚非无"，虚实都留有转换变化的余地，方为至妙。双足不分虚实，则犯双重之病。如步法双沉，必配以手法的双轻，才是半轻半沉的功夫手。

管步：即中管、外管、边管的单管、双管之步法，统称为管步。运用管步主要在闯满,效果最佳,对手没有变化余地。

偷步:预先潜伏而进之步,亦名曰探步。是入身实施杀手的必用之步法。而点步、站步、抵步,皆从此步法化出。

雀步:似雀的双足而跃尔。如左侧前站式,双足跃起左转落地而成右侧前站式,此为180°雀步转向。运用雀步纯熟,可有90°、135°、270°等不同角度的左右转向施招用手,可前进、后退、左腾、右移、四隅斜向进退,皆可用于较技实用。

步法之数,可与手法之数媲美,各门步法之繁,数不胜数,各家皆以为重要者论之。然实授之步法,任何一门拳种的拳师皆随即授之。此与手法之传授相似,但又都在所论重要步法中化出,故学拳者要有举一反三之能,方可能掌握得较全面,但最终自己也会约繁就简而实记重要之步法,其他步法只在运用中体现了。手法亦如是,这都是手法、步法的技术内容之丰富所致,也就不得不如此而已了。

此论"盖拳不一家,而各擅其长"中,却少了"靠法"之论,未免是为遗憾。今依本文之立意,本经谱中的靠法之精义,欲将"有善于靠法者,如俯肩靠、侧肩靠、肩后靠、背折靠、压下靠、腹肋靠、胯靠、胯切靠、翻臀靠"以补足,说明各有擅长之精义。

俯肩靠:诀云"俯肩一靠破铜墙",说明俯肩靠法之威势雄猛。俯肩靠就是太极拳中的"海底针"式的用肩之靠法。靠法讲究用"崩炸、抖搜"的劲势,行功诀中的"左手一领右肩进,右手一领左肩行,首尾相应尖头力,气贯周身便有准;左肩高提右肩垂,右肩高耸左肩低。前冲后撞尖跟力,挟山超海名甚奇",就是说的俯肩靠法。

侧肩靠:是用肩髃穴处的靠法,名为侧肩靠。

肩后靠:即用肩胛骨平面的后向靠法。

背折靠:即背向对手,向后插足到对手两足中间,用腰折背向后靠的方法,名背折靠。亦可向左、向右折背的靠,这样也就是背之左侧或右侧靠击了,亦名背折靠。

压下靠:不管是俯肩靠、侧肩靠、肩后靠、背折靠,所用崩炸、抖搜的靠劲都是水平方向的。如果将上述各种靠法都用压下肩的靠法,则所用的崩炸、抖搜的靠劲,都是向下砸击的,故皆名为压下靠。

腹肋靠:如正面对敌的腹靠、侧面对敌的肋靠,合名为腹肋靠。腹肋靠亦用崩炸、抖搜劲势,所靠之劲势,具有排山倒海之雄猛的威力。

胯靠:有侧向的胯靠、有坐胯的压下靠,皆具崩炸、抖搜之劲势,但胯靠较肩靠难度大,必精习纯熟方可至用。

胯切靠：主要用大腿外侧切靠对手大腿部位，此胯切靠多用在边盘法的入盘之瞬间，胜敌在出其不意、攻其不备间隙中。

翻臀靠：又名擂天鼓。背后向敌，欲上击打疾速后翻臀胯击敌腹部，用崩炸、抖搜劲势。

能如此者，可谓诸靠之法全矣！尚有用头击之法，又不能不论！但头击之法最少，只是三下、正击，左、右侧击。

正击：用额头正面天眼处，可撞击、点击对手的脸面、胸部。

侧击：左右额角处、左右甩头点击对手的脸面，左右甩头撞击对手的胸部。

上述诸法，各家皆有擅长者也。虽有独自擅长者也，也能胜人，但还是不如"跌打抓拿之法大成者也"！然跌打抓拿之法大成者的功夫艺境又是何样的呢？

打而又抓则打重：即以定用手，一手采用捋、摘、提、托、拦、搬等类似抓法控制对手，心中有所知之而有准，另一手则打击得就沉重，即拳打如钉钉，具有一下摧毁对手防守能力而取胜的特点。

跌而不打则跌轻：沾衣如号脉，则具沾衣十八跌之能，施用跌法而不用打法，则更显得跌法轻灵迅捷。此正"见势因之跌更奇"的用跌比用打法更为巧妙精灵之精义。

抓而不拿则抓松：用抓敷而不用抓挠，是抓而不拿则抓敷的必定松静自然，对手无所变化，敷而敌不得动转之精义，是神拿的控制妙法，非反关节的擒拿法可比。

拿而又跌则拿硬：以拿法实施跌法，则拿法之劲硬方能跌得人出。

此"跌打抓拿"四法，具"轻沉松硬"四势，犹如一年"春夏秋冬"四季，具"升降涨渺"之四象，错行而相资。自然界四季四象错行而相资，万物生长化收藏。自身中四法四势错行而相资，万拳变化藏其中。拳势的"轻沉、松硬"犹如日月之代明而互用，皆能胜人。

"如四时之错行，如日月之代明"句，语出《中庸·第三十章》。

虽然"跌打抓拿"的各种招法形势与他人的相同，然"筋节与人异"。究竟"筋节与人异"在何处？这从"内锦气血入门六章"歌诀"内壮形骸气作君"一句知道，原来是崇尚"健顺和之至的太和一气"之宗旨，运用的是"健顺和之至的太和一气"的功夫。即"动静互为其根，阴阳迭神其用，方圆立体攻防发用之妙，悉委之以先天自然之神"的内家拳法。又达到了"神明艺境，具备神化之功"的大成艺境了，此正"所谓拳之上乘者耶"之精义。大成艺境者何？再看其下文之妙论。

试言功到大成艺境施招用手的方法及其所显示的状况。手法是凭虚而入，不触及人之力，故能乘时而逢机，发之用必打犯而不伤人，则对手无还手化解之能

十、论拳与器械之关系

力。双手似同殿称臣之官僚,相辅相成,摆布对手,如同戏弄弹丸一样(因古有熊宜僚之搋九丸于手之能,故借以喻之),左右逢源,攻防变化循环无端,圆活灵通。施手用招、施招用手,亦如疱丁解牛一般。双手之锋刃,只在对手的种种攻防招法的缝隙间游走而实施,则人击我不着,我击打人无不中的,此正是游刃有余之绝佳妙境。传统拳术攻防之道的"最节能"的说法,在此论述得清楚明白了,此论可为证验矣!

此段手法的描述,正是"人刚我柔谓之走,我顺人背谓之粘"的一点子粘走相生、柔化刚发、以柔用刚的化打合一的大成艺境。故能达到"一羽不能加,蝇虫不能落"的毫不受力之艺境,才能具备攻防较技时"人不知我,我独知人"的无上艺境。自然是"英雄所向无敌",盖出此"不攖人之力,凭虚而入,乘时而逢机,适中彼之窍而及也"。手法如此精妙,真可谓大成矣!再看其又是如何描述身法的。

手法精妙,必有身法为枢机,身法的大成艺境又是如何之景象呢?

身法之势,可沉重如泰山之压,可无坚不摧,其势不可抗拒,用于发人放人之瞬间;可轻灵若鸿毛之飘忽不定,来无影,去无踪,犹如一团清风倏忽。其势不受人之力,用于化解对手攻击之时刻。

柔行气时,身法如花飞絮舞,飘忽无定,但有一定;变幻处的刚落点时,如龙灵便,用力不见力而山莫能阻,似虎快利,出爪不见爪而物不能逃。此正较技时的"紧中急、急中猝;来无影、去无踪,一团清风倏忽。舒以长其筋,缓以蓄其力,迟以运其神,含以招其妙,活以猝其式,短以应其变,长以发其威"的大成身法。为何会有上述大成艺境的手法、身法之体现?再看其又是如何论述步法之大成艺境的。

若说步法,乃载一身进退之舟车,要具备步法的"有化无、无生有、有无相生",恰时切机而势势相承,节节相连之妙用,也是相当困难的。以寻觅步法之踪迹来论,亦可长步,亦可短步,亦直亦曲,没有精熟地修炼到随心所欲圆活之艺境,是没有能力把握步法的操作之完美无缺的。如修炼精熟,步法运用达到至善尽美的境界,则进步之拳势如排山倒海,人所不及知,已自跌翻矣;退步则拳势为雨散云消,人所莫明速,早已脱离险境了。拳势万般妙用皆可由步法之进退腾挪中幻化而出之,正所谓"来无影、去无踪、一阵清风倏忽"的大成步法下生风之妙境。

由上述大成的"手法、身法、步法"的分别论述,可知张氏所论"三法合一的大成拳法"之妙境,已从有形练到无形处,练到无形是真功的"神拳神明,具备神化之功"的艺境了。张氏拳法之妙,已然合盘托出,真乃令当今的习拳者神而往之。

神拳之化境，不单为习拳而至于此艺境，有此神拳之艺境的功夫用之习练各种兵器运用的技能，也就有了良好的功夫基础，不须另寻他途了。故说，习练兵器运使的技能，最好是先修炼好拳术攻防功夫为佳，此是"拳成兵器易就"的修炼之先后顺序。

吾幼年专攻习儒家的齐身持家的治世之道，而辟性却喜好武术，从习拳开始，继之操演各种兵器攻防运使的技能，也有十数年之久了。习拳练武，深有体悟，感触颇深，吾以为，有治世之文才者，必须有武备在身，才能是文武双全之通才也。只有文武双修，才能体现圣传的文武之道的精义，即文武之道皆遵圣传的"人心惟危、道心惟微，惟精惟一，允执厥中"之宗旨而行，方能彻底悟透文武之道是为不二之学，这也是中华民族始终不渝之精神的表现之所在。故立言：有文章者必有武备，方可成为济世之全才。

这篇文章清楚地说明了：拳术功夫乃是冷武器兵器功夫的基础功夫，这已经成为定论了，故而毋庸置疑！由此看出古今大家的认识是一致的。

武术大家的风貌

其为德亦若人也，资禀于阴阳炉火之炼，性成于元亨利贞之能，百折不屈，九转而形骸备。铸冶始于神人，传授依乎仙术。习贵专精，功宜百倍。非取天地之气，无以培养人之本源；不吞日月之精，奚以轻身健体？非精足气不能清，非气足神不能灵。非内而精气神、外而筋骨皮浑成一片，身不能轻。将何以飞取雁书、远逐鸿迹？非如此何以通妙，而能超众？能御大敌，足称万兵之祖。故精足则战耐久；气满则呼吸细；神清静而圆融，则变化莫测。故曰：身完天下无敌手，剑完四海少敌兵。能此二者，方可超凡入圣境，庶几驭众为高明。勿负古人之留意、仙佛之苦衷！

习得形剑成于外，则剑气备于内，是尔身心自有主。其为用也，可除灾以断水，可画地以成河；斩七情、断六欲而绝淫根；破异术、灭妖通以除恶党。神智从生，豁古今于亲目；谋猷克布，协治化以感通。儒之御侮，以此而威行；道之降伏，以此而欲空；释之真空，以此而功成。

夫剑气即罡炁也。而宇宙之间，亦必恃此为化育，主宰生杀权宜。故学者业贵于精，心宜于谦，艺当熟习，志莫骄矜。外有三尺剑，内必籍五本以佐之，始保一身安闲，无事纷纭耳。再者，此物为仁人之珍宝，彼匪人之所畏，故好而知恶为贵。或徒负气好胜，每生嫌隙。一旦欲胜乎理，小则鲁莽偾事，大则积愁成恨，反恨成狠，将祸延无已。此真好武中之恶习。

故剑法既成，尤当博阅天文、地理、人事、驳杂于中，在一番体认知改择中，卑以身处之心。又或于澹定之候，静以抚琴，涵养性真，化净猛烈之

十、论拳与器械之关系

习，效成一片温和气象，外人岂能知哉？目为武士，而有儒雅之风，称为呆儒，而有威严之度。故君子有三变，望之俨然，即之也温，听其言也厉，功用到此，谓文兼武全将相身，更必出处有道焉。试止以时，不以道殉身，亦不失机，勿贪为主，勿吝为先。如有欲习此者，详言喻众，莫为己私，化传万方，奠定国家。小则终保厥身，大则兼济天下，岂可轻乎哉？

试思昔有伯温先生言：此天子气也，十年之内，必都金陵，吾当负剑从之。非明悉天文地理人事，善舞剑而能止戈者乎？更有善观剑者风胡子，善舞剑者李靖、伍员、吴季子等，孔门之季路善佩剑。于此观之，剑为奇珍，自古惟然。其用非但主于玩器，其旨趣亦深焉耳。

《浑元剑经·剑髓千言》

传统拳术攻防之道之所以有此神化之功、神明的艺境，其为德亦若人之修德，要与天地合其德是一样的道理。"夫大人者，与天地合其德"，即是此意。试论之如下。

天德，健运不息，阳刚之性，纯粹之精也。人之内气，资禀于阴阳炉火之炼，即心气沉丹田的炼精化气，积气运行，则具健运不息，阳刚之性，亦纯粹之精也，此乃内气具之天德。

地德，镇静厚载而不躁，阴柔之质，顺从之德。乃抻筋拔骨、展筋伸骨、柔弱无骨，则具镇静厚载而不躁，阴柔之质、顺从之德，此乃外形的地德。

乾，阳物也；坤，阴物也。阴阳合德，刚柔有体，已成天地之撰，以通神明之德。其称名也，杂而不越。故刚柔有体、以体致用，然用之法则：以柔用刚，方是真刚。

内气，阳刚之物也，又名健之体；外形，阴柔之物也，又名顺之体。此两者阴阳合德，即"柔外刚中"匹配合一。则见刚柔有"体"焉，此乃名曰：健顺德之体。此两物合在一炉中之炼，即阴阳之炉火之炼。还要经过内外匹配合一的"顺、逆、和、化"的四德境之过程，即"明、暗、化"三劲之过程，始于以柔用刚之技术方法，最终可达太和一气的神明艺境，具备神化之功，此名曰：法身道之体。

然内气、外形的柔外刚中之匹配，就分出了内气为君主、外形为臣民的主从关系。内气的修炼，要经过"元亨利贞"的初始、亨通、详和、正固四个过程，才能达到健运不息，阳刚之性，纯粹之精，可为君主之用；外形的修炼，亦要通过"元亨利贞"的初始、亨通、详和、正固四个过程，才能达到静而不躁、阴柔之质、镇静厚载，可为臣民之用。但外形必须顺从内气之时，执着于正道，才会有利，才会有其所用之处；内气、外形之柔外刚中的内主外从的匹配合一，也要经过"元亨利贞"的初始之明劲、亨通之暗劲、详和之中和、正固之化劲四个过程，才能具备百折不屈，九转而形骸备。即是"统三才于一致"，以柔用刚之技术方法，内而精气神无少缺欠，外筋骨皮一息坚融，至是则内空灵而外灵便，此浑元功验之所以然也。即自身的听探之良知、顺化之良能，经过如此的修炼，已达到完善之最佳的状态了。以柔用刚，方是真刚，必然有出神入化之奇功妙用。

传统拳术攻防之道的铸法立说，其修炼、体用的内容，起始于神明艺境之人，然代代传授却依乎"道术"。术者，几近于道矣！故习传统拳术攻防之道者，虽拜明师，犹贵知道、明理、得法，按法专心修炼，心领体会，百倍用功，哪有不成功之道理。而此专精之"精"字，更有深意。传统拳术攻防之道认为，内练精气神的功夫为精；外练筋骨皮的功夫为粗，有"内外精粗无不到"之说法，可为之证。故下面专论精、气、神之内功修炼的精微妙旨，皆是务以意会、法以神传之妙法的论述。

南林处女所谓"内实精神"。精神者何？气无形，属阳，是神化之灵气；血有质，属阴，而来于精气所成。神虚，故灵明不测，变化无穷尽；精实，故能充塞凝聚，坚硬莫敌。神必牧精而显神通，精必附神而显功能，精神合一，气力乃成。敛之则如混沌一气，充填骨节形骸之间，坚硬莫敌。气用之，则风云雷雨变态无端，藏之则与太虚同体。这样，乃知气力者，精神也。无形无象之精神，能胜有形之物的道理即在此。修炼传统拳术攻防之道无精神则无气力矣！此精神乃"物物非物之物"也，即"真气、内气"，现实所说之"内劲"，即自己的法身道体也。

修炼传统拳术攻防之道的人认识了上面的道理，就应该知道，惟有"聚精会神"才能以壮自身之气力。但不知"精何以聚，神何以会"，虽竭尽毕生之心力，也漫无适从也，终无所获知。岂知"神以气会，精以神聚"，欲求精聚神会，非聚气不能也。

聚气之法：唯将谷道一用意收缩，用意将玉茎一收，使在下之气尽提于丹田之中，而不从下走泄。采集天地之气尽力一吸，使在上身之气尽归于丹田，而不让散；下上之气团聚于丹田，则气聚而精凝，精凝而神自会其中。此正是"非取天地之气，无以培养之本源"这句话的精义。所谓"天地之气"，乃以自身小天地而言的。以人而论，肚脐以下为地，肚脐以上为天，采天地之气，即下要尽提而入丹田中，上要采集而入丹田中。此乃"浮气聚要"之法，即"上下凝乎中，中气甚坚硬"的聚气之法，又是"聚精会神"之意。所谓"本源"者，即人的性命本于何所生？源于何处来？归为一点，乃"真元一气"耳。即真元一气是自身生化之本、性命的源头。认识到这一点，则知"聚精会神"的聚气法，乃培养人之本源的方法，即求"内气""内劲"之法，根本壮则一身自然健壮。修炼从根本而立，而末自从矣！

然"不吞日月之精，奚以轻身健体"又作何解释呢？此乃讲"阴阳炉火之炼，性成于元亨利贞"的系列之内功修炼法，即"内炼精气神三才浑化合一"的内功法。首先要知道何为日月之精，方可彻底明白。

古人认为，心属火，卦象离，离火中天如日。肾属水，卦象坎，坎在少腹中，少腹太阴之地，似月。日月之说的含义已明。"日精月华"者何解？离卦中一阴，乃日精；坎卦中一阳，乃月华。"吞"者，乃日精一阴与月华一阳相互结合包容之象，谓之"吞"。此乃"阴阳和合，刚柔匹配，水火相济"之意也。只有"心气沉丹田"，才有"真气"不断产生，是"元"始之德。不断积累而能运行，是"亨"通之德。运行畅通，疾缓任意，是"利"的祥和之德，可使自身内清虚而外脱换。而内气在身体内独立存在而不改，自身内气健运不息而空灵轻捷之刚直不阿，是"贞"之德，可使自身内外中正坚固融合如一。坚融之意于此见矣！

上述所谓"聚精会神"的聚气法和"吞日月之精"的阴阳和合，刚柔匹配，水火相济之法，实为一个意思，皆是"炼精化气"以求内劲，再"炼气化神"以得灵神，再"炼神还虚"以求攻防之至用。这就是"非精足气不能清，非气足神不能灵"的精义。肯定了修炼传统拳术攻防之道当先静炼筑基，即"内三宝得以浑化而至于纯阳"，才能内窍通而坚实。

"非内而精气神，外而筋骨皮，浑成一片，身不能轻"，此句之精、气、神合一而能得精神之清灵。然"筋骨皮"三者浑化合一之内容未论。是指外形的"抻筋拔骨，展筋伸骨"及有内气参与而为主导的"柔弱无骨"之修炼，方能使外形的筋、骨、皮浑化合一，即周身一家的动变坚融之境界。坚则接骨斗榫的方正刚发之用；融则九曲珠的圆融阴柔走化之用。此柔化刚发，皆是"节节贯串"而成的，一是坚刚的外形架构，一是融柔的外形架构。有此外形的刚柔之功夫，再与内气匹配合一，柔外刚中，以"顺、逆、和、化"之四德顺序而修，必然是"意气君来骨肉臣"的主从定位才能浑化成为一体，才能使自身虚静空灵，空则无不轻，静则无不应，虚则无不灵。即外形轻，内神灵，轻灵一致，才具备了听探之良知、顺化之良能的最佳状态。即灵则听探得清楚，轻则顺化得明白。以灵用轻，攻防之时必然轻灵。传统拳术攻防之道的"轻功"不会逾此之精义也。

不具备自身的轻灵功夫，"将何以飞取雁书，远逐鸿迹"？此两句做何解释。雁书者，书信也。古有"鸿雁捎书"一说。书信者，往来信息也。飞取者，快也！此乃言传统拳术攻防之道的较技攻防时，要以听探的良知尽快地捕捉住对方动变的信息，好抓住对方空隙方能一战胜之。而"飞取"信息，又是"意在人先"之意，而"意在人先"的功夫，又是"听探"功夫高度集中升华而来的。总之，没有"轻灵"的功夫艺境，是不能以"听探"而知人的，舍眼清明的审时度势，更不会有"意在人先"之境界。此乃"彼目混滞者，其内无实学，虽外饰以色庄者也。若此者，其必助资于敌，又安见玄元浑化无方乎"一句话中所批评之精义耳。

"远逐鸿迹"又是何解？逐，追逐也。鸿迹，由听探和意在人先所捕捉到的对手攻防变化之动态迹象，必以自身的内气率领外形紧随其后，因势而发之，或击或化，皆见景生情之意。非如此何以通妙而能超众。此乃言顺化之良能的真实攻防功夫也。

由此可知，"飞取雁书，远逐鸿迹"两句之精义，是说自身的听探之良知、顺化之良能在攻防中相互为用的重要作用。攻防虽繁杂，瞬息万变，但皆是"以听探用顺化"而完成的，实无例外。非自身轻灵，不能如此而用，轻灵相辅为用之精髓见矣！

而关于自身轻灵功夫艺境的描述，众前贤皆有论述。今录两条，以资对照：

故要身灵。举手不可有呆象：彼之力方碍我皮毛，我之意已入彼骨内。两手支撑，撑只是用意，一气贯串，左重则左虚，而右已去；右重则右杳，而左已去。气如车轮，周身俱要相随。

又要提起全副精神，于彼劲将发未发之际，我劲已接入彼劲，恰好不先不后，如皮燃火，如泉涌出。前进后退，无丝毫散乱。曲中求直，蓄而后发，方能随手奏效。此所谓"借力打人""四两拨千斤"也。

《清代李亦畬太极拳谱·五字诀》

"非如此何以通妙而能超众？能御大敌，足称万兵之祖"，此说又是何意呢？

先论自身轻灵的听探之良知、顺化之良能。有此自身功夫艺境，何以通妙而能超众，能御大敌，足称万兵之祖？此在论述攻防运用之方法、准则的重要性，即前面所言"远逐鸿迹"的方法、准则。我解"逐"字是"追逐"。逐是驱除之意，然"追逐"则是在后面追赶前面的驱逐。此乃用一个"逐"字，非常精辟地申明了攻防运用的方法、准则，即传统拳术攻防之道的基本攻防法则，以柔用刚的不撄人之力的顺其势、借其力；让力头，打力尾；让，中不让技术方法，实施"无争为争"的法则。此即"无为"法，即"不先物为"的法则。只有执此不先物为的无为法，才有"因物之所为"的"无不为"的至用。只有执无为的无争之争，才能通往"尚意不尚力，尚德不尚力，人不能知我，我独知人的借力打人，四两拨千斤"之妙境，最终可达"寂感而通"之艺境。按技术方法而论，就是以柔用刚的粘走相生、化打合一之法。

而此"无为"法，早在老子《道德经》中就有论述。其曰：

道常无为而无不为。善为士者不武；善战者不怒，善胜敌者不争，善用人者为之下。是谓不争之德，是谓用人之力，是谓配天古之极。

此论充分说明：道的常规法则是无为，故能无不为。善修传统拳术攻防之道的不以强力胜人；而是以柔用刚的尚德不尚力，故善战者不怒而和颜悦色，即具温柔之气质风度，和缓中锋芒锐利，灵则通神，玄能入妙。善胜敌者不争，唯顺从而随之，善借用人之力而在后，后即下也。此法施之是为不争之德，是为借用人之力。唯此才是"无为"之道法。正是以柔用刚、粘走相生、化打合一的无为之道法。

而关于此传统拳术攻防之道的"无为"法，在较近问世的王宗岳《太极拳论》中，更有详细的论述说明。录而论之于下。

随曲就伸，无过不及。人刚我柔谓之"走"，我顺人背谓之粘。动急则急应，动缓则缓随……左重则左虚右已去，右重则右杳左已去，仰之则弥高，俯之则弥深，进之则愈长，退之则愈促。一羽不能加，蝇虫不能落。人不知我，我独知人。英雄所向无敌。

此乃论述的"无为"之"道"的顺随之方法，即以柔用刚，"粘走相生，化打合一"的一而三之元玄的妙用。

根据此无为的以柔用刚的顺随之一点子"粘走相生，化打合一"的妙法，其又列举了：左右、上下、进退各个方面的用法内容以论之："左重则左虚（右已去）；右重则右杳（左已去）。仰（上）之则弥高，俯（下）之则弥深。进之则愈长，退之则愈促"。此六法皆述以柔用刚顺随法的"粘走相生、化打合一"之用的艺境。

如能自身攻防的全体大用皆如"粘走相生、化打合一"之法施之，则毫不受人之力，故有"一羽不能加，蝇虫不能落"之艺境。不受人力，动而顺随无为，即不先物为，故能有"人不知我，我独知人"的现象产生，自会有"英雄所向无敌"之至用的事实了。这就是"而能超众，能御大敌"之论述的精髓。

有了听探之良知、顺化之良能，再以道的顺随无为法，即传统拳术攻防之道的以柔用刚的粘走相生、化打合一的方法，此足可以说明是一切攻防之道的"祖制、祖训"了。此即体、用的三才合于一致，练至浑化寂感而通的精髓之妙处。传统拳术攻防之道的练、体、用之精髓，在于兹，莫过于兹尔。故称为"祖"。

知精足气则自清，气足则神至灵。内而精气神之清，外而筋骨皮之宁，灵神合清、宁而一之则自身虚空轻灵。有此轻灵之身，再以顺随的以柔用刚之粘走相生、化打合一为法，则精足能战之耐久，气足则呼吸匀而不憋闷，神清静而又圆机活法融为一体之中，则变化莫测乃自然纯化之功夫。此乃说明内练精、气、神筑基之重要作用，具有精足不知饥，气足不知疲，神足不思睡，自然健身强体、攻防技击两不相悖之功效。

修炼拳术攻防之道能内外三才浑化归一而得"虚灵妙境"，再以顺随的以柔用刚之粘走相生、化打合一的无为法实施，达到体用浑化寂感而通的艺境。修炼拳术和修炼剑术，可谓之"拳成天下无敌手，剑完四海少敌兵"的"绝学无忧"之艺境了。

凡修炼传统拳术攻防之道，能此二者之艺境，可超凡入圣境。能此二者之艺境，便可战胜众多高手而成为高明的拳术攻防之大家。

凡修炼传统拳术攻防之道而能达到超凡入圣之境、高明的拳术攻防之大家，方可不负古人留下的拳术攻防之道的修炼、建体、至用以为保身之计的立意，方不负仙家、佛家苦心经营流传下来的内外兼修功法之衷诚的善心。

此段精辟之论述，可谓拳术攻防之道的修炼、建体、至用之精髓矣！凡修传统拳术攻防之道者，必须精通修炼、运用此段之内容，方可达至真之境。

此段首言："剑成于外，则剑气备于内，是尔身心自有主。"如以拳术攻防之道论之，则是："形拳成于外，则真气备于内，是尔身心自有主"。其意义相同。可知"意气君来骨肉臣"的内气、外形之君臣主从的认识，传统拳术攻防之道中，是一致的。至于传统拳术攻防之道的对敌之至用，自可出手见红，伤人杀人立见；与人较技，可以用必打犯不伤人而胜之，又不结怨生恨；自修可驱众魔而立正阳，自可成真人之身。即"提挈天地、把握阴阳、呼吸精气、独立守神、肌肉若一"。当达到无师智的艺境，即自身之自然智慧打开时，便能知常人所不知，能常人所不能。古今之事、物的生成演化情况的因果原由似如亲目所见一般，豁然贯通开朗；谋划各种事物自然周到详密而无疏漏，协调治理系统化全以直接感觉而能通达。儒家的抵抗外侮，以此而威行。此即说儒家的"中庸"之道，礼仪三百、威仪三千，以柔用刚乃以柔弱而胜刚强之法，即尚德之大仁大义之勇。道家之降伏对手、无争之争的"无为"法，以此"无为"之修，必"唯道适从"，只有己之私欲空无灭净，方见道之真；佛家的"明心见性"之真空说，只有"见者不是，不见者是"以此而功成。此三家无不是以"内气"备于内为身心之主而能至用的。即"惟精惟一，允执厥中"之义，就是针对"以柔用刚"之技术方法而言的。内气之运行展布，修炼时为"相"，此时心自安静，身体顺畅通达；较技时为"将"，可统率全身征战。此即"剑气备于内，是尔身心自有主"的"主"之义。

而关于儒家之御侮、道家之降伏、释家之真空，皆与传统拳术攻防之道的学

十、论拳与器械之关系

说相一致。孙禄堂先生有段精彩的论述,可与之对照:

> 形意、八卦、太极三派拳术,形式不同,其理则同,用法不一,其制人之中心,而取胜于人者则一也。按一派拳术之中,诸位先生之言论形式,亦有不同者,盖其运用或有异耳,三派拳术之道,始于一理,中分为三派,末复合为一理。其一理者,三派各有所得也。形意拳诚一也,八卦拳之万法归一也,太极拳之抱元守一也。古人云:天得一以清,地得一以宁,人得一以灵。得其一而万事毕也。三派之理,皆是以虚无始,以虚无而终。所以三派诸位先生所练拳术之道,能与儒、释、道三家,诚中、虚中、空中之妙理,合而为一者也。
>
> 《拳意述真》

由此论述可知,传统拳术攻防之道本一理而贯穿者也。正如《九要论》中所言:

且拳事之论亦甚繁矣,而要之千变万化,无往非势,即无往非气,势虽不类,而气归于一。盖一本而散为万殊,而万殊咸归于一本,事有必然者。

拳事亦是如此。可知,古今武学大家之论拳,论拳术攻防之道皆此一理法耳。

上一段谈到"剑气备于内,是尔身心自有主",而此剑气正是传统拳术攻防之道的精、气、神,内三宝得以浑化而成的"正阳"之气。其名"真气、内气、中气、内劲、精神、神明"等,显示出传统拳术攻防之道的历史发展进程中的各阶段时期对同一事物的立名不同,但实质所指无异。此乃因为从修炼、建体、至用等不同角度立论而形成的,亦是情理之中的事情。内气阳刚,身柔、心柔,故"柔者刚为主",即攻防的"以柔用刚",乃身心之用内气耳。

现在,又提出了剑气是"罡气"。对于罡气的注解,说是天的最高处之气。实际上罡气就是"纯阳之气"。术家云:"天罡三十六,地煞七十二。"就说明了"罡气"乃指天之正气而言。实指乾卦六阳的健运不息的纯粹之精气。但为何名"罡气"?我们从罡的字形,乃四与正组成的,涵盖着四季的正气之意思。又指出此"气"具有"元亨利贞"之四德,故曰此气时名为"罡气"。而此罡气,乃宇宙之间亦必恃此而化育、主宰生杀权宜。故习拳者之内气乃充满自身之间,各种攻防拳势亦必恃此化育而出,其亦主宰攻防较技之胜负的权宜。然对此"纯阳之气"的功能之赞颂,《易·乾卦·彖》曰:

> 大哉乾元,万物资始,乃统天。云行雨施,品物流形。大明始终,六位时成,时乘六龙以御天。乾道变化,各正性命,保合太和,乃利贞。首出庶物,万国咸宁。

《拳道中枢（大成拳论）》注解点评

　　本来这一段论罡气之说，应是上段的结尾之论，从下面所论本段之内容，谈的不是同一话题，就可以知道，精髓所指，各有其处，各有其妙。

　　故修炼传统拳术攻防之道的人，应把修炼传统拳术攻防之道当作躬身自厚的成才之学业来研究，则必知贵于精，即精于内气为相、为将的修炼、至用之事的内容，方可达到克己之欲而以术成道，即"以柔用刚"的技术方法，终至神化之功的神明艺境。精心于理法术功、形意体用的研究，按法修炼、精熟"闪展腾挪、拿打踢摔"八法合一的至用。精心学习、专心而练，心领体认，步步层层皆有功法之证验。还要谦虚。训曰："谦受益，满招损。"正所谓理不明延明师，法不清问同道。不谦虚，何能受益。况修炼传统拳术攻防之道的系列方法繁多系统庞杂，又浩渺而无止境，理不清、法不明，稍有不慎，便会"差之毫厘，谬之千里"。不谦虚谨慎何能修成正果。拳谚云："武不善动，一步错，百步歪。"也是讲的心要谦虚之意思，又指精于内功的修炼。

　　艺当熟习。即攻防招法实施要熟习。何谓"熟"？有意练功，无心求功，功自出。一切攻防招法的运用实施，曲化直发、以柔用刚、粘走相生、无心而用，随感而应，应无不当，谓之"熟"。

　　当能胜人，艺境升华，能胜众人，亦不能骄傲，亦不能自认为了不起。要有"他山之石可以攻玉"的思想。要知"人外有人，天外有天"的道理，要学会取人之长，补己之短的方法，要树立人人为我师的观念，此乃"业贵于精，心宜于谦，艺当熟习，志莫骄矜"的含义。习练传统拳术攻防之道志在治学业以修己，便可自觉地做到了。能做到在同道中相互交往切磋技艺时"知而不言题外话"，千万莫要"言而不知其内情"。此乃"志莫骄矜"之精髓，做到了便可业至于精！而"业"字，古有"三阳之气谓之业"的说法。故知"贵业至于精"，乃指内气功夫贵于精。何谓内气之精？即"放则弥之六合，卷之退藏于密，卷放得其时中"之谓欤！

　　然"外有三尺剑，内必藉五本以佐之，始保一身安闲，无事纷纭耳"。此"内必藉五本以佐之"的"五本"之意，乃精髓处。细论之如下："天有五行，御五位，以生寒暑燥湿风；人有五脏、化五气，以生喜怒忧思恐，论言五运相袭而皆治之，终期之日，周而复始。

　　夫五运者，天地之道也，万物之纲纪，变化之父母，生杀之本始，神明之府也。可不通乎！故物生谓之化，物极谓之变，阴阳不测谓之神，神用无方谓之圣。夫变化之为用也，在天为玄，在人为道，在地为化。故曰：天道远，人道近，地道化。道生智，玄生神。神在天为风，在地为木；在天为热，在地为火；在天为湿，在地为土；在天为燥，在地为金；在天为寒，在地为水。故在天为气，在地成形，形气相感而化生万物矣。然天地者，万物之上下也。此谓天覆地载，上下相临，万物化生，无遗略也。由是故万物自生自长，自化自成，自盈自虚，自复自变也。夫变者何？谓生之气极本而更始化也。孔子曰："曲成万物而不遗。"此意也。左右者，阴阳之道路也；水火者，阴阳之微兆也；金木者，生成之终始也；气有多少，形有盛衰，上下相召而损益彰矣！拳术中之上下，心为君主，为上。内气为臣，在下。此一说也。内气为君主为上，外形为臣民为下。此一说也。故内气又名"中气"，乃此之谓也。再以外形而言，肚脐以上为天，肚脐以下为地，此亦上下也。拳术之中，言天者求之本，言地者求之位。言用者，在人之气交。上下之位，气交之中，人之居也。天枢之上，天气主之，天枢之下，地气主之；气交之分，人气主之，万拳由之，此之谓也。故气之升降，天地之更用也。升已而降，降者谓天；降已而升，升者谓地。天气下降，气流于地；地气上升，气腾于天。故高下相召，升降相因，而变化作矣。关于这段五行、阴阳之论，拳家论说已至明也。陈鑫说："用刚不可无柔，无柔则环绕不速；用柔不可无刚，无刚则催逼不捷。"《杨谱》说："由屈伸动静，见入则开，遇出则合；看来则降，就去则升。夫而后逸为真及神明矣。"此两段乃言说的拳中之内气、外形的"气有多少、形有盛衰、上下相召而损益彰矣"及"高下相召，升降相因，而变化作矣"之精髓。

　　然"五行为本"之精义尚未点透，容下面论之：

　　《陈鑫·太极拳权论》说：

　　至于人之一身，独无运动乎？秉天地元气以生，万物皆备于我，得圣人教化以立，人人各保其天。因而以阴阳五行得于有生之初者，为一身运动之本。于是苦心志，劳筋骨，使动静相生，阖辟互见，以至进退存亡。其穷其变，此吾身自有之运动也。

　　《九要论·五要》中说：

　　今夫捶以言势，势以气言。人得五脏以成形，即由五行而生气，五脏实为生性之源、生气之本。五脏名为心、肝、脾、肺、肾是也。心为火，而有炎上之性；肝为木，而有曲直之形；脾为土，而有敦厚之势；肺为金，而有从革之能；肾为水，而有润下之功。此乃五行五脏之意，而必准于气者，以其各有所配合焉。此所以论拳事者，要不能离乎斯也。

　　《易筋经·贯气诀·中气论》中说：

　　肾属水脏，而主骨，乃生肾而长骨。水能生木，肝属木脏，而主筋，筋附于骨，乃生肝而长筋。木能生火，心属火脏，而主血脉，乃生火而生血脉。火能生土，脾属土脏，而生肌肉，乃生脾而长肌肉。土能生金，肺属金脏，而主皮毛，乃生肺而长皮毛。金能生水，肾属水脏，而主骨。五脏依次而长，六腑依次而生，是形之成也，因真乙之气妙合而成，形乃气之聚也，曲成百骸毕俱而寓。一而二、二而一，一二固不可须臾离者也。

王芗斋言：

盖拳术中之所谓五行者，换言之曰：金力、木力、水力、土力、火力是也。即浑身之筋骨，坚硬如铁石，其性属金，故曰金力。所谓皮肉如棉，筋骨如钢之意也，无处不有如树木之曲直之形，其性属木，故曰木力。身体之行动，如神龙游空，矫蛇游水，犹水之流，行踪无定，其性属水，故曰水力。发手若炸弹之爆烈，忽动如火之烧身，猛烈异常，其性属火，故曰火力。周身元满，敦厚沉实，意如山岳之重，无处不生锋芒，其性属土，故曰土力。凡一举一动皆有如是包罗天地，弥满六合，充塞宇宙，性命之学，亦即天地之阴阳也……无为则神归，神归则万物寂，物寂则气泯，气泯则万物无生，耳之五种力，此方谓五行合一也……如是方能得周身之浑元也。

（注：关于此段文章的真实性，姚仲勋先生注曰"五行合一一章与后说无异"故而取之。而取之之意图，是论"五行本一气"之观点耳。关于王芗斋的五力说，乃五种能力而言的。此"力"字，并非现今"力学"中的力也。特此说明。但此段论述，特表露出"静"态桩功，乃修"神、气、形"三才浑化归一的方法。即是"浑元功法"筑基之说也，由此亦可窥探王芗斋所述拳学之练、体、用的内容之详情了。）

形意拳门的先哲们遵从"五行"之意，而创立"劈、崩、钻、炮、横"之五行拳。以崩拳属木，似木有曲直之形用，取东方蓄而生发之势；炮拳属火，似火有炎上之势，取南方浑发鼓涨之势；横拳属土，似土有敦厚之性，取中央静定稳固及中枢之用，以统其他四拳；劈拳似金，从金性锐利劈下，从革之灵而善变，取西方肃降之势；钻拳属水，似水之无孔不入，善变无常形，取北方肃敛冰固之坚。总之，形意拳以三体式立意，天地人三才浑化以建"体"。以五行拳立意，以完成神、气、形三才浑元归一的一而三之元玄之至用。以得听探之良知、顺化之良能，以及以听探用顺化、顺化中亦听探、听探顺化相互为用的攻防之至用。

所谓"一而三之元玄"的至用，即听探之良知为静；顺化之良能为动；而听探之信息入内之处理中心，而未发出顺化指令之前，是谓动静。此乃自身的"一而三之元玄"之机也。此才是攻防至用的核心内容。前贤们以五行拳而立此意，当五行拳的修炼达到此艺境时，即五行拳之立意的功夫修成，再修"十二形拳"的内容，以收全体大用之功夫成。

明白了"一而三之元玄"之义，再看"静为本体，动为作用。若言其静，未漏其机；若言其用，未见其迹。动静正发而未发之间，谓之动静""知静之为静，动亦静也；知动之为动，静亦动也"。拳术之基本法则乃"以静用动""以静制动"等，拳诀之内容，无不了然于胸中，无有出"五行"之义者也。

前引数条，乃先贤论拳之练、用，皆本五行而论，从不同角度立论，阐发其微旨妙义，以为习拳者所能用之。然为何皆能从五行而立论呢？五行学说，乃《易经》中五行的哲学命题，五行学说，可解天地之道理，可依此而治国、安邦、平天下；可依此而治军能成善战之师；中医依此而立生化机理学、病变机理学、药物性理学、辨症诊断学、辨症施治学等。而传统拳术攻防之道的大家们亦从"五行学说"中自然之生化机理说的法则中，全面地探讨、认识传统拳术攻防之道的修炼、建体、至用及攻防功夫艺境升华的理法、准则，用以指导修炼实践、攻防之用。故五行学说乃一个习拳者必修之内容。为说明这一点，讲明五行为本之精髓，今简介五行学说的基本内容如下。

五行：木、火、土、金、水，相生。

木、土、水、火、金，相克。

五脏：肝木、心火、脾土、肺金、肾水。

五脏所主：肝主筋、心主血脉、脾主肉、肺主皮毛、肾主骨。

五官：又名五窍。肾开窍于耳，耳为骨之官；肝开窍于眼，眼为筋之官；心开窍于舌，舌为血脉之官；脾开窍于唇，唇为肉之官；肺开窍于鼻，鼻为皮毛之官。

五脏所藏之神。心藏神：神者，精气之化成也。《灵枢经》曰：两精相薄谓之神。即"离中之一阴精，坎中之一阳精"。此两精刚柔相合炼而成之之精，谓之神。此即"一气灵明不昧者谓之神"之"神"，乃内功修炼中的"炼精化气、炼气化神"之所生之"神"，乃自然之神，亦即生之制之"神"，亦名"先天自然之神"，又名"元神"，乃真元之气所化生之神。此神藏于心中，乃心之主也，即心之最佳功能。故此"神"圆融，具有内外之神通功能。

肺藏魄：肺之神也。精气之匡佐也。《灵枢经》曰：并精而出入者，谓之魄。魄并精气而行，匡扶、辅佐"元神"而成事的功能，通常称为"魄力"。肺脏功能健全，则魄力充沛。

肝藏魂：魂者，肝之神也。神气之辅弼也。《灵枢经》曰：随神而往来者，谓之魂。随神往来，辅助神之灵巧而成事之功能。魄并神而行，辅元神之力也，故曰"魄力"。魂随神往来，辅元神之灵巧也，故曰"灵魂"。故知：神之往来，必有"魂魄"而相辅佐，扶持匡正，方能建其至通至用之功。

脾藏意：意者，记而不忘者也。《灵枢经》曰：心有所忆，谓之意。又，心有所忆，即时心之所发，谓之意。意者，心之使者也。所谓"以意行气"，气所行之处，气所行之情景，皆记录而存储起来，以备即时提出而用，此乃意之功能。可知脾脏康健则意气风发，动作功能准确而无误。谚云："有意练功，无心求功功自出。"其理在此。

肾藏志：志者，专意而不移者。《灵枢经》曰：意之所存，谓之志。肾受五脏、六腑之精，元气之本，生成之根，为胃之关，是以志能则命通。乃作强之官，技巧出焉。

五行本一气。是说五脏之所生成，乃先天一气，即肾中阴阳相薄而逐渐生化而成之。五脏即成，自有其五脏生化之功能存焉。此乃一定之理。然于修炼一事，本于五脏由内主外之机制，通过系列的修炼方法，求根从本，由后天复返先天。即以五官掌管外五形复归于内五行五脏之根本，再以五脏复求其根本，五脏之根本，乃五脏之气。五脏之气的根本，乃先天真元一气。此乃"顺生人，逆修仙"的道理。这就是"得圣人教化以立，人人各保其天。因而以阴阳五行得于有生之初者，为一身运动之本"的精义。也是"外有三尺剑，内必藉五本以佐之，始保一身之安闲，无事纷纭耳"之妙旨。此妙旨精义，即"五行本一气"。

然此一气者，乃炼精化气之"自然先天之一气"。此自然先天一气，乃自身攻防动变之根本，而此"先天一气"之景象，正是神、气、形三才浑化归一之境。正所谓太虚寥廓，肇其化元，万拳资始。五运终天，布气真灵，揔统坤元，万拳资生。势弥六合，七曜周旋，八锋锐利。曰阴曰阳，曰柔曰刚，幽显既位，攻守弛张，生生化化。上生者，有情有识；下生者，无情无识。上化，形容彰显者也；下化，蔽匿形容者也。有情有识，彰显形容，天气主之；无形无识，蔽匿形质，地气主之。禀元灵气之所化育耳。五本之义，不过此也。正《易》曰：天地氤蕴，万物化醇，斯之谓欤。

有此五行精义之论，可知传统拳术攻防之道的修炼本顺生机之自然，去其害生机者也。是在神为非人力也。故能始终保一身安闲，无事纷纭耳。

传统拳术攻防之道的修炼之功果，乃仁人志士之珍宝，正人君子所获，必为恶歹人之所畏惧也。故爱好传统拳术攻防之道的修炼者，也要知道爱好传统拳术攻防之道，并勤于修炼，本是好事情。但要知道，"应用不当，也会变成恶劣的事"，这才是最可贵之处，此即"好而知恶为贵"的意思，即不能仗艺欺人、不能以强凌弱等。

或徒负气好胜，不能忍让，每因争端而生嫌隙。总之，一旦私心欲望胜乎情理，而起是非，小则卤莽而坏事、或伤人毁物、或被人所伤，大则积怨成愁，积愁成恨，反恨成仇而斗狠，将会祸延无止无休，诸事纷纭不得安宁矣！故拜明师修炼传统拳术攻防之道者，必然忍让为先，方知"以柔用刚"之妙，否则，必不能修成正果。

十一、论点穴

点穴之说世人都以为奇，有云点穴道者，有云时间者，其种种分论不已，闻之令人生厌呕吐，所论皆非也①。盖双方较技，势均力敌，不必曰固定之穴不易击中，即不论何处击中，很难如仅以其穴之可点，再加以时间之校对，则早已为对方击破矣②。总之若无拳术之根本能力，纵使其任意截点亦无所施其技，即幸而点中，亦无效果③。若已得拳中之真实理力，则无论两肋前胸之某一部位，一被击中立能致死④。非有意点穴，而所至之处则无不非穴，若仅学某处是穴、某时可点，其道不愈疏远乎⑤？

【题名解】

传统拳术攻防之道中的"点穴"说法，是一个敏感而又扑朔迷离的问题。拳术行家里手的认识和小说家、普通人的认识极不一致，真是"仁者见仁，智者见智"而不能统一认识，这才是正常的情况。

我们通过这篇文章，就要对传统拳术攻防之道中的"点穴"问题种种说法的精义有个清楚的认识，达到统一的认识，还其本来面目，使之不再存在神秘感了。

【注解】

①点穴之说法世人都觉得是神奇绝妙的功夫，有的说是点穴道、点穴位如何如何！有的说在某个时辰点了某个穴道、穴位就会如何如何！这些说法议论纷纷而没有停止过。这些说法，听了后令人顿生厌烦心理而呕之。因为，这些点穴的论述，皆非正统的传统拳术攻防功夫的说法。

②如果双方攻防较技，而功夫艺境又势均力敌旗鼓相当，不必说固定的穴位不容易击中，就是不论何处被击中，很难仅以其穴可以点中，再加以时间之效对，则早已被对方击破矣！

假如是达到攻防功夫自动化的艺境，是可以随意击中对方某个部位的。所以，这条理由不足为否定"点穴"功夫之存在的。当然，我所论述的"点穴"功夫不是常人的概念，而是拳家认定的功夫概念，这要全面地认识后才能看懂的。特作此说明。

③总之，要没有传统拳术攻防之道的听探顺化相互为用的真功夫和人身何处被击打可以致死的知识、能力，纵然使其任意截点亦无所施其点穴之技能；就是幸而点中，亦无制胜、致死之效果。

人身是有薄弱环节和怕击打的位置，击打后可以致伤、致死。如太阳穴，重击后轻者休克，重者致死；胃脘穴，重击后轻者可以导致吐血，重者吐血不止而死亡。所以，这条理由亦不足为否定"点穴"功夫之存在。当然，我所论述的"点穴"功夫不是常人的概念，而是拳家认定的功夫概念，这要全面地认识后才能看懂的。特作此说明。

④假若真的得到传统拳术攻防之道的理法、攻防能力，则无论两肋、前胸之某一部位，一被重拳掌击中，皆可立能导致死亡，所以，这不是"点穴"之说法的概念。

这一观点表明了王芗斋先生对世人传说的"点穴"功夫之种种说法持否定态度的根本认识。乃是对"点穴"法说的正确认识和见解。

⑤双方比武较技，攻防往来，非有意点穴，而所击中之处则无不是"穴"也。假若仅学某处是穴、某时可点，可达到某种预期的效果，其不愈来愈疏远拳道了吗？

在中医针灸学中，有各经络穴位可以治病疗疾，还有一种"阿是穴"，随处不在，亦可针灸之亦能治病疗疾。这就是王芗斋先生所说"而所至之处则无不非穴"句的精义，就是"阿是穴"的观念在传统拳学中的具体应用之说法。

【点评】

有关"点穴"的说法，历来各拳学大家都有自己的认知之论述。为求对照，录并解之如下。

1. 打穴歌

> 身似弓兮身劲似弦，穴如的兮手似箭❶。
> 按时发兮须忖正，千万莫要与穴偏❷。

打穴，又名点穴。此穴字的涵义，与中医针灸学中的穴位并非完全是同一个概念。中医针灸学中的穴位，乃是固定不变的准确位置，医生可以根据穴位的情况，进行症状的诊断和相应的针灸治疗，以治愈病人的症状，使之痊愈。而太极

十一、论点穴

拳术攻防之道中的穴位,应是点位,是指受击的跌落点位而言的。这一认知是非常重要的,只有如此的认知,才能明白太极拳术中打穴、点穴的攻防技法的实质内容为何,方不存在故弄玄虚的议论。拳诀言:"要问妙法终何在?跌落点对即成功。"因为习拳之人的劲道之存在,故而任何拳势都存在有瞬间的虚实之分别,而任何拳势之攻击都要选择对手劲道的力背之所在而击之,正当即时的劲道之力背在何处,何处就是所说的点位,这就是穴位的说法之缘由。就是运用"对法"的打力头之法式,即时对手的劲势之力头在何处,何处就是受击的点位;或是来劲之支撑的点位,亦同样是受击的点位。这三种受击的点位,拳家都习惯地称之为是穴位。这是太极拳术中的打穴、点穴的根本之说法。歌诀云:"刚发他力前,柔乘他力后,彼忙我静待,知拍任君斗。"这首歌诀就说明了"拍打点位"准确,就可任君与他人比武较技而制胜了。

但是,人体中的经络穴位,有些是疼痛酸麻的敏感点,凡遭到一定重力的击打,常常疼痛酸麻难忍;或有些部位的穴位受击打后,就会出现酸麻胀痛而失去即时反抗的能力。而手头功夫高者出手认穴极为准确,可以控制在分厘毫之差距内,当点击到这些穴位的部位后,即刻造成对手酸麻疼痛难忍等症状而失去即时反击的能力,这就是打穴、点穴的说法之本义。而所谓的点击,并非单指手指,或拳,或掌,或肘,或臂,或膝,或脚法等,凡种种击打法式,都为点击,或曰击打点位。故而知道打穴、点穴、打点、拍位,都属于闭穴的范畴,都是同样的意思。

原作者在"重要穴目"篇末写道:"打人必识穴道,不识穴道恐打伤人,如膻中、上腕(期门、太阳)诸穴,一被捶打,心气一提,心血一聚,随时能令人昏迷,切甚而至于死。故将针灸面、背图绘之于前,以备学者观览,关紧穴熟读之。"从此论中所论认识穴位的精义,则是认识经络穴位的目的而在于不伤人,或避免误伤人而设的,并非是给点穴之人用的。明白了这一点,对充分地正确理解"打穴歌"的内容是有好处的,对太极拳术攻防之道中的"点穴"的说法,就会有一个正确的认识了。

然而,在传统武术门派、拳种中,确实流传有具体穴位的说法,但是其名不与针灸穴位名同,将点穴法的部分穴位名称内容开列如下,以供参考。

如:

乳膀穴,被点者四肢麻胀。

神枢穴,被点者汗出如流,肠中苦痛,上吐下泻,面色青黑,气不相接。

猴头穴,被点者饮食不进,气闭昏闷。

双燕穴,被点者四肢无力,面色黄瘦,重者吐血,身作寒战,血流七窍。

眼田穴,被点者胸腹胀满,气逆头昏胀。

又有十二时辰的十二大穴,列之如下:

子时阴阳穴，丑时衣腕穴，寅时乔空穴，卯时双门穴，辰时太阴穴，巳时将台穴，午时天庭穴，未时七坎穴，申时探海穴，酉时青海穴，戌时铜壶滴漏穴，亥时白水穴。

凡点穴手法，皆是内劲功夫上乘者，运用时全凭手法轻灵如风的内劲的到位，并非力量的大小耳。故一般习拳者非得明师所传，不必用心求之。此等上乘功夫可遇而不可求也。

注：

❶人身好似一张弓，身中内劲就像弓弦，对手的跌落点位就是目标之靶子，而手出直射犹如离弦的箭。手出之法，或指或掌或捶的击打。

❷按时发，时，作机会解。即乘机而发的意思。乘机发手，要拳势明打对方体表的点位，劲势暗对着对方的"实中"才有最大的制胜效果。这就是"须忖正"三字之精义。出手千万莫要内劲外势偏离了对手的点位，这就是"千万莫要与穴偏"句的精义。此句充分体现了拳诀所言"要问妙法终何在？跌落点对即成功"的精义。

2. 杀手歌

上打咽喉下打阴，中间两肋并当心❶。
下部两臁合两膝，脑后一掌要真魂❷。

杀手，就是打手，也就是通常之比武较技的打斗之攻防技法。然此歌诀的具体内容，乃体现的是拼死活的打法。如果说此乃正当防身自卫自身救急之法，修炼太极拳者对此内容就不可不知了。如果说害人之心不可有，然而防人之心却不可无呀！作为防备他人害己，亦应清楚地知道此中之内容为是。如何对待"杀手歌"的技法实施问题，亦存在攻防技法功夫的运用与时俱进、因人而异的课题之内容。

注：

❶上打咽喉，可致喉咙骨后贴，而能导致说不出话来了。下打阴囊，轻者造成对方睾丸疼痛难忍，重者可立毙人之性命。中间胃脘，轻击则疼痛难忍，重击可造成气逆胃出血而吐血。击打两肋骨易折断，尤其是重击右肋，可以造成肝破裂的内出血。当心者，正当对手吸气之时重击他的胃脘、膻中穴、华盖穴等部位，随时能令人昏迷，且甚者而至于死亡。

❷腿部位的里外之两臁遭到腿法的重击，可造成人的小腿骨折；重力蹬踏对方的膝盖，可造成人的膑骨破裂性骨折。头骨中最薄弱的地方就是后脑勺部位，

十一、论点穴

如果重击可致人立时毙命而死亡。

陈氏两篇论拳的文章，已经将传统拳术攻防之道中的"打穴""点穴"的说法内容之精义揭示无遗了。但是，有关"点穴"内容之精义论述得尚不够详尽，再看前贤的论述，以资对照，录而并解之如下。

3. 口授穴之存亡论

穴有存亡之穴，要非口授不可，何也？一因其难学，二因其关乎存亡，三因其人才能传❶。

第一，不授不忠不孝之人❷；

第二，不传根底不好之人❸；

第三，不授心术不正之人❹；

第四，不传鲁莽灭裂之人❺；

第五，不传目中无人之人❻；

第六，不传无礼无恩之人❼；

第七，不授反复无常之人❽；

第八，不传得易失易之人❾。

此须知八不传，匪人更不待言矣❿！

如其可以传，再口授之秘诀。传忠孝之恩者，心气和平者，守道不失者，真以为师者，始终如一者⓫。此五者，果其有始有终、不变如一，方可将全体大用之功授之于徒也⓬。

明矣，于前于后，代代相继，皆如是之所传也。噫，抑亦知武事中无有匪人哉⓭！

这是一篇论述传承方面内容的文章，主要说明全体大用的功夫不能轻易传授，否则，不当传之人传之乃丢艺；当传之人不传则丢人。至于何人当传，何人不当传，只有传艺之人自己把握了。古人有"宁可不传，不能乱传"的训导，何况是关乎生死存亡的根本技法功夫了，更是不能轻意传之了。

注：

❶穴位分生存之穴、死亡之穴，然要点诀言非得口传不可知之，这是什么原因呢？一是因为难以学成，难在懂劲以后的神拳神明的攻防功夫艺境的时候才能够开始传授；二是因为关乎到人的生死存亡；三是因其人能传，才可以传授，否则，便不能传之。由于有此三个条件的约束，致使节膜、拿脉、抓筋、闭穴的全

体大用之攻防技法功夫而不得广泛地流传。

❷不能够传授给不忠于国家、民族，不孝敬父母双亲的人。这样的人属于极端自私的人，为了其个人的利益，任何卑鄙的事情都能做得出来。

❸不传授给品性根底不好的人，是因为其又容易肇事生非，惹祸造成麻烦事端。

❹不传授给追求名利而心术不良、不正确的奸诈之人，是因为其拨弄是非，挑拨离间，属于根本无情无义之类。

❺不传授给性情鲁莽、做事轻率的人；蔑视宗祖而搞分裂之人。因其成事不足，败事有余。

❻不传授给目中无人之人，因为此种人多无大志，对人又无真实情感。

❼不传授给没有礼仪教养、不知恩图报之人，此种人多为恩将仇报的反复小人。

❽不传授给意志不坚强而又反复无常之人。此种人不敬师尊道。

❾不传授给认为得的容易，而其失之必亦容易的人。

❿此是习拳者必知的八不传的内容。无事生非的歹人、匪类更不待言之了。

⓫如果所收徒弟，经品评考验认为可以传授者，再口授之秘诀，身授其真谛，以成其才。总之，传给忠孝知恩者、心气平和者、守道不失者、真以为师者、始终如一者。

⓬此五者，果其有始有终、不变如一，方可将全体大用之功授之于此徒也。何谓全体大用？大者，自己的法身道体之为大也；用者，明生死存亡之道也。何独指技击之功夫也！

⓭明矣，懂劲前和懂劲后，所修炼的内容不同矣！太极拳术攻防之道于前代传来，承接于己，再传之于后来之人，世世代代相继，皆如是之所传也。噫，这就知道武事中根本就没有匪人的道理之根源了。

4. 尺寸分毫在懂劲后论

在懂劲先，求尺寸分毫为之小成，不过末技武事而已！所谓能尺于人者，非先懂劲也❶。如懂劲后神而明之，自然能量尺寸。尺寸能量，才能节、拿、抓、闭矣❷！

知膜、脉、筋、穴之理，要必明存亡之手，要必明生死之穴。其穴之数，安可不知乎❸？知生死之穴数，乌可不明闭而不生乎？乌可不明闭而无生乎？是所谓二字之存亡，一闭之而已尽矣❹！

此论说明实施节、拿、抓、闭诸种手法的尺、寸、分、毫无差的能力是在懂劲以后。明尺寸分毫后，还要明白生死存亡的手法，能够内劲闭穴自救转移时，便是明白存亡手的时候。

注：

❶修炼太极拳术攻防之道的人，在懂劲前的小成之形拳招熟的攻防功夫层次所求得的施招用手、施手用招的利用尺寸分毫测距的功能，谓之小成功夫。说其是小成功夫，不过是形拳招熟的末技武事中的事情而已。所谓能具备以尺寸测距来施招用手、施手用招而有准的，这并非先是懂劲了呀！

❷如果懂劲后神而明之，乃是知彼知己的功夫艺境，自然能在施招用手、施手用招的过程中忖量的尺寸分毫不差。尺寸能量得分毫不差，才能实施节膜、拿脉、抓筋、闭穴而能得心应手。此闭穴二字所指，乃是周身劲道的关键部位，被人点拿住则浑身有力不得运使的意思，并非传说中的"点穴"之意思。

❸知道"节，不量，由按而得膜；拿，不量，由摩而得脉；抓，不量，由推而得筋；拿闭，非量而不能得穴。由尺盈而缩之寸、分、毫也"的用法及道理，还要明白存亡的攻防手法，明白人身中的生死之穴的位置。其中生死之穴位的数量，又怎么可以不知道呢？正如老子所云："知不知尚也，不知知病也。圣人不病，因其病病。"这里的生死穴，并非医家的针灸学位，而是拳家所用的周身劲道的关键部位。所谓存亡之手，乃指双方而言的，就对方实施节、拿、抓、闭的诸种手法，则自己如何解脱；反之自己给对方实施节、拿、抓、闭的诸种手法，则对方如何解脱。凡不能解脱者，必败无遗，是名死手、亡手；凡能解脱者，是名生手、存手。

❹知道了生死穴之数，如何能够不明白拿闭穴位而不生的道理、方法、准则呢？又怎么能不明白拿闭穴位而无生机的道理、方法、准则呢？这就是"生死"二字之存与亡的道理，一闭之而已尽矣！所谓一闭之，就是生我天门死我户，乃指同一个位置。当对手实施节、拿、抓、闭，封闭我之劲道关键处，内劲转移便可自救于即时。

《清代杨氏传钞老谱》中的两篇文章，已经将传统拳术攻防之道中的"点穴"功夫的技术方法，功夫艺境、效果的本末因由论述清楚了。所以，修炼传统拳术攻防之道者，就不要对传统拳术攻防之道中的"点穴"法说，搞成世俗之人、小说家之流的神秘之说法了。

三家对"点穴"的认识是一致的，这就否定了世俗之人、小说家之流对"点穴"的种种说法，而确立了拳家对"点穴"攻防技法、功夫的认识。尤其是《清代杨氏传钞老谱·尺寸分毫在懂劲后论》一文的论述，说明攻防技法、劲道的准确性，才是战胜对手的根本保证，才能真正做到"用必打犯不伤人"的艺境。

十二、天赋与学力之别

世人常云，某甲身高八尺，力逾千斤，其勇不可挡。要知身长八尺，力逾千斤，只可谓得天独厚，不得以代表拳学也①。又云某一拳击断巨磨石，单掌劈碎八块砖及前纵一丈，后跃八尺，果能如此，仅不过愚人局部功夫耳，则必将走入废人途径，此且不谈，然都不得以拳道目之②。以上所谈，世都以为特殊奇士，若与通家遇，则毫无能为，至论飞檐走壁、剑侠之说，此皆小说家梦想假造，只可付之一笑，如开石头、过刀枪，乃江湖中所谓吃托之流，此下而又下不值一道③。

【题名解】

天赋，与生俱来的能力。佛说："人人皆具佛性。"说的就是这个道理。也就是说，人的本性本无差异。学力，后天学习而获得的能力，这就有了差异之分别了。

这是一篇论述天生的天资禀赋和后天学力之关系的文章，强调"自天子以至于庶人，壹是皆以修身为本"的观点。

【注解】

①世人常说：某甲身高八尺，力过千斤，其勇不可抵挡。要知道身高八尺，力过千斤，只可以说他得天独厚而已，不能说他得以代表拳学功夫也。

②又说某人一拳击断巨大的磨盘石，单掌劈碎八块砖，以及轻灵之人能够前纵一丈、后退八尺。此三者，果能如此，仅不过愚昧之人的局部功夫呀，必将走入废人的途径。此且不谈，这些都不能以拳道功夫视之。

③以上所举的例子，世人都以为是特殊神奇之人，假若与行家里手或通家遇见，则毫无能为了。至于论到飞檐走壁、剑侠之说，此皆小说家梦想假造的人物，只可付之一笑；如能掌开石头、过刀枪，乃江湖中所谓吃托之流，此乃下而又下，不值一提的事情。

【点评】

有关天赋和学力的问题，最早的是《三字经》"人之初，性本善，性相近，习相远"的说法。而拳家前贤亦多有论述，为求对照，录并解之如下。

1. 天赋与学力的对比

> 斯技旁门甚多，虽势有区别，概不外壮欺弱、慢让快耳！有力打无力，手慢让手快，是皆先天自然之能，非关学力而有为也！察"四两拨千斤"之句，显非力胜；观耄耋能御众之形，快何能为？
>
> 《王宗岳·太极拳论》

阐释：

确实，《内功真经》中说："拳勇之术，古来不下数十家，曰探马、曰鉴子、曰罗汉、曰佛爷、曰武子，一切可惊可骇之名难以尽述。"

《纪效新书》中说"宋太祖三十二势长拳、六步拳、猴拳、囮拳、温家七十二行拳、二十六合锁、二十四弃探马、八闪翻、十二短、吕红八下、绵张短打、巴子拳、山东李半天之腿、鹰爪王之拿、千跌张之跌、张伯敬之打"，计有十六家之多。流传到现在，南北门派、拳种合计之数，难以完全统计清楚也！

前面的文章皆从正面阐述太极拳术攻防之道的理法术功、形意体用之真谛，此段又从正反两方面作一对比，来说明太极拳术攻防之道的修炼是"无为法"，即太极之拳法。

此段首先说明，拳术攻防之道的修炼，技艺、功夫，历来旁门左道甚多。这是王宗岳所处年代习拳练武风气的一种如实写照。所谓的旁门左道，乃指武练、横练、糊涂练法，皆属于"有为法"。

此说的"旁门左道"，并不包含传统拳术各门派、各拳种。因为传统拳术各门派、各拳种都有"内练一口气，外练筋骨皮"的修炼内劲功夫的方法，都是以悟空、炼空、用空为宗旨的内修"文体内明而外柔顺"之德体，而有武事之外用精为准则。但是，传统拳术各门派、各拳种的修炼之人，或不得师传，或不求懂劲的黏走相生、化打合一为法之神知、神明艺境，停留在初期的形拳招熟的招法攻防上，又不采用顺随为法，稍有不慎，而追求力大、快速、强壮，运用武练、横练法修炼武事之用，即会流入旁门左道之"有为法"中，而不能修得"文体成，武用精"的神拳神明艺境之正果。即使是太极拳门中之人也不例外。所谓"旁门左道"，即指不按"健顺和之至，太和一气也，道也"的正道修炼而言。

有为：先物而为的妄作而为，名之曰"有为"；而不先物为的作为，名之曰"无为"。这是老子在《道德经》中所确立的哲学概念，故后学皆遵之而用，太极拳家亦不例外。太极拳攻防之道的修炼就是遵从不先物为的"无为"法之修，才能达到因物之所为的"无不为"之应用的能力，即"意气君来骨肉臣"的修炼法则，无争为争的以静制动之至用的技战术策略。《太极拳经》中所说："必先有事，勿助勿妄；真积力久，质而弥光。"其中"必先有事"才如法而作，但又"勿助勿忘"，就是无为法的论述。

"察四两拨千斤，显非力胜"之句，是在告诉习拳者，较技时能"四两拨千斤"，显然不是力量大、速度快的效果，乃是攻防技术、技巧、功夫的写照，充分体现了太极拳术攻防之道以静制动的弱胜强、近打远、力小打力大、慢胜快的太极拳术功夫。拳诀云："粘连黏随须认真，上下相随人难侵。任凭巨力来打我，牵动四两拨千斤。"形象地概括了太极拳术攻防之道的理、法、术、功之修炼与运用的精髓，可见前贤见解之精辟。

看看白发老人战胜众人围而攻击时的神态，自在从容，心清气静，不慌不忙，挨着何处何处发，皆是随屈就伸、顺势借力的"无为"法式，顷刻间能将众人跌的跌、倾的倾、倒的倒、爬的爬，这样的效果，一个老年人只凭招法用得快如何能够做到呢？

文中"非关学力而有为也"句，就将天赋和学力区分开了。

我亦对此问题发表过一篇文章，为便于相互对照，一并录之如下。

2. 论"三绝"之人种

在历代武林界中皆流传着天生"三绝"之人的优势说，世人皆信之，并认为"天生力大过人；身高马大；灵捷如猿"，此"三绝"之人的每一绝的能力在拳术攻防之中具有不可战胜的优势。然此种对天生的"三绝"之人的种种优势之说法，历来的拳家里手却不以为然。就是因为此三种天生之"绝"的人之种种优势，对于行家里手来说，也必须经过后天的有关传统拳术攻防之道的修炼、功夫培养，建体至用之学力有成，方可能成为行家里手的"文兼武全将相身"之良才。否则，仅凭自己天生的"绝"材之人，亦只是素材而已，其与传统拳术攻防之道的正统真功夫、功德、功果无缘。故天生之三种"绝"的人之攻防能力，与传统拳术攻防之道的建体至用的真功夫之攻防能力是不能相提而并论的，因为两种攻防能力不是一回事。

所谓天生的"三绝"之人，乃说其"绝"是与生俱来的自身之身体条件、天赋天资，作为修炼传统拳术攻防之道的素材之优势说，这又是一般人的看法。行家里手通常认为是"尺有所短，寸有所长"，凡事物有一利就有一弊。凡人天生有一独特之处,在常人眼里是独特,但在修炼传统拳术的行家里手看来,其独特之处也正是追求攻防功夫圆满功德之难以克服之处。因为,传统拳术攻防之道是看后天修为的"德其体、道其用"而有关学力的真功夫。德其体者,健顺之体;道其用者,阴阳之用,健顺阴阳,一太和之气也,皆在后天修为也,不在天生的身体之"绝"耳。因健顺之性德人人皆具有,人与人本无差异,故在修为上以分攻防能力之高下。为说明这一点,分别将此"三绝"之人的攻防能力作一分析比较,并指出他们在真正修炼传统拳术攻防之道的过程中应侧重注意修炼的内容和注意事项。

(1) 一绝者·力大过人

天生力大过人,即不通过修炼而力气超过常人较多。常人所持的重物吃力,他持同样重量之物而轻松自如。如悬殊者,可有神力之美名。此乃本身力气素质极佳之人,其"绝"在力大过人。如其与常人打斗,常人多败于其力大过人之处,并败者多带伤。如其习些简单的攻防招法,又能熟而用之,其与一般拳手较技,亦常获胜,胜在施招用手的大力打小力的"力"胜上。因为其不用心格外加力,就较常人拳手之力大得多之缘故,一般拳手还不具备不受力的功夫。然其与传统拳术中的文练之巧手功夫者较技的话,尽管其熟悉些攻防招法的运使,也难逃巧手功夫者不受力的巧手妙招之攻击而落败。只因其仗恃天生力大,有恃无恐,自己用力使力而不自觉知,故有被文练法巧手水平以上功夫者利用其力而击败之,乃常理也。谚云:"掤捋挤按须认真,上下相随人难侵,任凭巨力来打我,牵动四两拨千斤。"这已经说明在传统拳术攻防功夫中"力不打术,术不打功,功不打道"之拳谚的内含之精义的结论之正确。在传统拳术攻防之道的修炼中,"力"只是一个客观存在的因素,正式综合练功法中还要消弱它,故而不是决定攻防胜负的主要因素,主要在于运用方法上。拳诀云:

> 人身筋力本不多,在乎用法莫蹉跎。
> 心之所在力随往,上下一线是金梭。

此歌诀清楚明白地论述出"力"量之大小不是决定攻防较技胜负的主要因素,主要决定胜负的因素在于"用法",即顺随的以柔用刚之"避向击背"的方法才是。如以借力打人的用法而论,那天生力大于常人之"力"的优势,也就变成被人利用而成劣势了。这就是"力不打术"的道理,在此处就显而易见了。

然通观有此力大过人之"绝"在身之人,又常将自己力大过人能胜一些普通拳手以为得意而沾沾自喜,却不肯用功精修变易自身,粗得攻防招法之皮毛,自视以为得拳术攻防功夫之精华而盲目自豪，故常有被拳术功夫巧手水平以上者击败的事实发生。只因这种人不知"失必有得"的练用之精义，"恃必有失"之常理，传统攻防功夫在神为非人力也。乃自误矣！

然有此力大过人的天生之"绝"在身之人，欲想精通传统拳术攻防之道而立志成为上乘妙手功夫之人，应亦如常人之修炼，建"健顺之德体"，本攻防的"道之用"，变易自身，方能至神明艺境，具备神化之功，方能功德圆满。

然此种人在修炼内劲的健运不息，具阳刚之性；外形的柔弱无骨，顺从之德，内劲外形的柔外刚中匹配如一的系列方法之建德体的过程中，也要本着《拳经》所言的"截长补短"的法则，才能达到内外中和一气之妙用。这就要在去掉其过人之"力"上下狠功夫。即使在自身外形"柔弱无骨"系列练法中苦练，苦于常人之练，方能达到外形柔弱如絮的内感通灵之佳境。在"推手"修炼中，攻防招法的盘较过程中，时时处处以"尚意不尚力"严格要求自己，并能做到养成习惯而又自然。首先是自己的"心"能认识到，心处柔，则外形自能柔而不尚力了。同时要修内功，以内劲可更好地使自己外形柔弱无骨。只有这样彻底地脱胎换骨，脱力换灵，最终可脱壳换相。时至此，方能精熟"以柔用刚"的技术方法，而成为拳术攻防的行家里手，即施招用手攻防较技能自觉地"尚德而不尚力"了，则神明艺境指日可待了。由此看出，常人所认为的力大过人之优势，在拳术行家里手的眼里，其修炼真功夫时反倒成为不好克服的劣势了。

（2）二绝者·身高马大

身高马大，天生各部位尺码超乎常人，此"绝"之人多体重较常人沉实，此非关后天学力，全凭父母所赐，天生而成，身体又均衡匀称，亦不失常人一般之灵活，此乃身体素质之"绝"矣！

此"绝"之人，如与常人攻防争斗，腿长步大，臂长手远，常人未及其身，其已能击打对方了。进则人不及防，退则人不及攻，即使能击打到其身上，亦因皮糙肉厚，体重本力自大，也无关疼痒及胜负。故常人遇见常畏而避之，所谓身高马大力不亏者，此也。

然此"绝"之人，稍学拳术攻防招法、略通招法攻防之运用，如与普通功夫拳手相较，亦多占上风，故胜率极高，正是此"绝"之人沾沾自喜之处。

而此"绝"之人，粗通拳术攻防招法之运用的长拳打法，遇普通功夫之拳手能胜之轻松自然，亦符合情理。然其遇到文练法之巧手功夫以上水平者，则其身高马大、腿长步大、臂长手远的优势，由于内门空虚，成为对方可借而利用的劣势了。拳诀云：

十二、天赋与学力之别

> 长来短接易入身，入身跌拨好惊人。
> 里裹打开左右角，外裹打入窝里寻。

此歌诀谈明了巧手功夫者的巧劲妙招，对付身高马大的拳打脚踢者，必能顺势进身而击并能将其击败。同时又说明身高马大、腿长步大、臂长手远，亦不是决定攻防胜负之因素，而决定胜负的主要因素亦在于用法之得当否。如在其来手攻击，"以精神为之掀开，转身而入，无不空中投石"而论，其身高马大、腿长步大、臂长手远之优势，亦成为被人借用而直捣其虚的劣势了。

有此身高马大、腿长步大、臂长手远、灵活亦如常人的天生之"绝"的人，欲想得传统拳术攻防之道的真实功夫而达上乘艺境之人，亦应如常人修炼之法，变易自身，建德体而至道用，否则，亦非传统拳术攻防之道的行家里手之真功夫。

然现实因生活条件优越，此种类型的传统拳术攻防之道的修炼者、爱好者，人数会越来越多，而能立志专修者又不在少数，但能拜得明师，修炼"以静用动，动中亦静，动静互为其根""以柔用刚，柔化刚发，阴阳迭神其用"之真功夫者，恐怕寥寥无几。一是因机缘难得，二是有机缘而不能矢志苦修，三是无机缘者而易误入旁门，踏上歧途。此三因皆不能修得正果。

如这种身高马大之"绝"者欲立志必得传统拳术攻防之道的真功夫，就应先拜明师，再明理知法，建"德者健顺性体"，明"道者阴化阳发之用"，知"健顺阴阳，一太和之气"之妙的精旨。故在修炼过程中柔化自身外形为首要，能使自身外形善变无形又无穷。尤其能做到紧缩而不僵的灵动之功夫，则根基立定，勿恃身高马大之优势，外能顺人之势，内能随势而变化自如，必能因势而得，借力而发了。这就要求在修炼过程中，能气随心到，心逐气穿，心能普照自身内外，气自周全，功久则应变顺化能力自然加强了，随之便能自然而然习以为常，则动静变化清轻而灵，入手神妙进退如意。功夫至此可谓通真，神明艺境，神化之功，几成易事。然非苦修，不能至佳境，稍涉私欲，便入歧途而进旁门矣！谨记！谨记！

（3）三绝者·灵捷如猿

灵捷如猿。心灵，一点便通；身灵，一做便能而灵于常人。此种心灵体健、灵动敏捷超乎常人之能，亦父母所赐，天命所成，非关后天之学力也，故为"绝"。然此"绝"之人乃天赐习拳练艺之才的上上选。

如此"绝"之人再天生的"好斗"，与常人较斗攻防，出手之疾，进步之快，入身之灵捷，非常人能始料所及的，故常胜之，其制胜之因乃天生灵活敏捷疾快之中，对手不及应对的缘故。虽能胜，亦非拳术学力之功夫也。

此"绝"之人，多喜好传统拳术攻防之道而修炼之，特点为时间短见效快，故经一二年修炼之，与普通功夫之拳手较技，常能速战速决，胜得麻利爽快。但分析而究其制胜的原因，天生聪慧、灵活敏捷的因素占据了攻防招法运用功夫能力的大半，故虽胜之而不能体现后天学力的攻防功夫之质量。其要沾沾自喜于胜利的欢快之中，却忽略了攻防功夫的建德体至道用的根本实质性练、用内容，其攻防功夫艺境水平不能升华提高，自会停滞不前。

而此"绝"之人，如遇到传统拳术功夫巧手功夫水平以上者，亦自会落败。因其仅凭自己天生的灵捷如猿，其粗通攻防招法之运用，敏捷的施招用手之优势，仍是以外变为主的施手用招，如何能敌传统拳术功夫在身的巧手的"健顺之性德"的内变之灵动敏捷者呢。相比之下，其自然"相形见绌"了。

巧手功夫者，其德体健顺参半，立如平准，活似车轮，形用半，劲用对五，劲形反蓄，阴阳逆从，中土不离位。道者之用，健顺阴阳，一太和之气流行，放之则弥六合，其大无外；卷之退藏于密，其小无内；卷放得其时中，无不中和。知驭静以动，动中亦静，动静互为其根。晓以虚用实，虚中有实，实中藏虚，变化无迹。神以知来，智以藏往，自能因时致变，得机用势，借力制胜。明柔化刚发之旨，得以柔用刚之妙，阴阳迭神其用，立体发用之巧，悉出于无心，件件原委于自然之神，实无一己之欲，皆是后天学力修为的"听探之良知，顺化之良能"的真实之拳术攻防功夫。

故具此"绝"之人，欲想修炼传统拳术攻防之道的真功夫，亦应与常人一样，按法建德体致道用，唯道是从，方能最终成功。因此"绝"之人天资聪慧，如品德亦佳，必能得明师赏识，再谦虚好学，得友多助，能扎实练功，便可功达上乘，继之成为拳学之大家、通家，几成易事。

然此"绝"之人，如胸无大志，再不能慎终如始，加有傲气而无傲骨，虽称爱好传统拳术攻防之道，亦必不能成大器。虽遇明师倾囊而授，因其欲迷心窍，妄动轻浮之弊不除，亦不能功成艺就，过在己而不在师，因其不能自学成材之故耳。

故此"绝"之人，欲想精造传统拳术攻防之道的真实功夫艺境，以完成自身修炼而能脱凡俗入圣境，亦应如常人建德体致道用的求诸己之正常修炼以外，更应针对自己灵捷如猿之特点所显示出的轻浮妄动之弊病，加强内功修炼先致使内劲松沉浑厚，能使自身拳势稳重如山，而得镇静厚载之基本能力，在此基础上再得内劲之轻灵善变之能力。这样，内动不令人知，自身刚柔兼至而浑于无迹，善变无形并无穷,轻灵如羽势如山,不疾而速真宰得。此时的灵捷如猿,非天生"绝"之能了,乃后天修为之学力所体现出的攻防之"良能"耳。

以上通过对"天生力大,天生身高马大,天生灵活敏捷"的"三绝"之人的所谓优势,在传统拳术攻防之道中的不同层面进行了分析比较,知道此"三绝"之优势,对于普通常人来说,其优势存在。然此"三绝"之优势,对于传统拳术真功夫的修炼、建体、至用来说,又都不为优势了,进一步说明传统拳术攻防之道的真实功夫,是后天修为而得的,是有关学力而成的。更进一步说明了,在传统拳术攻防之道的建德体、至道用的攻防运用之"以柔用刚"的真实功夫面前,任何人天生的优势也都没有优势了。因为其所谓的优势是不完善的、不圆满的,都存有自己不能克服的弊病,欲除种种弊病,任何人都要后天学、修,方能最终完善自己,唯道适从才能功德圆满。这是定而不可疑的。

传统拳术攻防之道的最大之特点,不是其选人,而是人选它。故任何人都可后天学、修,而能不断完善自己,最终必能功德圆满,而脱凡俗以入圣境。这一点,传统拳术攻防之道对谁都是公平的。但要灭己欲,唯道适从,方能得之,此乃一定之理。而灭己欲,唯道适从,又有一定之规范,必有一定之途径的。而这一定之规范、一定之途径,就是"法分三修,成功一也"之内容,简单说就是建"健顺之性德之体",明"阴阳健顺的道之至用"。而细说之如下:

法分三修:内功修法,以成内劲,具健运不息,阳刚之性;外练修法,外形柔弱无骨,顺从之德,阴柔之质;内劲、外形,柔外刚中匹配如一,健顺阴阳的德之体成也。

成功一也:健顺阴阳的德之体成必经"明劲、暗劲、化劲"三种艺境。必健顺参半,动静互根,虚实相兼,阴阳迭神其用,顺势借力,以柔用刚,太和一气流行,方能达神明艺境,具神化之功。

凡修炼传统拳术攻防之道而能得真功夫艺境者,无有出此规范、跨越此途径而能功成者。然具体修炼之人,还要明白下面所论的具体内容之实质,针对自己不足之所在,逐项学、修而改之,方能最终成功,具体内容摘录于《易筋经》,以备参考:

易之变化,虽存乎阴阳,而阴阳之变化,实存乎人!弄壶中之日月,搏掌上之阴阳。故二竖系之在人,无不可易。所以为虚,为实者易之,为刚、为柔者易之,为动、为静者易之。高下者易其升降,后先者易其缓急,顺逆者易其往来,危者易之安,乱者易之治,祸者易之福,亡者易之存,气数者可以易之挽回,天地者可以易之反复,何莫非易之功也。

凡能通明此论之精旨妙义者,修炼传统拳术攻防之道必能入门上道,矢志不渝，便可脱凡俗入圣境，达神明艺境，具神化之功。

如欲明此论之精旨妙义，可参阅拙著"读《易筋经》以文观法精义解"一文。

如能通观此"论'三绝'之人种种"一文，明白其中所论之要义者，不论其所学、所修何门派、何拳种之攻防功夫技艺者，皆能结合所学修之本门宗技功夫及理法，通而贯之，必能唯道适从，进阶升华证验有得，而后不为异端所惑，直进无阻矣！

十三、解除神秘

　　每有天资低而学识浅者，其为人忠诚，然已承师教，且有深造，独专绝大纯笃之功夫，虽系局部，但多不及听其言论之玄妙①。观其效用之功能，识别浅者，即以为人莫能此，便以为神秘视之。殊不知神秘之说，根本荒谬，概由智识薄弱鉴别力浅及体认未精而起②。即或偶尔侥幸，得到拳道真义，奈无能领略而漠然放过，所以每以理趣深者，辄起一种神秘思想③。若夫习之深，见广闻多，有所遇，自然能豁然洞悉，而不疑有他，凡事皆然，岂独拳学哉④？

【题名解】

　　传统拳术攻防之道的修炼、建体、至用及攻防艺境升华的系列方法、系统工程内容，本是躬身自厚，自学成"文兼武全将相身"的济世人才的事业！虽然此学博大精深、罄竹难书，因为是"万化生乎身"中，由于是代代师徒传承，所以从根本上说就没有神秘可言。

　　然而，对于门外汉来讲，确实不得其门而能入，故而道听途说，对传统拳术攻防之道的修炼、建体、至用及攻防功夫艺境升华的系列方法、系统工程内容，攻防功夫艺境、效果产生了种种的神秘说之的现象。针对这种不良现象，著文而解除神秘，恢复其本来面目，乃理所当然的事情！

【注解】

　　①每有天资低能的"勉而为之"的人、学拳练艺又知识浅薄的人、为人忠诚厚道的老实人，虽然已承师教，且有深厚的功夫造诣，独专绝大纯笃的攻防功夫，虽系局部功能技术尚可至用，但是，多不能听其谈拳论道的玄机奥妙所在。

　　②观其灵妙制胜效用之功能，然识别浅者，就以为人莫能如此也，便以神秘而视之。孰不知神秘之说从根本上就是荒谬的，这是因为智慧低弱、知识浅薄、鉴别能力肤浅及自己修炼体认未能精通所致也。

　　③就是偶尔侥幸得到拳道真义，奈何无能领略其中妙趣而漠然放过。所以，每以理法趣味精深者，辄然升起一种神秘思想。

④假若学习之功夫深而又见多识广者，虽有所遇，自然能豁然洞悉而贯通之，自会不疑有他。凡事皆然，岂独学拳哉！

【点评】

传统拳术攻防之道的修炼、建体、至用及攻防功夫艺境升华的系列方法、系统工程内容，知之者，则无神秘可言；不知者，皆以神秘而说之。故此可以知道，凡神秘说之者，门外汉者也；凡不神秘说之者，行家里手者也。传统拳术攻防之道本是法分三修、游历三境、成功一也的自修身之事业，处处皆可谈清论明，本是无神秘可言的。针对此问题，亦曾著文一篇，为求对照，录之如下。

1. 传统拳术攻防之道本无神秘

传统拳术攻防之道的修炼、建体、至用及攻防功夫艺境升华的系列方法、系统工程之内容，自古历代大家著书立言，清清楚楚，明明白白，本无神秘可言。神秘者，人为之也，自欺欺人之举措也。正如王芗斋先生所言，"概由智识薄弱鉴别力浅及体认未精而起"也。故而不可信之！

攻防功夫艺境出处有道焉

虽然传统拳术攻防之道博大精深，奥妙无穷，难以论说，正如前贤在《浑元剑经·剑髓千言》中所论："出处有道焉！"以资对照，录并解之如下。

> 故剑法既成，尤当博阅天文、地理、人事、驳杂于中，在一番体认知改择中，卑以身处之心。又或于澹定之候，静以抚琴，涵养性真，化净猛烈之习，效成一片温和气象。外人岂能知哉？目为武士，而有儒雅之风，称为呆儒，而有威严之度。故君子有三变，望之俨然，即之也温，听其言也厉，功用到此，谓文兼武全将相身，更必出处有道焉。试止以时，不以道殉身，亦不失机，勿贪为主，勿吝为先。如有欲习此者，详言喻众，莫为己私，化传万方，奠定国家。小则终保厥身，大则兼济天下，岂可轻乎哉？

传统拳术攻防之道的修炼已至攻防形拳招熟小成，尚见猛烈之气，性尚不真，"故当博阅天文、地理、人事、驳杂于中，在一番体认、知改、择中、卑以身处之心"。此言何意？谚云："学拳习艺三年，世无敌手；再学三年，寸步难行；再学三年，世事洞明。"此谚语说明，修炼传统拳术攻防之道只达到小成的艺境，离得"道"尚浅尚远。小了说不能终保其身，大了讲无兼济天下之才，尚不能至用，故还要再深造精修，方能达到自身的合道、体道，而以能长治久安。如何而修？即在明"天文、地理、人事"之学问，将其理法掺入拳法、剑法之中，再经过一番细心的体认、知而改之，择乎中和之道以成之。在这番细心修炼体认、知过必改、择乎中和之道的系列过程中，更要谦虚谨慎，不能任欲弛张，务必唯道是从，坚守"以柔用刚"的中和之道，方能达到修炼的预期效果而得"道"矣！

何谓"天文、地理、人事"之学问的内容？《上经》曰："夫道者，上知天文，下知地理，中知人事，可以长久。"即修炼而得道者，必上知天文，下知地理，中知人事，可以长治久安。此是何说也？本气形之文理耳，以传统拳术攻防之道而言，位天者，天文也，即内气也，乾尚文；位地者，地理也，即外形也，坤通理；通于气形之变化而至用者，人事也，文诚于内而理形于外，谓之文理通，攻防之道明矣！然须知太过不及之道理。太过者先天，不及者后天，即内气、外形之用。太过之病，源于先天之神昧而不明；不及之病，源于后天之形阴邪不尽。故五行拳的运化之政，犹权衡也，高者抑之，下者举之，中以和之，化者应之，变者复之，此乃长治久安之理，此乃内气、外形修炼、至用之常规，失此常规，则内气、外形隔塞矣！诀云："拳有寸隔，见肉锋伤。"此之谓欤！隔空方能打人至妙矣！内气、外形的柔外刚中匹配合一而致用，以柔用刚，神明为之主宰，阴阳之往复，刚柔之幻转，攻防最能表现其是否是"太过不及"。政明者，必中和以应之。此为得道，是谓德化政令。

"政明者，必以中和应之，此为得道，是谓德化政令"，只是懂劲的中成功夫艺境。夫德化政令，乃和气也，尚稚嫩。故还要细心觉察在攻防动静之中，虽有德有化，有政有令，但亦存在"有变有灾"之杀气，此由神明、内气、外形等物而为之，而人应之也。即德化政令的"中和"之气，其动静胜负，施于万拳之中，悉能生成。然其变化之过程中尚存有灾祸之杀气隐伏其中。杀气者，其出暴速，其动骤急，其行损伤。虽皆内气、外形自为的攻防动静之用，然人体有不胜其动者，故杀气之存在，必然损伤自身内外之脏腑、官骸，轻者致病缠身，重者可导致早亡，得不偿失矣！

所谓之杀气，就是阴邪煞气，故拳诀有"采战七十二阴邪"。而采战的精义有两种解释：一是"而后采战身中七十有二，无时不然"。此采战二字论说的是自修内功法"驱尽众阴邪，然后立正阳"的内容，纯属于建体中的内容；一是"徒思安静之学，未知用于采战，差微则亡耳"。此采战的说法是外功修炼攻防技法的"驱尽众阴邪，然后立正阳"的内容，乃属于至用中建体、建体中至用及两者相互为用的攻防功夫艺境升华的内容。就是外功要实践操练的意思，才能从有形练到无形的法身道体之真功夫艺境。而采战二字实际上的精义，不管是内功修炼，还是外功技法的修炼，都是在采集自身内的正阳之气，用以战胜、消除自身内的阴邪之气。简单的说法，就是"采战"。这就是"分明火候七十二，天然乃武并乃文"一句的内外双修之精义。就是说文建体、武用精之内外双修的法式，都要达到驱尽众阴邪，然后立正阳的健身、技击，功德艺境并行不悖的效果，这就是采战二字的全部之精义。而"无时不然"一句，乃是"十二时辰不昧主人翁"的以养为修炼功夫之法旨的说法。这就是"在一番体认知改择中，卑以身处之心。又或于澹定之候，静以抚琴，涵养性真，化净猛烈之习，效成一片温和气象"的精义所在。

传统拳术攻防之道应具温柔之气、正直之风，必是以柔用刚方见和缓中锋芒锐利，灵则通神，玄能入妙，以体道归一。然此时细察自己攻防之用，内心尚存致胜的活动，外形尚求之出招势暴速，其动变骤急，其行必受损伤自身的杀气之害，即应立改之。改之法如何？其方法很简单，即外形和心秉"承天而行之，故无妄动，则无不应也"。其理，乃"执天道而行，灭己之欲妄贪心"，也就是唯道是从，必以"意气君来骨肉臣"的"尚意不尚力""尚德不尚力"为宗旨，以柔用刚的不撄人之力的"顺其势，借其力；让力头，打力尾；让，中不让"为法则，方能外各从其势以化之，内调致中和以去掉杀气。此乃以"道"的顺行为法，便可去掉自身之杀气，又可以此而观天下之修炼传统拳术攻防之道的人之有德、有过者也，及德与过的孰多孰少，便可推知其远近之祸福之果报了。有德者，则天降福以应之；有过者，天降祸以淫之。则知祸福本无门，唯人所召之。

是以修炼传统拳术攻防之道，象见高而小，即未即祸，亦未亦福。象见下而大，福既不远，祸亦未遥。凡修炼者，从一开始就当唯道是从，以柔用刚，修德省过，以候厥中。此乃"有德者得之"之精髓矣！凡修炼者，苟未能改过慎祸，尚横气之强壮，而务求福佑者，岂有是理哉。

象见高下，是福是祸，观象睹色，则中外之应"一"也，即天人一理也，故人亦应之。修炼传统拳术攻防之道以"修德"为本，故能"趋福避祸"而通达造化之机。所谓"吉人自有天相"乃言此义耳。

然修炼传统拳术攻防之道的"体、用"之德化政令的动静损益，应如何把握呢？即自身内气、外形的攻防动静，阴阳往来，以德报德，以化报化，顺随而为之，纯任自然。而杀气者，只能去之，不能加以强化之。自得中和之道而致寂感圆通之道境矣！攻防往来，内气、外形错综其用，虚实变化，全在称量，其胜盛己复盛，其胜微己复微，则无过不及之病矣！不应以盛报微，则过也，贪心所致；不能以化报变，则不及也，懦弱所致也，必刚以柔化引之，柔以刚粘逼之，此即以柔用刚，方是真刚，才是正法。故曰：不能相多也，即对过与不及不能再加多过失了。攻防往来，周而复始，外形有疆界，内劲有分寸，气力分大小，恰到好处是功夫，皆在适度，不能过矣。过则失度，资敌致败之由矣！故曰：不能相过也。内气、外形、攻防之中，相互为用，尤其是在"形用半、劲用对五、阴阳逆从、劲形反蓄、中土不离位"功夫境界之时。攻防拳势中的开合升降，无不是内气外形相反相成的"伏机"之机制完成的，故形开见气之合，形合见气之开；形升见气之降，形降见气之升。此乃气、形的相互"伏机"之用。不如此则拳势必生"断"而不能接续之病，自然不能有生生不已，源源不断之至用了。故曰：不能相无也。拳术攻防之道，攻防动静变化，动必有变化，察其动之势，便可知其变化之机制。《易》曰："吉凶悔吝者生乎动。"即一动便可察知其是否吉，究其所用，内气、外形的"伏机"之机制是否完善。完善者，动便吉；不完善者，动便出现凶、悔、吝，三种轻重不同的过失。故曰："各从其动而复之耳。"只有通过实战的应用，方可察知动变能力。察知即改，则渐无过矣！

修炼传统拳术攻防之道其病生何如？传统拳术攻防之道本天地自然法则，外顺天道，内顺自身内外器官之性情，纯任自然之修炼也。故德化者气、形详和善应也；政令者气、形按章程的程式化训化达到非程式化之运用也；变易者复其先天自然之功能为修炼之纲纪也。由于无知或己之私欲所致而盲动妄练，任力尚气，乃是伤害自身的开始。"以神为主，以气为充，形从而利"的"意气为君骨肉臣"之练用者，必然详和；"以形为制，尚气用力，神从则害"的任气用力而猥知鲁莽者，必然诸病百出，轻者不通攻防之道，重者伤害自身，疾病缠身，甚者危及寿命导致早亡。从攻防较技角度上来论，没有健康的身体、充沛的精力，以疾病之身而角逐于较技场上，难免要遭他人的重创。此乃"重（音chóng）感于邪则甚矣"！如果单从攻防技击技术角度来讲，本应内气、外形、阴阳、刚柔相济互用为法则，亦应人以刚来我以柔往，人以柔走我以刚逼，此乃顺从的无为之法。如不精于此道，自身"双重"之病在身，在与他人较技之时，不知以柔用刚的顺随为法，任凭顶扁丢抗而施之，此乃资敌致败无道之法矣！此亦是"重感于邪则甚也"之意耳。王宗岳批判此种人时说："每见数年纯功，不能运化者，率皆自为人制，双重之病未悟耳！"即"重感于邪则病甚也"之意思也。

所谓传统拳术攻防之道的精光之论，大圣之业。本宣明大道，通于无穷，究于无极也，乃至道之圣学。故精于传统拳术攻防之道而成道者，善言天者，必应于人；善言古传圣道者，必验之于今；化气成形，万物皆禀，善言气者，必以物明之，必彰于物；气化之应，如四时之行，阳气阴形之物备，故善言应者，必同天地之造。物生谓之化，内气之清，外形之宁，神之灵明，乃三物生，故谓之化，即修炼生化而成之。物极谓之变，内气由微弱渐强而为主，谓之极则变易；外形由僵拙至柔弱无骨之通灵，谓之极则变易；神由昧而至明，谓之极则变易；神、气、形，三才浑化归一，而有一而三之元玄之用。寂感而通，无不能应，谓之极则变易。言万拳变化之始终，必契于神明之运用，故善言化言变者，通神明之理。习练传统拳术攻防之道而能克以术成道，达神化之功的超凡入圣者，智周万物，无所不通。故言拳术攻防之道的修炼、建体、至用的变化，言必有所发端之始，论述之终，条理清晰而契旨，开宗明义则尊道。故其动手较技，尚无为则无不应，故无不为也。时至此境，了无杂气，一派太和之象。

上述乃修炼拳术攻防之道艺达小成之时"犹当博阅天文、地理、人事，驳杂于中，在一番体认、知改、择中、卑以身处之心"的进修之精髓妙义。不如此之修，不能达神化之功的超凡入圣之境。只知此尚欠火候，故下面又有更精妙之论述。

即于情志淡泊安静时候，静心以抚琴，涵养心性于至真之境，目的是化净身心的"猛烈"之习气，效果可使自己内外一片温柔中和之气象。外人岂能知我文韬武略之深浅？所至艺境之高低？他人虽看我是个习武之人，而有温文柔和之气质、儒雅之风度，此称为"呆儒"，而有威严之度，正所谓"礼仪三百，威仪三千"。严而不厉。故修炼传统拳术攻防之道的君子之修，有三种变化阶段之过程。望之庄重，就之也温和怡人，听其言面不动容而声音严厉，功成艺就所致。功用到此，谓之文兼武备双全之将相身，究其所因，其必修之有道。内功修炼内气运行，可使自身内清虚外脱换，是内气平和调身如宰相。较技攻防内气率领全身，以柔用刚，内气为领兵之大将。此即"文兼武全将相身"之精义。此乃健身、技击并行不悖之妙义耳。所谓"将相本无种，全凭人为之"，正此义也。习拳正是如此也。

此种修炼而致文武双全之有道的人才，其出山入世兼济天下，亦有道也。当出则出，当止则止，皆契时机，不以道殉身，其出入行止，亦不会失机。因其深知：勿贪为主导，勿吝为先行。勿贪则不迷；勿吝则尽责。如有欲习传统拳术攻防之道者，详细地言明此中精髓，即内气为"相"的"内清虚外脱换"的修炼法，直至"脱壳换相"之功果，和内气为"将"的以柔用刚的技术方法，直至神明艺境的神化之功德晓谕公众，让其明知而能潜修，莫为己秘而私之，莫为己私而宣之，将此圣传精髓、要旨，化传万方，奠定国家选才之基础，传统拳术攻防之道，小则终保其身，大则兼济天下之人，岂可轻视之也。

2. 三层攻防功夫艺境亦不神秘

三层攻防功夫艺境的说法并非一家知见解，乃各门派、拳种的拳家之通论，为求对照，录并解之如下。

（1）三章·言神运之用

> 击敌有用形、用气、用神之迟速。被攻有仆也、怯也、索也之浅深。以形击形，身到后而乃胜；以气击气，手方动而可畏；以神击神，身未动而得人。形受形攻，形伤而仆于地；气受气攻，气伤而怯于心；神受神伤，神伤而索于胆。
>
> 《内功四经·神运经》

《越女论剑道》中说："凡拳术攻防之道，内实精神，外示安仪，见之似好妇，夺之似惧虎；布形候气，与神俱往。"历代论拳谈理法之著作，无可计数，然能于短论中全部谈到形、气、神之体用不同之功能作用，又这样层次清楚明了者，当首推《神运经》第三章"言神运之用"这篇短论文章了。此篇短论，乃为谈拳论道千古绝唱的经典文章。

击敌有用形、用气、用神之迟速的区别；被攻有仆也、怯也、索也之浅深的划分。

（2）以形击形　身到后而乃胜

古拳谱中有论："着人肌肤，坚刚莫敌者，形也。形之所着，未有不疼者，疼则不通，理当然也；而深入骨髓，截营断卫者，则在乎气。隔断血气之道路使不能接续，能壅塞气血之运转使不流通，可分筋骨毙性命于顷刻，气之为用大矣哉！但能知其聚，明其发，神其用，方能入彀，如射之中的。"此乃用形、用气之一段论述，然与《神运经》所论的用形、用气之意，又有很大的区别。《神运经》中的用形、用气、用神，皆具备"用必打犯不伤人"的特点，如以形击形，身到后而乃胜。说明了站其位拔其根的跌人、摔人之法，具有不伤人的精义存焉。拿、打、踢、摔诸法全有用形击人之用，虽有"形受形攻，形伤而仆于地"之说法，然此中之"伤"非病伤也，乃形被击中失控仆跌在地而失败的意思。

（3）以气击气　手方动而可畏

"以气击气，手方动而可畏"，"则气受气攻，气伤而怯于心"。这个论述在古拳论中可寻得两处以证之。一曰："唯颤劲出没，其捷可使日月无光，而不见其形；手到劲发，天地交合而不废其力。"一曰："至于中气，能令敌人进不敢进、退不敢退，浑身无力，极其危难，足下如站在圆石上站着不敢乱动，几乎足不动即欲跌倒，此时虽不打敌，敌自心怯而诚服。"

（4）以神击神　身未动而得人

"以神击神，身未动而得人"；则"神受神攻，神伤而索于胆"。

孙禄堂先生记：

一日会谈一室，言笑一如平常，初不料甲某之蓄意相试，洛能先生毫无防备之意。而甲某于先生行动时，乘其不意，窃于先生身后捉住先生，用力举起，及一伸手，而（指某甲）身体腾空斜上，头颅触入（纸）顶棚之内，复行落下，两足仍直立于地，未尝倾跌。此乃以神击神，身未动而得人之艺境，（某甲）以邪术疑先生（某甲已怯，而索然不知也），洛能先生告之曰："非是邪术也，盖拳术上乘神化之功，有不见不闻之知觉，故神妙若此，非汝所知也。"

然如何才是神化之功？如何而修炼？孙禄堂先生曰：

拳术至炼虚合道，是将真意化到至虚至无之境，不动之时，内中寂然，空虚无一动其心；至于忽有不测之事，虽不见不闻，而能觉而避之。《中庸》云："至诚之道，可以前知。"是此意也。

这里将修炼方法已然论述得清清楚楚、明明白白的了。

由上述所论可以知道，以形击形者，迟也，功夫浅也；以神击神者，速也，功夫深也。此乃形神之用的迟速、浅深之道理。然于修炼传统拳术攻防之道一事，应以先修炼形拳招熟的以形击形开始，继而修炼气、意拳懂劲的以气击气的功夫，当根基稳固，神而知之，再修炼神拳神明的功夫艺境，最终可以达到神化之功的以神击神，身未动而得人的无上艺境。

能明白"言神运之用"中的不言之意者，便可以明白《神运经》所言之法分三修、游历三境的宗旨，即先用《内功经》《纳卦经》《十二大劲》周身全局精习微妙，方可学此《神运经》的内容，否则无益有损。而观现今之时的习拳者，入手便是大成攻防功夫艺境之修炼，上乘艺境亦如水中捞月，只因为不观读此经文之过也。习拳者如能广阅各家拳谱、拳论，就能眼界大开，就不会囿于一家之见而来谈拳论道了，自然视野开阔，便可探本穷源而成为通家了；能够融会贯通各家之论而在自身内修炼体认清楚明白，便可内外精粗无不修到，层层攻防功夫艺境无不历练得到。一旦神而明之，豁然贯通，自然智慧开启，非师父所传授，而自己的本然智慧开启，传统拳术攻防之道的修炼、建体、至用及攻防功夫艺境升华等一切内容之精微奥妙无所不至、无所不知、无所不晓，俨然贯通古今传统拳术攻防之道的圣明之大家。

由上述之论，可以清楚地知道，传统拳术攻防之道的修炼、建体、至用及攻防功夫艺境升华的系列方法、系统工程内容，由始至终亦没有也不存在神秘之处的定论无误矣！

十四、知行解释

　　学术一道，要在知而能行，行亦能知，否则终不免自欺欺人，妄语丛丛，言之多无边际①。知行二字，名虽简易，实则繁难，世云有谓知难行易者，更有谓知虽难而行尤不易与知行合一及事之本无难易，以上所谈，各俱有理，然究属笼统且多片面，不能使人彻底明了②。余以为凡对一门学问有然者，皆可云知难得易，如识鉴功深，知虽易而行亦难，若有识别而无功力，则可谓知易行难，倘无功力又乏智识，则知行二字两不可能③。学术本无心境，其有若干知或有若干行，行到如何地步，知到怎样程度方为真知真行？则余实不敢加论定，然应以能知者即能行，能行者亦能知，始可谓知行一致，非由真知永无真行之一日，亦非由真行弗兑有真知之时也④。诚以相需而相成不二真理，学术皆然，武德尤甚⑤。盖因此道中须时刻兑现，双方相遇，无暇思考，更不容老生常谈⑥。夫学术一道，首要明理，更须切实用功，若不首先明理，不知用功切要之所在，易于走入歧途，功夫愈深残害愈烈，不论读书写字任何艺术，往往在幼时多以为可造，岂知年长功深，名满天下者，反而不堪造就矣，此比比皆是⑦。盖因师法不良，用功不细心，追求表面，人学亦学，人云亦云，所谓盲从者是也⑧。若习而不果，愚昧亦永无体认之可言。茫然一生，毫无实际，且易起神秘思想，终不得望见门墙，由是而罄其所学，以致终无体认也，哀哉⑨！须知巧者不过习者之门，文曰：子孙虽愚读书不可免，亦要明理，更要实践，表里内外，互相佐之，否则终难入轨⑩。

【题名解】

　　此是从"知行"的相互为用的关系中，探讨传统拳术攻防之道的建体、至用及攻防功夫艺境升华的系列方法、系统工程的内容，得出"知者易行，不知者难行"的正确结论。关键重在明理得法，认真如法修炼、体认真切，才能得到真攻防功夫。

　　否则，修炼终生难入其门，难上正道矣！终生不得其窍要，这是修炼者最为悲哀的事情。尤其是"走入歧途，功夫愈深残害愈烈"的说法，清楚地指明那些"武练、横练、糊涂练"的人的弊病，在于"戕贼自害"的悲剧！乃修炼者人生的最大之悲剧尔！

最后指明：传统拳术攻防之道的修炼内容，不外内气、外形的内主外从匹配如一而用者也！

【注解】

①传统拳术攻防之道的修炼、建体、至用及攻防功夫艺境升华的系列方法、系统工程内容，要在先知而后能行，行亦能清楚地知道。否则，终不免自欺欺人矣！这样不能知行的人，妄语丛丛，言之多无边际。

②易则易知，简则简行。知行二字，名曰简易，施行起来甚为繁杂而又艰难。世人有云"说是知难行易的，更有说是知虽难而施行起来又尤其不容易；如果能达到知行合一及事之本无难易，即是知者易，不知者难"也。以上所谈，又各具有其道理。这些认识多属于笼统且多片面的认识，不能使人彻底明了。

③我以为凡对一门学问则有必然的内在"体、用"的由浅入深的认知、施行，最后通解的自然规律，皆可以说是"知难得易"。就是"知道难，而得到了就容易解释、施实了"。如果对于一个修炼者的认识、鉴别能力的功夫深邃，就会知道"认知虽然容易，而施行起来确实又难于精矣"；假若具有识别能力而没有运用的功夫能力，则可以谓之"知易行难"了；倘若一个修炼者没有运用的功夫能力而又缺乏智慧认知的知识能力，则"知、行"两个字的内容都不可能了。

④学术本来没有心境可言，其有若干的知或有若干的行。行到如何地步？知到怎样的程度方为"真知真行"呢？我不敢妄加定论。然应以能知者能行，能行者能知，始可谓"知行一致"。非由真知永无真行之一日了，亦非由真行不能兑现有真知之时也。故曰："知而后能行者也，乃顺序也。"

真知真行：真知真行的"知行统一"之时，就是"以天心为体，以元神为用"的"体用一元"之时，乃是真知真行的艺境。

然而，传统拳术攻防之道的成手攻防功夫艺境，分为三成艺境九个阶段，只有达到神拳神明艺境，具备神化之功的时候，才是唯一的"真知真行"的艺境。在没有达到这个艺境的时候，都不能称为"真知真行"的艺境，只可以称为"能知能行"的艺境。

⑤所以，"知行"二字，乃相需相成者也，这是真一不二之理法也，学术皆然如此，武术的功德艺境尤甚也。

⑥就是因为传统拳术攻防之道的成手功夫之三成九段的过程始终，须各层次各阶段都要时时兑现，才能鉴真。因为双方攻防较技之相遇，无暇思虑，更不容老生常谈，就要体现真切，则胜负立判！

⑦所以，传统拳术攻防之道，一要明理，二要得法，更须如法切实地用功修炼、体认清楚。假若不首先明理，又不知得法，还不知如法用功切要的所在，则易于走入歧途、进入旁门，用功越久，功夫越深，残害生机就越猛烈。读书、写字等任何艺术的修为，往往在蒙昧时期多以为可以造就，岂知到年长日久功深，名满天下的人，反而不堪造就了呢？这种状况比比皆是，根于此也！

⑧这有两方面的原因：一是师传之法不良造成的，过失在师；二是传良法，自己用功不细心，只追求表面的东西，不注重内在的根本内容造成的，过失在自己。这从根本上认识，就是犯了人学我就学，人云我亦云，所谓盲从者是也！

⑨假若修炼者没有正确功法之功夫艺境的体认之效果，乃愚昧的糊涂练者也，亦永无体认之可以言说，自然会茫然一生，毫无实际修炼意义可言，并且容易生发对传统拳术攻防之道神秘的想法而困惑至极矣，最终不得望见门墙，由是而用尽平生所学的一切，以致终无体认也，乃是最为悲哀的事情了！

⑩须知攻防技法巧妙的艺境者，不过修炼拳道者的入门之道路也。文说：子孙虽然愚钝而读书是不可避免的。既然习拳练艺，亦要明白道理，更要亲身实践，使得自身外表内里的内气、外形，刚柔虚实相互辅佐以为用，否则，终难进入修炼的正确轨道。

【点评】

这篇文章，从"知行"的角度，谈清论明传统拳术攻防之道的修炼、建体、至用及攻防功夫艺境升华的系列方法、系统工程的内容，得出"知者易行，不知者难行"的正确结论。关键重在明理得法，认真如法修炼、体认真切，才能得到真攻防功夫。

关键是"知行"二字，其乃从《易经》的"知行"观点脱化而来。《易经·系辞上传》中说："乾知大始，坤作成物。乾以易知，坤以简能。易则易知，简则易从。易知则有亲，易从则有功。有亲则可久，有功则可大。可久则贤人之德，可大则贤人之业。易简，而天下之理得矣；天下之理得，而成位乎其中矣。"此论说明："明简易则易知易行矣！"

针对"知行难易"的问题，亦曾著文一篇，为求对照，录之如下。

"因知行解"和"因行知解"之精义

修炼传统拳术攻防之道，必投明师。明师者，明理知法，善解人惑，功夫艺境在身，必能用于实践而超乎常人。前人云："学艺三年，不可一日无师。"修炼传统拳术攻防之道要循序渐进，层层艺境，妙不可言，法法不同，境界皆真。法法申明，层层解透，习者尚有体认之殊。故明师必能"因行知解"，也能"因知行解"。立证于身，方是明师。习拳者能遇此明师传授，自己精心励志而行，拳道大成艺境指日可待矣！如果不是这样的明师所点拨，就是一个聪明人，终年习拳练艺也不会见到功夫的长进和升华的。因为，传统拳术攻防之道是一门系列方法、躬身自厚、自学成"文兼武全将相身"之济世人才的修证之系统工程的学问。

或问曰：何为"因知行解"？何为"因行知解"？各具有什么样的意义？

答曰："因知行解"和"因行知解"，是明师传道、授业、用于解惑的两件法宝。分别阐述如下：

（1）因知行解

在师徒传道、授业的过程之始终，弟子因为求真知的缘故，就要经常将自己感到迷惑、困惑、疑惑的问题向师父提出来求得清楚明白的解答，以释种种迷惑、困惑、疑惑。而师父根据弟子所提的问题之内容给予详细的阐释、解答，直到弟子满意为止。这就是"因知行解"的内容及其意义之所在。

（2）因行知解

传统拳术攻防之道的修炼、建体、至用及攻防功夫艺境升华的系列方法、系统工程内容，弟子必须实际操练方能有所体认。实际操练存在自己修炼和与他人对盘、对较操练两项内容。自己修炼和与对手操练，都谓之"行"。在自己修炼和与人操练的过程始终，师父会认真观看你的行动是否正确，在总结讨论时，师父一定会根据你的行动变化情况，认真分析你的一切行功动作的正确所在、不足所在、缺陷所在和错误所在及纠正、改过的具体方法、策略。这就是因为你的行动而进行的解疑释惑的内容，简单地说，就是"因行知解"的内容。

（3）"因知行解"和"因行知解"的双重意义

所以说，"因知行解"和"因行知解"两项内容，是师父传道、授业过程始终给弟子解惑释疑的最佳而又有效的良方妙法。同时，"因知行解"和"因行知解"两项内容，又是弟子清楚地认识师父、定夺师父传道、授业、解惑能力之水平的考核标准之一。所以，凡是传授传统拳术攻防之道的人和学习修炼传统拳术攻防之道的人，都要对解惑释疑的"因知行解"和"因行知解"的方法了如指掌，才能真正地将传统拳术攻防之道代代相承地传授下去而不绝也；才能使传统拳术攻防之道发扬光大。这就是"因知行解"和"因行知解"两项内容之实践中的双重意义，才是传统拳术攻防之道代代相承的传授下去而不绝也；才能使传统拳术攻防之道发扬光大之重要的根本保证。

十五、拳道丧失之原因

习拳之要有三原则：一健身、一自卫、一利群①。利群为吾人之天职，亦其基本要项，然一切之一切，则须完全由身心健康中得来，不健康绝无充足之精神，精神不足永无可歌可泣之事迹，且不必曰杀身成仁、舍身取义，吾恐见人溺水或自缢亦得畏缩而不前也，况路见不平拔刀相助哉？不但此也，凡身上弱者，多气量小且情绪恶，是容物怡情亦非身体健康不可也②。健身为人生之本，习拳为健身之基，一切事业悉利赖之，其关系既如是之大，岂能任其以为乱真，欺天下万世而不辨乎③？按拳道之起初最简，而后始趋繁杂，夫拳道为改善生理之工具、发挥良能之要诀，由简入繁则似可也，由繁而简，违背生理之原理原则，则不可④。形意拳当初有三拳，且三拳为一动作，所谓践、钻、裹，若马奔连环，一气演为三种力之合一作用也，至五行十二形亦包括在内。盖五行原为代名，五种力之名词，如十二形乃谓十二种禽兽，各有特长，应博取之，非单独有十二形及各种杂类之拳套也⑤。八卦拳亦如是者，初只有单、双换掌，后因识浅者流未悉此中真义，竟妄为伪造至演有六十四掌及七十二腿等伪式，非徒无益而犹有害⑥。太极拳流弊尤深，唯其害不烈于生理方面，尚不十分背谬，但一切姿势亦毫不可取。如以该拳谱论，文字较雅，惜精义少而凡凡多，且大多有笼统之病，总之按近代所有拳术，根本谈不上养生与技击之当否，亦无一法能合乎生理要求者⑦。余四十年足迹大江南北，所遇拳家有万千，从无见有一式而能得其均衡者，况精奥乎？夫拳本形简而意繁，且有终生习行而不能明其要义者，至达于至善之境地，则尤属凤毛麟角，又况于此道根本不足者⑧。此非拳道之原理难明，实因一般人缺乏平易思想与坚强意志。降及今世，门户叠出，招式方法多至不可名状，询其所以，曰博美观以备表演耳。习拳若以悦人为目的，是何如舍习拳而演戏剧乎？且戏剧中尚有不少有本之处，较之一般拳家诚高一筹也⑨。每闻今之习拳者，常与人曰能会若干套与几多手而自鸣得意，殊不知识者早已窃笑于旁，更为之叹息不置也矣。然则拳道之丧失，岂非拳套方法为之，历经三百年来相习既已成风，积重难返，下焉者推波逐澜，致演为四象五行之说、九宫八卦之论，以及河海之学者，凡荒唐玄奇之词，尽量采用而附会，使学者不明真相，感于鼓说而趋之若鹜，原道之原理，焉得不日就斯灭哉？此外尚有学得几套刀枪剑棍，欲假此而谋生，幸而机遇巧合，其计获售，而因谋生之不遂者，以为

十五、拳道丧失之原因

有机可乘，争相效法，布满社会，此等行径不唯拳道之真义背弃无余，而尚义侠骨之风亦与相随而俱废然⑩。其间不免有特达之士，能窥拳中奥蕴者，异又为积习成见所囿，不肯将所得精华径以示人，岂知江洋之水何患人掏，是何因所见之不广其小之若是耶？夫学术本为人类所共有，苟有所得，理应公诸社会，焉可以私付密，使人淹没不彰乎？迩来更闻有依傍佛门，说神说鬼，妄言如何修道如何遇仙，其荒诞不经又如邪怪乱道之尤甚者，良可慨也。夫今为科学昌明之时代，竟敢做此野狐之谬说传之人口，布诸报端，此种庸患昏聩之徒，真不知人间尚有羞耻之事。佛如有灵，不知对此流传谬种之类作何感思欤？世间求各谋生之道，不只一端，何必利用社会弱点自欺欺人。兴言及此不禁为拳道悲，更为世道人心叹也⑪。

拳道之陵替，固因罪康、雍二帝，以其时倡之不以其道也。然亦归咎乎同志智识不足、根性不良以致为其所愚，迄今以误传误，而于此道都莫能识辨，即或向有觉悟者，又因保守门户之成见而是非人，遂愈趋而愈下也⑫。拳之一道，学之得当，有益身心，更可补助一切事业之不足；学之不当，能使品德、神经、肢体、性情都致失常，且影响生命，因而误及终身。谓余不信，请看过去拳术名家，多因筋肉失和而罹瘫痪下萎者，比比皆是⑬。习拳原为养生，反而戕生，结果殊可怜也。世人多呼拳道为国粹，如此国粹，岂非制造废人之工具乎？民国十五年后，各地设有国术馆，以示其他各术皆不配称当一国字也。然则此丢人丧气毫无价值之国术，亦仅我国可见，但未悉个中尚未有如此高明之奇士，能赐其伟大之命名。余不知其大胆若辈又作何想也⑭。至论提倡运动的大人先生们，终日振臂高呼为天下倡，岂知运动健将都是提前死亡之领导者。噫！何以盲从之若是耶？唯愿世人静里慎思，须明辨之⑮。人生最宝贵者莫过于身体，岂能任一般盲目之支配信意而摧残乎？甚矣投师学技不可不慎也⑯。余之学拳只知有是非之分，不知有门户之派别，为使拳术昌明，愿将平生所得所知交代后任，更愿社会群众无不知之，故有来则教，向视人类为骨肉，从不喜有师徒之称，以期逐渐扫除门派之观念，则拳道或可光大乎？是所愿也⑰。

【题名解】

传统拳术攻防之道，法虽万殊，而理唯一贯，分为"术"字门和"道"字门两大功夫层次系统。这从拳诀"养灵根而动心者，武艺也；固灵根而静心者，修道也"的说法中，可以清楚地看得明白。

故而，据此可知，王芗斋论述的是"拳道"的丧失！究其所因，拳道体、用之理难以明白，乃由于狠知鲁莽者彰乎知也，则连代累世出现以误传误、以讹传讹的现象造成的；学者不明究拳道理法，指鹿为马而又自鸣得意，亦是原因之一。

根于此，才著作这篇文章以正视听！欲详其论述的精旨妙谛，认真观读原文、注解，便知端的。

【注解】

①修炼传统拳术攻防之道的重要之点有三项基本原则：一是达到健康身体；二是获得攻防技击的防身自卫的真功夫；三是有利于群体的团结和模仿修炼。

②利他、利群为处世为人天然职责，亦是做人之标准的基本的重要项目之一。然这一切中的一切，则完全须由修炼传统拳术攻防之道的身心健康而得来的。身心不健康，绝对没有充沛的精神和处理事物的能力；精神不充沛，永远不会完成可歌可泣的感人的事迹来，且不必说杀身成仁、舍生取义。我恐怕这样的人见到他人溺水或自缢也是畏缩而不敢前去解救的，何况路见不平拔刀相助的见义勇为之事情，也就更不敢为之了。不但如此，但凡身心脆弱者，大多气量狭小，情绪恶劣，性情偏激、怪戾，要是想容物怡情非得身心健康，否则不可能也！

③身心健康乃为人生之本钱，修炼传统拳术攻防之道为身心健康的基础功夫。其关系既然如此之大，岂能任其以为而乱真呢！欺天下万世而不明辨乎？

④按传统拳术攻防之道之起初最为简单，而后始趋于繁杂。传统拳术攻防之道的修炼为"脱拙换灵，脱壳换相"改善生理环境的工具也；发挥听探之良知、顺化之良能及其相互为用的能力之妙道也。由简单的单一之外形拳术攻防机制到繁杂的内劲、外形之阴阳逆从、劲形反蓄的双控攻防机制则似乎也可以；如果将繁杂的内劲、外形之阴阳逆从、劲形反蓄的双控攻防机制简单到单一的外形拳术攻防机制，则违背了生理之"心物一元"的生理原理、原则，则不可以。

因为，传统拳术攻防之道的攻防机体、攻防机制秩序乃是"健顺参半"的外柔内刚阴阳逆从、劲形反蓄之内主外从的"伏机"待动的双控机制体系。

换句话说，"以神为主，以气为充，形从则利"的双控机制，乃是"由简入繁则似可以也""以形为制，尚气用力，神从则害"的单一机制，则是"由繁而简，违背生理之原理原则，则不可"也。

⑤形意拳当初有三拳，且三拳为一个完整的攻防动作。三拳者：所谓的步法为践，钻者为手法，裹者为身法。若马奔连环，一气演为三种能力之合一的攻防作用也。至于五行、十二形亦包括在内。概五行原为"代名"也，实际上论说的

十五、拳道丧失之原因

是：春木之气上扬，秋金之气下抑，夏火之气泓涨，冬水之气收引敛藏，长夏之气敦厚，乃是一气的五种运动态势。如十二形拳乃说的是十二种禽兽动物之特长功能，应该博而取之，非单独有十二形及各种杂类之拳套也。

其实，十二形拳是由心意拳十大形发展补充而来的。而这一法式，源于《鬼谷子本经阴符七篇》中的"圆转法猛兽"的议论，有其历史的渊源。所以，拳法不在多与少，而在于是与非！

⑥八卦掌拳亦如是者，起初只有单、双换掌，后来因为见识浅显之流未能洞悉此中精旨妙谛，竟然妄为至演化出六十四掌及七十二腿法等伪造的姿势，非徒无益反而有害。

⑦太极拳套路的修炼者的流弊尤其深矣！唯其弊害在生理方面不剧烈，故而尚不十分背谬无形法身道体也。但是，套路繁杂的一切姿势亦丝毫不可取也。如以该谱论说，文字比较雅致，可惜精义少而凡凡之论多，且大多有笼统之病。总之，按近代所有拳术，根本谈不上养生与技击之得当否，亦无一法能合乎生理要求者。

从这一论点来看，王芗斋未能理解太极拳的修炼、建体、至用及攻防功夫艺境升华的系列方法、系统工程的内容。就《太极拳论》中"人刚我柔谓之走，我顺人背谓之黏"的一点子黏走相生化打合一的避向击背的技术方法，已经是传统拳术攻防之道的无上法式了。执此，则"一羽不能加，蝇虫不能落；人不知我，我独知人"的艺境，就能"英雄所向无敌"自能印证了。

这连续对形意拳、八卦掌、太极拳的认识之论述，乃其自家之言，不足以为定论。因为，其违背了"善建者不拔"的法则。

其实，修炼的正确与否，不在套路不套路，而在于将人心换为道心。就其在《断手述要》中所开列那么多的招式，亦不比太极拳套路的招式少呀！同样是招式，为什么他人的都不是而你的就是呢？这又作何解释呢？

⑧我四十年足迹踏遍大江南北，所遇到的拳术修炼者有千万，从无有一式而能得其均衡者，何况精旨奥谛乎？传统拳术攻防之道本来形式简单而内劲的用法繁杂，且有终生学习、修炼之而不明其中体、用之要义的人，至于达到神拳神明艺境、具备神化之功的境地者，则尤其凤毛麟角矣，又何况于此道"根本"就不足者。

根本：拳之根本，无形法身道体者也。通常所说的"内劲"体用之功夫也。正如诀言："有形练到无形处，练到无形真功夫。""从无入有皆如是，以有入无能几人。"这就是修炼传统拳术攻防之道的历代之状况，任何时代也不会超出这个事物的发展规律。

至于王芗斋先生说："我四十年足迹踏遍大江南北，所遇到的拳术修炼者有千万，从无有一式而能得其均衡者，何况精旨奥谛乎？"就"能得其均衡者"的说法，我曾经撰著过一篇拳势的"残——残而不残论"的文章，为求对照，录之如下。

残——残而不残论

有的门派、拳种将"残"字列为拳法的"首"字，并注解说："残酷无情，残人为法，用必残人。"依我的认识，此解实未能解透"残"的真艺境。前人立"残"为法的真意，乃是针对"全"而说的。首先说拳术中的攻防招法的身形亮架，尽管拳手如何做好保护自己的拳架姿势，总不能全部护住自己，内劲的劲势针对自己招法的目的，总不能铺满全身，而是有劲势虚实之别，这个现象是名"残"，即招势"残缺不全"，这是客观事实。正因为任何具体的攻防招势存在这个"劲势虚实之别，形式防护不全"的"残缺不全"，才产生了"避实击虚"的攻防变化的法则以为用，以自己不全的招势攻击对手招势的不全。然而单看每个招势都残缺不全，通过上一招到下一招的变化，残缺不全的位置在变化着，变化功夫好的，总给对手一种无懈可击的全面都保护的严密的感觉。如借用枪论的"身前一尺有团牌"的用招艺境，更高艺境的"触处成圆"运用，皆是"残缺不全"之招势而有"不残之运用"，这就是拳势的用法有形用半，劲用对五，劲形反蓄，中土不离位的四正四隅，合之中宫九法，而且劲势亦非铺满全身便是残。但落点有一定之处，随势而变，因势而用，这就是形体、劲势的腾挪之法。自身即可体验"招法中劲势、形式之残而不残之用"。如果较技中能瞬间造成对手的招势中劲势、形体不能变化而被击发，是为"残人为法，用必残人，残酷无情的真解（因为你要讲情面则人立你必跌）"。"残酷无情，残人为法，用必残人"并非伤害对手之意，而以"避实击虚"为法，此便是"残"的精义。能于此意境中观看各门之招法，则能招招明精义，法法知真机，即可看懂古拳谱。古拳谚云："出手伤人，不是出自武学高门。"结合"残"字的论述便可明拳术攻防之道的真谛妙意了。

⑨此种现象的产生并非拳道的理法难于明白，实际上是因为一般人缺乏平常容易的中和思想与坚持正确修炼的意志。降到今世，门户叠出、拳种罗列，招式方法多至汗牛充栋不可名状。询问其为什么这样？答曰：美观以备表演耳！修炼传统拳术攻防之道假若以悦人为目的，何必不舍掉修炼传统拳术攻防之道而去演戏呢？那不是更好吗！况且，戏剧中尚有不少有根本功夫之处呢，较之一般拳家诚然高明一筹呢！

过去有一句名言"好把式打不过癫戏子"，也清楚地证明了这一观点。

⑩每每听到现今的习拳者以能会若干套拳与多少攻防手法而自鸣得意，孰不

十五、拳道丧失之原因

知行家里手早已经窃笑于旁了,更为叹息不值也矣!然则拳道之丧失本来面目,岂不是拳套方法造成的。以拳套方法为拳道的认识,已经历经了三百多年,相习已经成为风气,乃积重难以返本归原了。下乘者推波逐澜,以致演化为四象五行之说、九宫八卦之论,以及"易、道"两家之学者,凡荒唐玄奇之词,尽量采用而附会之说,致使学者不明真相,感于鼓说而趋之若鹜,本原之道的原理,焉得不日就灭绝哉?此外尚有学得几套刀枪剑棍,欲假此而谋生,幸有机遇巧合,其计谋获得利益,而因谋生之不遂者,以为有机可乘,争相效法,布满社会,此等行径不唯拳道之真义抛弃无余,而尚义侠骨之风气亦与之相随而俱废焉!

⑪其间亦不免存有通达之士,能窥拳道中精旨奥蕴的人,怎奈又为积习成见所郁囿而保守,不肯将所得精华直接示人,显示出小家子器,他怎么知道"江洋之水何患人来淘"的道理呢?是什么原因造成其所见不能宽广深远而小家子器之显示之若是也?传统拳术攻防之道本为人类所共有,苟有所得,理应公布于世,怎么可以成为私人财产而秘藏不宣,使人淹没不能得以发展、发扬光大之呢?近来更闻有依傍佛门,说神说鬼,妄言如何修道、如何遇仙,其荒诞不遵经典宗旨教义又如邪门怪异乱道之尤其甚者也,真让人感慨万分呀!今日乃科学昌明的时代,竟敢做此野狐之谬说传之人口,布满报端,此种庸患昏聩之徒,真不知人间尚有羞耻之事。佛如有灵验,不知对此种流传谬论之种类作何感想呀。世间各种谋生之道不止一端,何必利用社会弱点行此自欺欺人之事,兴言及此不禁为拳道悲哀!更为世道人心叹息也!

⑫拳道之成广零散矣,而以谬误替代之,固然因罪于康熙、雍正二帝以其时兴文禁武倡之不以其道也;同时亦归乎同志智慧、知识不足、根性不良以致为其所愚,迄今以误传误,而于此道都莫能认识辨验。或向有觉悟的人讨教,又因思想保守、门户之成见而是非人,拳道发展之势遂愈趋而愈下也。

⑬传统拳术攻防之道,学之得当则有益于身心健康,更可补助一切事业之不足;学之不当则能使品德堕落,神经、肢体受损,性情乖张,严重者影响寿命,因而误及终身。如果说你不相信,就请看一看过去的拳术名家,多因筋肉失合而罹患瘫痪下萎者,比比皆是。

⑭修炼传统拳术攻防之道原为养生,反而戕贼残生,这样的结果殊可悲而又可怜也。世人多呼传统拳术攻防之道为国粹,这样的修炼方法岂不是制造废人之工具乎?民国十五年后,全国各地设有国术馆,以表示其他各术皆不配称当一"国"字也。然此丢人丧气毫无价值之国术,亦仅我国可以见到,但未悉个中尚未有如此高明之奇才人士能赐其伟大之名。我不知道如此大胆之辈又作何感想也?

⑮至于论到提倡体育健身运动的大人先生们,终日振臂高呼为天下倡导,岂

知"运动健将"都是提前死亡的领导者呀。噫，这样的体育健身运动现象何以盲从而趋之若鹜呢？唯愿世人在静处里慎独地认真思考，必须明辨体育健身运动中是与非。

⑯人生最宝贵的莫过于身体健康，岂能任凭一般盲目之支配信念随意而摧残乎？从根本上说，"投师学功夫技艺"不可不慎重地考虑呀！正如前贤所言："武不善动，一步错兮百步歪，戕贼残生悔亦晚。"

⑰我修炼传统拳术攻防之道，只知道"唯道是从"者是，"背道而驰"者非，不知有门户派别的区分。为使传统拳术攻防之道昌明发展、发扬光大，愿意将平生所得所知交代后学，更愿意社会群众无不知其中修炼、建体、至用及攻防功夫艺境升华的系列方法、系统工程的精旨妙谛。故而，有来则教之，向来视人类为骨肉，从来不喜欢有"师徒"之称，以期达到逐渐扫除门派之观念，则传统拳术攻防之道或可以发扬光大乎？

【点评】

这是一篇从各个角度立论，阐明传统拳术攻防之道的无形"拳道"的修炼价值和社会意义及"拳道"丧失之根本原因的文章。实际上，拳道修炼的价值及社会意义是无法估量的。至于拳道丧失的根本原因，一句话便可以说得清清楚楚，那就是：一方面是鲁莽者彰乎知，造成传授者的以误传误、以讹传讹；另一方面是承传者的急功近利之贪心所致也，指鹿为马也。累世如此趋之若鹜进入恶性循环之中，以致"拳道"丧失殆尽矣。有关这两方面的内容，历代大家亦多有论述，为求对照，择其优者录并解之如下。

1. 太极拳权论

天地一大运动也。星辰日月垂象于天，雷雨风云施泽于地，以及春夏秋冬递运不已，一昼一夜循环无穷者，此天地之大运动也❶。

圣人一大运动也。区划井田以养民生，兴立学校以全民性，以及水旱、盗贼治理有方，鳏寡孤独补助有法，此圣人之大运动也❷。

至于人之一身，独无运动乎？秉天地元气以生，万物皆备于我；得圣人教化以立，人人各保其天。因而以阴阳五行得于有生之初者，为一身运动之本❸。于是，苦心志、劳筋骨，使动静相生，阖辟互见，以至进退存亡，极穷其变，此吾身自有之运动也❹。

向使海内外同胞，人人简练揣摩，不惰躬修，万象森森，显呈法象；又能平心静气涵养功夫，令太极本体心领神会，豁然贯通，将见理明法备，受

十五、拳道丧失之原因

益无穷：在我精神强健，可久天年；在国则盗寇荡除，可守疆域。内外实用，两不蹈空。熙熙皞皞，永庆升平，岂不快哉！运动之为用，大矣哉❺！

虽然，犹有进，盖有形之运动，未若无形运动之为愈；而无形之运动，犹不若不运动、自运动者之为神。运动至此，亦神乎运动矣❻！则其运动之功，既与圣人同体，又与天地合德。浑浑穆穆，全泯跡象❼。亦以吾身还吾心之太极焉已耳！亦即以吾心之太极，还太极之太极焉已耳！岂复别有作用哉❽！妙矣哉，太极之为太极也！神矣哉，太极之为太极也❾！

愚妄以臆见，聊书数语，以冠其端，殊令方家之一笑云❿。

此篇以自身的天人合一之"体用一元"的法身道体为太极拳术攻防之道的"权"，而论述了修炼太极拳术攻防之道的健身、技击功德艺境并行不悖之于己、于国的种种有益的好处，同时又将太极拳术攻防功夫艺境的进阶次第，由"形拳招熟"的攻防功夫艺境升华到"气、意拳懂劲"的攻防功夫艺境，而后由"气、意拳懂劲"的攻防功夫艺境再升华到"神拳神明"的攻防功夫艺境，最终达到自身天人合一的体用一元之无形无象的"无极神化之功"的攻防功夫艺境之过程，论述清楚了。故而，此篇作品乃是修炼太极拳术攻防之道者必须精心阅读的经典文章之一。

所谓自身的天人合一攻防功夫艺境，就是人与自己的法身道体合一的境界。缘于以拳入道，以拳体道，拳道合一，自然就是"天人合一"的无形无象之道境了。

注：

❶自然的天地是一个大的运动体系，如日月星辰的运行垂象于天空中，雷雨风云施泽于地的现象，以及春夏秋冬四时更替交错运行不止，昼夜循环而无穷尽的现象，都说明了这一点。这些都是天地一大运动的明证也。

❷管理天下的人也是一个大的运动体系，如规划水利、开辟良田，乃颐养民生之根本的大计，兴立学校普及教育，以全民众文武全才之性能；以及抗洪治旱等战胜自然灾害、扑盗灭贼治理人祸都有既定的方针策略而即时行之，以保太平盛世之百业兴旺、民众的安乐生活；对于鳏寡孤独亦都有具体的救济安抚方法，来保证他们生活的安乐。这些内容综合起来认识都说明，管理天下的人亦是一大运动也。

❸至于人之一身，唯独没有运动吗？非也！如人秉天地元气之德以生身，得阴阳五行之气的德性最全，乃有万物之灵的说法以誉之；生后再得圣人天人合一之教化成才以立身，人人各保其与生俱来天然的听探之良知、顺化之良能及其相

互为用之本能。因而,太极拳术攻防之道的修炼,就是以阴阳、五行的生化机理如法修炼自己无形的法身道体,此无形的法身道体,乃为自己一身运动之大本。

❹于是,修炼太极拳术攻防之道就要刻苦钻研、劳动筋骨,使自身的听探之良知之静、顺化之良能之动动静相生,相互为用;内气外形相互为用,开中有合,合中有开,开合互见,以至进退存亡,极穷其变,就是太极拳术攻防之道中的"驭静以动,动中亦静,动静互为其根;柔化刚发,以柔用刚,阴阳迭神其用"的攻防机体、机制。而要达到这个攻防机体、机制的自动化的攻防能力,谓之极穷其变也。此就是自己身中与生俱来的听探之良知、顺化之良能及其相互为用之运动也。

❺愿使海内外的同胞,人人修炼太极拳术攻防之道,精心而简单精要地演炼,细心地揣摩,不懒惰而能躬身自厚地修炼,其中趣味浓浓、万千景象层出不穷,呈现的乃是无形道体法身的景象;又能内功修炼,涵养太和一气的真功夫,可令太和一气之太极本体心领神会,自身内外豁然贯通,将见到理明、法备(自性能生万法之谓也),终身受益无穷。在自己则健身、技击,功德艺境并行不悖;在国家则能荡除盗寇,可以守卫疆土。此正是修炼太极拳术攻防之道"养至真息圆满,百慧从生,永生无灭。小可经纶,大可赞誉天地","塞于天地之间"的功成艺就之效用。这就是修炼太极拳术攻防之道内对自身,外对国家民族,两方面都有实用的价值。让民众健康愉快安乐地生活在太平盛世之中,岂不是人生最欢快娱乐的事情吗!修炼太极拳术攻防之道的健身运动之作用,大矣哉!深远哉!

简练揣摩:撮其精要的意思。语见《战国策》"伏而颂之,简练以为揣摩。"此正是"融化发融化"的见解。

❻虽然修炼太极拳术攻防之道的大成艺境有如此功果,然而在修炼过程之始终,是有进功阶梯之次第的,这就是小的成形拳招熟之有形的拳术攻防运动,不如中成的气、意拳懂劲之意气君来骨肉臣的有形之拳术攻防运动好;而气、意拳懂劲之意气君来骨肉臣的有形之拳术攻防运动,不如大成的神拳神明之无形的拳道攻防功夫好;而无形拳道攻防功夫的"毛发松弹守三阳"之运动,还不如"彼此呼吸成一体的凌空劲"之不运动及寂感遂通的自动化运动的神化之功夫好。太极拳术攻防之道的攻防运动功夫艺境至此,就是神的运动呀!所谓神的运动之"神",就是灵明不昧的太和一气也,是自己的"法身道体"耳。其运动于无形之中,不觉其运动耳!此正是"静为本体,动为作用"的体用一元之论述。

❼则太和一气的运动之功能,就是身体如同九重天,内外如一,玲珑剔透,无一丝杂气掺入其中。心一思念,全是天理;身一动作,全是天道。与圣人同体,与天地合德而并立。这里和下面的论述都是对自己无形的"法身道体"之体

态、性状、功能的描述，即无极艺境的体用之描述。功到无极艺境，自己的"法身道体"浑浑沌沌、肃然静穆，无形无象。但是，以体用而言，此乃"无中之妙有"也！体现的是"道"体的功能作用而已！

❽太极拳术攻防之道的修炼就是以自己有形的身体还吾心中之对"太极"的认识也。即以吾心之对太极的认识，还自身本来之"法身道体"达到"帝体太一"的太极境界。太和一气的太极之境界，就是自己法身道体的体用一元之艺境，"放之则弥六合，其大无外，无所不容；卷之退藏于密，其小无内，无所其入；卷放得其时中，丝毫无差，无不切机"。这就是"还太极之太极焉已耳"句的精义。修炼太极拳术攻防之道达到体用一元的艺境乃是功德圆满的正果，岂复还有别的作用哉！

❾运用则人不知我，我独知人，至妙呀，体用一元之无形的"法身道体"者也！以柔软而接人之坚刚，使其坚刚化为无有，神奇呀，体用一元之无形的"法身道体"者也！

这正是："健顺合之至，太和一气，道也；万物之通理，名之曰太极。"文武之前贤的认识，如出一辙。可知以拳入道，武门修炼的宗旨明矣！

❿吾愚昧以臆想的见解而妄加言之，无聊而书此数语，以冠其端，殊令方家之一笑耳！此正是美言不美，真言反说之义耳！如此精辟的见解，后学之师；而欲见笑者，正应了老子所说"不笑不足以为道"呀！妙哉！痛快！大家胸怀若谷，跃然纸上，如亲见其人；小人时常戚戚，见于笔下，亦目其崇崇。正是：君子坦荡荡，小人常戚戚。拳术之行家里手抑或门外汉，知见分明矣！

还有对拳道修炼的价值及其社会意义更为直截了当的说法，为求对照，录并解之如下。

2."柔外刚中"的民族文化精神

中华民族传统文化精神乃是"柔外刚中"的理念，从修炼、修养的角度讲，这在《易经》天人合一学说中是以"健顺参半"的"柔外刚中"的匹配如一的"健顺合之至，太和一气，道也"的观念提出来的，要求"君子，天行健以自强不息"为准则；而在《道德经》中，是以"道"为本体的德修为核心提出的"万物负阴而抱阳"的观点，同样展示出"温柔之中锋芒锐利"的锐进直取的精神。就是刚健无为的精神尤为重要，它是中华民族的根本心理素质，这包括"厚德载物和自强不息"两个方面。

这种柔外刚中的精神在传统拳术攻防之道的修炼、建体、至用及攻防功夫艺境升华的系列方法、系统工程中得到了充分的体现。传统拳术攻防之道是一种纯粹的人体运动，既是系统的健身术，又是一种系统的技击术。虽然崇尚勇武，追求制胜，但是，追求的是"尚德、尚巧"的制胜技术、技巧、功夫的法式；反对蛮力妄敢的"尚力"之戕贼的法式。传为宋人调露子所撰的《角力记》中说："夫角力者，宣勇气，量巧智也。然以决胜负，骋矫捷，使观者远怯懦，成壮夫，已勇快也。"无论是对修炼者还是对观看者都倾注了一种德勇尚武顽强、一往无前的能者争胜的精神，就是以动作轻灵舒缓为攻防技术特点的太极拳也是如此。清武禹襄在《太极拳解》中说："气以直养而无害，劲以屈蓄而有余。"他所说的"直养而无害"的气，就是武备中所说的"中气"，又是"健顺合之至，太和一气"，此乃自身乾坤之正气，以此正气以运周身，外形柔和而内气刚健，实与《易经》中"乾健坤顺"的理法相合，乃出自《易经》的理法尔！可见修炼传统拳术攻防之道者无论是外在的攻防技术，还是内在的内劲功夫，以及理心的心态，都体现了一种柔外刚中的积极进取的刚健作为的精神。精于武术的明代学者颜元大声疾呼："一身动则一身强，一家动则一家强，一国动则一国强，天下动则天下强。"此呼声至今使人感到振聋发聩。

3. 柔外刚中的强身·强民·强国的道理

看看前贤对这个问题是如何说的：

夫剑乃儒雅中之利器，有正直之风，和缓中锐锋，具温柔之气，灵则通神，玄能入妙。飞来飞去，无影无踪。作云作雨，如虎如龙。变化莫测，转展无穷。诛人间之恶党，斩地下之鬼精，可破阵以攻城，随手指点，草木皆兵；可防一身之害，资三捷之成。故珍为至宝，运可通神。光灵明而不昧，体刚健而长生。扫则雾消烟掩，挥去则石走云崩。可避水火之灾，入不溺焚；可解刀兵之乱，视如不见。

其为德亦若人也，资禀于阴阳炉火之炼，性成于元亨利贞之能，百折不屈，九转而形骸备。铸冶始于神人，传授依乎仙术。习贵专精，功宜百倍。非取天地之气，无以培养人之本源；不吞日月之精，奚以轻身健体？非精足气不能清，非气足神不能灵。非内而精气神、外而筋骨皮，浑成一片，身不能轻，将何以飞取雁书、远逐鸿迹？非如此何以通妙，而能超众？能御大敌，足称万兵之祖。故精足则战耐久；气满则呼吸细；神清静而圆融，则变化莫测。故曰：身完天下无敌手，剑完四海少敌兵。能此二者，方可超凡入圣境，庶几驭众为高明。勿负古人之留意、仙佛之苦衷！

《浑元剑经·剑髓千言》

此论中的"有正直之风，和缓中锐锋，具温柔之气，灵则通神，玄能入妙"，说的是柔外刚中、锐进直取的民族精神！这种精神就是对外柔和友好，自己健运自强不息！

（1）注重和谐

中华民族传统文化的最高境界是"和谐"，这一境界的认识认为，宇宙是一个和谐的宏观的整体存在，以及注重和谐的认识论、方法论的思维模式，一起对中华民族传统文化产生了深远的影响，决定了中西方文化的基本差异。"和为贵"的重和谐的思想就是希望达到人己物我的和谐，注重人与自然、人与社会及人的自我身心内外的和谐统一。由于注重自己身心内外的和谐，而注重人与社会的和谐，所以修练传统拳术攻防之道的人虽然尚武而不随意用武，在解决人与人之间的摩擦时讲究先礼后兵，遵循《论语》中"礼之用，和为贵"的指导思想。

传统拳术攻防之道的修炼者极为注重个人身心动作的和谐，强调"精、气、神、意"的内三合和"筋、骨、皮、肉"的外三合，及内外"神、意、气、劲、形、中"六合一统的身法规矩、法则。关于身法功夫的"虚实相须，内外一而贯之"的理论、法则，武术不同拳种中多或直接论及或间接提到，可以认为它是传统拳术各拳种的一个共同的规矩、法则之要求。传统拳术攻防之道中要求的"合"，其实质就是一种高度协调的和谐艺境。所以，传统拳术攻防之道中的"合"并不简单的仅是身形动作内外、上下、前后、左右协调的技术要领和要求，而是传统拳术攻防之道对自身的一种宏观控制的重要理论、法则，这是由中华民族宏观的传统文化注重和谐的认识论的价值观所决定的。

看一看前贤对"和谐"是如何论述的！

（2）"和谐"亦是先内后外的法则

和谐，同样是遵从先内后外的法则，方能达到"枢得环中，应变无穷"的艺境。就是先求内在的和谐，再求外在的和谐，最终达到内外和谐之统一的良好局面。

> 剑有十三随，其端可历举。腰随背，背随项，项随首；首随肩，肩随肘，肘随腕；两腕随两掌，两掌随十指尖，指尖随十指足尖；足随胫，胫随两膝，膝随股，股随臀。如此相随，乃为身随，一唱百和，非二力所能致，气贯周身，自不期然而然矣。
>
> 《浑元剑经·剑要窍经言》

"气贯周身，自不期然而然矣。"这是对自身之身法功夫"和谐"的具体技术要领、功成艺境之论述。

> 夫气起于丹田，升于泥丸，降于背，入于肩，流于肘，抵于腕，至十指尖，此气之上贯也。气生丹田，入于两肾间，降于涌泉，此气之下贯也。气随心到，心逐气穿，心能普照，气自周全，久而力自加焉。式如行云流水，无停无滞，瞬息存养，动静清轻而灵，入手神妙，可以进退如意，形无定门，非斜非横，忽高忽蹲。功夫到此，可谓通真。
>
> 《浑元剑经·气贯周身法》

这是论述自身内外和谐的具体方法，内功修炼法，可以通达真攻防功夫境界。

> 噫！大矣哉！浑之为体也，纯而笃静；其为用也，动而多玄。即曰纯静，以其本乎天之一，养气于至清；则乎地之一，融精于至宁；此于艮之一，涵神于至灵。又浑化清、宁而一之，更至于空灵。是统三才于一致，内而精气神无少缺欠，外筋骨皮一息坚融，至是则内空灵，而外灵便。此浑元功验之所以然也。
>
> 《浑元剑经·剑要窍经言》

这是从自身整体论述神、气、形三才浑化归一之"和谐"的法式及功夫艺境，就是内外双修的法式。

> 人既为万物之灵，必心与道洽，庶几致人，不为人所致也。故君子必具天险王道之全，洞天时地理人事之权宜，其略则孙、吴、司马之策，始可运筹帷幄，决胜千里。故君子战必胜也，历观古人各有取法。昔亚圣云：浩然之气，至刚至大，直养无害，塞于天地之间。夫浩然之气，在于天地间；则保合太和之气，以之生成，在人则空灵无间之气也，即真气。其中刚柔浑合、阴阳互生，即所以结丹粒之道也。其大莫喻，其小难破，而来往造化之神涵于其内。
>
> 故曰：放之弥六合，卷之藏于密，直养即勿妄勿助，直养自然先天之能力，在神为非人力也。无害者乃顺生机之自然，去其害生机者也。养至真息圆满，百慧从生，永生无灭。小可经纶，大可赞誉天地，故曰则塞于天地之间。
>
> 《浑元剑经·剑要窍经言》

这段论述中的"小可经纶,大可赞誉天地,故曰则塞于天地之间"的说法,就是追求人与天地万物"和谐"的生态平衡的论述!

(3) 注重内主外从形神兼备

传统文化的理念认为万物起于气而终于形。是的,一个拳术攻防动作,总是由人身的内气、外形的相互作用之不同的运动方式来完成的,这就构成了攻防拳势的外在的"形",并且还要通过这个外在的"形"来表现出内在的一气灵明不昧的"神"之功能作用,即所谓的"神形一片"的艺境。如果拳术攻防动作徒有外在的形,而缺乏或不能很好地表现内在的神,其攻防动作也必然是一个肤浅的、缺乏内在能量的形,术语称之为"空架子"。形神一片的问题不仅是一个技术问题,而且是一个如何更好地发挥能量功用的问题,它正是中华民族传统哲学中"主从统一"的法则之重要范畴。晋代画家顾恺之将其运用于画论,使之有了深刻的美学意义,指出形的描画是为了写神,不仅要追求外在形的美,更重要的在于追求内在神的美,就是"黄中通理,美在其中"的宗旨。在许多不同的中华民族传统文化领域里,都以"形神兼备"作为艺境的要旨,传统拳术攻防之道也必然遵从这一宗旨而为之!所以说"形神兼备"的艺境不仅是画论,而且是传统拳术攻防之道的理法、艺境,这是中华民族传统文化特点在武学拳门中的直接反映。有关神形兼备的问题,看一看先贤是如何论述的。

4. 历代前贤的妙论

> 夫气起于丹田,升于泥丸,降于背,入于肩,流于肘,抵于腕,至十指尖,此气之上贯也。气生丹田,入于两肾间,降于涌泉,此气之下贯也。气随心到,心逐气穿,心能普照,气自周全,久而能力自加焉。式如行云流水,无停无滞,瞬息存养,动静清轻而灵,入手神妙,可以进退如意,形无定门,非斜非横,忽高忽蹲。功夫到此,可谓通真。
>
> 《浑元剑经·剑要窍经言·气贯周身法》

此论神形兼备的修炼方法,重在内功心法的修炼。"动静清轻而灵,入手神妙,可以进退如意,形无定门,非斜非横,忽高忽蹲。功夫到此,可谓通真"的论述,就是攻防功夫神形一片艺境的描述。

> 身法一片,须是以我之肩膊,挟助人肋。以我之手肘,垫住人腰。以我之臀,贴住人臀。以我之腿,夹住人腿。以我之膝头,击人之腿腕。俱要一齐直射,一齐着力,不可稍有先后,脚法是颠,此一片之法也(又云:拳法

要神形一片，左右烂熟，齐进齐退，思过半矣）。

《拳经拳法备要二卷·一片》

此是从攻防技击角度，专题论述运用攻防招法时"神形兼备"的功能作用的。

5. 前贤之"拳道丧失根本原因"论

  惜乎形剑之不传也亦久。夫欲习上乘之法，当先存一点救世之心，方可习也。永久学者，先具信心；而后传者，投以实在。学者固当择师而师；师亦当择弟之贤朴不恶者，始能渐为指点玄关、豁其路程诱之以造于极。尤必传者，遇明师，学者有英俊者，伴亦良善，境遇富豪，父兄乐使之学，在学者，无间隔厌故思迁之意，亦须朝夕聚首，一息铸成，更当伴侣互相对较，无忌心、无斗心、无厌心，久而能按部就班，去习不以偶惰致辍。此数者，缺一难许大成也。

  自传道者以盲印盲，而习者亦以误传误，甚至真诀日晦，尽是皮毛之学。是以仙俗日相殊阔，言语难通。欲习者无处寻真师益友，欲传者无处择忠孝之完才，两相间隔，咫尺天涯。吾山人今所乐传其详者，正以才之难觏也。个偶逢之，又安敢秘不宣泄？因不惮苦心唇力，切为讨论，分门以究其源，缕析条注，琐屑之至。虽属玩物，而其中动静作用之机、随符道脉，入手之要。得诀者永习无惰，亦足以成大乘之道，岂但天仙地仙而已。然个中精义之妙，尚有难以言宣笔记者。待尔功用充足之后，再为补遗，以资后学之取法焉。

《浑元剑经·剑经结文》

  可惜呀！至于形剑的正传之真功夫不能光大承传，时日也久远了。至于形剑者，后天之功，果能以先天之神为体用，亦足以相机御变，制敌而能胜的剑法。

  如欲习上乘之气剑、神剑之法，当先存一点救世之心，方可习内功法也。气剑者，神剑者何？即"极之则光闪耀而人影无踪，身飞腾而剑芒倏忽"。气剑者，或一跃千里之遥，纵横随其意向；神剑者，或静息方寸之间，神威感于至诚。故习此上乘之法者，不存一点救世之心，功夫不上身耳。而私欲心盛，易入魔境也。故明师遇此私欲心盛者，无一点救世之心者，只授予形拳、形剑而已，绝不授气剑、神剑之功夫，非保守也，实为保护其人不受魔之侵害耳。乃师之善心也。

  永久学者，即从形剑、气剑、神剑全部修炼者，应先具必成之信心。只有这样的弟子，而传道者方能投以实实在在的传授，自然毫无虚假了。学者必然

十五、拳道丧失之原因

可成。

学拳练艺，习武练功，学者固当选择明师而师之。师从明师练功习艺，是为首选。然为师者亦当择贤徒弟子朴实不恶者为传人，此亦是双向选择。师与弟子坦诚相感，师方才开始渐为弟子指点练、体、用之玄机、关键、窍要，为弟子开悟解惑、释疑、豁其路程，弟子自然上道，真诚修炼，会渐入佳境。为师者必以理、法、术、功，诱之弟子以造于极境。

然有尤必传者，明师所选，乃学者有英俊之才者。伴亦良善。英俊者何？英者乃英雄之才者。聪明秀出谓之英，胆力过人谓之雄。英者智也；雄者力也。英而果敢，雄而智谋，习拳术攻防之道之上才也。俊者，乃俊杰之才者，阴阳淳和平淡，淳和而知权变，聪明而知至道，亦习拳术攻防之道之上才也。此英俊之才，得明师所传所授，自修潜神熟练，时至神知，于传统拳术攻防之道，施招用手，能柔能刚，能翕能张，能英而有勇，能雄而有谋，圆而能转，环而无端，智周乎万物而道济于天下，此曰通才。明师能遇此良才为弟子，亦为良善之伴，朝夕相处，亦为师者一生之乐事了。故明师遇此英俊之才者，尤必传之。

如果明师能遇此英俊之才者，再有其家境富豪，即富而豪爽之家，其父兄亦乐使之学艺，而此学者，自无间隔厌故、思迁之意，唯专心志之而能潜修习练。则师徒能朝夕聚首为其指点玄关，豁其路程，使其知改正错误而择乎中庸，这样可健体筑基，一气呵成，体立则必道用，更当师徒如伴侣陪练，互相喂手、盘较。而在喂手、盘较过程中要无猜忌之心；要无斗心，即以无争之心而练，是谓无斗心。无斗心则暴烈习气自除，而道心必固。无厌烦之心。人心不死则厌烦心出，道心日明则无厌。这样，练功日久自能按部就班，去掉不良习惯，就不会以偶然之懒惰的心情推故而中断练功了。此数条成才之条件，缺一难许大成也。关键在一个"诚"字。即知"物有本末，事有始终，知所先后，几于道矣"。能无猜忌之心，必能"慎终如始"，功成艺就乃必然者也。

当然，在传授传统拳术攻防之道的历史长河过程中，有的传道之人猥知鲁莽，自己不知道"建德体、至道用"的精义，却在盲师只传套路而毒害着他人。而习练者又不辨真假，又以误传误，甚至练、体、用的真诀和真功夫日渐晦暗而失真。最典型的就是将套路的习练认为是真功夫，而不知攻防招法拆变的运用，更不知形拳的至妙变化之自出。关键在身柔若絮，灵活稳准；神拳的含形随应致变，皆从他力取法，关键在心身空灵而手自灵妙，能如此潜神熟练，自可时至神知。是以传统拳术攻防之道的行家里手之真攻防功夫和俗人的识见越发日相殊阔，言语论述难于通融了。此乃以假乱真之弊病也。

造成欲习传统拳术攻防之道的真功夫之人无处寻得真明白的老师学艺，亦无处觅得真功夫在身的良朋益友以讨教，而欲传真功夫之人亦无处觅得选择忠孝两全之完才的人。欲习者，欲传者，两相同处人世间，却如隔世之人，互不能识，虽近在咫尺，又像各在天涯而不能相识，说明传统拳术攻防之道的传承、承传之难。

我今日所乐意传其详细备致，以免传统拳术攻防之道失其真传，正因为英俊、忠孝之人才难得遇见呀。个别偶然有缘而逢之，又安敢秘而不全部宣其练、体、用之关要，泄其要旨？而今只能执笔立论，不怕耗精劳神、苦心唇力，全部为之讨论，分练、体、用以究其源，缕清析解，分条注疏明白，故琐碎详细之至，乃不失大观之雅。

传统拳术攻防之道虽属玩物，皆内实精神，外示安仪，静如好妇，动如惧虎，布形候气，与神俱往。而此中动静之机制，气形健顺和之至也，与道是一脉相承的，此乃练、体、用的入手之要妙。即"养精者，饱含真永之精以炼己；养神者，外养全体之神以合气"。

得此真诀者，即"以先天真人呼吸法，寻得先天真人呼吸处"，而能持之以恒习练，又无懒惰之情，必能修到神明艺境，达到"浑身无处不太极，挨着何处何处发"的艺境。继而达到"以柔软接坚刚，使坚刚化为乌有"的"穷神知化"的无上境界，具备"神化之功"的功德艺境，足以成大乘之道境，岂但天仙、地仙之品位而已，而是与道合一，方是真一不二之艺境。

然传统拳术攻防之道的练、体、用之个中精义之妙，尚有难以言宣清楚之处，笔记明白之关键所在。待尔练功至用充分明白，十足清楚之后，再为补充遗漏之内容，以资助后人修炼时有法可取呀！以完成传统拳术攻防之道之学问，得以正确地流传，造福于天下之修炼者。

这段前贤的论述，已经非常清楚地将"拳道丧失的根本原因"说得明明白白了。

6. 拳道门派、拳种、门户之见产生的根本原因

至于传统拳术攻防之道的历史上之门派、拳种、门户之见的产生，原因种种。这与当时历史的客观环境是统一的。有关门派、拳种、门户之见的产生，有其正确的不断发展、进步的一面；亦有指鹿为马、鱼目混珠的一面。这就让我们看一看前贤是如何认识的，为求对照，录并解之如下。

> 吾邑张孔昭先生曾遇异人传授，其术独臻神妙。其时从习者甚众，而得其真传者，唯程子景陶、胡子我弘、张子仲略三人而已。嗣后支分派衍，渐失其真，间有能崛起，名震一时，大都皆筋努骨突任气用力，而于先生运用之法、变化从心之妙，概未之闻也。盖先生拳法，藏神在眉尖一线，运气在

十五、拳道丧失之原因

腰囊一条，发如美人之采花，收如文士之藏笔。诸葛君之纶巾羽扇，羊叔子之缓带轻裘，差可仿佛，夫岂有圭角之可寻哉？

《拳经拳法备要·注张孔昭先生拳经·序》

我县张孔昭先生，曾遇异人传授。异人者，有特殊拳术攻防之道的理法功夫之人，即传统拳术攻防功夫造诣颇为高深的人。按本拳经所披露的，乃玄机和尚或其传人。由于张孔昭先生遇玄机和尚或其传人的传授，其攻防技术已独臻神妙艺境了。所谓妙手者，处处用空，妙手连出；所谓神手者，随其变化，皆以他力取法，人不知我，我独知人，谓之神手艺境。后文自有具体描述。

由于张孔昭先生的拳术功夫独臻神妙艺境，故从其习拳之人众多，而能得张先生真传者，功夫艺境有造诣的，只有程景陶、胡我弘、张仲略三人而已。可见习拳之难矣！艺成者更难矣！

随后承传之人分支列派，各树其传，正宗旗帜，渐失张孔昭所传拳法真谛。失真到何种程度，间有能崛起者，名震一时，大都是"筋努骨突、任气用力之辈"。而对此种少林拳法，不独曹焕斗如此认识，《清稗类钞》载："少林拳法有练功术运气于筋肉，则脉络突起，筋如坚索，肉如韧革，刀击之不能伤也。"《郑板桥笔记》载："湖北魏子兆，遇少林寺僧，授以练气运神之诀。魏习之数年，周身坚硬如铁。值运气时，气之所至，虽刀斧无能伤也。"这两条记载，也可证明少林拳法"间有能崛起，名震一时，大都皆筋努骨，突任气用力"之辈的论断之确切。

而这些人，对于张孔昭先生运用之法、变化从心之妙，大概全都没有听说过吧！皆凭私智以逞其能，故曰：渐失其真。即"猥知卤莽之人，彰乎知"而造成的，此乃失真的主要原因。

张孔昭先生的拳法，其术独臻神妙艺境，首先在"神明灵通"，则审视有先之明，知对手未发之招，悉其将发之意。此乃先知于人的功夫。又能"先机于人"，运气在腰脉一条可为之证。内气由腰脊至手谓之开，谓之进发；内气由手肘回至腰脊谓之合，谓之退守化解。此正是"以不动之腰脊催动动之手足"的"周身一家"之拳法，故能"先机于人"。此正是"以先知运用先机"的"驭静以动、动中亦静"的"动静互为其根，阴阳迭神其用"的"以柔用刚"的传统拳法之真功夫。故其发招用手如美人之采花，虽轻灵敏捷，但对手却无还手之力，正是"进则对手不知其所守"之艺境；收如文士之藏笔，正是"退则对手莫名其速，不知如何攻"之艺境。此正奇进退之机，迟速幻转之妙，悉出于无心，系自然之运用，皆"因时致变，因力制人"的顺势借力之上法的效果。

不单上述之攻防机制的简单说法，还要有诸葛亮的运筹帷幄之中，决胜千里之外的雄韬大略之机谋，才能陷对手不能自救而必败之境地；也要有羊角哀视死如归的大无畏之精神，因为"善战者其势险，节贵短"。没有"不入虎穴，焉得虎子"的势在必得的英雄气概，也不能抓住制胜之机势。但绝不是蛮干，乃是"方圆立体发用之妙，件件原委之于自然之神，统蓄以先天寸绵之力，为无为无不为也"的真功夫之体现。少了上述六个条件中之一条，仿佛都不能做得到。此以"听探"运用"顺化"的真功夫，来无影，去无踪，一团清风倏忽，如何有棱角、迹象可寻，全是太和一气流行之故也。自能"舒以长其筋，缓以蓄其力，迟以运其神，含以招其妙，活以猝其势，短以应其变，长以发其威，不惊不惧神自明，平其气分和其心，一声骇得他人动，便是乘机制胜门"。孔昭先生所体现的少林拳法之妙处，可得而知之矣！

从文章中的论点来看，已经将传统拳术攻防之道中门派、拳种、门户之见产生的历史之人为的根本原因讲清述明了。然而，不管门派、拳种发展得多么的繁多，拳道本一不二的宗旨永不改变，这是拳道真一不二的统一之性能决定的。所谓的门户之见，乃是错误的，乃是猥知鲁莽之人彰乎知的结果，这是必须批判的。对于拳道来说，只有一是非，就是"唯道是从"者是，"背道而驰"者非。能如此认识者，则必然没有门户之见了，有的只是"道见道知"了。如果修炼传统拳术攻防之道者皆能如此认识，则传统拳术攻防之道的发展、发扬光大、造富于人类之日可待矣！

十六、解除师徒制之商榷

师徒之制誉为美德,然往往极美满之事,行之乎我国则流弊丛生,丑态百出,而拳界为尤甚焉①。故社会多以为不齿学之者,意若不拜师不难得其密教之者,亦以不拜师不足以表现其亲,更不肯授之以要诀,尤而效之,习为固然。噫!诚陋矣哉②。姑不论肤浅者流,根本无技之可密,即或有之,则彼密势必至过拳道真义密之于乌有之乡矣。甚至门墙之内,亦自有其密而不传者,余实不解其故。此真下而极下者也。拳道之不彰,有故也夫。降至今日,异拳鼓说遍天下,变本加厉可胜叹哉③!盖拳道之真义,可云与人生大道同其凡常,亦可云,与天地精微同样深奥,不明其道而习之,终身习道不能尽,又有何暇密之而乎?凡属人类都应以民胞为怀,以饥溺目视,果如此而天下定,否则纵使世界人类死光,只余你一家存在,可望自私之望以极,则又将如之何?吾恐人类之幸福永绝矣。国民积弱,事事多不如人,病亦在此也④。而况学术为千古人类所共有之物,根本不应有畛域之分,更不必曰一国之内、同族之中不当有异视,即于国界所限也,熙熙然皆生于光天化日之下,又何可密之有?其作用卑陋,真不值一文也⑤。是以余传授拳学一事,从来来者不拒,凡属同好,有来则教,教必尽力,有问则告,告必尽义。惶惶然唯恐人之不能得,或无以使人得也。故每于传授之际,有听而不悟,或悟而不见诸实行者,辄起憾然之恨。唯一见其知而能行,行而有提者,则又色然自喜,区区此心,一以慰人为慰,固未尝以师自居也。盖以人之相与,尚精神、重感情,不在形式之称谓⑥。果有真实学术授人,我虽不以师居,而获其益者,谁不怀德附义而师事之,是师之名亡而实存也,又何损焉?若以异拳鼓说以欺世,纵令拜门称弟,而明达者一旦觉其亡,且将痛恶习之不置,此又何师之有?师名虽存而实亡矣⑦。师徒之名分一定,而尊卑观念以起徒对师说即觉有不当,常恐有犯师之尊严而不敢背,即背之,而师为自保尊严计,亦痛加驳斥而不自反,此尚有何学术道义之可言?师徒制之无补拳道,可概见矣⑧。又何况门派之争,常以师徒制之流行而益烈,入主出奴,纷纭扰攘,由师承而成门户,由门户而成派别,更由派别之分歧而至学理之庞杂,如此则拳道真义将永无昌明之一日矣,其患不亦更甚乎?且学之有得,始乃有师,若叩头三千,呼师八百,而于学术根本懵然,是究不知其师之所在也⑨。要知学术才是宇宙神圣,是有师尊,此吾所以力主师徒制之解除也。虽然此为余个人之见,而师徒制在拳界积习已久,如一时不遽除,为慎重记,则亦须俟双方学识品德互有真切认识而后行之,藉免盲从扞格之弊,似较为妥善也⑩。

【题名解】

这是借废除师徒制度的商榷性的文章,其所论精义非常明确:由于师徒制度带来的种种弊端,造成门派分衍、拳种林立、门户之见,而"拳道"几乎夷灭殆尽了。主要原因乃是"猥知鲁莽,彰乎知"者所为。所以,要废除这样庸俗的师徒制度;而真正"传道、授业、解惑"的师徒制度是不在其列的。

因为自古以来,各行各业都是师徒相传的习惯,才有了今天大千世界的一切。这个道理在"点评"栏目中再专题论述,以明其中缘由。下面先看其具体文章的论述及注解的内容为何。

【注解】

①师徒之制度,由古及今的师徒传承,徒敬师,师爱徒,一脉相传,被誉为传统的美德。而往往极其美满的事情,行之乎我国则流弊丛生,出现徒不敬师、师不爱徒的种种事端而且态百出,这在武林拳术界中尤其甚哉!

②社会上多认为不拜师难得正传,亦有的认为不拜师不足以表现其亲密,师更不肯授之以要诀。大多数人效尤此事,习惯至以为固然之事情。唉呀!诚陋习者哉!

③姑且不论功夫高低,其实根本无技术功夫可以保密。即或有之,则彼之密势能盖过拳道真义密之于无形无象的艺境吗?甚至在其门墙之内,该传亦自有其秘而不传者,我实在不解其中缘故。此真人品下而极下者也。拳道之不能如法彰扬之发扬光大,存在着这样的缘故。降至今日,异拳鼓说流遍天下,更加变本加厉,实在让人不胜感叹!

④就因为拳道的体用之真义,可以说与人生大道相同而又极其平常;亦可以说与天地精微同样的深奥。不明其道而修炼之,终身修道而不能尽其义,又有什么体用的秘密而不可以知道呢?凡属人类都应该视万民为自己的同胞为怀,故而能与同胞同饥苦共患难,人的关系果能如此而天下平定矣!否则,纵使世界人类死光,只余下你一家存在,可以望见自私之欲望已经达到极限了,则又将之如何呢?我恐怕人类之幸福永远绝别了!国民积弱,事事多不如人,病之与病之根源亦在此也。

⑤而何况凡学术为千古人类所共有之物，根本不应该存有畛域的分别，更不必曰一国之内，就是同族之中不应当存在异视的现象。就于国界所限来说，熙熙然皆生于同一光天化日之下，又有什么可以秘而不宣的内容？其保守的作用至卑而又丑陋，真不值一文钱了！

⑥是以我传授拳术攻防之道的学问一事，从来是来者不拒，凡属同道爱好者，有来则教，教必尽力，有问则告之，告之必清楚。惶惶然唯恐人之不能得到也。故每于传授之际，有听而不悟的，或悟而不见诸实行的，辄起慨然之恨。唯一见其知而能行，行而有提高者，则又色然自喜，区区此心，一以慰人为安慰，故未尝以师自居也。就因为以人之相遇，崇尚无私的精神而又重道义的感情，不在形式之称谓也。

⑦果然有真实的拳术之学术功夫授人，我虽然不以师居，而获其益者，谁不怀德附义而师事之，是师之名亡而实存也，又何损焉？假若以异拳鼓说以欺骗世人，纵令拜师门称弟子，而明达者一旦觉其所传乃刚强及腐朽之内容易导致死亡之途，则将痛恶离之而去，置之不顾，此又何师名之有？

⑧师徒名分一定，而尊卑观念已起，徒对师说即使觉得有不妥当之处，常恐怕有犯师之尊严而不敢背离之，即使背离之，而师为自保尊严计较，亦痛加驳斥而不自己反省，此尚有何学术道义之可言？师徒制之无补拳道，可以大概见到了！

⑨又何况还有门派之争，常以师徒制之流行而愈演愈烈，入主出奴，纷纭扰攘，由师承而成门户，由门户到派别，更由派别之分歧而至传统拳术攻防之道的学术理论之良莠庞杂。如此，则拳道体用真义将永无昌明之日矣！如此下去，其患不亦是更为严重吗？

⑩要清楚地知道传统拳术攻防之道的修炼、建体、至用及攻防功夫艺境升华的系列方法、系统工程之学术内容，才是宇宙中神圣殿堂中的精品。传承是有师尊，此我所以力主师徒制度之解除也！虽然此为我个人之见解，而师徒制在武门拳术界流传积习已经非常久远了，如果不能遽然解除，为慎重起见，则亦需要双方相互了解学识、品德操守，相互有了真切的认识而后行之，借此以避免盲从扦格之弊病，似乎较为妥当。

【点评】

看一看前贤是如何认识师徒、门户、派别，又是如何对待、解决的。为求对照，录并解之如下。

1.《内功四经·内功经·总论》门户·派别的态度

拳勇之术,古来不下数十家,曰探马、曰鉴子、曰罗汉、曰太祖、曰佛爷、曰武子,一切可惊可骇之名难以尽述。

承人陋习,学此则非彼,学彼则非此,纷纷聚讼,日甚一日。而要之不得内功真传,拘家所纵,费尽苦功,终属下乘。犹之读书不能反约、泛览、博务,何能明道?又凡物莫不有其本,得其本而末随之矣。所谓一以御万,简以御烦(繁)者也。近来习此道者,忘其本之为一,而逐其末之不同,分门别户,捏造名色,往往自为誉曰:"吾之术近路也。"不询其一以御万、简以御烦(繁)之道,茫然罔觉,何怪其临敌溃哉。夫宇宙之正道,原未有近路也,不过有本末先后耳。后此变化无方,皆前此循序渐进有以致之也,何有近路之可言哉?

然则所谓本者何也?曰"劤"也。顺进可以制敌,退可以自守,往来上下,无不如意。劤松、劤小、劤背,不足以当敌,退不能自守,备多虚实,无非危机。由此言之,劤固要哉。

然不知劤之纲领,不知劤之枢机,不知劤之归宿,虽有劤犹未尝也。何谓之纲领?曰头也。头为诸阳之会,一身之纲领也,譬如物之有柄,事之有始。柄之不正,事之不裹,专望后之等哉?故头之为用也,欲向上提起,不欲向下堆积,欲生旺有神,不宜颓靡无气,一身之劤虽不在头,而头未始无关于劤之得失也。何谓之枢机?曰肩也,胁也。肩为臂之本,胁为气之窟,上以头部之精神,下以足腰胯之威势,周身之大关会也。譬如室之有门,国之有关,门不开不通往来出入。故肩之为用也,其要有八,曰通、透、穿、贴、松、汗、合、坚;胁之为用也,其要有二,曰开张舒展,紧弹聚敛,得此窍诀,中部之妙思过半矣。何为劲之归宿?曰足也。足为百体之根,上载全身者也,譬如万物之生于土而履于地,衰旺体态无不因乎地。苟非博厚,何能载物哉?故足为劤之出也。凡一放一松,无不从足底涌泉穴而起。劤之入也,一收一紧,无不从足底涌泉穴而伏,此下路之要诀,而功夫之根基也。知此三者,可以得其大概矣。

犹有要专何者也?曰气也。盖劤之生于气,犹木之生于水,木必待水润而得生,必得气养而后出自理也。欲愿养气必开关窍以顺其气,不然而人身之关窍皆为后天之浊气否塞尽矣。虽欲养气可得哉,必伸筋拔力以通之,而后真气自行。行是气可以养劤,可以济气矣。

故用之初劤气尽有交互相济之用,及其久也,有浑然如一之德。后之学

十六、解除师徒制之商榷

者潜心体会，必对予不妄评矣。若夫气之浮沉、勋之松紧、首之开合、手之横竖、身之正侧，当求之内功经与夫十式局内，非一朝一夕之功能明也。

山左琅琊王南溪注解
海右珠山宗景房参订

开门见山，论述传统拳术攻防之道源远流长，门派、拳种繁衍众多，数不胜数，实难以尽述。

有许多修炼传统拳术攻防之道的人有一种流传的不良风气和丑陋的习惯，这就是，修炼此种拳术功夫则说他种拳术功夫的不是，修炼彼种拳术功夫的人则说此种拳术功夫的不是，纷纷聚在一起争论，各持己见，日甚一日，而无终结。之所以有此陋习而不能改之，最重要的原因是这些人修炼传统拳术攻防之道不得内功的真传秘诀，只知道手舞足蹈，又局限于门派之狭隘的观念，虽费尽时日，狠下苦功夫，然其不得真传门径窍要，最终功成也只能属于形拳招熟的下乘功夫，即拳打脚踢的拳法。有关这一认识，前贤多有论述，为求对照，录之如下。

中气，即仙经所谓之元阳，医道所谓之元气也。以其居人之正中，故武备名曰：中气。此气即先天真乙之气文练则为内丹，武练则为外丹。然外丹未有不借内丹而成者也。盖动静互根，温养合法，自有结胎还原之妙。俗学不谙中气根源，唯务于手舞足蹈，欲入元窍必不能也！

《易筋经·贯气诀·中气论》

这些修炼传统拳术攻防之道而不修炼内功的人，犹如读书不能融会贯通以返约，而死于句下；不能广泛阅览经子史集、诸子百家，怎能广知；不知格物致知之博务，完全一个书呆子，如何能明道通理呢？故而，文有腐儒，不能安邦；武有呆子，不能定国，此之谓欤！

又凡物莫不有其本源，能得其本而微末随之亦得矣！此即《九要论》中"所谓一以御万，简以御繁"的道理、法则。以此观察近来修炼传统拳术攻防之道的人，大都忘其本之为一"法身道体"，却追逐千变万化的攻防招法之微末的不同。故而分门别户，捏造种种名色，这些人往往自夸"吾之术是近路也"。如果查询其"一以御万，简以御繁"的方法、准则、道理，则茫然不觉知也，难怪其临敌较技溃不成军而惨败。

夫宇宙演化之正道，乃循序渐进而成之，原本就没有近路可言，不过却有"本末先后之始终"的区别。修炼传统拳术攻防之道亦未有近路之说法，却有"本末先后之始终"的区别。如果能建体至用地"持本"修炼，假以时日，则理法贯通，攻防功夫上身。通观全文所论，哪有修炼传统拳术攻防之道的近路可言呢？唯有"涵养之以静以蕴其体，灵妙之以动以畅其用"的"持本"而修炼，乃能达到一以御万、简以御繁的艺境，才是正道。因为修炼传统拳术攻防之道的"体非无以立其大本，用非无以彻其元功"，如何能以粗鄙的态度、简陋的方法对待呢？

䚡，乃筋的异体字，但从上下文观之，凡用"䚡"字之处，似乎应为内劲、外形合一之"劲势"解，即拳势较妥，或许当时䚡、筋、劲通用，亦未可知。然其在后面文章中，也有䚡、筋、劲同时出现的时候，看来其具体用法又是有一定区别的。这说明了传统拳术攻防之道的历史发展到了统一概念约繁就简的时期。这就是《内功经》的又一个历史价值的内容。

关于"䚡"字，对我们今天的拳术家们来说并不难理解，因为我们清楚地知道，传统拳术攻防之道的攻防变化主要在自身的神、意、气、劲、形、中六合一统中完成的。前贤给我们确立了内劲、外形的筋劲、骨力之内主外从的基本概念，这样我们就可以随此文章中的论述之精义，对"䚡"字的种种用法之概念，自会有一个全面的认识、了解。

䚡：以一身之本而言，乃内劲也，又名中气，名曰"健之体"；然外形者，筋劲、骨力也，名曰"顺之体"，小成的形拳招熟功夫层次如此认识；健顺参半的内气、外形柔外刚中匹配如一，乃"意气君来骨肉臣"的"健顺德之体"，中成的气、意拳懂劲功夫层次如此认识；如果健顺合之至，太和一气，道也，名之曰"太极"，乃无形的"法身道体"，大成的神拳神明功夫层次如此认识。得此"䚡"的功夫，在较技时顺其势之进攻可以克敌制胜，退防可以自守而不失，攻防往来，上下相随，无不如意。由此可以看出"䚡"体的所有之含义了。

如果䚡松，自身外形懈怠、内气迟缓；䚡小，自身外形拙紧、内气薄弱不易变化；䚡背，自身外形不通达、内气不顺畅。三者犯其中之一病者，皆不足以挡住对手的猛烈攻击，进不能攻击对手之要害以制胜，退不能自保以无失反而资敌取辱。所以，防备了前面，后面就空虚；防备了后面，前面就空虚；防备了左面，右边就空虚；防备了右面，左边就薄弱；防备了上面，下边就空虚；防备了下面，上边就薄弱；到处都防备着，到处都是空虚薄弱之处，无非是埋伏着更多的危机。

由此分析可以知道，"䚡"是修炼传统拳术攻防之道中最重要的课题，就是"建健之体，建顺之体，建健顺德之体，建无形法身道之体"的内容和"以体求用"的内容。此处点明"䚡"的"建体、至用"的重要性，下面又进一步分析"䚡"的有关方面的内容。前贤论拳之体、用的理法自有一定之顺序。

前言修炼之所得的体、用内容是相当重要的事情。此文又言说，不知䚡的体、用之纲领、枢机、归宿，虽有勋的体之功夫，亦未能尝到勋之体、用的滋味，知其甜头。以体而言，勋是修炼出来的一种功夫。

什么是勋的纲领？乃头也。头是诸阳之会，六阳之首，一身之主宰，故曰头乃一身之纲领。正如《纳卦经》所言："头统乾之体，乃一身之总领。"比如物之有柄，事有起始，拿衣服要拿领子，拿渔网要提纲绳，凡是则能提纲挈领，是谓之"持中、持枢"之道。修炼传统拳术攻防之道的自身之勋的体、用，就是持中、持枢而修炼，不如此，则如"柄之不正，事之不裹"，劳而无功矣，哪还有以后的各层攻防功夫之进展呢？故修炼传统拳术的具体攻防招法时，头之所用欲向上提起，谓之"虚灵顶劲"，又名"神贯顶"，则自身生气勃勃，旺盛而有神矣！这不正是"尾闾中正神贯顶，满身轻利顶头悬"的较早时的描述吗？由此可知，头乃一身领气之所，故而头不要向下堆积，如欲向下堆积，全身懒散，颓废无气机可用。虽然说一身之勋不在头，而头未始无关乎勋之得失也。由此而论，勋乃内气也，即真阳之气。

何谓勋之枢机？曰肩也、胁也。肩为手臂行气之根本，胁为一身行气之洞窟，其所以为用，上以头部之精神，下以足腰胯之威势，周身之大小关节会同如一也，外形之关节空隙之处，皆内气收放运行之部位。内气之所以能得以运行，上有头中神、意所统领，下有足腰胯之威势，中有肩、胁的洞窟蓄气之所，自可使周身上下、前后、左右内外一家矣！此正"形式与人同，筋节与人异"的内主外从之内家拳法的论述。此论亦宣明"勋"乃指内气也，枢也；外形者，机也；内外合之而论乃自身攻防之"枢机也"！

周身的肩肘腕、腰脊颈、胯膝踝等九个大关节为会气之所，譬如室之有门户，国之有关口，以利于出入往来。此正如《太极拳经》中所言"肌肤骨节，处处开张"的精义。如果关口门户不开放，不通往来则出入止。故而，各大关节，尤其是肩关节之为用应随意可开可闭，才能内气自由运行，可行可止。而其要点有数种内容，曰：通、透、穿、贴、松、汗、合、坚，名为八法。而胁之所用，要点有二，曰开张舒展，紧弹聚敛。如果修炼传统拳术攻防之道的人得此中真传秘诀窍要，乃得中部运用之妙法，思过半矣！此中部，乃指"手法、身法、步法"三法合一而用的处中之"身法"而言的，即会阴到百会的胸腹之身法的"外形与内气匹配合一的开张舒展、紧弹聚敛"的功能变化娴熟精纯者。

何谓劲之归速？曰足也。足为自身百体之根基，上载全身攻防之动静变化，就像万物之生于地而履于地，万物的衰弱旺盛、体态的变化无不因乎土地的贫瘠、肥沃，要不是大地博大丰厚，何能载物呢？故而，足为勋之出入之所在地也。由此可知，勋在此处乃指内劲而言。现在修炼传统拳术攻防之道的人所知"足之落地，内劲升起"，阴阳逆从、劲形反蓄的道理、方法。有关这一点，前贤亦有明确的论述，以资为证，录之如下。

四曰劲整：一身之劲，练成一家。分清虚实，发劲要有根源：劲起于脚根，主于腰间，运化于胸，发于脊骨，形于手指。又要提起全副精神，于彼劲将发未发之际，我劲已接入彼劲。恰好不先不后，如皮燃火，如泉涌出。前进后退，无丝毫散乱。曲中求直，蓄而后发，方能随手奏效。此所谓"借力打人""四两拨千斤"也！

《李亦畬太极拳经·五字诀解》

内劲运用之出入，并非丹田一个源头，足亦是内劲出入之所在。凡足一放松落地，内劲升起；足一收紧提起，内劲落入足中，乃内劲在足中之出入的方法也。足一放松落地，内劲升起，皆从涌泉穴而起，乃劢之出也；足一收紧提起，内劲落入足中，劢之入也，内劲之归入足中。由此可知，足为劢之出入的所在地也。此乃下路步法内劲、外形匹配合一而用的"阴阳逆从、劲形反蓄"的法式、要诀，又是自身攻防功夫的根底也。内劲起于涌泉穴，伏藏于涌泉穴，乃是古法；而今之认识，内劲起止于双足踝处，较为灵通活便。

又，以小成之形拳招熟攻防功夫艺境的明劲法式立论，内劲的收放之起止所在乃是丹田为核心。这段论述内劲的起止所在乃是双足，说明这是论述中成的"气、意拳懂劲"攻防功夫艺境之暗劲法式。

此段论述，可让修炼传统拳术攻防之道的人知道"头的领一身之气功能，肩、胁的行气、蓄气的功能，双足的气升、气伏的功能"，就能明晰外形、内气之纲领、枢机、归宿的内容，及其内气、外形匹配合一而用的主从关系，也就明白了传统拳术攻防之道中内气、外形的修炼、建体、至用的全部系列内容，如法而修炼，自然就不会轻易地出现错误，亦不会以错误的方法修炼为是了，这就是修炼传统拳术攻防之道应"求本而末随"的上等修炼法式。本者，体也；用者，末也。建体至用，以体求用，乃传统拳术攻防之道的正确修炼道路也。

明白了上述求本建体之道理、方法、准则，还要专门修炼攻习的具体内容，即内气也。因为，"劢"生于内气，好比木生于水，树木得水之滋养才能得以生存。"劢"在此处可以为"筋"解。全身之筋得内气滋养，而后必然出现自动调节之功能。所以，习拳练艺愿意养气而修者，必开关窍以顺筋气为法，不然，则全身之关窍皆为后天浊气填塞雍满呆定，否尽矣！否者，阴阳离绝"否"象。此时虽欲养气，怎么可能呢？必以抻筋拔骨的方法，以使全身各关窍通开，真气自然畅通而行，真气运行可以养筋，又可以济气之运行。有关养气通关窍的论述，前贤早已有之，为求对照，录之如下。

十六、解除师徒制之商榷

尝思天下之物，皆具灵气，况人乎哉？人为万物之首，受命而后性理咸备。果能从生后识开之候，窒欲惩忿，使七情六尘，永息无生，则人心日死，而至灰扬，道心日明，以至纯粹，则基乃固矣。且心中各具七壳，尤得当诀以通，斯可矣。

七壳者：曰玄通、灵根、妙钥、统真、通枢、涵神、洞幽，左辅元龙，右辅白虎。

玄通壳开，则甘露没夜子时升于泥丸，每日午时，流贯周身，则皮肤鲜嫩。

灵根壳开，则先天之精，刻漆一粒，日夜生九十六粒，流走上下；久则皮润泽生，光眼清爽，永无生眦、发热发胀昏迷；虽数夜不眠，亦无倦急，面色如金。有歌诀两首为证：

（一）

一窍开时便通天，初时幽暗玄又玄，
静候静待无烦恼，灵根洞开入九渊。
霹雳声声飞龙起，一片通明九重天。

（二）

此时天人合一体，便与天地通气机。
可借精华补自己，灵神圆满香寰宇。
根窍通时百窍通，此窍通时知天机。

妙钥壳开：则心性含香，阳和遍体，而立主宰，外则芳气袭人，身活如绵，发招捷速。

统真壳开：则目读心契，理无畛域，虚灵圆满，耳通真言。

通枢壳开：则身活骨轻，百节生胎，日夜不眠，永无怠倦。

涵神壳开：则气无涌出，神生泥丸，普照涌泉。左目日也，右目月也，故日照临下土。

洞幽壳开：则目生真精，而天文地理奇偶之妙，变化之神，自然豁通于心矣。耳塞能通，清音可聆，役使勿停。

元龙白虎壳开：则周身三万六千毛孔皆开，通天地之气。功夫至此，周身气候，节之运行，与天地无违，久则孔孔生胎，则外三宝始称坚实，无六淫之感冒，可谓疾魔退矣。

夫练剑亦当先开七壳，再演外武功。火候有准，武备成道法明，所谓性命双修者此也。平时贵饮白水，茶多伤神冷精，使阴阳未和，奚以刚柔相济也？食宜淡，浓则浊，气挠神，珍馐美味也，况肉食乎？非身心了无一病，何以神通绝技乎？五谷之气，尚能损人，而况厚味乎？故嗜欲消一分，则道长一分；臭味薄一分，则心性明一分。常叩大罗，则头中风火油渣之气渐消；常揉两腿根之筋骨核，则筋脉渐长。

夫气灵力长身轻之后，还须保养百日，方许试习。如随养随练，谓之抽筋扒骨，费力难成。如成之后，再力活静息三百日，则三宝凝定矣。

又诗云：
　　　　精神凝结一团团，动静之为贵自然。
　　　　随所往来无阻滞，任从指点合先天。

又诗云：
　　　　手眼身勿滞，敌难知我武。
　　　　睛光威射人，甫不至于人。
　　　　稍疏便有失，此为真起手。

　　　　　　　　　　　　　　　《浑元剑经·剑髓千言》

从这段引文中可以看出修炼内功的"脱胎换骨""脱壳换相"的全部内容，以及内外双修的妙处所在，自然可以证明"行是气可以养筋，可以济气矣"的论断是非常正确的。

前文已经论述明白内劲与外形之筋劲、骨力的主从关系及勋之纲领、枢机、归宿等问题的内容。此文又以"勋"代表外形之筋劲、骨力与内气匹配合一而用以论拳势，其"气勋尽有交互相济之用"句，可以证明这一点。但是，这是初期攻防功夫艺境的认识，即"健顺参半""意气君来骨肉臣"的内主外从的法式。拳经云："用刚不可无柔，无柔则环绕不速；用柔不可无刚，无刚则催逼不捷。"还有"柔里有刚攻不破，刚中无柔不为坚"，这都是内气、外形匹配如一的"驭静以动，动中亦静，动静互为其根；阴收阳发，阳散阴聚，阴阳迭神其用"的阴阳、刚柔、动静相济的攻防功夫艺境之描写。即"气勋尽有交互相济之用"句的精义。

"及其久也，有浑然如一之德"：内劲、外形虚实转化、刚柔相济，如此用功时久，必得大成之太和一气的虚灵妙境的中和之道，即浑然如一之攻防功夫艺境。有关这一点是如何转化而成功的，前贤亦有明确的论述，为求对照，

十六、解除师徒制之商榷

录之如下。

> 噫！大矣哉！浑之为体也，纯而笃静；其为用也，动而多玄。即曰纯静，以其本乎天之一，养气于至清；则乎地之一，融精于至宁；此于艮之一，涵神于至灵。又浑化清、宁而一之，更至于空灵。是统三才于一致，内而精气神无少缺欠，外筋骨皮一息坚融，至是则内空灵，而外灵便。此浑元功验之所以然也。
>
> 极之则光闪耀而人影无踪，身飞腾而剑芒倏忽。或一跃千里之遥，纵横随其意向；或静息方寸之内，神威感于至诚。至于形剑之名，后天之功，果能以先天之神为体用，亦足以向机御变，因变致神。是形剑又顾名思义者也。
>
> 剑者，决也，断也。必内而决七情，断凡息，内三宝得以浑化而至于纯阳，此内而剑学之筑基，内壳通而坚实也。尤当外而决灰心，断声迹，加之以招式变化之奇，以夕朝时习，外三宝得以浑成，而至于柔刚，此外而剑法之暗练，外壳注而灵稳也。至如近世所学之剑，以舞之者，类皆皮毛中皮毛，浮之至浅而至鄙者也。昔伏牛氏祖云：果尔志向上，当先静以筑其基，存之深养之熟，内外三宝合一，浑化归一。正所谓——
>
> 内外全无渣滓质，养成一片紫金霜。
> 阴阳造化都归我，变动飞潜各有常。
>
> 《浑元剑经·剑髓千言》

引文中第一段，说明了三才浑化归一"是统三才于一致，内而精气神无少缺欠，外筋骨皮一息坚融，至是则内空灵，而外灵便。此浑元功验之所以然也"的具体方法和内空灵、外灵便的虚灵妙境。歌诀第一、二句说明"内外全无渣滓质，养成一片紫金霜"的虚灵妙境之体态。虽然歌诀第三、四句说明"阴阳造化都归我，变动飞潜各有常"究竟是何等的攻防功夫艺境，但尚未论明。

孙禄堂先生说："身体如同九重天，内外如一，玲珑透体，无有杂气搀入其中；心一思念，纯是天理；身一动作，皆是天道。与圣人同体，与天地并立也。"由此论大成虚灵妙境的体用之功能作用，可以证明此《内功真经·总论》一文乃传统拳术攻防之道的经典著作之一。

后之来者，修炼传统拳术攻防之道的人，深研此《内功四经》，如法而修，潜心默悟，精心体会，身有明显证验，必然对我之所论，不会妄加评点！

一个修炼传统拳术攻防之道者之内气沉浮、外形的松紧、首之开合、手之横竖、身之正侧，当求之《内功经》与《十式局》内，修炼所得，非一朝一夕之功夫所能明白，必须精研细读，认真体验，方可有获，假以时日，必可大成矣！

前贤面对门户、派别之争的态度，就是陈述传统拳术攻防之道的修炼、建体、至用及攻防功夫艺境升华的系列方法、系统工程内容，指明正确的修炼道路同时指出弊病所在而已，让修炼者自己选择而并别无他论！

我对师徒制是支持的，因为，师者，传道、授业、解惑也！明师者，犹如修炼者前进的指路明灯。故而，有此议论文章问世，录之如下。

2. 明师·名师辨

大弟子问：几年来听师父论述、讲解"中华传统拳术攻防之道"的修炼和运用等各方面的艺境，条理很清楚，弟子已然明白其宗旨。任何一种传统"拳术"都是修炼传统拳术攻防之道的人所应当精心钻研、修炼并重的，如是方能有所获益，不要执着其拳种如何，是否有名望，是否是明门，是否属于大派，从而可能会发现民间确实存在着更多的较好的拳种拳术。此意是在教导弟子"虚心好学"的精神，谨小慎微、明察秋毫的品德，知微见著的能力。但"明师"与"名师"，师父未能专题论述辩明，为释弟子之惑，请师言明指教。

师答：先贤韩愈在其《师说》一文中有"师者，所以传道、授业、解惑也"之论述，并在《进学解》中云："业精于勤荒于嬉，行成于思毁于随。"如此精辟的见解及警句，虽跨越了一千多年，仍在指导我们现时之人治学、做事，自然也是指导我们修炼传统拳术攻防之道的"座右铭"。

所谓传统拳术之"明师"，首先是"明"，必须具备一博、二通、三精、四妙的才能，然后是"师"，即"传道、授业、解惑"。内明、外明才能做好"传授传统拳术攻防之道的事业"，博引诸家之论时时处处明理知法，给弟子解惑释疑，使弟子习艺有成。

故此可知，所谓"明师"，本身即是精通拳术攻防之道的人。因其知识博学，能以文观法，因其明拳理，晓法则，知规矩，掌握变化之道，懂功夫的练习与运用，故能以形鉴真。其能纯熟地运用所知所会及所习的拳术功夫，能与各种水平之人较技，而使对手有所真得，口谈能解答阐发较技时胜负的机势要妙，能阐释拳术攻防之道中的训练、运用的问题和涉及的疑点难点，深入浅出，毫无神秘和玄奥的说法。其论理说法，简单通俗易懂。其态度和蔼可亲，平易近人，只有拳道学术的阐发，没有门户的"争见"，充分体现其通而精的拳学知识及功夫运用之见地。故能在手谈中因人而异，可繁可简，可快可慢，随对手攻防招法变化而变化，招势劲道清楚，招法运用恰如其分，处处体现其攻防功夫之巧妙；闪展腾挪，拿打踢摔八法运用得心应手，随心所欲，随势而施，意在使对手有所获得。斗谈时，与对手随招用势，随屈就伸，攻防进退悠

十六、解除师徒制之商榷

闲自得，从容不迫，不丢不顶，以柔用刚，粘走相生，分毫不差，进则对手不及防，退则对手莫明速，攻击无坚不克，守则缄密无隙可乘。毫无争霸之气，和颜悦色，温柔之中锋芒锐利，处处使对手被动不可与之争。发则点到而已，又绝不使对方有疼痛之苦。此乃功艺、功德具有拳术上乘艺境的大家功夫之拳师，是谓"明师"。故明师具备拳术理、法、术、功、形、意、体、用的博、通、精、妙的修炼与运用能力，这样的拳师民间确实存在，所谓披褐怀玉，乃是精心拳术攻防之道数十年，沤心沥血，潜志而修，因其不涉江湖，不上社会，故其知名度较低。欲修习传统拳术攻防之道之人，能遇此种拳师习拳学艺，必有所成。弟子们虚心好学，如能遇此种拳师，必不应错过，求其点悟，必有丰获，乃弟子之幸也。"明师出高徒"即指此。

所谓"名师"，乃知名度高，这样的名师有一个共同点：一般习拳之人欲拜其为师习艺，恐有仰望而高不可攀之感。其实有上述"真本事"的名师，即为明师。习拳之人，如能有幸随其学艺自然假以时日，技有所成，而又易获知名度。真"名师出高徒"也！

有一种"名师"，因历史的各方面原因，其知名度颇高，传言其拳术造诣精深，乃一拳术大家。但与其论谈拳术理法术功及习拳练功、较技动手的心得，听其所言，处处神秘、玄奥，而又无所论说。与其手谈切磋较试技法，而又毫无拳技功夫心得体会的演示，只会演练学习过的本门拳术套路。因其不得动手较技的真实功夫艺境，故其所表演套路时，各种招式的"手眼身法步、肩肘腕胯膝"不合章法，"起承转合"交待得不明白，招法攻防的方圆变换、曲化直发的艺境不清楚，一派的照猫画虎的艺境，故其对拳术理法术功的知见浅陋，形意体用的内容不知为何，其人之技艺平平乃自然的事，空有其名，毫无拳技大家之实。不授人拳术，不为人师尚可，知其具有"自知之明"；尚有爱为人师者，广收门徒授艺（不求攻防之技者除外），实乃误人子弟之庸师。

还有一种"名师"，底托名门大派，上有名师真传，名气之大，如雷贯耳，名满天下，众人皆知。著书立说，真可谓"满纸荒唐言，欺人又自欺"。拿古谱与其对照，原形毕露矣！行家里手与其论拳谈道，探求理法术功方方面面的心得体会，因其知识匮乏，只拾得一知半解，懂得些许功法，故而神其说之"非悟佛性不能得之，非求道通不能知之"，大有天下拳术功夫皆假，唯其乃得正功夫、正功法而功高盖世。但其视同门之人如同仇人，便可知其心胸气度了。然请其试艺，又常乘人不备偷袭击人，已失武德矣！再试其功夫，自身非僵即硬，见其亮架献招，内外不合，怒目圆睁，瞪眼龇牙，故作神头鬼脸，伸臂张手，顺逆不知，开合不明，不知肘法之掩裹，双手钢叉架势，手法不明曲化直发的方圆变化，步法虚实进退不知撑磨，身法不知趋避之法。递招与其试手，毫无周身一家的攻防变化之意境，不晓功夫轻沉劲势转化之机，不明拳势刚柔变化之用，哪有让中不让之准则，虚实相需、内外一贯的通身轻灵敏捷之艺境。再查从其习拳练艺弟子无数，然数十年来，未见培育出一名功夫能达"好手"艺境的高徒，足可佐证其人的传统拳术功夫艺境之真假了。

拳术界之人，言说传统拳术攻防之道的一切功夫，必须阐明体内的境界之来龙去脉，才是真说功夫。又能证他人以形鉴真。因为古训言，拳术功夫有成，必是诚于内，形于外；又指"功夫在身上"。如身上无内在之功夫，如何能言说得清楚呢？前人有言"现身说法"，即是说的这个道理。然此种人谈拳论艺"多说此而言他"是其特点，因其自己理法不明之故耳。

为师习拳练艺数十年，深受父、祖两代人多年精心传道授艺，功夫有得，故有切身体会："凡能运用的，必须身内具备这个功夫，故能明明白白地谈说清楚，拳道的理法术功乃一以贯之，有其内在的联系。有得必能言之。"一切传统拳术攻防之道中的方方面面的功夫，艺境都没有神秘的、玄奥的。故上述几种"师"的现象每见不鲜了，已不为怪了。然欲习拳术攻防之道的人，欲拜师学艺，必先访师，不然会自误。古谚云："师择徒三年，弟访师三年。"此乃谨慎之人所能为，其理至真。希望欲习练拳术攻防之道的人拜师时牢记此言，因为这是你的权利。

然而，人非完人，拳术攻防之道的学问，功夫艺境，广博而又渊深，故任何明师所得，也是其自己悟得而能修到的那些精华，故明师亦有功夫艺境修为水平层次高低之分。确实，能于拳术攻防之道融会贯通，理法术功集一身之大成者，代无几人矣！故能为明师者，必具自知之明，绝无托大的言词与举动；必具知人之聪，故能因人善教，具体能做到有教无类，绝不误人子弟。因其德厚、德高，故才能成为明师，正因如此，故其弟子皆可容易成材。

然修炼传统拳术攻防之道得师教诲，自己精心潜习，自会循序积时而有得，此乃正途。然而能得其他人的一手、一招、一势之用法，一言之点悟而醒之迷，便可称其为师。如习拳者谦虚好学，即可做到人人为我师，自然日积月累能成就大成之艺境。故古谚云："一家拜师，八方学艺。"有其至理！

修炼传统拳术攻防之道的人，应常思老子所言："善人者，不善人之师，不善人者乃善人之资，不贵其师，不爱其资，虽智大迷，是谓要妙。"并牢记这段精辟的论述而身心力行之，既已踏上修拳学艺的正途，则功成有望，只待时日耳。

故自古各门派论学拳习艺，必须具备"明师传授，诚实修炼，持之以恒，悟性聪慧"，都具体有实际含义，并非字面的虚言可解之。谚云："功夫再好，不练不知。"故习拳之人能牢记先贤韩愈《进学解》所云"业精于勤荒于嬉，行成于思毁于随"的警言，以鞭策自己，何患艺不精乎！艺不成乎！或如心浮气躁，见异思迁，动欲速成，懒于修炼，乃枉费时机之人，可不学为妙！否则会耽误他人时间，荒废自己光阴，正所谓"徒劳而无益"尔。习拳者贵在"诚信有余"。师不教，师之过；弟子不学，弟子之过。师徒父子情，并非虚言尔。建立师徒师生关系，各有自己的责任与义务，哪能一言承诺而视为儿戏乎！于此可知"君子尚义，小人尚利"的分别了。

由明师而论及学拳习艺，只为阐发"师与徒"两方面的传承关系各自的作用，缺一不可乃是至理。弟子能拜明师，自问是否可为"贤徒"乎！这一点比拜明师时更为重要。

故习拳学艺能拜见明师，乃弟子之幸事；能作为得师真传之贤徒，乃为师之幸事，何愁弟子艺不精乎！因弟子有问如此，故有如是之解，以成此篇。

3. 传统拳术"三宝"论师为活宝说

修炼传统拳术攻防之道，自来就有"三宝"的说法。习拳者如不知拳家三宝之精义，就不得拳家真传秘诀之要妙！"三宝说"自古流传而来，如天有三宝，日、月、星；地有三宝，水、火、风；人有三宝，精、气、神；学艺有三宝，道、经、师。关于天地人的三宝之含义，一般人都可以正确地认识、理解及能够应用。但是，对于学艺之三宝——道、经、师，修炼传统拳术攻防之道的人就未必能够认识得清楚、知道得明白了。故有必要将学拳习艺的三宝"道、经、师"之精义来议论一番，阐明如何运用此三宝的要妙。习拳者应该如何对待，方有利于自己习拳练艺的德业有成。

（1）道

习拳练艺求的是"养生之道"和"攻防技击之道"，而养生、技击，功德艺境并行不悖，才是传统拳术攻防之道。此道，乃拳道合一之"道"。以体、用而言，乃"体用一元"之"道"。正如前贤所言："以天心为体，以元神为用。"并解之曰：天心者，妙圆之真心也，释氏所谓"妙明真心"。心本妙明，无染无著，清净之体，稍有染著即名之"妄"也。此心是太极之根，虚无之体，阴阳之祖，天地之心，故曰"天心"。元神者，乃不生不灭、无朽无坏之真灵，非思虑妄想之心。天心乃元神之主宰，元神乃天心之妙用。故以如如不动妙圆天心为主（体），以不坏不灭灵妙元神为用也。

上述论说的是自身通过修炼而识见到的自身之"道体"及其所具备的至妙至用的功能。简单地解释其中之意思如下：

静者为性，动者为意，妙者为神。天心即性体，此体寂然不动本来无染。故拳诀云："静为本体，动为作用。"就是指自己本身之"道"体及其所用。禅宗六祖慧能大师法悟后说："何期自性本自清净，何期自性本不生灭，何期自性本自具足，何期自性本无动摇，何期自性能生万法。"这是对"性体"的最具体的描述，也就是对自身"道体"的描述。此"性体"，或曰"道体"尚未分阴阳，为阴阳之所从出。所以说是"阴阳之祖"；从无形无象而言，相当于"无极"；从无中之妙有而言，名之曰"太极"。这就是"太极者，无极所生，阴阳之母，动静之机"的说法之因由，自然是无极、太极、阴阳两仪的系列关系。

而在传统拳术攻防之道中历代众前贤对自身之"道体"及其妙用的功能之描述还有一种说法，综合归纳整理，记之如下：

放之则弥六合，其大无外，无所不容；卷之则退藏于密，其小无内，无所其入；卷放得其时中，丝毫无差，无不切机。

上述为三宝之首位的"道"，之所以为三宝的第一个含义，即道体为宝。有此道体，才有此道体的神奇妙用，即"养生，技击并行不悖的功德艺境"。而此"道"字，还有"道路"的第二个含义，即修行的始终之历程，谓之"道路"。下面一并解之。

道路，修炼传统拳术攻防之道的系列方法、系统工程的自修业绩之上事。古人云："习拳有三变，即之也温，听其言也厉，功用到此，文文兼武全将相身，更必出处有道焉！"此论正是"法分三修，游历三境，成功一也"之谓也。然此"道路"所行，能"造乎神者，方称为法；化乎一者，始谓之拳"。依此而行者，谓之道修、修道；悖此而练者，则非也。为习拳者习拳练艺能上道而不入歧途。将此修行道路之始终内容，简略述之如下。

法分三修：

建健之体。所谓内功心法之修炼，以其本乎天之一，养气于至清，以成内劲健运不息的功夫。

健顺之体。所谓外功心法的修炼，则乎地之一，融精于至宁，以成外形顺从之德的功能。建灵神之体，所谓内外功心法的修炼，此于艮之一，涵神于至灵，准乎人得一以灵。

建健顺德之体。内外动静功心法的修炼，以灵神浑化清宁而一之，更至于空灵。是统三才于一致，内而精气神无少欠缺，外筋骨皮一息坚融，至是则内空灵，而外灵便。此浑元功验之所以然也。此"浑之体立"，欲求其至用，还要游历成手功夫的三种艺境，即"形拳招熟，气、意拳懂劲，神拳神明，具备神化之功"。所历三种攻防功夫艺境的内容，简单述之如下。

形拳招熟。至于形拳之名，因形练形，后天之功，果能以先天之神为体、用，亦足以向机御变，因变致神。形拳招熟的攻防招法之运用乃至妙变化之自出。其身法形式忽高忽低、或左或右，似进非进、似退非退，进中退、退中进，近而远、远而近，恍惚形如神飞无定。其中有诈诱、诓骗、虚引、惊骇之式，横竖、斜直、奇正之机，以数式合为一式而出之，能如此者谓之形拳招熟的艺境。然非"身柔若絮、灵活稳准，难以为此也"。要贯彻"曲化直发，避实击虚"为法式。

气、意拳懂劲。攻防招法乃含形随应至变之拳、施手用招皆以他力取法，要在身心空灵而手灵妙，猝变无心动中惶惶之色，动静皆自然，非勉强也。避向击背，粘走相生，化打合一的自然之能力，由于习惯也。如能潜神依法熟练，自可时至神知。能于此者，谓之懂劲的气意拳之攻防功夫艺境成矣！

神拳神明。功臻神明，毛发松弹守三阳，继而寂感遂通，不期然而然，不期致而致。与人交手较技，以柔软接其坚刚，使其坚刚化为乌有，神明艺境化境之极也，此乃神化之功也。

成功一也。功臻神明，具备神化之功，就是"以天心为体，以元神为用"的体用一元之真一不二的艺境。

以上乃三宝之"道"字的精义之阐述。虽然传统拳术的门派、拳种繁衍众多，数不胜数，但从上述"道"字所含的精旨妙义来认识，则无一例外也，即对"道"字的精旨妙义这样的认识是一致的。故知，就传统拳术攻防之道本一家的观点，乃是不可辩驳的事实耳。下面再论述"经"字的精旨妙义。

（2）经

经者，传统拳术攻防之道是历代众前贤经过修炼、实战运用的经验总结的全部内容，皆可为后继参照、遵守的内容，是名为"经典"。如形成了文字记载的"拳谱、秘笈、壁画、拳诀集、谚语集"等，皆为"经典"著作。而关于"经典著作"，还要包括历代圣贤所撰著的各方面的作品，如能为拳家所运用者，皆可为拳家"经典著作"。尽管这些经典著作其初衷并非为拳术而写，如《易经》《道德经》《黄帝内经》《皇帝阴符经》《孙子十三篇》《诸家兵法》《鬼谷子本经阴符七术》《大学》《中庸》等。

除有文字、图画形成的"经典著作"之外，还有"套路、对打套路、种种单操修炼的内外功法"等内容，皆属于拳术"经典"内容。在这一部分经典内容中，还有无形的"法则、规矩、规律及灵活运用的口传身授的内容"，亦皆属于经典的内容。此乃"经"字的"经典"之精义。

"经"字，还有由此岸到彼岸的"路径"及"渡舟"之含义。路径者，修行者必自行所经过之路途也；渡舟者，求真者欲达彼岸则渡海必乘之船也。习武练拳者，明白了"经"字的"经典、路途、渡舟"的全部内容时，才能真正懂得"经"字的深刻之含义，这于传统拳术攻防之道的传承、承传之重要作用也就一目了然了，就可以知道"经"字之为宝的精旨妙义了。

又有经者，径也之一义。遵经之旨，就是上道之径也。可不进旁门，不入迷途了。

可是，一个虔诚的传统拳术攻防之道的修炼者，虽然已经知道了三宝中的"道、经"二宝对于修炼者的价值，可又如何能入门上路修行而不迷途；又如何能脱凡俗而入圣境以得正果呢？如果纯然自修自悟，就是上智的"生而知之"[注]的人，也是不可能、不现实的，只因自古传来就无先例。何况于当今之世人，并非悟性愚昧而迟钝，乃人自远道尔之缘故。于传统拳术攻防之道的修炼已然茫然无知了，凡修炼者首要必得拳门行家里手接引指点，方能入门上道，以求正果。然能胜任指明路径者、摆舟渡人者，明师也！故在下面，再论"师"之为宝的精旨妙义。

注：

生而知之，凡遇事乃能生（用）心便可知之之谓也，并非指人一出生下来就知之。

（3）师

前贤云："师者，所以传道、授业、解惑也。"这是前贤给各行各业各种"业师"下的基本定义。此定义下得极为精确而无任何疑义。

但就传统拳术攻防之道的"师"者而言，就是自身首先要具备能攻善守的比武较技之一定能力水平；能够传播传统拳术攻防之道于世间；能够传授给他人传统拳术攻防之道并能使其具有一定之攻防功夫业绩者；能够"因知行解，因行知解"，时刻能给予学拳者解除"修炼、建体、至用"中的种种疑惑者。此四种能力集一身者，可以名为"拳师"了，方可成为传授传统拳术攻防之道的"师"，而行传道、授业、解惑之事，自然无疑义了。故这样的"拳师"乃为三宝之一，是无可争议的。

而就三宝的"道、经、师"之间的相互比较而言，"道、经"之二宝，乃一成不变之至宝，是名为"死宝"。而"师"这个宝，可名之为"活宝"。只因为这个活宝之师，可以活灵活现地将传统拳术攻防之道的修炼、建体、至用的方方面面内容清清楚楚地展现在学拳者的面前，使学拳者具有感性直觉认知其中之精髓，明白其中之真谛。因为这样的活宝之师，必定具备"以文观法"之能力，自成文字语言般若智慧，能将历代众前贤论拳之文字、图像之经典解说得清楚明白；又能"以形鉴真"，得以将经典文字、图像之所述诸法的精旨妙义演示得清楚明白，可使习拳者体认得清楚明白而又能依法修炼得准确无误。其所成就的传统拳术攻防之道的攻防功夫艺境，因唯道适从，故其所经历的功夫境界，所成就之功夫艺境，自与古人同，而与今之善者无异也。此乃志欲修炼传统拳术攻防之道而必有成者之真师也！如习武练拳者能拜这样的拳师以学艺，则为此弟子百年修来之福分也，因其功成有望矣！虽然此样的"真师"累世难得一见，然不是不可遇之，只因练武习拳之人多凡俗之辈，虽遇之而不识知，自然失之交臂，因其无缘分。然此样的"真师"，虽累世不得一见也，可代代故然必有之。如有之，亦可为当世之"国宝"矣！

然就能为拳师者，只因攻防功夫艺境修为的水平、境界不同，自然以"师"而论，亦分水平、艺境高低数等了，故习武练拳之人对"拳师"亦不能一律等同视之。这里只从传统拳术攻防之道的攻防功夫艺境的修为不同方面立论而区分，不涉及其他方面的内容。今为习拳者详细论之，以便学拳习艺择师而事之。

只懂拳术套路修炼的师

此种传拳授艺的人，只懂本门或他家拳种的几个拳术套路的演练，而且能将所会的拳术套路中各种拳式的起、承、转、合之动作演练得清楚，各式的名称、要领交代得明白。但其不懂攻防之道中的拆拳、喂手、拆手变招、盘较等，修炼攻防之道中的"建体、至用"的系列方法及系统工程的修炼内容。如欲学习拳术套路的人，自然可以拜其为师学之，定会有所预想之收获。如欲修炼传统拳术攻防之道者，就不能拜其为师了。如拜之，其也不能传授与你。一则难为为师者了；二则那不就白白耽误自己了嘛！

教打而不明白打的师

这种人有教太极推手的，有教散手的，并兼教套路、器械者，所教内容多为其特点。然自己都不明白推手，亦不能打手，反而又愿为人师者。此种人属于理不明、法不清，身上又没有真实的攻防功夫，如何能授人于拳术攻防之道的真攻防功夫呢？如欲修炼攻防之道者，就不能择此种人为师了。因为无从学其什么，反倒耽误时间了。

名气很大实无真才实学的师

因种种原因，在社会上流传的名气很大，而又只会本门拳术套路的演练，于攻防之道的建体、至用不懂不通。而欲学修攻防之道者，千万不要拜此种人为师学艺了。因为不对口，不对路，拜其为师亦无大益处，但有益于出名快。

能打而不会教人的师

有些习武练拳者，从其业师处修炼传统拳术攻防之道的攻防技术、功夫。由于遵师之嘱而又能精心修炼，特别对于攻防技术方法的领会、体认有其独到之处而能打善斗，可称其为拳手、打手功夫之人；或修炼二三十年，偶然的机缘通透，而成为拳手、打手攻防功夫之人。这两种人的攻防功夫艺境颇不错。然其未能通化，故对传统拳术攻防之道的修炼、建体、至用之理、法、述、功内容分辨不清楚；形、意、体、用的概念认识不明白，故其虽然具备能攻善斗的功夫而不具备教人修炼成才之能力。如欲修炼传统拳术攻防之道的人拜其为师而习拳练艺，如悟性高而心机敏捷者可能有所得之，亦只能是略会得一招半势，佳者亦不过两招三势而已。如悟性低而心机愚拙者，虽其苦苦修炼亦自不能有所得矣！故此种拳师的弟子们多攻防功夫艺境平平，此便是最明显的例证了。

什么都不会的盲师

具有万古丹经王之称的《周易参同契·旁门无功章》中说：

> 世人好小术，不审道浅深。
> 弃正从斜径，欲速阏不通。
> 犹盲不任杖，聋者听宫商。
> 没水扑雉兔，登山索鱼龙。
> 植麦欲获黍，运规以求方。
> 竭力劳精神，终年无见功。
> 欲知伏食法，事约而不繁。

在元·陈致虚注的《歌诀》中说：

> 世人好小术，小术不是道。器局若浅小，不可闻大道。
> 道大包天地，道深阔如海。人固不可闻，先被盲师毒。
> 先入言为主，正道无由闻。旁门好采战，弃正从邪逐。

从对"盲师"的语言描述中，我们可以清楚地知道"盲师"的危害了。此种教拳之师，自己都是传统拳学的门外汉，却自我标明为"名师"。其只具备"胡侃"之能事，其他什么也不懂了，却也有人与其学拳练艺，真不知从其学拳之人想从彼处学得什么？

真才实学的明师·名师

凡高明独照而有修为的人皆知道：凡明师，未必有名；可名师，未必明白。但凡明师出山问世，必然是名师。凡此名师，在教学中皆是文体武用双授、内外双修的。建体至用的系列方法，法法清晰；游历三境的系统工程，层层艺境分明。传拳授艺，循规蹈矩，启人自悟。因为他本人就是内外双修、文兼武全将相身之双全的通才，其本具数充足矣！对传统拳术攻防之道的理、法、术、功，形、意、体、用的精旨妙谛了如指掌，一理贯通；闪展腾挪，拿打踢摔，诸技皆精。自能以文观法得拳法精髓，又能以形鉴真明拳学真谛。故能传拳学的文武道，授人文武业，解学者的文武学之惑也。能如此者，是为名师矣！

这就是为什么欲修炼传统拳术攻防之道，而又想获得真功夫者，必须拜"名师"而学拳习艺的道理。名师者，明师也，其明白传统拳术攻防之道的理、法、术、功，形、意、体、用，闪展、腾挪、拿、打、踢、摔之系列方法的练、体、用之方法、准则；明白各层攻防功夫艺境升华的始终的系统工程及转法的窍要；并能实际操作、运用体认、证验得出来。此乃名与实相符的明师，即名师。拜此名师习拳练艺，一步一个脚印，一层一层升华，终可艺境大成，费时亦不过三五年的时间。可终生无悔矣！

（4）结文

由于现今修炼传统拳术攻防之道的人数众多，恐有不知习拳练艺的"三宝"之说法者，而误入旁门斜道，不能修炼成健身、技击功德艺境并行不悖的神拳神明艺境而得正果，最终必然是演出一场不幸的悲剧。故将拳门学拳习艺之"三宝"内容专题立论成文，公瞩同好。

热心的读者仔细阅读以后，习拳者自然知道如何恭敬拳道！如何珍贵拳谱、套路等经典！如何尊敬明师！拳谚云："师父领进门，修行在个人。"一句话就充分说明了拳门的道、经、师之三宝的重要作用。而明师之活宝的价值之所在也就自然地体现出来了。

以上乃是对师徒制的问题，发表了自己的见解。时至现在，师徒制也好，师生制也好，只要是明白的人就能是不明白人的师尊，如果从其学习、修炼的话，是有益处；然而那些自身没有真实功夫、学问的庸师，在任何一个历史时期都不能成为人师的，只能作为反面教员让人借鉴而已。这个问题讨论到这里也就明白了！

师徒制不会废除！因为师徒制是培养人才的一条渠道，还有其社会存在的价值！

十七、结　论

　　习拳不尽在年限之远近与功力之深浅和身体及年龄之高下，更不在方法之多寡，动作之快慢，辈分之高低①。要在于学术原则原理通与不通。尤须在天赋之精神有无真实力量，再度其才志之何似。始定其造诣之深浅，将来成就至何境地也②。习拳最贵明理和精神有力。换言之，即有无兽性之笃力也。果能如是之力笃，再加之以修养，锻成神志清逸之大勇，自不难深入法海，博得道要至通家而超神化之堂奥也矣③。夫所谓通家者，不仅精于一门，而于诸般学术，闻其言便知其程度何似，是否正规，有无实际；观其方法，一望而知其底蕴或具体局部，或具体而微，至用何法补救，自能一语道破，所谓得其环中，以应无穷④。夫为教授者，能语人以规矩，不能示人巧，更不得为人工，是在学者精心模仿，体会操存，然后观察其功夫与精神合作之巧妙如何耳⑤。以上所谈为拳道，乃拳拳服膺谓所拳，亦即心领神会，体认操存之义，非世之所见一般为之拳也⑥。

【题名解】

　　这篇结论，全面地概括了《拳道中枢》（又名大成拳论）一书中所论述的全面内容。然而，在这篇具体的"结论"中，又阐明了攻防功夫能力与修炼的年限长短、年龄长幼、方法多少、动作快慢、辈分高低等问题没有直接关系，而是与拳学理法、真实的攻防能力有直接关系；至于一个人的修炼能否有发展前途，要看其是否唯道是从而定夺。并且指明，真正的攻防功夫乃是自身神、气、形三才浑化合一的攻防功夫决定的，即"人之所以灵，亦莫不在此一也。三而一之浑合，以坚其体；一而三之元玄，以昭其用"。

　　同时指明了拳者"拳拳服膺"，即"化乎一者，始谓之拳"，清楚地指出了并非有形的拳术套路、招式是为"拳"的错误概念。

　　并要求人们习拳学艺就要成为"通家"，否则不会功成艺就的。这才是《拳道中枢》（又名大成拳论）一书的宗旨精义所在。

十七、结论

【注解】

①修炼传统拳术攻防之道的真攻防功夫艺境,不尽在修炼的年限之长短,而在于得真法否?亦不在于功劲太死而难变化的"功力"的深浅、大小和身体的高大矮小及年龄之高低,更不在攻防方法之多寡,动作之快慢,辈分的高与低。

②关键在于传统拳术攻防之道的学术理法、原则的通与不通,是否内主外从的一而贯之。尤其是内劲功夫真实不真实,听探之良知、顺化之良能及其相互为用的能力能否达到自动化的能力,再度其才能志向是什么样的状态,始能定其传统拳术功夫造诣之深浅,将来能成就之何等的攻防功夫艺境的境地也。换句话说,就是全面地考查清楚,才能作出正确的评价。

③修炼传统拳术攻防之道最贵重处在于明白道之理法和气血精神的饱满之应变。换言之:有没有与野兽争夺生存空间的真实的能力和"圆转法猛兽"的能力。果能如是之能力笃诚,再加之以真功夫修养,锻炼成神志清逸爽快之大勇,自然不难深入法海,博得传统拳术攻防之道的真传密要以至达到神拳神明艺境,具备神化之功,精通神明之超凡入圣的深奥的理法。

深入法海:法海,佛法无边的佛法广大如大海,无边无际。深入到法的广大如无边无际的海洋中的意思。形容"法"多难以论述。

笃实:无形的内劲乃是笃诚实在的存在,而又具备知来藏往的能力。

④所说的通家,不仅精通一门拳术攻防之道的防功夫能力;而且观他人的练用方法,一望便知其功夫底蕴或具体而微细之处的正确与否,至于运用什么方法补救,自能一语道破,所谓得其环中,应变无穷是也!

通家:乃是攻防功夫艺境达到神明艺境,具备神化之功的境界,正所谓已经德普三光、出神入化者也;精通传统拳术攻防之道的理、法、术、功、形、意、体、用,闪展、腾挪,拿、打、踢、摔诸般功夫技艺;精通传统拳术攻防之道修炼、建体、至用的由始至终的修炼次第、进道阶梯;精通各家拳谱经论,并能以文观法,以形鉴真,全部能够阐释清楚,又能演示运用正确;并能运用中华民族传统文化理法将传统拳术攻防之道的修炼、建体、至用的系列方法、系统工程内容一而贯之地阐述清楚明白,并能够证明中华传统拳术攻防之道的武学文化、功夫技术等内容乃是中华民族传统文化培育出来的产物。只有这样的人,才能称得起"拳术通家"的名号。

⑤为教人传统拳术攻防之道,口传身授真传秘诀的人,名之曰"教授"。这样的教授,能讲明白修炼、运用的方法、规矩,但不能展示给人巧妙,更不能替

代学拳的人修炼功夫。能不能运用得灵动巧妙，是在学拳者精心模仿揣摩操练存心体认而省悟以得之；然后，再观察其攻防技术的实施与心理指导、内劲、外形的合作一而贯之的巧妙与否，视如何程度而定之。

⑥以上所谈为传统拳术攻防之道的修炼、建体、至用的内容，乃拳拳服膺才是所谓之拳，亦说的就是"心领神会"方谓之拳的意思。这就是所说的"体认操存"的精义及"意气君来骨肉臣""化乎一者，始谓之拳"的宗旨精义；并不是世人所见的一般认为拳术套路、招式之"拳"的概念也。

【点评】

既然谈论的是拳道，就是指"化乎一者，始谓之拳"的宗旨精义而说的，清楚地说明传统拳术攻防之道乃是"无形道体"的攻防功夫内容。虽然拳道无形，乃是从有形的拳术攻防之道开始修炼的，这也是事实；而且，还必须从有形的拳术攻防技术入手，经过从有形拳术向无形拳道的转化阶段的升华才能得到，这是顺序。能明白这个道理的人，就能够顺利地修炼"德普三光"的艺境而功成艺就，必定能够成为拳门通家。

"德普三光"艺境论

巧从熟生，灵从快生，刚生于柔，智生于拙。非养得目有神光，身有灵光，体有元光，难使敌一见生畏怯于心。非有神光，难御乱敌。非有灵光，难疾胜劲敌。非有元光，难临大阵而耐久。灵光者，身外有红光缭绕。神光者，目中有青苍之气，足以照远出威。元光乃身外黄光闪烁，是内外功满，毫无缺欠，辉光普照，无隙可乘。唯目中剑内手上，更有一番稳准气象，足使人畏。故敌人动得其咎。学力至此，乃为练家，方不愧居其名，亦可留芳千古，令后世慨见而神警。

故闻声而惧者，因实称其名，威感凤著也。此真向战不持寸铁，何待矢折而胜也耶？古之将帅，操不胜之术者，以其训练精细，百战无敌，谁敢慢视哉？

《浑元剑经·剑髓千言》

十八、附 记

习拳一得

　　普通常说，有了健康的身体才有伟大的事业。意思就是人的身体健康，生命得以延长，而后才能从事一切事业；所以健康是非常重要的①。而健康与否在于平时修养和运动的得当不得当，也就是运动合于卫生不合于卫生，须要详加研究，并经实际的考验②。究竟怎样才算是正常的运动呢？应于练习某种运动以前，根据医学的方法，检查心脏的能力、血压的高低、脉搏与呼吸的次数、赤白血球的数目。至练习一个时期以后再行检查，自然就知道这种运动正常不正常③。所谓正常的运动，是指适应人体的自然发展的运动，唯有适合这种规律的运动，才能增加人体的健康④。正当的运动，能使全身的细胞及各种器官发生高度的新陈代谢作用，促进呼吸血液循环，增强体内燃烧作用；换言之，就是使身体内部呈活动状态。因此适当的运动可以给予细胞一定的刺激，对在成长期者可以促进其成长，增强体力，对已经成长者可以使之维持其效能，因而保持了体力与健康，若运动不当，则必然招致相反的结果。运动过激或运动不适当，不但损伤健康，甚而戕害身体，也就是发生疾病的诱因⑤。

　　现在一般的运动，筋肉疲劳以前，心脏已因呼吸困难而呈急性心脏扩张，遂不得不停止其运动，以使心脏得以休息，减低呼吸的困难，恢复正常状态⑥。

　　中国的拳学，是以完全与此相反的方法来锻炼身体，这种运动是筋肉气血的运动，更可说是具体细胞的运动，在运动中，使全身各种细胞器官同时平均发展为原则，即使运动时全身之筋肉已呈疲劳不能忍受的状态，而心脏的膊动并不失常，相反的在运动后尚能感觉到较运动以前的呼吸轻松舒畅。是以其个人的筋肉心脏所能负担范围以内的能力，来求其个体平均，渐次发展生长，不限年龄，不限性别，而达保持健康增强体力的目的，更因没有任何招式，所以在运动时脑神经不受刺激、不紧张，能得到恢复，也是与一般运动不同的地方⑦。

　　站桩方法虽然只是站立不动，实则其内部筋肉细胞已在开始工作，完全在于求得身体内部细胞的发展与血液循环之适当，亦即所谓身体内部呈活动状态，而非探求其外表之变动与转移，以使身体各器官平均发展，减少心脏扩大后的不良现象。要知拳学的运动，是大动不如小动，小动不如不动，不是不动，而是如如之动，才是生生不已之动⑧。

【题名解】

习拳练艺，经历者众，所得必多，感触颇深，此乃情理中必然之事也！然而，只此以"习拳一得"命题立论，肯定这"一得"就非同一般了。当然需要精心地研读，深刻领会其中精旨要义，乃是必然的了。究竟这"一得"为何？也只有阐述完毕的时候才能揭晓！

【注解】

①普通人经常有这样的说法：有了健康的身体才能有伟大的事业！意思是说，人的身体健康，生命才得以延长，而后才能从事一切事业活动，所以身体健康对于任何人来说都是一等一之非常重要的事情，这是毫无疑义的。

②而一个人的身体健康与否，是由平时修养的方法和从事的运动之得当不得当来决定的；也就是从事的修养和从事的运动是否符合于生理卫生的要求，这需要详细地加以研究，并要经过实践的考察验证，才能发表正确的观点、结论。

③究竟怎么样才算是正常的修炼运动呢？应该于某种运动以前，根据医学的方法，检查心脏的能力、血压的高低、脉搏的跳动与呼吸的次数之比值、红白血球的数目。至修炼一个时期后再进行检查，自然就知道这种修炼运动正常不正常了。

④所谓的正常运动，是指适合人体运动之良能的自然发挥的运动，唯有适合这种规律性的运动，才能促进人体的健康。什么是"身体健康"？文章附在点评里，可供参考。

⑤正当的身体运动，能使全身各部位的细胞及各种器官发生正常的新陈代谢的功能、作用，能够促进呼吸、血液循环，增强体内的生命活动能力；换言之，就是促使身体内部呈现正常的活动状态。因此，适当的修炼运动可以给予细胞一定的刺激，对在成长期者可以促进其生长发育、增强身体适应能力，对已经成长者可以使之维持相对稳定的功能效果，因而保持了相对应的身体能力和身体健康。如果修炼运动不得当，则必然招致相反的结果。修炼运动不适当，不但损伤身体健康，增添心情的苦恼，甚而戕贼自害身心，这也就是发生疾病的诱因。

⑥现在一般的修炼运动，筋肉疲劳以前，心脏已经因为呼吸困难而呈现急性心脏扩张。遂不得不停止其运动，以使心脏得以休息，减轻呼吸的困难，恢复正常的工作状态。

⑦中国传统拳术攻防之道的修炼、至用的运动，是以完全与此相反的方法来锻炼身体的。这种运动不单纯是筋骨肌肉的运动，而是外形松静自然的"意气君来骨肉臣"的内外协调统一的运动。在身体运动过程的始终，能使全身各种细胞器官同时平和均衡地得到锻炼为法则。即使运动时全身之筋肉已经呈现疲劳不能忍受的状态，而心脏的搏动并不失常态，相反的在运动后尚能感觉到较运动以前的呼吸轻松舒畅。是以其个人的筋肉、心脏所能负担范围以内的能力，来求其个体平均发展的动变平衡能力，循序渐进依次发展、长生久安，这不限于年龄，不限制性别，而达到保持身心健康增强体质能力的目的，更因为没有任何招式，所以在运动时脑神经不会受到任何刺激、不紧张，能恢复到最佳状态，这也是与一般体育运动不同的地方。

⑧站桩修炼内劲功夫、外形脱拙换灵的方法虽然只是外形站立不动，实则其内气在外形体内部运行，而肌肉细胞已经在开始工作了，完全在于求得身体外形的松静自然、内气运行的畅达无阻，则身体细胞、血液循环在一个良好的环境中正常适当地工作着，亦即身体内部呈现的是生机勃勃的活动状态，而非探讨其外表身形之动变与转移，能使身体内外各部位器官平和均衡地发展，减少了心脏的内外负担之压力。要知道传统拳术攻防之道的修炼、建体、至用的运动，是外形的大动不如外形的小动，外形的小动不如外形的不动，外形的不动不是不动，而是无形的法身道体的运动，才是生生不已之运动。

【点评】

"习拳一得"，论说的是站桩方法修炼内劲功夫和外形的脱拙换灵，才是传统拳术攻防之道锻炼身体的根本方法。这种方法的绝佳妙处，就是直接修炼自己与生俱来的"听探之良知、顺化之良能及其相互为用"的攻防能力，而又能达到身体健康的最佳状态。这种攻防能力乃是陆续依法修炼成功的，就是要经过小成的形拳招熟之明劲，中成的气、意拳懂劲之暗劲，大成的神拳神明艺境、具备神化之功的化劲，至此乃成功一也的德普三光之正果艺境。有关这一方面的内容，就是王芗斋先生"拳学的运动，是大动不如小动，小动不如不动，不是不动，而是如如之动，才是生生不已之动"的说法之精义。而这种三层攻防功夫艺境论述，前贤亦多有论述，为求对照，择其优者录之如下。

1. 言神运之用

具体参见本书第259页。

2. 什么是"炼家子"的艺境

　　巧从熟生，灵从快生，刚生于柔，智生于拙。非养得目有神光，身有灵光，体有元光，难使敌一见生畏怯于心。非神光难御乱敌。非有灵光，难疾胜劲敌。非有元光，难临大阵而耐久。灵光者，身外有红光缭绕。神光者，目中有青苍之气，足以照远出威。元光乃身外黄光闪烁，是内外功满，毫无缺欠，辉光普照，无隙可乘。唯目中剑内手上，更有一番稳准气象，足使人畏。故敌人动得其咎。学力至此，乃为练家，方不愧居其名，亦可留芳千古，令后世慨见而神警。

　　故闻声而惧者，因实称其名，威感凤著也。此真向战不持寸铁，何待矢折而胜也耶？古之将帅，操不胜之术者，以其训练精细，百战无敌，谁敢慢视哉？

　　只有"德普三光"的练家子艺境，才能做到"如如之动，生生不已之动"的艺境呢！才能达到身体健康而又具有无上的攻防功夫艺境。

　　这样看来"习拳一得"的一得所指，就是站桩修炼内劲功夫，同时又获得外形脱拙换灵的功夫艺境，这是一举两得的妙法！难怪王芗斋先生极力推行站桩修炼法式，是有其实践印证之原因为根本的。

3. 传统拳术中"身体健康"本义解

　　如果问一问一般的人，什么是身体健康？答案肯定是五花八门的，真的是让你听了以后，也得不出一个肯定、标准、统一的答案来。如果你问一问医生，什么是身体健康？可能中、西医生的答案，都有自己的认定标准。问的医生多了，答案的标准也呈现出不统一的倾向。如果你问一问练武、习拳的人，什么是身体健康？这乃是习武练拳之人的基本常识吧！如果习武练拳的人不能身体健康，如何还具备攻防较技之能力呢？对什么是身体健康，习武练拳之人们的回答，其答案亦不一，也会让你感到吃惊。真的，就这么简单的、平常的、我们日常生活里随时都能脱口而出的身体健康之四字的本来精义是什么，我相信，问一问会说汉语的小孩、老人、青壮年的男男女女，不管其学习什么课题的知识，从事什么工作，就这个什么是身体健康的一问，恐怕要难住一大部分人了。因为我问的是什么是身体健康这四个字所包含的本来之精义意义上的内容。

也就是身体健康的本义所指之内容是什么意思。因为，只有理解了"身体健康"四个字之组合的本来之精义，才能正确地理解身体健康的真正含义。这是因为正确的答案只有一个。

下面我就分析身体健康之词组的本来所含之精义。

在中国传统的大一统的民族文化体系中，对一个词组中的每个字的含义，都有特定所指的内容实质，这就是名与实相符的法则。而在"身体健康"这个词组中的每个字，都有其名实相符的这一特征，都要精细地分析"身体健康"中的每个字之所指含义及小词组的含义，如身、体、健、康及身体、健康。这样分析认知的结果，关于身体健康的本义所指，就只能是一个答案了，并且是一个丝毫没有争议的标准答案。

身，在这里作为名词时有两个含义，一个是自身的内外之全部，可名曰身。一个是自身内外的一部分，如与"体"字结合而用的身体。这样，由于有了体的概念之存在，而夺去了"身"的全部含义的一半。

体，作为独立之运用言表"身"时，有全部的含义；以阴阳属性来划分时，就有了阴性体、阳性体的区别了。而这一划分，"身"字的概念就不好用了。这就是身与体的微妙之区别处。

如果我们以《易经》中的"乾，阳物也；坤，阴物也"这样的观点来认识"体"，就是乾健、坤顺。则知道我们的自身可以分为健之体、顺之体了。以一般常识说：健之体为阳刚之气，顺之体乃阴柔之形。

这就是"身"作为全部之含义时，是由健之体和顺之体所组成。可以这样认知，身者，太极也；体者，两仪也。

但是，"身体"二字组合在一起为词组的时候，身和体，都各代表了自身的一半。就身和体来看，到底谁代替了哪一半？即谁代替了健之体，谁又代替了顺之体呢？因为，可出现这样的分配组合形式：身健体康，身康体健。这样我们只要先确定"健康"这一小词组的含义，问题就基本上分辨清楚明白了。

健，乃指自身的健之体，即内气。康，乃指自身之外形的顺之体而言的。那么身字的含义，在这里就是指自身的外形而说的了。由身形之词组的用法便可以知道了。虽然有体形的词组之应用，亦是指自身有形的外形而言的。

这样，我们对"身体健康"之词组，按照上面的分析所得出的结论，可以有这样的认知：体健身康或身康体健，才是身体健康的本义。

现在，出现了"康"字如何解释、如何理解，才能知道"身康"的实指含义是什么。

根据汉字创作的六书之"指事、象形、形声、会意、转注、假借"之精义，我们就能够知道："康"字，乃从米"糠"之字去掉米字旁的转注、假借而来的。两个字声同、意同，又是形声、会意的应用。糠乃粮食的外壳、中空。康字从其意，乃指修炼自身之外形要内虚空，则从糠，故以"康"名之。"身康"，就是有形之身内要虚空，方可名之曰身康。此又是象形、指事之精义的体现，即指修炼之事而言。这有太极拳的大成艺境的全体透空的太极艺境可为之证，这就能够证明身康体健，或曰体健身康。

为何肯定是用身康，而不是体康？这一问题，很好解决。有云"父母生我身"，为什么不说"父母生我体呢"？可知身含体，又身有身形的含义，故用身康、体健来理解"身体健康"的本义也就无差误了。何况，健之体，只能用体来论，而不能用身来论述。天体者，亦此意耳。此乃文化的成规吧！

对身体健康的本义有了这样准确的认识，我们就可以用此观点来认识传统拳术攻防之道的修炼、建体、至用的实质内容了。

传统拳术攻防之道乃直养自然先天之能力，即与生俱来的听探之良知、顺化之良能的相互为用的能力，在神为非人力也。无害者乃顺生机之自然，去其害生机者也。神为者，无为而为。

而在形拳招熟的功夫艺境中要求的身柔若絮，就是肌肤骨节处处张，正是外形开始虚空的表述，身内环境宽松，才有利于外形的变化，才有利于气机的腾挪往来，才能具备善变无形又无穷的基础功夫。而在气、意拳懂劲的阶段，由于转法，要求攻防招法的实施，含形随应至变，皆从他力取法，要在身心空灵而手灵妙，动静皆自然之能力的体现，才能时至神知。攻防动静皆自然的能力，是由于施招用手、施手用招，皆从他力取法的方法中养成习惯，而能自然而然地应随自然做出来的。此中身心空灵的说法，就是身康的意思。而身康的内虚空，才有健之体的运行之如意往来的功能效用。只有这样自身身法的身空气灵的状态，才能随其屈伸往来而能顺从以为进退的四两拨千斤；逆力以为揭献的借力打人，这样，既获得了攻防技击的能力，又保证了身体健康。这就是传统拳术攻防之道的健身、技击、功德艺境并行不悖的道理。

何况，传统拳术攻防之道还有神拳神明的全体透空的虚灵妙境的太极艺境和无形无象的无极艺境之修为，就是：一点天清，二点地灵，三点神光遍九重。身体如同九重天，内外如一，玲珑剔透的真人肌肉若一的艺境。这些论述的功果内容，皆属于对身体健康的真实之描述，正是身体健康的本义。我们再看前人是如何看待身体健康的，引两首古典神话故事中的歌诀如下。

（一）

道德森森出混元，修得乾健得长存。
三花聚顶非闲说，五气朝元岂浪言。

（二）

两朵莲花显化身，灵珠二次出凡尘。
手提紫焰宝蛇矛，脚踏金霞风火轮。
豹皮囊内安天下，红锦绫中福世民。
历代圣人为第一，史官遗笔万年新。

《封神演义·哪吒出世——哪吒莲花现身》

从歌诀"修得乾健得长存"一句中，就可以认识得非常清楚了。从"两朵莲花显化身，灵珠二次出凡尘"的说法中就可证明我的论断之正确性了。只有全体透空的太极境界，无形无象的无极境界，才是身体健康的表象。

关于身体健康的本义，老子在《道德经·第十三章》中说：

吾所以有大患者，为吾有身。及吾无身，吾有何患？

当然，老子是从自己内功修炼有心得体会后发自内心的感慨，这是对内功修炼有造诣的人说的。当然，这段话的精义还可以衍生用于为人处世之中的解释。而普通的人只要做到心空灵，则身康体健也就做到了。如果一个人自身内外都不紧张，即精神不紧张，外形不紧张，就能够具备物来顺应的最佳能力，自然也就能够永葆身体健康了。

一切情志欲望过度，劳累过度，都不能做到身心空灵，时间一长，又得不到缓解，也就埋藏着造成身体不健康的因素了。就是修炼传统拳术攻防之道，亦不能欲妄过度，劳累过度。所谓"有意练功，无心求功；免将劳役卷容生"，论的就是这方面的内容之警言。

论述到此，习拳者对身体健康的精义、练拳用拳于攻防中的精义，即本义的认识也就清楚了。如何选择练拳、用拳的攻防法式，由习拳者选择吧！我只能将传统拳学中身体健康的本义解释清楚。

就如何修炼传统拳术攻防之道来说，运用健顺和之至的太和一气之气力者，乃传统拳术攻防之道的正确法式。即以神为主，以气为充，形从则利，乃是符合人体生命科学的法式；而运用血气之横力的以形为主，尚气用力，神从则害，乃是违背人体生命科学的法式，如此修炼者，必定患百身之病缠身。此两者泾渭分明。当今的习拳者，遵从何种法式而练用，应慎重对待，千万不可盲从。这需要取舍分明才是，即为学日益、为道日损的双修。否则，一旦误入歧途，酿成灾患，悔之晚矣！请牢牢记住，修炼传统拳术攻防之道亦应遵从这样的一条法则：

　　　　　不因善小而不为，
　　　　　不因恶小而为之。

谨以此文，献给修炼传统拳术攻防之道者，以略表关爱之情！

马国兴

2004年3月5日书录于北京寓所

图书在版编目（CIP）数据

《拳道中枢（大成拳论）》注解点评/王芗斋著；
马国兴注解点评. -- 北京：人民体育出版社，2021（2024.4重印）
（中华武术文库）
ISBN 978-7-5009-5518-4

Ⅰ.①拳… Ⅱ.①王…②马… Ⅲ.①意拳—研究
Ⅳ.①G852.14

中国版本图书馆CIP数据核字(2019)第011394号

*

人民体育出版社出版发行
环球东方（北京）印务有限公司印刷
新 华 书 店 经 销

*

787×1092　16开本　20.75印张　377千字
2021年5月第1版　2024年4月第2次印刷
印数：3,001—4,500册

*

ISBN 978-7-5009-5518-4
定价：61.00元

社址：北京市东城区体育馆路8号（天坛公园东门）
电话：67151482（发行部）　　　邮编：100061
传真：67151483　　　　　　　　邮购：67118491
网址：www.psphpress.com
（购买本社图书，如遇有缺损页可与邮购部联系）